高等教育轨道交通"十三五"规划教材·机车车辆类

列车传动与控制

（修订本）

主　编　宋雷鸣

副主编　吴　鑫

北京交通大学出版社

·北京·

内 容 简 介

本书共 8 章，主要介绍铁路现代车辆传动与控制系统的基本原理与设备。第 1 章介绍动车组传动与控制系统的基本概念及涉及的一些基本问题；第 2 章介绍直流电机的基本原理、结构及特性；第 3 章介绍交流异步电动机的基本原理与结构及特性；第 4 章介绍交流异步电动机变频调速的基本概念与原理；第 5 章介绍现代铁路机车及动车组牵引变流电路及控制；第 6 章介绍 CRH1 型动车组供电牵引传动系统的基本原理、系统构成与作用及主要设备；第 7 章介绍 CRH2 型动车组供电牵引传动系统的基本原理、系统构成与作用及主要设备；第 8 章介绍 CRH3 型动车组供电牵引传动系统的基本原理、系统构成与作用及主要设备。

本书可作为铁路动车组系列网络课程教材，也可供高职院校轨道交通类学生和相关工程人员参考使用。

图书在版编目（CIP）数据

列车传动与控制 / 宋雷鸣主编. —北京：北京交通大学出版社，2013.5（2019.7 重印）
（高等教育轨道交通"十三五"规划教材·机车车辆类）
ISBN 978 - 7 - 5121 - 1437 - 1

Ⅰ.① 列… Ⅱ.① 宋… Ⅲ.① 动车 – 电力传动系统 – 高等学校 – 教材 ② 动车 – 控制系统 – 高等学校 – 教材 Ⅳ.① U266

中国版本图书馆 CIP 数据核字（2013）第 074709 号

责任编辑：赵 娟 吴嫦娥
出版发行：北京交通大学出版社 电话：010 – 51686414
　　　　　北京市海淀区高粱桥斜街 44 号 邮编：100044
印 刷 者：北京鑫海金澳胶印有限公司
经 　销：全国新华书店
开 　本：185×260 印张：19.25 字数：487 千字 插页：1
版 　次：2019 年 7 月第 1 版第 1 次修订 2019 年 7 月第 2 次印刷
书 　号：ISBN 978 - 7 - 5121 - 1437 - 1/U · 135
印 　数：3 001～4 600 册 定价：49.00 元

本书如有质量问题，请向北京交通大学出版社质监组反映。对您的意见和批评，我们表示欢迎和感谢。
投诉电话：010 – 51686043，51686008；传真：010 – 62225406；E-mail：press@bjtu.edu.cn。

高等教育轨道交通"十三五"规划教材·机车车辆类

编 委 会

编委会办公室

总　序

我国是一个内陆深广、人口众多的国家。随着改革开放的进一步深化和经济产业结构的调整，大规模的人口流动和货物流通使交通行业承载着越来越大的压力，同时也给交通运输带来了巨大的发展机遇。作为运输行业历史最悠久、规模最大的龙头企业，铁路已成为国民经济的大动脉。铁路运输有成本低、运能高、节省能源、安全性好等优势，是最快捷、最可靠的运输方式，是发展国民经济不可或缺的运输工具。改革开放以来，中国铁路积极适应社会的改革和发展，狠抓制度改革，着力技术创新，抓住了历史发展机遇，铁路改革和发展取得了跨越式的发展。

国家对铁路的发展始终予以高度重视，根据国家《中长期铁路网规划》（2005—2020年）：到2020年，中国铁路网规模达12万千米以上。其中，时速200千米及以上的客运专线将达到1.8万千米。加上既有线提速，中国铁路快速客运网将达到5万千米以上，运输能力满足国民经济和社会发展需要，主要技术装备达到或接近国际先进水平。铁路是个远程重轨运输工具，但随着城市建设和经济的繁荣，城市人口大幅增加，近年来城市轨道交通也正处于高速发展时期。

城市的繁荣相应带来了交通拥挤、事故频发、大气污染等一系列问题。在一些大城市和一些经济发达的中等城市，仅仅靠路面车辆运输远远不能满足客运交通的需要。城市轨道交通节约空间、耗能低、污染小、便捷可靠，是解决城市交通的最好方式。未来我国城市将形成地铁、轻轨、市域铁路构成的城市轨道交通网络，轨道交通将在我国城市建设中起着举足轻重的作用。

但是，在我国轨道交通进入快速发展的同时，解决各种管理和技术人才匮乏的问题已迫在眉睫。随着高速铁路和城市轨道新线路的不断增加以及新技术的开发与引进，管理和技术人员的队伍需要不断壮大。企业不仅要对新的员工进行培训，对原有的职工也要进行知识更新。企业急需培养出一支能符合企业要求、业务精通、综合素质高的队伍。

北京交通大学是一所以运输管理为特色的学校，拥有该学科一流的师资和科研队伍，为我国的铁路运输和高速铁路的建设作出了重大贡献。近年来，学校非常重视轨道交通的研究和发展，建有"轨道交通控制与安全"国家级重点实验室、"城市交通复杂系统理论与技术"教育部重点实验室，"基于通信的列车运行控制系统（CBTC）"取得了关键技术研究的突破，并用于亦庄城轨线。为解决轨道交通发展中人才需求问题，北京交通大学组织了学校有关院系的专家和教授编写了这套"高等教育轨道交通'十三五'规划教材"，以供高等学校学生教学和企业技术与管理人员培训使用。

本套教材分为交通运输、机车车辆、电气牵引和土木工程四个系列，涵盖了交通规划、运营管理、信号与控制、机车与车辆制造、土木工程等领域，每本教材都是由该领域的专家执笔，教材覆盖面广，内容丰富实用。在教材的组织过程中，我们进行了充分调研，精心策划和大量论证，并听取了教学一线的教师和学科专家们的意见，经过作者们的辛勤耕耘以及编辑人员的辛勤努力，这套丛书得以成功出版。在此，我们向他们表示衷心的谢意。

希望这套系列教材的出版能为我国轨道交通人才的培养贡献绵薄之力。由于轨道交通是一个快速发展的领域，知识和技术更新很快，教材中难免会有诸多的不足和欠缺，在此诚请各位同仁、专家予以不吝批评指正，同时也方便以后教材的修订工作。

编委会
2013 年 3 月

出版说明

为促进高等轨道交通专业机车车辆类教材体系的建设，满足目前轨道交通类专业人才培养的需要，北京交通大学机械与电子控制工程学院、远程与继续教育学院和北京交通大学出版社组织以北京交通大学从事轨道交通研究教学的一线教师为主体、联合其他交通院校教师，并在有关单位领导和专家的大力支持下，编写了本套"高等教育轨道交通'十三五'规划教材·机车车辆类"。

本套教材的编写突出实用性。本着"理论部分通俗易懂，实操部分图文并茂"的原则，侧重实际工作岗位操作技能的培养。为方便读者，本系列教材采用"立体化"教学资源建设方式，配套有教学课件、习题库、自学指导书，并将陆续配备教学光盘。本系列教材可供相关专业的全日制或在职学习的本专科学生使用，也可供从事相关工作的工程技术人员参考。

本系列教材得到从事轨道交通研究的众多专家、学者的帮助和具体指导，在此表示深深的敬意和感谢。

本系列教材从 2012 年 1 月起陆续推出，首批包括：《互换性与测量技术》、《可靠性工程基础》、《液压与气动技术》、《测试技术》、《单片机原理与接口技术》、《计算机辅助机械设计》、《控制理论基础》、《机械振动基础》、《动车组网络控制》、《动车组运行控制》、《机车车辆设计与装备》、《列车传动与控制》、《机车车辆运用与维修》。

希望本套教材的出版对轨道交通的发展、轨道交通专业人才的培养，特别是轨道交通机车车辆专业课程的课堂教学有所贡献。

编委会
2013 年 3 月

前　言

现代铁路列车有很多高新技术问题，它涉及系统集成技术、车体技术、转向架技术、制动技术、牵引传动技术、自动控制技术、网络与信息技术等。本书是在整理相关的技术资料并结合以往本科教学及动车组机械师培训经验的基础上编写的。本书主要介绍现代列车传动的基础理论、电路及系统控制。动车组是铁路车辆的典型代表，本书以动车组的传动与控制系统为例进行讲解。

全书共 8 章：第 1 章介绍动车组传动与控制系统的基本概念及涉及的一些基本问题；第 2 章介绍直流电机的基本原理、结构及特性；第 3 章介绍交流异步电动机的基本原理与结构及特性；第 4 章介绍交流异步电动机变频调速的基本概念与原理；第 5 章介绍现代铁路机车及动车组牵引变流电路及控制；第 6 章介绍 CRH1 型动车组供电牵引传动系统的基本原理、系统构成与作用及主要设备；第 7 章介绍 CRH2 型动车组供电牵引传动系统的基本原理、系统构成与作用及主要设备；第 8 章介绍 CRH3 型动车组供电牵引传动系统的基本原理、系统构成与作用及主要设备。

本书可作为铁路动车组系列网络课程教材，也可供高职院校轨道交通类学生和相关工程人员参考使用。

本书由北京交通大学宋雷鸣担任主编，吴鑫担任副主编，编写分工如下：宋雷鸣编写第 1 章、第 2 章、第 3 章、第 5 章、第 7 章、第 8 章，吴鑫编写第 4 章、第 6 章。

由于编写时间仓促，本书中疏漏之处在所难免，望读者指正！

编　者
2013 年 3 月

目　录

第1章

绪　　论

【本章内容概要】

本章介绍了列车牵引传动系统的基本构成及各部分的作用，讲述了现代牵引传动系统的基本特征，动车组动力系统的布置方式，简要介绍了传动系统发展的概况。

【本章学习重点与难点】

本章重点了解动车组传动系统的基本构成，掌握动车组传动系统的布置方式。

1.1　动车组牵引传动系统的组成及作用

电力牵引列车的动力系统，包括从变电站到列车受电弓在内的供电部分和动车组本身的传动系统，目前根据系统的传动方式和动力布置方式等的差异，列车牵引传动系统的组成有所不同。本书主要介绍列车传动系统装备部分，即从受电弓、主变压器到牵引电动机的主电路部分涉及的内容。从动车组的发展过程来看，动车组的传动方式主要包括交—直、交—直—交传动方式。如图1-1所示为交—直牵引传动系统的构成图，如图1-2所示为交—直—交牵引传动系统的构成图。

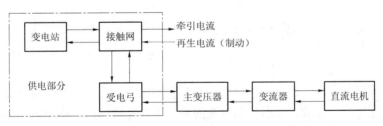

图1-1　交—直牵引传动系统构成

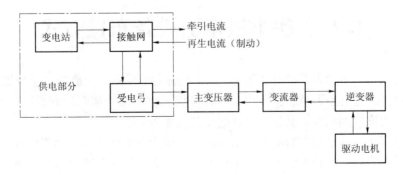

图1-2　交—直—交牵引传动系统构成

　　直—直传动的列车牵引传动系统的电网采用直流供电，牵引电机采用直流电机，该种类型的传动系统由于系统的能耗及可靠性差，在目前的铁路列车牵引系统中已经很少采用了。

　　交—直流传动系统是指机车或动车组采用交流供电，而采用直流电动机驱动动车运行的传动系统。从图 1－1 可以看出为了能够用电网提供的交流电驱动直流电动机工作，系统中采用了变流器，将交流电转换成直流电，并通过对变流器的控制来调整直流电动机的工作速度。

　　交流传动系统是指由各种变流器供电的异步或同步电动机作为动力的列车（机车和动车组）传动系统。列车受电弓从接触网上取得的是一定频率和恒定电压的电能，给牵引电动机供电，由于列车运行要求电动机在所需的转速、转矩范围内工作，并采用变频变压控制技术，需要对供电电压和频率进行调节。因此，必须设计一组变流调频装置，即变流器。变流器主要有直接式变流器（即交—交变流器）和带有中间直流环节的间接式变流器（即交—直—交变流器）两大类。交—交变流器是把电网的交流能量直接转换为电压和频率适合交流电机运行要求的电能，中间不通过直流环节；而交—直—交变流器，先把电网交流电转换成直流电，然后进一步转换成电压和频率可调节的交流电，如图 1－2 所示。

　　现有电力牵引列车（机车或动车组）采用的交流传动系统基本结构为电压型交—直—交系统、电流型交—直—交系统和交—交系统，我国干线铁路牵引传动系统主要采用电压型交—直—交三相异步电机系统。

　　交流传动技术卓有成效的发展，一方面是由于功率半导体和变流技术的进步；另一方面取决于日臻完善的控制方法和控制装置。后者能够使变流器—电机的整个系统具备不同的性能，以满足不同应用场合的要求。对于铁路牵引来说，这些要求包括：平稳启动、抑制滑行和空转、再生制动、调速范围宽。此外，常常还希望多台并联工作的电动机能够由一个控制器进行控制。

　　列车通过牵引电机将电能转换为机械能，驱动列车运行。列车高速化，需要的功率比一般列车大，就存在一个功率在列车不同位置如何分配的问题，也就是列车传动系统是按动力集中还是动力分散布置的。

　　我国铁路新型列车牵引系统，包括动车组及电力机车，都采用交—直—交传动形式，无论是动力集中还是动力分散，牵引传动系统的基本工作原理相同，本书将主要围绕我国新型动车组的牵引传动与控制系统展开。

1.2　动车组牵引设备布置方式

　　电动车组列车牵引动力系统有如图 1－2 所示的主变压器、变流器、逆变器等各种动力设备，除此之外，还有空调机、空压机、各种风机、蓄电池、辅助逆变器等多种辅助设备，在考虑列车动力配置的同时，必须考虑这些设备的布置。

　　目前，世界上高速电动车组有两种牵引方式：动力分散方式和动力集中方式。前者以日本为代表；后者以欧洲为代表，列车头尾各有一台动力车，中间为拖车，如果动力不够，靠近动力车的中间车转向架，亦装有牵引电动机，这种动力布置方式实质上是传统机车牵引方式的变型——动力集中传动方式，欧洲 300 km/h 以下的高速列车主要采用这种方式。随着动车组运行速度的不断提高，欧洲 300 km/h 以上的动车组也转向动力分散的形式。

　　动力集中型高速列车是将这些动力设备全部设置在一辆头车中，如图 1 - 3（a）所示，全列车的牵引力由集中在动力头车及相邻的中间车的动轴提供。这时必须注意两个问题：第一，动力轴的重量必须足够提供所需的牵引力，否则动力车轮将产生空转，丧失牵引力，这不但使电机功率不能发挥反而会损伤车轮和钢轨；第二，动力轴的重量又不能过大，否则在高速运行时会产生过大的轮轨力，损坏钢轨和线路。为此，欧洲高速铁路网在有关的技术规程中规定高速列车的最大轴重不能超 17 t，在作牵引力计算时轮轨黏着系数值定为：

　　低速启动时：0.2；

　　100 km/h 时：0.17；

　　200 km/h 时：0.13；

　　300 km/h 时：0.09。

　　动力车轴重及轮轨黏着系数的限值给高速列车的动力配置造成了很多困难。如德国设计的 ICE 型动力集中型高速列车的动力车每轴功率 1 200 kW，一台动力头车的功率 4 800 kW，较大功率的动力设备和传动机构，使每轴的轴重达到 19.5 t。尽管它有很大功率的牵引电机，并且可以产生较大的启动牵引力（双机启动牵引力为 400 kN），但过大的轴重使欧洲高速路网拒绝接纳。法国的办法是保持动力轴轴重为 17 t，采用增加动力转向架的方式来满足列车功率和牵引力的需要。即在紧接动力头车的拖车中将靠近动力车的一台转向架设为动力转向架，如用在巴黎——伦敦的 EUROSTAR 型和出口韩国的 TGV 高速列车，就是这样的动力设置。

　　动力集中设置的特点在于集中在头车的动力设备便于检修和集中通风冷却，同时使拖车少负担动力设备的重量和噪声干扰。

　　另一种动力系统配置方法，却将全列车分为若干个动力单元，在每一个动力单元中带牵引电机的驱动轴（动力轴）分散布置在单元的每一个或部分车轴上，更重要的是将传动系统的各个动力设备也分散地设置在各个车辆底下，而不占用任何一节车厢。图 1 - 3（b）即是该类动力配置的一个例子，图示为 2 辆动力车和 1 辆无动力拖车（简称 2 动 1 拖）组成的一个列车单元。列车可以按需要由若干个单元组成，列车两端必须设有带驾驶室的头车。由图例可见动力系统的主要设备：主变压器（MTr）、变流器/逆变器（C/I）及空压机、空调机等辅助设备都以吊挂的方式置于各车体的底部。为了平衡重量分配，拖车下面也安装一定的动力设备，图示为一种典型的配置方式，主变压器承担前后 2 台动力车的功率供给，即 2 台动力车共用一台主变压器。

　　动力分散布置列车的单元一般可由 2 ～ 4 辆车构成。根据列车的牵引、加速、最高速度等特性决定各单元动力车（M）和拖车（T）的组合。如可能的组合有 2M、2M1T、2M2T、3M1T、4M 等。其特点如下。

　　（1）包括头车在内的各车厢都用来布置乘客坐席和旅客设施。

　　（2）每组单元都具有完善的牵引、制动、控制、信息和辅助电源系统。

　　（3）每列编组中设 2 架受电弓，采用高压线连接以抑制离线和电弧的发生。

　　（4）动力设备分散置于车底下部，设备的工作环境和检修条件较差。

　　动力分散型动车组轴重小，牵引动力大，启动加速快，驱动动轴多，黏着性能比较稳定，容易实现高速运转；其动力设备均可安装于地板底下，所有车辆（包括头车和中间车）

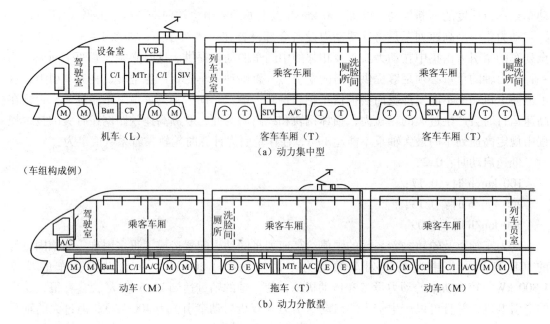

（车组构成例）

图 1 - 3　动力配置形式

VCB—真空断路器；MTr—主变压器；C/I—变流器/逆变器；SIV—静止式逆变器；Batt—蓄电池；A/C —空调装置；

CP—空压机；M—设有驱动电动机的车辆；E—拖车车轴（设有涡流制动盘或机械制动盘）；

T—拖车车轴（设有机械制动盘）

均可成为客车使用，这样可提高列车定员。以新干线 300 系为例，其额定功率为 12 000 kW，

启动加速牵引力可达到 360 kN，每吨启动加速牵引力可达到 0.5 kN，由启动加速到 250 km/h 速度的时间仅需 215 s、走行 9.6 km。新干线 300 系每米定员为 3.29 人，超过 TGV - A 的 2.04 人和 ICE 的 1.85 人。基于这种特点，动力分散型动车组比较适合铁路路基松软、站距较短的国家，如日本等。40 年来，日本始终采用动力分散电动车组，从 0 系到 700 系，一直不变，取得了辉煌成绩。之所以取得这样大的成绩，主要缘由如下。

（1）轮轨作用力小，牵引、制动性能良好。

（2）采用交流传动（300 系开始）。

（3）部件轻量化。

（4）采取了减小运行阻力和噪声的措施。

动力集中型动车组为世界许多国家广泛采用，其运行速度也可达到 330 km/h。动力集中型动车组技术成熟，编组较动力分散型动车组更为灵活。另外，在成本方面，动力集中型两端为动力车，设备集中，动力设备数量少，在车内环境方面，动力集中型驱动装置集中在两端，远离旅客座位，噪声小；动力分散型驱动设备分布在车下，有一定的振动影响。

可从如下的几个方面来分析动力集中与动力分散之间的特点。

1）牵引总功率和轴功率

从轮轨关系来看，理论上每根动轴能传递的牵引功率为轴重、黏着系数和速度的乘积，而实际上能实现的功率受轮径、传动装置布置方式和电传动技术水平等的限制。由于动力分散方式电动车组的轮径和车体底下空间位置比动力集中方式的小（实际上也不需要大），所

以就单轴功率而言，动力分散方式的小，目前最大为 550 kW；动力集中方式的大，目前最大可达 1 200 kW。就车组总功率而言，由于动力分散方式动轴多，可以超过 10 000 kW；动力集中方式目前尚未超过 10 000 kW。当然也可以通过在动力车相邻的中间车转向架上加牵引电动机的办法来增加总功率。但总的来说，只要站线长度允许，动力分散方式可以增加动力单元，其总功率比动力集中方式大，从而可牵引更多的旅客。

2）最大轴重和簧下质量

根据日本新干线的运行经验，在速度和簧下质量一定时，轨道下沉量随着轴重增加而增加。所以采用动力分散方式的理由之一是为了减少线路建设费用，采取低轴重。一般轴重在 16 t 以下，300 系车降到 14 t，准备降到 12 t。动力集中方式电动车组一般轴重大，规定不超过 17 t，但 ICE 车高达 19.5 t，所以就最大轴重而言，动力集中方式比动力分散方式对线路不利。但对轨道的破坏不只是轴重，簧下质量也起着同样重要的作用。日本曾就轴重 14 t、10 t 计算了簧下质量与运行速度的关系。结果表明，如果簧下质量不变，即使减轻轴重，对轨道的破坏不会有太大的好转，簧下质量必须与轴重一起减少。

3）黏着利用

动力分散方式一般轴重较轻，单轴黏着力也较小，但由于动轴多，可以发挥的黏着牵引力大，而动力集中方式虽然轴重大，单轴黏着力大，但由于动轴少，单轴黏着利用接近极限，可以发挥的总的黏着牵引力小。就启动加速度而言，经计算表明，在低速区段，动力分散方式可以充分利用黏着重量大的特点，动力集中方式黏着重量小，低速时采用恒流控制。

4）制动

动力分散方式的一个主要优点是动轴多，对每个动轴都可以施加电力制动和盘形制动，制动功率大，甚至可以超过牵引功率，使列车迅速停车。动力集中方式动轴少，制动功率没有动力分散那么大。

5）制造成本

采用动力分散方式电动车组，电气设备分散、总重大、造价高。日本曾用传统机车牵引客车和动力分散方式电动车组做过比较，BD75 型机车牵引 12 辆客车，一列车造价为 34 240 万日元，而 583 电动车组 6 辆动力车和 6 辆拖车的造价为 47 740 万日元。为了降低列车制造成本，日本已由 16 个全动车减少到 12M + 4T、10M + 6T。意大利 ETR450 型 10M + 1T 一列车造价 2 200 万美元，法国 M－P 型 1M + 8T + 1M 一列车造价 1 300 万美元来比较，也说明动力集中方式电动车组造价比动力分散方式电动车组低得多。

6）维修费用

由于动力分散方式电动车组的每辆动力车均装有一套电气设备，维修工作量大。原西德曾把 1 辆动力分散方式电动车组与 1 辆牵引 3 辆客车的 BR410 型电力穿梭列车做过比较，结果表明，如果只分析每千米折旧维修费，则 BR430 型电动车组约贵 50%，BR420/421 电动车组约贵 20%。日本也承认动力分散方式维修费用比动力集中方式电动车组高得多。就拿 TGV－A 与 TGV－P 来比较，由于电动机由 12 台减少到 8 台，中间车由 8 辆增加到 10 辆，每座位千米的检修费用 TGV－A 比 TGV－P 低 20%。

德国 ICE1 列车和 ICE2 长编组列车采用推挽式电动车组，两端为动力车，中间为拖车，即采用传统的机车牵引模式，而到了 ICE3 转为动力分散型动车组。（EMUs）欧洲铁路联盟拟建统一的高速铁路网，新"全欧通用"技术规范于 1997 年生效。要进入这个网，德国铁路必须与国际接轨，在技术上、性能上满足欧洲高速运输对高速列车的要求。考虑市场竞争的需要，因此 ICE3 采用动力集中已不适合，原因是轴重限制 17 t（ICE1 是 19.4 t），最高速度 300 km/h，线路坡度 40‰，并且要增加座位数等。采用动力分散型动车组可增加乘员，并使整列车质量分布更均匀，随之降低了最大轴重，得到更好的牵引特性和降低单位坐席的质量。此外，还提高了再生制动的利用率，制动功率 8.2 MW，最大电制动力为 300 kN，相当于 ICE2 短编组的 2 倍，减少了盘形制动的磨耗量及维修费用。

1.3　动车组供电牵引系统发展概况

日本从 1964 年首条高速线开通以来，动车组从 0 系发展到 700 系，从直流传动发展到交流传动，运营速度从 210 km/h 到 300 km/h，一直坚持动力分散模式。法、德两国原先一直推崇动力集中牵引的动车组模式。法国以直流传动速度 260 km/h 起步，经过同步电机传动，第三代实现三相交流异步传动高速动车组，而下一代的 AGV 动车组改用动力分散式，速度 320 ～ 360 km/h。德国 ICE1、ICE2 高速动车组率先采用交流异步电机传动，实现 280 km/h 的运营速度，采用动力集中传动方式。然而 ICE3 新一代高速动车组也转而采用动力分散方式（2M2T）。可见，开发 300 km/h 以上高速动车组采用动力分散是目前世界的发展趋势。

早期的电力牵引传动系统均采用交—直传动，用直流电动机驱动。采用抽头切换，间断控制或可控硅连续相位控制技术进行调速。无论是日本 0 系、100 系、200 系还是法国 TGV－P 和意大利的 ETR450 均采用直流牵引电机，继承了传统的交—直牵引传动系统技术。由于直流电动机的单位功率重量较大，直流牵引电动机一般不超过 500 kW，使高速列车既要大功率驱动又要求减轻轴重，特别是减轻簧下部分质量，形成难以克服的矛盾。

到 20 世纪 80 年代末 90 年代初，高速列车开始采用交流电动机驱动。并存在两种不同的技术路线，即交流同步电机和交流异步电机。法国选择了自换相三相同步牵引电动机，把单台电机功率提高到 1 100 kW，从而在 TGV－A 上用 8 台交流牵引电机，代替 TGV－P 上的 12 台直流牵引电机，将列车功率由 6 800 kW 提高到 8 800 kW。运行速度由 270 km/h 提高到 300 km/h，列车重量由 418 t 增加到 479 t，列车定员由 368 人增加到 485 人。

TGV－A 采用 GTO 晶闸管逆变器，同步电动机加上辅助设备的质量比 TGV－P 的直流电动机增加 30 kg，而功率却增加了一倍。

日本和德国则与法国不同，它们采用异步牵引电动机驱动。同步牵引电动机结构上虽然比直流牵引电动机简单，但它仍有滑环及电枢绕组。而异步电动机中的鼠笼式感应电机（简称异步电机），转子用硅钢片叠压，用裸铜条作为导体，无滑环等磨耗装置。因此，异步电机结构简单、可靠、体积小、重量轻、可实现电机无维修。

交流传动系统采用三相交流鼠笼式感应电机。三相异步电机与直流电机相比具有很多优点：

① 结构简单、可靠性高、维护少、价格低、易于制造；

② 功率大（目前，世界上最大的直流牵引电机功率为 1 000 kW，而交流牵引电机功率已达到 1 800 kW）、效率高、质量轻；

③ 无换向引起的电气损耗和机械损耗，无环火引起的故障；

④ 耐振动、冲击的性能较好；

⑤ 耐风雪、多尘、潮湿等恶劣环境；

⑥ 具有可持续的大启动牵引力；

⑦ 过载能力强（仅受定子绕组热时间常数的影响）；

⑧ 转速高、功率/质量比高、有利于电机悬挂；

⑨ 转矩—速度特性较陡，可抑制空转，提高黏着利用率；

⑩ 在几台电机并联时，不会发生单台电机空转现象；

⑪ 由于取消了整流子和碳刷，大大减少了维修工作量（据统计，不到直流电机的1/3）。

鉴于逆变器技术和交流电机控制技术的进步为采用异步牵引电动机驱动提供了条件。因此，交—直—交传动并采用异步电机驱动是高速列车牵引传动系统的发展主流。

大功率交—直—交传动系统性能的提高与电力半导体器件的发展密切相关，电力半导体器件的特性决定了变流装置的性能、体积、重量和价格。从铁道牵引的角度看，理想的电力半导体器件应是：断态时能够承受高电压，通态时可流过大电流且通态压降小，可在通态和断态之间进行快速切换，即开关频率高、损耗小、易于控制。应用于铁道牵引的电力半导体器件大致经历了晶闸管、GTO、IGBT 三个发展阶段。新干线高速列车电传动技术的发展与电力半导体技术的发展紧密相关，20 世纪 60 年代初研制的 0 系高速列车，限于当时的电力半导体器件水平，只能采用牵引变压器次边抽头，二极管整流调压方式。到 80 年代，大功率晶闸管应用技术成熟，新研制的 200 系、100 系、400 系高速列车，均采用相控调压方式。进入 90 年代，在电力牵引领域，交流传动开始取代直流传动，加之大功率 GTO 元件的应用，使得电压型交流传动技术在该领域中占据了主导地位。因此，新研制的 300 系、500 系、700 系，E1、E2、E3、E4 等高速列车均采用了交流传动技术。

随着新型大功率半导体器件（诸如 IGBT、IPM）的出现，E2 和 700 系高速列车牵引变流器开始采用 IGBT 或 IPM 器件，进一步改善了传动系统性能。

采用交流电机时，网上的单相交流电经变压、整流之后，还必须通过逆变器变成三相交流电，才能用于驱动三相交流电机。整个变流过程是从单相交流变直流，再由直流变三相交流，这套交—直—交变流技术，特别是交流牵引电机的控制技术，是高速列车牵引技术的核心，而逆变器又是其中的关键，其中包括下列三项主要技术：一是电力半导体器件，它是逆变器中的关键元件，目前比较先进的是 GTO 元件和 IGBT 元件，后者将逐步取代前者；二是变流电路的结构性能，它是随半导体器件的发展而发展的，目前其设计重点已转向牵引性能、谐波含量、电磁干扰、控制特性及运用成本等；三是交—直—交传动的控制技术，这一技术由网侧变流器控制和电机侧逆变器控制两部分组成。

复习参考题

1. 铁路高速列车传动系统由哪几部分组成？各部分的基本作用是什么？

2. 一般情况下，动车组传动系统有哪几种布置方式？各有什么特点？

第2章

直流电动机

【本章内容概要】

本章介绍了直流电动机的基本工作原理与结构，讲述了直流电动机模型的磁场、基本方程，阐述了不同励磁方式下直流电动机的工作特性。

【本章学习重点与难点】

本章重点掌握直流电动机的基本工作原理，理解直流电动机的工作特性。

2.1 　直流电动机的基本原理

2.1.1 　直流电机的用途与结构

直流电机是将直流电能和机械能相互转化的旋转电机，它可用作电动机或发电机。

直流发电机能提供直流电源，如用作同步发电机的励磁机，蓄电池的充电机，专用的可调压直流电源、电解、电镀的低压大电流直流电源等。随着晶闸管整流电源的发展和完善，直流发电机在许多领域中被替代，只在一些特定场合仍具有一定重要性。

直流电动机具有良好的启动、调速和正反转特性，能满足生产过程的各种特殊要求，因而在需要宽广调速的场合和有特殊要求的自动控制系统中，占有突击的应用地位。

直流电机由定子与转子两大部分构成，两者之间存在气隙。定子主要用来建立主磁场，并作为电机的机械支撑，包括主磁极、换向极、机座（磁轭）、端盖和电刷装置等部件。转子主要包括电枢铁芯、电枢绕组和换向器等部件，用来感应电动势、流通电流、产生电磁转矩，从而实现机电能量转换。如图 2-1 所示为输出直流电机的主要结构，图 2-2 所示为直流电机剖面图。

1. 定子

（1）主磁极。简称主极，用来产生主磁场，由主极铁芯和套在铁芯上的励磁绕组构成，如图 2-3 所示。铁芯由 1～1.5 mm 厚的钢片冲叠而成，并用铆钉紧固成整体，套上励磁绕组后，用螺栓固定在机座上。励磁绕组是绝缘导线绕制而成的集中绕组，它通入直流励磁电流后产生恒定磁场。主极极靴表面与电枢外圆表面间的气隙通常是不均匀的，在主极中心线处最小，朝着极靴边缘气隙逐渐扩大。

（2）换向极。用来产生换向区磁场以改善直流电机换向性能。其铁芯由整块锻钢或者厚钢片冲叠成，铁芯上套置换向极绕组，该绕组是用绝缘扁导线制成的集中绕组，且匝数较少，与电枢绕组串联，如图 2-4 所示。换向极安装在相邻主极的平分线上，换向极数等于主极数。换向极面下的气隙往往较主极极面下气隙大。

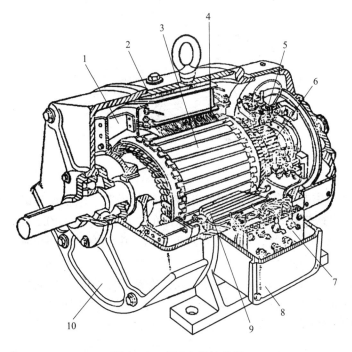

图2-1 直流电机结构图

1—风扇；2—机座；3—电枢；4—主磁极；5—刷架；6—换向器；7—接线板；
8—出线盒；9—换向极；10—端盖

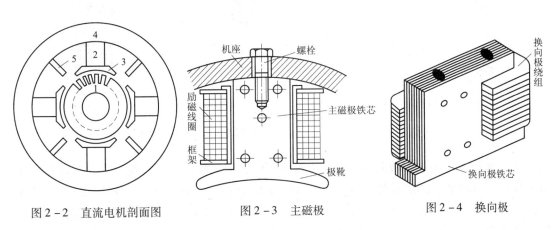

图2-2 直流电机剖面图　　　图2-3 主磁极　　　图2-4 换向极

（3）机座。它是由钢板焊接而成的定子部分外壳，对定子各部件起支撑作用，同时它还是闭合磁路的一部分，起导磁作用（又称磁轭）如图2-2所示。

（4）电刷装置。它是固定电刷的装置，由刷握、刷杆、座圈等部件组成。电刷置于刷握上的刷盒中，用压力弹簧压住电刷，使电刷与换向器表面保持有适当压力的滑动接触。刷握固定在刷杆上，刷杆固定在座圈上，二者应妥善绝缘。大型电机座圈安装在机座上，小型电机则常装在端盖内，座圈位置可适当调整，以保证电刷安放位置适当。刷杆数等于主极数。大型电机各刷握组成电刷组安装在刷杆上。

2. 转子

转子又称电枢，如图2-5所示。

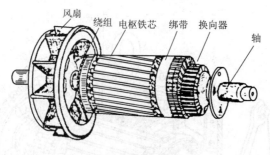

图2-5 转子

（1）电枢铁芯。主要用来嵌放绕组和构成电机的磁路。电枢旋转时，电枢铁芯上磁场是交变的，为了减少铁损耗，用两面涂有绝缘漆的、厚度 $0.35 \sim 0.5$ mm 的硅钢冲片叠压组成。图2-6给出了冲片形状，可见其外圆上开槽，中间有轴向通风孔，以改善铁芯冷却条件。

（2）电枢绕组。它由许多绝缘导线绕制成线圈按确定规律与换向器连接构成。通常小型电机用圆导线制成线圈，嵌放在梨形槽中，较大容量电机则用矩形截面导线预做出成型线圈，嵌放在矩形槽中如图2-7所示。

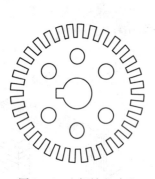

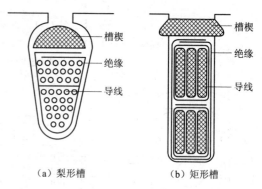

（a）梨形槽　　　　　（b）矩形槽

图2-6　电枢铁芯冲片　　　　　图2-7　电枢绕组在槽中的剖面图

（3）换向器。由楔形截面的铜换向片拼装而成，构成圆柱体。一般换向片上有升高片，每个升高片与两个不同线圈端头焊接。片与片间用云母绝缘，换向片下部的鸠尾垫上云母绝缘，用V形钢环和螺旋压圈将全部换向片紧固成圆柱体，如图2-8（b）所示，这种结构的换向器称为拱式换向器，也是常用的一种。

3. 直流电机的额定值

额定值是制造厂对各种直流电机在指定工作条件下运行时所规定的一些量值。在额定状态下运行时，可以保证直流电机设备长期可靠的工作。并具有优良的性能。额定值也是制造厂和用户进行产品设计或试验的依据。额定值通常标在各电器的铭牌上，故又叫铭牌值。直流电机的额定值主要有以下几项。

（1）额定功率 P_N，指电机在铭牌规定的额定状态下运行时，电机的输出功率，以 W 为量纲单位。若大于 1 000 W 或小于 1 W 时，则用 kW 或 mW 表示。对于直流发电机，P_N 是指输出的电功率，它等于额定电压和额定电流的乘积，$P_N = U_N I_N$。对于直流电动机，P_N 是

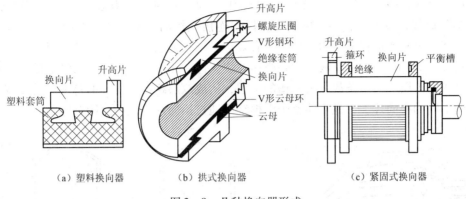

（a）塑料换向器　　　　（b）拱式换向器　　　　（c）紧固式换向器

图 2-8　几种换向器形式

指输出的机械功率，所以公式中还应有效率 η_N 存在，$P_N = U_N I_N \eta_N$。

（2）额定电压 U_N，指额定状态下电机出线端的电压，以 V 为量纲单位。

（3）额定电流 I_N，指电机在额定电压、额定功率时的电枢（电机出线端）电流值，以 A 为量纲单位。

（4）额定励磁电压 U_{fN}，单位为 V。

（5）额定励磁电流 I_f，指电机在额定状态时的励磁电流值。

（6）额定功率 P_N，单位为 W 或 kW。

（7）额定效率 η_N。

（8）额定转速 n_N，指额定状态下运行时转子的转速，以 r/min 为量纲单位。

（9）额定转矩 T_N，单位为 N·m。

（10）额定温升 τ_N，单位为℃。

一般情况电机都应该按额定值运行，此时电机处于设计所期求的运行工况，各项性能指标、经济性、安全性等总体上会处于最佳状态。工程中，电机恰以额定容量运行时称为满载，超过额定容量为过载，反之为轻载。电机过载运行可能导致过热，加速绝缘老化，降低使用寿命，甚至损坏电机，是应该加以控制的；但轻载运行会降低效率，且浪费容量，也是应该尽量避免的。因此，根据实际需要，合理选定电机容量，使之基本上以额定工况运行，这是电机应用中的基本要求。

2.1.2　直流电机的电枢绕组

电枢绕组是直流电机的电路部分，亦是实现机电能量转换的枢纽。电枢绕组的构成，应能产生足够的感应电动势，并允许通过一定的电枢电流，从而产生所需的电磁转矩和电磁功率。此外，还要节省有色金属和绝缘材料，结构简单，运行可靠。

直流电枢绕组有叠绕组、波绕组和混合绕组 3 种类型。叠绕组中又有单叠和复叠绕组之分，波绕组也有单波和复波绕组之分。单叠和单波绕组是电枢绕组的基本形式，复叠和复波绕组分别是单叠和单波绕组的组合，混合绕组则是叠绕组和波绕组的组合。本节主要说明单叠和单波绕组的组成和连接规律。

1. 直流电枢绕组的构成

组成绕组的基本单元称为元件。一个元件由两条元件边和端接线组成，如图 2-9 所示。

元件边置于槽内，能"切割"主极磁场而感应电动势，亦称为有效边。端接线在铁芯之外，不"切割"磁场，故不产生感应电动势，仅起连接线作用。从工艺上考虑，一个线圈在嵌线时必须使一个有效边在下层边，另一个有效边必须在上层边。每个元件可以是单匝，亦可以是多匝。图 2 - 10 表示一个两匝的叠绕和波绕元件。元件依次地嵌放在电枢槽内，一条有效边放在槽的上层，另一条放在另一槽的下层，构成双层绕组。元件的首端和尾端按一定的规律接到不同的换向片上，最后使整个电枢绕组通过换向片连成一个闭合电路。

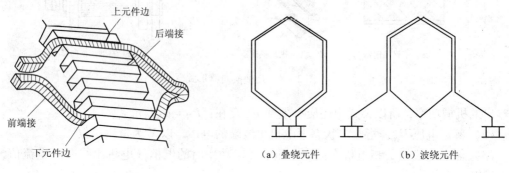

图 2 - 9   电枢绕组的元件   图 2 - 10   两匝元件

若电枢每槽上、下层只有一个元件边，则整个绕组的元件数 S 应当等于槽数 Q。多数直流电机中，每槽的上、下层各包含 u 个元件，如图 2 - 11 所示，此时有：

$$S = uQ \tag{2-1}$$

式中：u——槽内一层嵌放的元件边数。

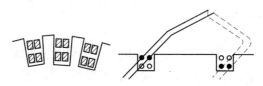

图 2 - 11   一个线圈内有两个元件（$u = 2$）的绕组

为了区别同一槽中的各元件边，通常把一个上层和一个下层元件边在槽内所占的空间作为一个"虚槽"，这样虚槽数即等于元件数。由于一个换向片与不同元件的两个出线端相连接，有一个换向片即等于有一个元件，所以换向片数应当等于元件数。于是，直流电枢绕组的元件数 S、换向片数 K 和虚槽数 Q_u 三者相等，即

$$S = K = Q_u \tag{2-2}$$

2. 直流电枢绕组的节距

电枢绕组的连接规律是通过绕组的节距来表征的。直流电枢绕组的节距有第一节距、第二节距、合成节距和换向器节距 4 种。

1）第一节距

元件的两条有效边在电枢表面上所跨的距离称为第一节距，用 y_1 表示。第一节距的大小通常用所跨的虚槽数来计算。因为元件边置放在槽内，所以 y_1 必定是一个整数。为得到较大的感应电动势和电磁转矩，y_1 最好等于或接近于一个极距，即

$$y_1 = \frac{Q_u}{2p} \mp \varepsilon \qquad (2-3)$$

式中，ε 为使 y_1 凑成整数的一个小数，p 为磁极对数。当 $y_1 = \frac{Q_u}{2p}$ 时，第一节距恰好等于一个极距，称为整距绕组（或全距绕组）。当 $y_1 < \frac{Q_u}{2p}$ 时，第一节距比极距小，称为短距绕组。因为短距绕组有利于换向，对于叠绕组商能节省部分端部用铜，故常被采用。

2）第二节距

在相串联的两个元件中，第一个元件的下层边与第二个元件的上层边在电枢表面上所跨的距离，成为第二节距。第二节距用 y_2 表示，也用虚槽数计算。

3）合成节距

在相串联的两个元件的对应边在电枢表面所跨的距离，称为合成节距。合成节距用 y 表示，也用虚槽数计算。波绕组和叠绕组、单绕组和复绕组之间的差别，主要表现在合成节距上。所谓叠绕组是指，各磁极下的元件依次相连，后一个元件总是"叠"在前一个元件上，如图 2-12 所示。叠绕和波绕这两种连法，都能保证相串联的元件其电动势的方向相同而不互相抵消。

从图 2-12 和图 2-13 可见：

对叠绕组： $\qquad\qquad\qquad y = y_1 - y_2$

对波绕组： $\qquad\qquad\qquad y = y_1 + y_2$

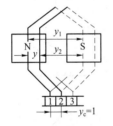

图 2-12　叠绕元件在电枢上的连接

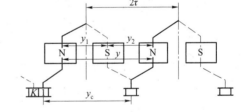

图 2-13　波绕元件在电枢上的连接

4）换向器节距

在换向器表面上，同一元件的两个出线端所接的两个换向片之间所跨的距离，成为换向器节距。换向器节距用 y_c 表示，其大小用换向片数计算。

由于元件数等于换向片数，每连接一个元件时，元件边在电枢表面前进的距离，应当等于其出线端在换向器表面所前进的距离，所以换向器节距应当等于合成节距，即

$$y_c = y \qquad (2-4)$$

3. 单叠绕组

单叠绕组的连接规律是，所有相邻的元件依次串联（即后一个元件的首端与前一个元件的尾端相连），同时每个元件的出线端一次连接到相邻的换向片上，最后形成一个闭合回路。所以单叠绕组的合成节距等于一个虚槽，换向器节距等于一个换向片，即

$$y = y_c = \pm 1 \qquad (2-5)$$

式中，"+1"和"-1"分别串联一个元件就"向右"或"向左"移动一个虚槽或一个换

向片，前者称为右行绕组，后者称为左行绕组。$y = -1$ 时，绕组向左移动，元件接到换向片的连接线互相交错，用铜较多，故很少采用。

下面以 $2p = 4$，$S = K = Q_u = 16$，$u = 1$ 为例，说明单叠绕组的连接。

由于绕组为单叠，故合成节距：

$$y = y_c = 1 \qquad\qquad (2-6)$$

若绕组为整距，则第一节距为：

$$y_1 = \frac{Q_u}{2p} \mp \varepsilon = \frac{16}{4} \mp \varepsilon \qquad (\text{取}\ \varepsilon = 0) \qquad\qquad (2-7)$$

于是第二节距为：

$$y_2 = y_1 - y = 3 \qquad\qquad (2-8)$$

根据已经确定的各个节距，即可画出绕组的展开图及相应的电路图。

图 2 - 14 表示这个单叠绕组的展开图。图中磁极设在绕组上面，磁极在纸面上均匀分布，表示一个极的极距。电刷的中心线对着磁极中心线，各电刷之间相隔的换向片数相等。箭头和 n 表示电枢旋转方向和转速。槽内元件的上层有效边用实线表示，下层边用虚线表示。元件、槽及换向片自左至右编号，元件顶上的号码为元件号，中间的号码是虚槽号。编号的原则是，元件号、元件上层边所嵌放的虚槽号及该边所连接的换向片号均为相同，例如 1 号元件的上层边放在 1 号槽内，并与 1 号换向片相连。这样，根据编号便可弄清元件边在虚槽内的位置及其所接的换向片位置。

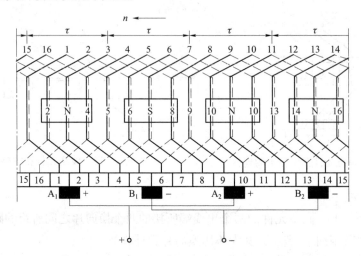

图 2 - 14　单叠绕组的展开图 $2p = 4$，$S = K = Q_u = 16$

从 1 号元件出发。1 号元件的上层边嵌于 1 号虚槽内，与 1 号换向片相连。由于 $y_1 = 4$，下层边嵌于 5 号虚槽内。因 $y_c = 1$，下层边应与 2 号换向片相连。接着，2 号换向片与嵌于 2 号虚槽内的 2 号元件的上层边相连，2 号元件的下层边则嵌于 6 号虚槽内，再接到 3 号换向片，以此类推，从左到右把各个元件依次连接，同时与所有相应的换向片连接起来，最后即可形成一个闭合电路。

按照电枢绕组的展开图，可以画出该瞬间的电枢电路图。

根据主磁极的极性和电枢的旋转方向，可以确定各元件中感应电动势的方向及电刷的极性。从图 2 – 14 可知，元件 2、3、4 和 10、11、12 都在 N 极下，其中的电动势方向都是从元件尾端指向元件首端；而元件 6、7、8 和 14、15、16 都在 S 极下，电动势的方向相反，即从首端指向尾端。因此，这 12 个元件将构成四条并联支路，电刷 A_1、A_2 为正极性，B_1、B_2 则为负极性。元件 1、5、9、13 分别被电刷 A_1、B_1、A_2、B_2 短路。为使正、负电刷间引出的电动势最大，被电刷所短路的元件电动势应当等于零；在元件端接线对称的情况下，电刷的实际位置应在磁极中心线下。此时，被电刷短路的元件其元件边恰好处于两个主极之间的中性线位置（此中性线称为几何中性线），该处的磁通密度为零，故该两条元件边中的感应电动势均等于零，被电刷短路时不致产生环流；另外，正、负电刷间引出的电动势亦为最大。此时的电刷位置，习惯上称为"电刷放在几何中性线位置"。

根据元件中的电动势方向及通过换向片和各电刷接触的情况，即可画出与图 2 – 14 所示的瞬间相对应的电枢绕组电路图，如图 2 – 15 所示。图中元件上的箭头表示该瞬间各元件中的电动势方向，无箭头表示电动势等于零。这个电路图虽然是对应于图 2 – 14 所示瞬间画出，对于其他时刻，由于该电路的组成情况基本不变，所不同的仅是组成各支路的元件互相轮换，因此这个电路即可作为单叠绕组的电枢电路图。

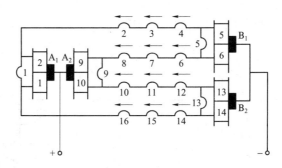

图 2 – 15　图 2 – 14 所示瞬间相对应的电枢绕组电路图

从图 2 – 14 和图 2 – 15 可以清楚地看出，每个极下的元件其电动势是同方向的，串联起来组成一个支路。电机有 4 个磁极，故电枢共有 4 条支路。如果电机的极数增加，并联支路亦将相应增加。总之，单叠绕组的并联支路数 $2a$ 应当等于电机的极数 $2p$，或

$$a = p \qquad\qquad (2 – 9)$$

式中，a 为支路对数。由于组成各支路的元件在电枢上处于对称位置，各支路电动势大小相等，故从闭合电路内部来看，各支路电动势恰巧互相抵消，不会产生环流。从图 2 – 20 还可看出，为了引出电动势和电流，电枢电路有 4 条支路，就必须装置 4 组电刷。普遍而言，单叠绕组的电刷组数应当等于磁极数。

4. 单波绕组

单波绕组的连接规律是，从某一换向片出发，把相隔约为一对极距的同极性磁极下对应位置的所有元件串联起来，直到沿电枢和换向器绕过一周之后，恰好回到出发换向片的相邻一片上。然后从此换向片出发，继续绕连，一直到把全部元件连接完，最后回到开始出发的换向片，构成一个闭合电路为止。

从图 2 – 13 可以看出，如果电机有 p 对磁极，元件接绕电枢一周，就有 p 个元件串联起来。从换向器上看，每连一个元件前进 y_c 片，连接 p 个元件后所跨过的总换向片数应为

$p\,y_c$。单波绕组在换向器上接绕一周后，应回到出发换向片的相邻一片上，即总共跨过 $K\mp1$ 片，所以有：

$$p\,y_c = K\mp1$$

或

$$y_c = y = \frac{K\mp1}{p} \tag{2-10}$$

式中，" -1 "表示接绕一周后后退一片，称为左行绕组；" $+1$ "表示接绕一周后前进一片，称为右行绕组。右行绕组因端接部分交叉，故较少采用。

现用 $2p=4$，$S=K=Q_u=15$，$u=1$ 为例，说明单波绕组的连接规律和特点。

根据式（2-10），此单波绕组的合成节应为：

$$y = y_c = \frac{K-1}{p} = \frac{15-1}{2} = 7 \text{（左行绕组）} \tag{2-11}$$

第一节距为：

$$y_1 = \frac{Q_u}{2p} \pm \varepsilon = \frac{15}{4} - \frac{3}{4} = 3 \text{（短距绕组）} \tag{2-12}$$

由此即可画出绕组的展开图，如图 2-16 所示。

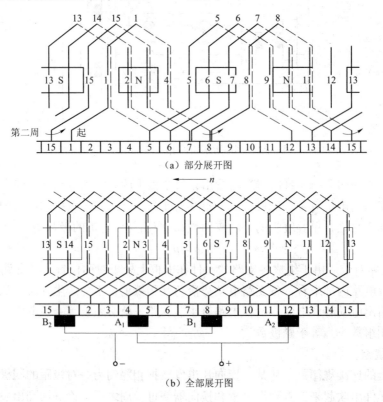

（a）部分展开图

（b）全部展开图

图 2-16　单波绕组展开图 $2p=4$，$S=K=Q_u=15$

图 2-16 中元件、换向片和虚槽的编号方法与单叠绕组相同。根据已经确定的节距值，从 1 号换向片出发。1 号换向片接到 1 号元件上层边，1 号元件的上层边嵌在 1 号虚槽，根据 $y_1=3$，下层边嵌入 4 号虚槽。因 $y_c=y=7$，故下层边应与 8 号换向片相连。8 号换向片

与 8 号元件的上层边相连,其下层边嵌入 11 号虚槽,并与 15 号换向片相连。这样连接了两个元件,在电枢表面跨过了两对磁极,即绕过电枢和换向器一周,并回到与出发的 1 号换向片相邻的 15 号换向片上。按此规律连续嵌连,可将 15 个元件全部连接起来,最后回到第一号换向片,构成一个闭合回路。元件的连接次序如图 2 – 17 所示。

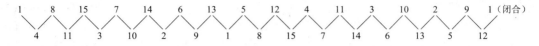

图 2 – 17 单波绕组元件的连接次序

图 2 – 18 表示与图 2 – 16 所示瞬间相应的单波绕组电路图。图中元件 15、7、14、6、13,其上层边都在 S 极下,电动势方向相同,串联起来组成一条支路;元件 4、11、3、10、2 的上层边都在 N 极下,电动势方向亦相同,串联起来构成另一条支路。为使引出的电动势最大,电刷置放在几何中性线上(实际位置在磁极中性线下),此时元件 5、12 被电刷 A_1、A_2 短路,元件 1、8、9 被电刷 B_1、B_2 短路,这 5 个元件的两条边因基本处于几何中性线左右对称的位置,元件中的感应电动势接近于零,故环流亦接近于零。

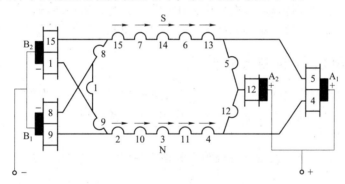

图 2 – 18 图 2 – 16 所示瞬间相对应的单波绕组电路图

从图 2 – 18 可见,组成单波绕组每条支路的元件包含了同一极性下的所有元件,所以无论电机是多少极,单波绕组只有 2 条并联支路,即支路对数:

$$a = 1 \tag{2-13}$$

由于单波绕组只有 2 条支路,故如去掉一对电刷 A_1、B_2,不会影响支路数和引出电动势的大小;但因电刷组数减少,每组的电刷面积须增大,使换向器长度增加,且被电刷短路的换向元件从并联变为串联,对换向不利,所以一般单波绕组的电刷组数仍取为磁极数。

总的说来,直流电枢电路是一个有源多支路电路。对电路内部来说,它是一个闭合回路;从外面观察,同极或同极性下的元件通过电刷组成多支路电路。当电枢旋转时,元件中感应出交变电动势,通过换向器从电刷上引出的电动势则是直流电动势。

5. 各种绕组的应用范围

除单叠和单波绕组外,电枢绕组还有复叠、复波和混合绕组。

双叠绕组是由两个单叠绕组通过电刷并联起来构成,每个单叠绕组的元件互相间隔地嵌入槽内。双波绕组则由两个单波绕组通过电刷并联起来构成,每个单波绕组的元件也是互相间隔地嵌于槽内。所以双绕组的节距与单绕组不同,但连接规律与单绕组并无根本区别。双绕组的支路数应是单绕组的一倍，这是容易理解的。

一套叠绕组和一套波绕组按一定的规律嵌放并连接到同一个换向器上，可以构成混合绕组（亦称蛙型绕组）。

就使用而言，各种直流电枢绕组的主要差别就在于并联支路数的多少。支路多时，每条支路的串联元件数就少。通常都是根据电机额定电流的大小和额定电压的高低来选择绕组形式。单波绕组的支路数最少，用于小容量电机和电压较高或转速较低的电机。复波绕组可用于多极数、低速的中、大型电机。单叠绕组的支路数比波绕组多，主要用于中等容量、正常电压和转速的电机。复叠绕组用于大容量或低压、大电流的电机。蛙型绕组常用在转速较高、换向困难的大型直流电机上。

2.2 直流电机的磁场

磁场是电机实现机电能量转化的媒介。直流电机中产生磁场的方式有两种，一种是永久磁铁磁场，只在一些比较特殊的微电机中采用；另一种是电磁铁磁场，是由套在主极铁芯上的励磁绕组通入电流产生的，称为励磁磁场，一般电机都采用这种励磁形式。

2.2.1 直流电机按励磁方式分类

励磁方式是指励磁绕组的供电方式。直流电机按供电方式可分为他励直流电机和自励直流电机，自励直流电机又分为并励、串励、复励三种直流电机。

1）他励直流电机

所谓他励，顾名思义，就是励磁绕组由其他直流电源单独供电，如图 2 - 19（a）所示。

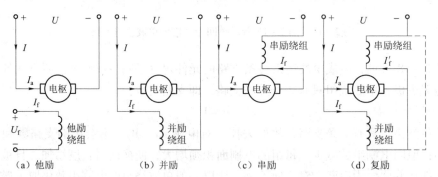

图 2 - 19　按励磁方式直流电机的分类

2）并励直流电机

并励直流电机接线图如图 2 - 19（b）所示。此时励磁绕组与电枢绕组并联，电枢电压即励磁电压。

3）串励直流电机

励磁绕组与电枢绕组串联，电枢电流即励磁电流，如图 2 - 19（c）所示。

4）复励直流电机

励磁绕组分为两部分，一部分与电枢绕组串联，另一部分与电枢绕组并联，如图 2 - 19（d）

所示。复励直流电机还可以进一步细分，如按实线连接为短复励，虚线连接为长复励；两部分绕组产生的磁场相消为差复励，相长则为积复励。

2.2.2　直流电机的空载磁场

1）磁通

空载时电机中的磁场分布是对称的，磁通可分为两部分，如图 2-20 所示。其中绝大部分从主极铁芯经气隙、电枢，再经过相邻主极下的气隙和主极铁芯，最后经定子磁轭闭合，同时交链励磁绕组和电枢绕组，在电枢绕组中感应电动势，实现机电能量转换，称为主磁通；另一小部分不穿过气隙进入电枢，而是经主极间的空气或定子磁轭闭合，不参与机电能量转换，称为漏磁通。每极主磁通记为 Φ_m，漏磁通记为 Φ_σ，则通过每个主极铁芯中的总磁通为：

$$\Phi_总 = \Phi_m + \Phi_\sigma = \Phi_m\left(1 + \frac{\Phi_\sigma}{\Phi_m}\right) = k_\sigma \Phi_m$$

式中，$k_\sigma = 1 + \dfrac{\Phi_\sigma}{\Phi_m}$ 称为主极漏磁系数，其大小与磁路结构即磁场分布情况有关，通常 $k_\sigma = 1.15 \sim 1.25$。

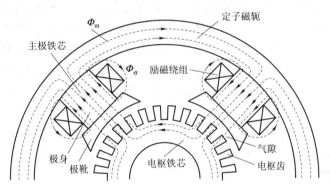

图 2-20　一台四极直流电机中空载磁场分布

2）主磁场分布

设电枢表面光滑无齿，气隙磁动势为 F'_δ，x 处的气隙长度和气隙磁密分别为 $\delta(x)$ 和 $B_0(x)$，则有 $B_0(x) = \dfrac{\mu_0 F'_\delta}{\delta(x)}$，即 $B_0(x)$ 与 $\delta(x)$ 成反比。由于主极下的气隙是不均匀的，且极靴宽度小于极距，故气隙磁密在一个极下的分布规律如图 2-21 所示，通常为一个顶波。

2.2.3　直流电机负载时磁场及电枢反应

当电机有负载、电枢绕组中有电流通过时，该电流也会在电机中产生磁场，称为电枢磁场。载流的电枢绕组也会产生磁动势，称为电枢磁动势。电枢磁动势的出现会对空载时的励磁磁场产生影响，从而改变气隙磁密分布情况及每极磁通量的大小。电枢磁动势对励磁磁场产生的影响称为电枢反应。

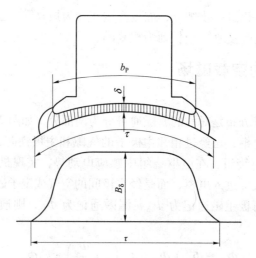

图 2 - 21　气隙磁密在一个极下的分布规律

1. 电刷在几何中性线上的电枢反应

为简化分析，设电枢绕组是整距绕组。当电刷放于磁极轴线上时，其短路元件的元件边位于电枢的几何中性线上，由于电枢电流通过电刷引入或引出，故相当于电刷位于电枢电流分布的分界处。即同一个磁极下电枢导体的电流是同一方向的，不同极性的磁极下电枢导体电流方向相反。尽管电枢旋转，但电枢导体中电流分布情况不变，因此电枢磁动势的方向是不变的，它与励磁磁动势相对静止，如图 2 - 22（a）所示。电枢磁场的轴线与励磁磁动势所产生的主磁场轴线相互垂直，这种电枢磁动势称为交轴电枢磁动势，如图 2 - 22（b）所示。

当直流电机负载运行时，电机的气隙磁场有励磁磁场与电枢磁场两部分合成，如图 2 - 22（c）所示。对应的气隙磁密分布曲线为励磁磁场磁密分布曲线与电枢磁场磁密分布曲线的合成，如图 2 - 22（d）所示。

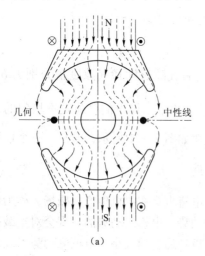

（a）

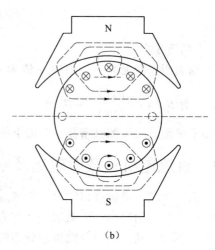

（b）

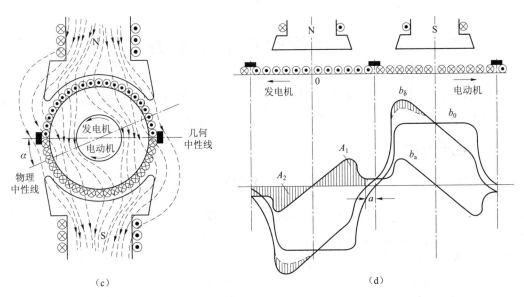

（c）

（d）

图 2 - 22 电刷在几何中性线上的电枢反应

2. 电刷不在几何中性线上的电枢反应

若电刷从几何中性线移过 β 角度，则电枢绕组中电流的分布如图 2 - 23（a）所示。可见，电枢磁动势的位置亦随着移动 β 角度。此时可将电枢磁动势分解为两个分量：一个作用在交轴上，称为交轴电枢磁动势分量 F_{aq}。另一个作用在主磁极轴线上，称为直轴电枢磁动势分量 F_{ad}，如图 2 - 23（b）所示。

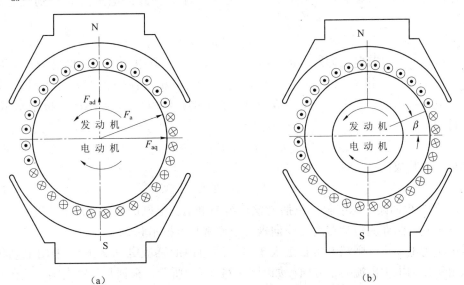

（a）

（b）

图 2 - 23 电刷不在几何中性线上的电枢反应

交轴电枢磁动势分量的电枢反应如前面的分析。直轴电枢磁动势分量的电枢反应是：若电枢顺发机转向移过 β 角度，则直轴电枢反应对励磁磁动势产生的磁场起去磁作用；反之，则起助磁作用。

2.3　直流电机的基本方程

直流电机的运行情况可以用基本方程（即电端口的电压方程和机械端口的转矩方程）来研究。下面导出稳态运行时直流电机的电压方程和转矩方程。

2.3.1　电压方程

电枢电动势是绕组在磁场中转动产生的直流电机正、负电刷之间的感应电动势。则有：

$$E_a = \frac{pN}{60a}\Phi n = C_e\Phi n$$

式中：a——并联支路对数；

　　　p——极对数；

　　　N——导体总数；

　　　Φ——每极磁通；

　　　n——电枢转速，$r/\min$；

　　　C_e——电动势常数。

1）他励直流电机

他励时，励磁电流由其他电源单独供电，故电枢电流 I_a 即为线路电流 I，即

$$I_a = I \tag{2-14}$$

对于励磁回路，若励磁绕组上所加电压为 U_f，励磁回路的电阻为 R_f，励磁电流为 I_f，则有：

$$U_f = I_f R_f \tag{2-15}$$

对于电枢回路，若电机为发电机，电机向负载供电，则电枢绕组内的感应电动势 E_a 必定大于端电压 U。采用发电机惯例，以输出电流作为电枢电流的正方向，如图 2-24（a）所示。若电枢绕组的电阻为 R，正、负一对电刷上的接触电压降为 $2\Delta U_s$，根据基尔霍夫第二定律可知：

$$E_a = U + I_a R + 2\Delta U_s \tag{2-16}$$

上式亦可以改写成：

$$E_a = U + I_a R_a \tag{2-17}$$

式中，R_a 为电枢回路的总电阻，包括电枢绕组的电阻，电刷的接触电阻；若电机装有换向极绕组，则其电阻亦应包括在内（换向极绕组通常与电枢串联）。

若电机为电动机，则端电压必定大于电枢绕组内的感应电动势 E_a。采用电动机惯例，以输入电流作为电枢电流的正方向，如图 2-24（b）所示，根据基尔霍夫第二定律有：

$$U = E_a + I_a R + 2\Delta U_s = E_a + I_a R_a \tag{2-18}$$

图 2-19（a）、（b）分别表示与式（2-16）、（2-17）相应的稳态电路图。

2）并励直流电机

并励时，励磁回路和电枢回路的电压方程仍与他励时相同，但须加以下几个约束：由于励磁绕组与电枢并联，故有：

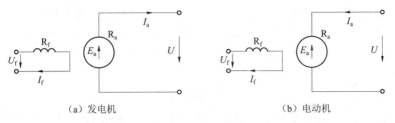

（a）发电机　　　　　　　（b）电动机

图2-24　直流电机的稳态电路图

$$U_f = U \tag{2-19}$$

对于并励发电机，励磁电流由电枢供电，所以：

$$I_a = I + I_f \tag{2-20}$$

对于并励电动机，励磁和电枢电流均由电源供给，故有：

$$I = I_f + I_a \tag{2-21}$$

3）串励直流电机

若电机为串励，励磁绕组与电枢绕组相串联，故有：

$$I_a = I_f = I \tag{2-22}$$

式中，I_f 为串励绕组中的励磁电流。

2.3.2　转矩方程

直流电机电磁转矩为电枢绕组所有载流导体与主磁场相互作用力矩之和。并有：

$$T_e = \frac{pN}{2\pi a}\Phi I_a = C_M \Phi I_a$$

式中，C_M 与 C_e 的关系为 $C_M = 9.55C_e$。

如图2-25所示，若转子为逆时针旋转，则主极 N 极下电枢导体中的感应电动势为流出的方向，S 极下导体中的电动势则为流入方向。对于直流发电机，电枢电流与电枢电动势为同一方向，于是 N 极下导体中的电流将为流出（⊙），S 极下导体则为流入（⊗），因此电枢上将收到一个顺时针方向的电磁转矩。这说明，在发电机情况下，电磁转矩是一个制动转矩。若 T_1 为原动机的驱动转矩，T_0 为电机本身的机械阻力转矩，则发电机的转矩方程应为：

$$T_1 = T_0 + T_e \tag{2-23}$$

相应示意图如图2-25（a）所示。

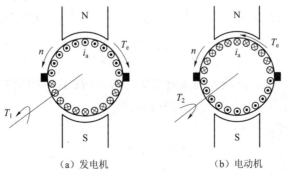

（a）发电机　　　　　　　（b）电动机

图2-25　直流电机的电磁转矩和外施转矩示意图

对于直流电动机，由于电枢电流与感应电动势反向，故电枢逆时针方向旋转时，N 极下导体中的电流将为流入（⊗），S 极下则为流出（⊙），如图 2 − 25（b）所示，于是电枢上将受到一个逆时针方向的电磁转矩。这说明，电动机的电磁转矩是一个驱动转矩。所以电动机的转矩方程为：

$$T_e = T_0 + T_2 \qquad\qquad (2-24)$$

式中，T_2 为电动机轴上的负载转矩。图 2 − 25（b）表示与式（2 − 24）相应的示意图。

2.3.3 电磁功率和功率方程

1）电磁功率

下面采用电动机惯例来分析。

先看励磁回路。励磁绕组的输入功率 P_f 为：

$$P_f = U_f I_f = I_f^2 R_f \qquad\qquad (2-25)$$

这说明励磁绕组的输入功率全部变为励磁绕组内的电阻损耗，励磁绕组与机械系统之间没有能量转换。

再看电枢回路。根据式（2 − 18），电枢输入功率是：

$$U I_a = I_a^2 R_a + E_a I_a \qquad\qquad (2-26)$$

式中，$I_a^2 R_a$ 为电枢回路的铜耗；$E_a I_a$ 称为电磁功率 P_e。不难证明，就数值而言：

$$P_e = E_a I_a = \frac{p Z_a}{2\pi a} \Omega \Phi I_a = T_e \Omega \qquad\qquad (2-27)$$

对于电动机，$E_a I_a$ 为电枢中的感应电动势所吸收的电功率，$T_e \Omega$ 为电动机的电磁转矩对机械负载所作的机械功率，由于能量不灭，两者相等。对于发电机，$T_e \Omega$ 使原动机为克服电磁转矩而输入电机的机械功率，$E_a I_a$ 为电枢发出的电功率，两者亦相等。所以，无论是发电机还是电动机，在直流电机中，电磁功率就是能量转换工程中电能转换为机械能或相反转换的转换功率。式（2 − 27）说明，能量转换发生在电枢电路和机械系统之间，而转换功率（电磁功率）的大小则与励磁电流的大小（即耦合场的强弱）有关。图 2 − 26 表示直流电机内能量转换的表象图。

2）功率方程

以图 2 − 27 所示的并励直流电机为例，说明直流电机的功率方程。先讨论电动机的情况。

从图 2 − 27 可知，对于并励电动机，$U_f = U$，线路电流 $I = I_f + I_a$。根据电压方程可知：

$$U I = U(I_f + I_a) = U_f I_f + (R_a I_a + E_a) I_a = U_f I_f + I_a^2 R_a + E_a I_a$$

即

$$P_1 = p_{Cuf} + p_{Cua} + P_e \qquad\qquad (2-28)$$

式（2 − 28）中，P_1 为从线路输入的总电功率，$P_1 = UI$；p_{Cuf} 为励磁铜耗，$p_{Cuf} = I_f^2 R_f$；p_{Cua} 为电枢回路的总铜耗，$p_{Cua} = I_a^2 R_a$；P_e 为电磁功率。

根据转矩方程可知：

$$T_e \Omega = T_0 \Omega + T_2 \Omega$$

故电磁功率又等于：

$$P_e = p_0 + P_2 \qquad\qquad (2-29)$$

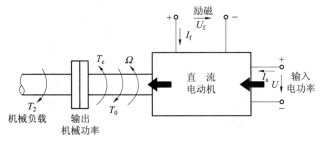

（a）电动机

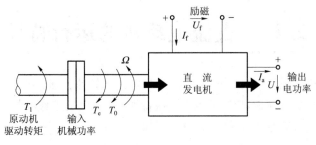

（b）发电机

图 2-26 直流电机内的能量转换示意图

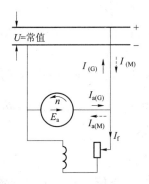

图 2-27 并励直流电机的接线图（下标（G）表示发电机，（M）表示电动机）

式（2-29）中，p_0 为克服机械耗 p_Ω 和铁耗 p_{Fe} 所需的功率，$p_0 = T_0\Omega$；P_2 为电动机输出的机械功率，$P_2 = T_2\Omega$。

对于并励发电机，考虑到 $T_1 = T_0 + T_e$ 和 $I_a = I_f + I$，同理可推得：

$$P_1 = p_0 + P_e \qquad\qquad (2-30)$$

而

$$P_e = p_{Cuf} + p_{Cua} + P_2 \qquad\qquad (2-31)$$

式中，P_1 为原动机输入发电机的机械功率；P_2 为发电机端点输出的电功率。

与式（2-28）、式（2-29）、式（2-30）和式（2-31）相应的电动机和发电机的功率图如图 2-28 所示，图中还进一步计入了杂散损耗 Δp。

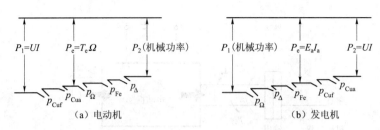

图 2 – 28　并励直流电机的功率图

2.4　直流电动机的运行特性

由于表征电动机输出机械性能的主要数据是转矩和转速，所以直流电动机的运行特性中最重要的一条就是转矩—转速特性（亦称机械特性），其次是工作特性。直流电动机的运行性能因励磁方式不同而有很大差异，下面分别加以研究。

2.4.1　他励与并励电动机的运行特性

他励电动机和并励电动机的特性大致一样。

图 2 – 29 表示他（并）励电动机的接线图。他（并）励电动机的运行特性大都可以从电压方程和转矩方程中近似导出。先讨论转矩—转速特性。

1）转矩—转速特性

他（并）励电动机的转矩—转速特性是指 $U = U_N$，$R_f = $ 常值时，$n = f\,(T_e)$。

从电磁转矩公式和电动机的电压方程可知，$T_e = C_T \Phi I_a = C_T \Phi \left(\dfrac{U - C_e n \Phi}{R_a} \right)$

由此可以解出：$n = \dfrac{U}{C_e \Phi} - \dfrac{R_a}{C_T C_e \Phi^2} T_e$ 　　　　　　　　（2 – 32）

由于 $U = U_N$，$R_f = $ 常值时，且 $R_a \leqslant C_T C_e \Phi^2$，故不计磁饱和效应时，他（并）励电动机的机械特性为一稍微下降的直线。如果计及磁饱和，交轴电枢反应呈现去磁作用，机械特性的下降程度减小，甚至可以成为水平或上翘的曲线。总之，他（并）励电动机的转速随着所需电磁转矩的增加而稍有变化，如图 2 – 30 所示，这种特性称为硬特性。

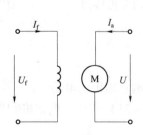

图 2 – 29　他励电动机的接线图

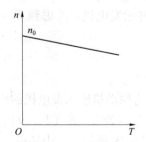

图 2 – 30　他（并）励电动机的转矩—转速特性

2）工作特性

如以电动机的电枢电流或输出功率作为自变量，可将转矩—转速特性分别表示为转速特性和转矩特性，这是 2 条基本的工作特性。

转速特性是指 $U = U_N$，$R_f =$ 常值时，$n = f(I_a)$ 或 $n = f(P_2)$。

从电动势公式 $E_2 = C_e n \Phi$ 和电压方程可知：

$$n = \frac{E_a}{C_e \Phi} = \frac{U}{C_e \Phi} - \frac{R_a}{C_e \Phi} I_a \qquad (2-33)$$

上式通常称为电动机的转速公式。该公式表示，在端电压 U，励磁电流 I_f 均为常值的条件下，影响他（并）励电动机转速的因素有 2 个：（1）电枢电阻压降；（2）电枢反应。当电动机的负载增加时，电枢电流增大，$I_a R_a$ 使电动机的转速趋于下降；电枢反应如有去磁作用时，则使转速趋于上升，因此这 2 个因素对转速的影响部分抵消，使他（并）励电动机的转速变化很小。实际上，为保证他（并）励电动机的稳定运行，常使它具有如图 2-31 所示的稍微下降的转速特性。

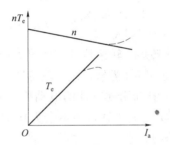

图 2-31 他（并）励电动机的工作特性

当 $I_f = I_{fN}$ 时，他（并）励电动机的转速调整率 Δn 为：

$$\Delta n = \frac{n_0 - n_N}{n_N} \times 100\% \qquad (2-34)$$

式中，n_N 为额定负载、额定励磁下电动机的转速（额定转速）；n_0 为同一励磁下电动机的空载转速。他（并）励电动机在负载变化时，转速变化很小，$\Delta n = 3\% \sim 8\%$，所以它基本上是一种恒速电机。

注意，他（并）励电动机在运行中，励磁绕组绝对不能断开。如励磁绕组断开，$I_f = 0$，主磁通将迅速下降到剩磁磁通，使电枢电流迅速增大。此时如负载为轻载，则电动机的转速将迅速上升，成为"飞车"；若负载为重载，所产生的电磁转矩克服不了负载转矩，则电动机可能停转，使电枢电流一直增大到启动电流，引起绕组过热而将电机烧毁。这两种情况都是危险的。

转矩特性是指 $U = U_N$，$R_f =$ 常值时，$T_e = f(I_a)$ 或 $T_e = f(P_2)$。

从电动机的转矩公式 $T_e = C_T \Phi I_a$ 可知，$I_f =$ 常值，且不计磁饱和时，Φ 亦为常值，于是电磁转矩将与电枢电流成正比变化，即 $T_e = f(I_a)$ 为一条直线。计及磁饱和时，由于磁通量 Φ 略微减少，故转矩特性 $T_e = f(I_a)$ 将如图 2-31 所示。

效率特性是指 $U = U_N$，$I_f = I_{fN}$ 时，$\eta = f(P_2)$ 或 $\eta = f(P_2)$。他（并）励电动机的效率特性与其他电机相类似。

2.4.2　串励电动机的运行特性

串励电动机的接线图如图 2 – 32 所示，串励电动机的特点是，电枢电流与励磁电流相等，即 $I_a = I_s = I$。

1）转矩—转速特性

串励电动机的转矩—转速特性为 $U = U_N$ 时，$n = f(T_e)$。

从电动机的电压方程可知：$U = E_a + I_a(R_a + R_s) = C_e n\Phi + I(R_a + R_s)$

式中，R_s 为串励绕组的电阻。若把电机的磁化曲线用 $\Phi = K_s I_s$ 表示，则：

$$U = (C_e K_s n + R_s + R_a) I$$

于是电磁转矩

$$T_e = C_T \Phi I_a = C_T K_s I^2 = C_T K_s \left(\frac{U}{C_e K_s n + R_a + R_s} \right)^2 \tag{2 – 35}$$

由此可以解出：

$$n = \frac{1}{C_e K_s} \left[\sqrt{\frac{C_T K_s}{T_e}} U - (R_a + R_s) \right] \tag{2 – 36}$$

图 2 – 33 表示串励电动机的转矩—转速特性。从图 2 – 33 可以看出，串励电动机的转速随着转矩的增加而迅速下降，这种特性为软特性。软特性电机一般用于恒功率负载（P 一定时，T 和 n 成正比）。T 一定时一般选用硬特性的电动机，如金属加工、起重机械等。$T = 0$ 时，在理想情况下，$n \to \infty$，但实际上负载转矩不会为 0，串励电动机不允许空载运行，因为空载时 I 很小，主磁通 Φ 亦很小，使转速 n 极高，产生"飞车"现象，十分危险。

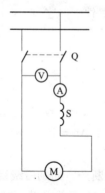

图 2 – 32　串励电动机的接线图

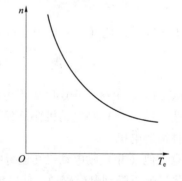

图 2 – 33　串励电动机的转矩—转速特性

2）工作特性

串励电动机的主要工作特性亦是转速特性和转矩特性。

转速特性是指 $U = U_N$ 时，$n = f(I_a)$ 或 $n = f(P_2)$。

转速特性可以从公式得出：

$$n = \frac{U - I_a(R_a + R_s)}{C_e \Phi} = \frac{U - I_a(R_a + R_s)}{C_e K_s I_s} = \frac{U}{C_e K_s I_a} - \frac{R_a + R_s}{C_e K_s} \tag{2 – 37}$$

上式表明，n 与 I_a 大体成双曲线关系。当负载增加时，I_a 增加，使电枢回路的电阻压降 $I_a(R_a + R_s)$ 增大；另外由于 $I_a = I_s$，故串励磁动势和主磁场亦增大。这两个因素都促使转速下降，所以串励电动机的转速随着负载的增加而迅速下降。这是串励电动机的约束所导致。

串励电动机不允许空载运行，所以转速调整率定义为 $\Delta n = \dfrac{n_{1/4} - n_N}{n_N} \times 100\%$ ，式中， $n_{1/4}$ 为输出功率等于 $\dfrac{1}{4}P_N$ 时电动机的转速。

转矩特性是指 $U = U_N$ 时， $T_e = f(I_a)$ 或 $T_e = f(P_2)$ 。

从转矩公式可知，当磁路不饱和时， $\Phi = K_s I_s$ ， K_s 为常值，于是 $T_e \approx C_T'' I_a$ ；当磁路饱和时， $\Phi \approx$ 常值，于是 $T_e \approx C_T'' I_a$ 。

从转矩公式可见，轻载时，串励磁动势较小，磁路处于不饱和状态，此时电磁转矩与电枢电流的平方成正比；随着负载的增加，串励磁动势增大，磁路呈现饱和，此时电磁转矩将与电枢电流成正比。这是串励电动机的另一个特点，这点对电动机的启动和过载来说具有重要意义。

2.4.3 复励电动机的运行特性

复励电动机通常接成积复励。

由于积复励电动机既有并励绕组又有串励绕组，故其稳态特性介于并励电动机和串励当电动机两者之间。若励磁磁动势以并励磁动势为主，则其稳态特性接近于并励电动机；但由于有串励磁动势的存在，当负载增加、电枢电流增大时，电枢反应的去磁作用可以收到抑制，不致使转速特性上翘，从而保证电动机可以稳定地运行。若励磁磁动势中串励磁动势起主要作用，则稳态特性接近于串励电动机，然而由于有并励磁动势，不会使电动机空载时出现"飞车"现象。

2.5 直流电动机的使用

启动和调速是评价电动机性能的另外两个重要方面。

2.5.1 直流电动机的启动

直流电动机接到电源以后，转速从零达到稳态转速的过程称为启动过程。直流电动机的启动过程是一种动态过程，情况较为复杂，这里仅介绍启动要求和启动方法。

对电动机启动的基本要求是：（1）启动转矩要大；（2）启动电流要小；（3）启动设备要简单、经济、可靠。

直流电动机开始启动时，转速 $n \approx 0$ ，电枢的感应电动势 $E_a = C_e n \Phi \approx 0$ ，电枢电阻 R_a 又很小，因而启动电流 $I \approx U/R_a$ 将达到很大的数值，常常需要加以限制。另一方面，启动转矩 $T_e = C_T \Phi I_a$ ，减少启动电流将使启动转矩随之减少。这是互相矛盾的。通常采用保证足够的启动转矩下尽量减少启动电流的办法，使电动机启动。

直流电动机常用的启动方法有3种：直接启动；串入变阻器启动；降压启动。分别说明如下。

1）直接启动

直接将电动机的电枢投入额定电压的电源上启动，称为直接启动。图 2-34 表示并励电动机直接启动时的接线图。启动之前先合上励磁开关 Q_1，并将励磁电流调到最大值，使主磁场先建立起来，然后再合上电枢开关 Q_2，使电动机启动。

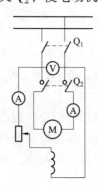

图 2-34 并励电动机直接启动时的接线图

直接启动法操作简单，无需其他启动设备，但启动时冲击电流较大，可达（10～20）I_N，从而造成换向困难，出现强烈火花。很大的冲击电流亦会使电源电压发生瞬时跌落，以致影响其他电力设备的正常运行。故此法只用于小型电动机的启动。

2）电枢回路串变阻器启动

为限制启动电流，启动时可将一启动电阻 R_{st} 串入电枢回路，待转速上升后再逐步将启动电阻切除。串入变阻器后启动电流为 $I_{st} = \dfrac{U}{R_a + R_{st}}$

可见，只要 R_{st} 的值选择得当，就能将启动电流限制在允许范围之内。

启动变阻器有很多类型，今以并励电动机常用的三点启动器为例加以说明。三点启动器的接线图如图 2-35 所示。启动时，先把励磁回路的变阻器调到电阻为 0，再把手柄从触电 0 移到触电 1 处，此时励磁绕组接通，主磁通建立起来，同时电枢绕组亦接通，电动机开始启动，此时全部电阻串在电枢回路内。随着电动机转速的上升，可把手柄移过一个触电，即切除一段电阻；知道手柄移到触电 5 时，启动电阻全部切除，此时电磁铁 Y 把手柄吸住。三点启动器的特点是，启动过程中励磁回路保持全电压，确保主磁通及时建立并为最大；正常运行中，如果电源停电或励磁回路断开，电磁铁 Y 失去吸力，弹簧自动把手柄拉回到起始位置 0，以起保护作用。三点启动器常用于小容量直流并励电动机中。

对大容量电动机，启动变阻器十分笨重，经常启动时还会消耗很多电能。

3）降压启动

降压启动时，开始时加于电动机电枢的端电压很低，随着转速的上升，逐步增高电枢电压，并使电枢电流限制在一定范围以内。

采用降压启动时，需要一套专用的直流发电机或晶闸管整流电源作为电动机的电源。采用专用直流发电机时，通过改变发电机的励磁电流来控制发电机的端电压。采用晶闸管整流电源时，用触发信号去控制输出电压，以达到降压的目的。为使励磁不受电源电压的影响，电动机采用他励。

降压启动法的优点是启动电流小、启动过程平滑、能量损耗少；缺点是投资较高。

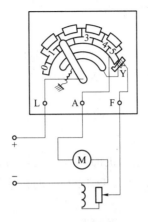

图 2 – 35 三点启动器及其接线图

2.5.2 直流电动机速度的调节

电动机是用以驱动某种生产机械的。对电动机的转速，不仅要能调节，而且要求调节的范围广，过程平滑，调节方法简单、经济。

1. 直流电动机速度调节的相关指标

（1）调速均匀平滑，可以无级调速。在一定的调速范围内，调速的级数越多调速越平滑，相邻两级转速之比为平滑系数：$\varphi = \dfrac{n_i}{n_{i-1}}$。$\varphi$ 越接近 1，平滑性越好。当 $\varphi = 1$ 时，称为无级调速，即转速可以连续调节。调速不连续时，级数有限，称为有级调速。

（2）调速范围大，调速比可达 200（他励式）以上（调速比 $D = n_{max}/n_{min}$）。

（3）静差率（相对稳定性）δ（%）小。指负载变化时，转速变化的程度，转速变化小，稳定性好。由：

$$\delta\,(\%) = \frac{n_0 - n_N}{n_0} \times 100\% = \frac{\Delta n_N}{n_0} \times 100\%$$

可知 δ（%）越小，电机运行调速相对稳定性越好。此外，δ（%）与机械特性硬度和 n_0 有关，且与 D 相互制约：

$$D = \frac{n_{max}}{n_{min}} = \frac{n_{max}}{n_{0min} - \Delta n_N} = \frac{n_{max}}{\dfrac{\Delta n_N}{\delta} - \Delta n_N} = \frac{n_{max}\delta}{\Delta n_N\,(1 - \delta)}$$

δ 越小，D 越小，相对稳定性越好；在保证一定的 δ 指标的前提下，要扩大 D，须减少 Δn，即提高机械特性的硬度。

（4）调速的经济性。主要指调速的投资，运行效率及维修费用等。

从直流电动机的转速公式 $n = \dfrac{U - I_a R_a}{C_e \Phi}$ 可知，调速方法有 3 种：

① 磁场控制，即调节励磁电流；

② 调节电枢电压调速；

③ 在电枢电路中接入调速电阻。

2. 他励和并励电动机的速度调节

1）用磁场控制来调速

在励磁回路中串入可变电阻以调节励磁电流，即可实现场控。

从电动机的机械特性可以看出，以 I_f 为参数时，

$$n = \frac{C}{I_f} - \frac{D}{I_f^2} T_e \qquad (2-38)$$

式中，$C = U/C_e K_f$；$D = R_a/C_e C_T K_f^2$。图 2-36 画出了 $I_{f1} > I_{f2}$ 的两条曲线，曲线 1 的斜率小于曲线 2；此时负载的转矩特性与电动机的机械特性分别交于 P 点和 Q 点，对应的转速为 n_1 和 n_2，$n_2 > n_1$。这说明减少励磁可使并励电动机的转速升高。

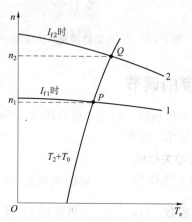

图 2-36 不同的 I_f 时并励电动机的机械特性

设负载转矩保持不变，现减少磁通量 Φ，则从电枢的电压方程 $U = E_a + I_a R_a$ 可知，若忽略电枢电阻压降 $I_a R_a$，由于端电压 U 保持不变，故调节励磁前、后 E_a 将基本保持不变，即 $C_e \Phi_1 n_1 = C_e \Phi_2 n_2$。由此可知，调速前、后稳态转速有下列关系：

$$\frac{n_2}{n_1} \approx \frac{\Phi_1}{\Phi_2} \qquad (2-39)$$

若负载转矩保持不变，则减小励磁使电动机的转速上升时，输出功率亦增加；负载转矩不变又使电枢电流增加，故使输入功率相应增加。总的说来，调速前、后电动机的效率 $\eta = \frac{P_2}{P_1}$ 可基本保持不变。

用场控这种方法来调速，设备简单，调节也很方便；但若转速调得过高，则励磁过弱和电枢电流过大，可使换向变坏，还可能出现不确定现象。但是若在设计时注意到这些因素，则调速范围可达 2:1 ~ 6:1。

2）调节电枢电压来调速

若用调节电枢电压来调速，则电动机的电枢电路应由专用的直流电源单独供电，励磁绕组则由另一电源他励。

从式（2-32）可见，电枢电压改变时，电动机的机械特性应为：

$$n = AU - BT_e \qquad (2-40)$$

式中，$A = \dfrac{1}{C_e \Phi}$；$B = \dfrac{R_a}{C_T C_e \Phi^2}$。画出 $U = U_1$、U_2、U_3 的一组机械特性（其中 $U_1 > U_2 > U_3$），可知这组曲线为近似具有相同斜率的一组平行直线，如图 2-37 所示。从图 2-37 可见，这组机械特性与负载的机械特性具有不同的交点，这些交点对应于不同的转速 n_1、n_2、n_3。

专用的直流电源可以是一台他励发电机。调节发电机的励磁电流，使能任意调节加于电动机的端电压，达到平滑、宽广的调速，且运行效率较高。若改变发电机的励磁方向，可改变发电机端电压的极性，使电动机改变转动方向。此外，还可以实现降压启动。这种方法的缺点是，专用直流发电机的投资较高。近年来，由于变流技术的迅速发展，可用晶闸管整流电源去代替直流发电机，使这种方法得到较广的应用。

3）电枢电路中接入调速电阻调速

电枢电路接入调速电阻 R_Ω 后，电动机机械特性的斜率将随之增大，电动机和负载的机械特性的交点将逐步下移，如图 2-38 所示，于是电动机的转速就下降。

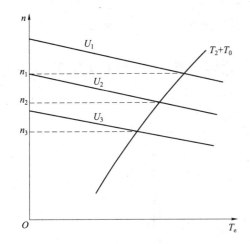

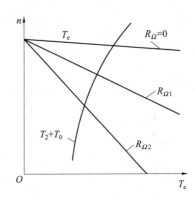

图 2-37　不同电枢电压时并励电动机的机械特性　　图 2-38　电枢接入调速电阻后电动机的机械特性

用这种方法调速时，若负载转矩不变，则调速以后电磁转矩 $T_e = C_T \Phi I_a$ 亦不变，即电枢电流保持不变，这样电枢电路的铜耗增加，电动机的输出功率 $P_2 = T_2 \Omega$ 将随着转速的下降而成比例地下降，效率亦是这样。所以这种方法的优点是简单易行，缺点是调速效率较低，耗能较大；接入电阻后机械特性变软，使负载变动时电动机产生较大的速度变化，只适用于小型直流机。

3. 他励调速方式与负载类型的配合

容许输出：指电动机在某一转速下长期可靠工作时所能输出的最大转矩和功率。

充分利用：指在一定的转速下电动机的实际输出转矩和功率达到它的容许值，即电枢电流达到额定值。

当电动机调速时，在不同的转速下，电枢电流能否总保持为额定值，即电动机能否在不同转速下都得到充分利用，与调速方式和负载类型的配合有关。

以电机在不同转速都能得到充分利用为条件，他励直流电动机的调速可分为恒转矩调速和恒功率调速。

电枢串电阻调速和降压调速时，磁通 $\Phi = \Phi_N$ 保持不变，若在不同转速下保持电流 $I_a =$

I_N 不变，即电机得到充分利用，容许输出转矩和功率分别为：

$$T \approx T_{em} = C_T \Phi_N I_N = C$$

$$P = \frac{Tn}{9\,550} = C_1 n$$

电动机的容许输出功率与转速成正比，而容许输出转矩为恒值——恒转矩调速。

弱磁调速时，磁通 Φ 是变化的，在不同转速下若保持电流 $I_a = I_N$ 不变，即电机得到充分利用，容许输出转矩和功率分别为：

$$T \approx T_{em} = C_T \Phi I_N = C_T \frac{U_N - I_N R_a}{C_e n} = \frac{C_2}{n}$$

$$P = \frac{Tn}{9\,550} = \frac{C_2}{n} \frac{n}{9\,550} = \frac{C_2}{9\,550}$$

电动机的容许输出转矩与转速成反比，而容许输出功率为恒值——恒功率调速。

上述容许输出转矩、功率和转速的关系如图 2-39 所示。

以 n_N 为界，分两个区域：$n < n_N$ 为恒转矩调速区；$n > n_N$ 为恒功率调速区。

1）恒转矩负载配恒转矩调速

T_L 和 T 均为常数，P_L 和 P 均与转速 n 成正比，只要选择电动机的 T 与 T_L 相等，在任何转速下均有：

$$P = P_L \quad T = T_L \quad I_a = I_N$$

电机既满足了负载要求，又得到了充分利用。如图 2-40 所示。

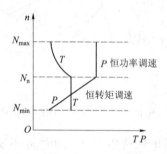

图 2-39 容许输出转矩、功率和转速的关系

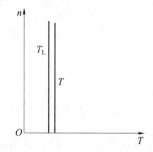

图 2-40 恒转矩负载配恒转矩调速

这是一种理想的配合，转速是从额定转速向下调，所以额定转速为系统的最高转速。

2）恒功率负载配恒功率调速

T_L 和 T 均为常数，P_L 和 P 均与转速 n 成正比，只要选择电动机的 T 与 T_L 相等，在任何转速下均有：

$$P = P_L \quad T = T_L \quad I_a = I_N$$

电机既满足了负载要求，又得到了充分利用。如图 2-41 所示。

这是一种理想的配合，转速是从额定转速向上调，所以额定转速为系统的最低转速。

3）恒转矩负载配恒功率调速

负载转矩 $T_L = C$ 电动机容许输出转矩 $T \propto \frac{1}{n}$，如图 2-42 所示。

只有在最高转速时才有：

$$P = P_L \quad T = T_L \quad I_a = I_N$$

电机得到了充分利用。

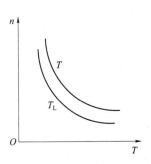

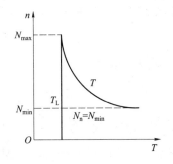

图 2-41 恒功率负载配恒功率调速 　　　　图 2-42 恒转矩负载配恒功率调速

在低于最高转速时：

$$P_L < P \quad T_L < T \quad I_a < I_N$$

电动机未被充分利用。

在最低转速时，电动机的实际输出功率（负载功率）只是电动机额定功率的 $\dfrac{1}{D}$ 。

$$P_N = P_{Lmax} = \frac{T_L n_{max}}{9\,550} = \frac{n_{max}}{n_{min}} \frac{T_L n_{min}}{9\,550} = D P_{Lmin}$$

$$P_{Lmin} = \frac{1}{D} P_N$$

显然这种配合将造成电动机容量的浪费。

4）恒功率负载配恒转矩调速

负载转矩 $T_L \propto \dfrac{1}{n}$ 电动机容许输出转矩 $T = C$，如图 2-43 所示。只有在最低转速时才有：

$$P = P_L \quad T = T_L \quad I_a = I_N$$

电机得到了充分利用。

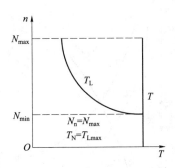

图 2-43 恒功率负载配恒转矩调速

在高于最高转速时：

$$P_L < P \quad T_L < T \quad I_a < I_N$$

电动机未被充分利用。

同样这种配合将造成电动机容量的浪费。

5）风机型负载与两种调速方式的配合

由于负载转矩随转速的升高而增大，为了使电动机在最高转速时（所需的转矩最大）能满足负载的需要，应使 $T_{(n=n_{max})} = T_{L(n=n_{max})}$ 如图 2-44 所示。

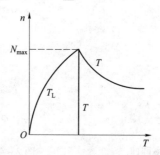

图 2-44　风机型负载与两种调速的配合

只有在最高转速时，电动机才被充分利用。恒转矩调速方式所造成的电动机容量浪费比恒功率调速方式小一些。

根据以上 5 种情况分析可得：电枢串电阻调速和降压调速方式属于恒转矩调速，适用于恒转矩负载；弱磁调速属于恒功率调速方式，适用于恒功率负载；对于泵与风机类负载，3 种调速方式都不十分合适，但采用电枢串电阻和降压调速比弱磁调速合适一些。

4. 串励电动机的速度调节

串励电动机亦可以用电枢电路中接入电阻或调节电枢电压的办法来调速。

可以导出，以电枢电压 U 为参数时，机械特性的表达式为：

$$n = E \frac{U}{\sqrt{T_e}} - F \qquad (2-41)$$

式中，$E = \frac{1}{C_e}\sqrt{\frac{C_T}{K_s}}$；$F = \frac{R_a + R_s}{C_e K_s}$。图 2-45 表示电枢端电压分别为 U_1 和 U_2 时（$U_2 > U_1$）的机械特性。从电动机和负载的机械特性的交点可以看出，当 $U_2 > U_1$ 时，$n_2 > n_1$。

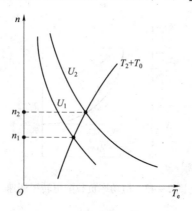

图 2-45　以电枢端为参数时，串励电动机的机械特性

和并励电动机一样，电枢接入可变电阻调速时，电动机的效率较低；用改变电枢端电压调速时，效率较高。

2.5.3　直流电动机的制动

在电动拖动机组中，有时要求电动机尽快停转，或者由高速运行很快进入低速运行，此时需要对电动机进行制动。下面介绍3种制动方法。

1）能耗制动

图2-46表示并励电动机能耗制动时的接线图。制动时保持励磁电流不变，用开关Q将电枢两端从电网断开，并立即将它接到一个制动电阻R_L上。这时电机内仍有主磁场，电枢因有惯性而继续旋转，电机变成他励发电机。由于发电机的电磁转矩为制动性转矩，其方向与转子转向相反，故使转速迅速下降。能耗制动时转子的动能大部分转换成电能，消耗在制动电阻上，小部分消耗于机组的机械损耗，直到机组停止转动。

能耗制动操作简便，但低速时制动转矩很小，停转较慢。为加快停转，可加上机械制动闸。

2）反接制动

图2-47表示并励电动机反接制动时的接线图。在保持励磁电流不变的条件下，利用反向开关Q把电枢两端反接到电网上，此时电枢电流将变成负值，且电流极大，$I_a = -(U + E)/R_a$，随之产生很大的制动性质的电磁转矩，使电机停转。

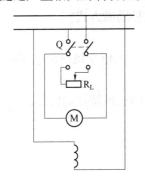

图2-46　并励电动机能耗制动时的接线图

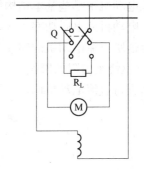

图2-47　并励电动机反接制动时的接线图

反接制动的优点是，能很快使机组停转；缺点是电枢电流过大，会引起电网电压降低。为此反接时必须串入足够的电阻，使电枢电流限制在允许值之内。此外，当转速下降到零时，必须及时断开电源，否则机组将反转。

3）回馈制动

当串励电动机拖动的电车或电力机车下坡时，如果不加以制动，则机车速度会越来越高而达到危险数值。如果此时把串励改成他励，由其他电源供给适量的励磁电流，电枢仍接在电网上，则当转速高于某一数值时，电枢电动势$E_a > U$，此时电机进入发电机状态；相应地，电磁转矩将起制动作用，限制转速继续上升。由于此法是把下坡时机车的位能转换为电能而回馈给电网，故称为回馈制动。

2.5.4　直流电机的连接

直流电机有四个出线端，电枢绕组、励磁绕组各两个，可通过绕组电阻的大小区别。其次，出线端还有通过相应标出的字符区分。

1）绕组的阻值范围

➢ 电枢绕组的阻值在零点几欧姆到 1～2 欧姆。

➢ 他励/并励电机的励磁绕组的阻值有几百欧姆。

➢ 串励电机的励磁绕组的阻值与电枢绕组的相当。

2）绕组的符号（见表 2－1）

表 2－1　绕组符号

始端	末端	绕组名称
S_1	S_2	电枢绕组
T_1	T_2	他励绕组
B_1	B_2	并励绕组
C_1	C_2	串励绕组

复习参考题

1. 直流电动机由哪些基本结构组成？一般可分为哪几种励磁方式？

2. 直流电动机的电磁功率等于什么？

3. 一台他励直流电动机的转速提高 20% ，励磁电流不变，电动机电枢电压应提高多少？（忽略电机电枢绕组内阻的影响）

4. 如何进行直流电动机调速？他励、串励直流电动机的机械特性如何？

第3章
三相交流异步牵引电动机

【本章内容概要】

本章介绍了三相交流异步电动机的基本结构、工作原理，讲述了交流异步电动机的基本方程及机械特性，以及启动、调速和制动的有关内容，并对异步电动机的各种运行状态作简单的阐述。

【本章学习重点与难点】

本章重点掌握交流异步电动机的基本原理，掌握交流电动机的机械特性，了解交流异步电动的结构。交流异步电动机的机械特性理论是难点。

交流电机的出现和发展已经有 100 多年的历史了，人们已经研究制造了型式多样、用途各异的多种交流电机。常用的交流电机有异步电机和同步电机，其中三相异步电机具有结构简单、运行可靠、价格低廉、维修方便等优点，是我国铁路牵引传动系统采用的电机形式。

3.1 三相交流异步电动机的基本结构和工作原理

如前所述，交流异步电动机的主要优点是结构简单、容易制造、价格低廉、运行可靠、坚固耐用、运行效率较高和具有适用的工作特性。缺点是功率因数较低，总是小于 1，因为它总是从电网吸收一部分无功功率。但它在工业中应用却极其广泛，可以拖动风机、泵、压缩机、中小型扎钢设备、各种金属切削机床、轻工设备、矿山机械等。在农业中，可以拖动水泵、脱粒机、粉碎机及其他加工机械。在民用电器中，电扇、洗衣机、电冰箱、空调机等都由单相异步电动机拖动。

异步电动机运行时，定子绕组接到交流电源上，转子绕组自身短路，由于电磁感应的关系，在转子绕组中产生电动势、电流，从而产生电磁转矩。所以异步电动机又称为感应电动机。按定子相数分，有单相异步电动机、两相异步电动机和三相异步电动机；按转子结构分，有绕线型异步电动机和鼠笼式异步电动机。

3.1.1 三相异步电动机的类型

根据工业应用的需要选用一台异步电动机时，常常会发现有多种电机可供选择。所以，了解各种类型的三相异步电动机的构造和特性，是十分必要的。

我国异步电动机的制造现在已实现标准化，标准不仅仅体现在电机的外壳、支架尺寸、安装螺孔、轴系等方面，而且也涉及电机的电气特性、机械特性和热特性。此外，还要满足一些最基本的要求，如启动转矩、启动电流、过负载能力、温升等。

异步电动机种类繁多，除了上述给出的各种规格的异步电动机以外，还有一些特殊用途和性能的异步电动机。电动机的分类根据使用者的不同要求而各异，但是通常情况下按以下两个主要方面进行分类。

1. 根据运行环境分类

由于生产机械种类繁多，它们的工作环境也各不相同。所以设计和生产出了能运行在不同环境条件下的各种类型的异步电动机。

1）开启式电动机

这种类型的电动机在构造上无特殊防护装置，用于干燥无尘的场所。这种电动机散热效果良好。

2）全封闭式电动机

这种电动机具有全封闭式的外壳，既防水的滴溅又防粉尘等杂物。散热条件不如开启式电动机。

3）密闭式电动机

密闭式电动机的外壳严密封闭，有的密闭式电动机具有很好的防水性能（如潜水泵电机）。由于采用密闭结构，这种电动机的散热条件较差，所以多采用外部冷却的方式。

4）防爆电动机

这种电动机也采用密闭式结构。此外，电机骨架被设计成能够承受巨大的压力，能够将电机内部的火花、绕组电路短路，打火等完全与外界隔绝。这种电机用在一些高粉尘、有爆炸气体、燃烧气体环境的场合。

2. 根据电气和机械特性分类

由于生产上的需要，设计和生产出了多种电气和机械性能不同的电动机，以适合不同的机械负载的工作要求。

1）普通启动转矩电动机

用于一般机械负载的启动。大部分的电动机都属于这个范畴。启动系数从 0.7 ～ 1.3（从 15 kW ～ 150 kW）。一般情况下，启动电流不超过额定电流的 6.4 倍。这些电机用在一般的生产机械、驱动风扇、离心泵等场合。

2）高启动转矩电动机

这种电动机用于启动条件非常差的场合，如水泵、活塞式压缩机等。这些负载要求电动机的启动转矩是负载额定转矩的 2 倍，但启动电流同样不超过额定电流的 6.4 倍。一般情况下，通常采用具有良好启动转矩特性的双鼠笼结构电动机。

3）高转差率电动机

运行速度通常为同步速度的 85% ～ 90%。这些电机适用加快大惯性负载的启动过程（像离心干燥机、大飞轮）。这种电动机的鼠笼条的电阻值较大，为了防止过热，这种电机常常在间歇工作状态下工作。这种随着负载的增加，速度下降较大的电动机也特别适合挤压和冲孔机械。

3.1.2 三相异步电机的结构

三相异步电动机主要由固定的定子和旋转的转子两个基本部分组成，转子装在定子内腔里，借助轴承被支撑在两个端盖上。此外还有端盖、轴承、机座、风扇等部件。为了保证转子能在定子内自由转动，定子和转子之间必须有一间隙，称为气隙。电机的气隙是一个非常重要的参数，其大小及对称性等对磁通及电机性能有很大影响。如图3-1所示为三相鼠笼式异步电动机的组成部件；图3-2为鼠笼式异步电动机的断面图，其中⊙示电流流出，⊗表示电流流入。

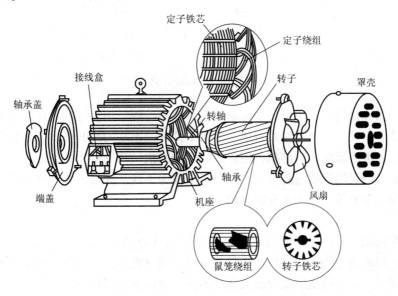

图3-1 三相鼠笼式异步电机的结构

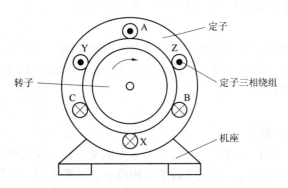

图3-2 三相鼠笼式异步电机断面图

1. 定子

定子由定子三相绕组、定子铁芯和机座组成。

1) 定子三相绕组

定子三相绕组是异步电动机的电路部分，在异步电动机中的运行中起着很重要的作用，是把电能转换为机械能的关键部件。定子三相绕组的结构是对称的，一般有6个出线端 U_1、U_2、V_1、V_2、W_1、W_2 置于机座外侧的接线盒内，根据需要接成星形（Y）或三角形（△），如图3-3所示。

2) 定子铁芯

定子铁芯是异步电动机磁路的一部分，由于主磁场以同步转速相对于定子旋转，为减少在铁芯引起的损耗，铁芯采用0.5 mm厚的高导磁电工钢片叠成，电动钢片两面涂有绝缘漆

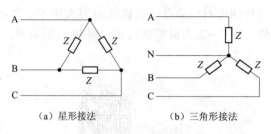

（a）星形接法　　　　　（b）三角形接法

图 3 - 3　三相负载的两种接法

以减少铁芯的涡流损耗。中小型异步电动机定子铁芯一般采用整圆的冲片叠成，大型异步电动机的定子铁芯一般采用扇形冲片拼成。在每个冲片内圆均匀地开槽，使叠装后的定子铁芯内圆均匀地形成很多形状相同的槽，用以嵌放定子绕组。槽的形状由电机的容量、电压及绕组的类型而定。绕组的嵌放过程在电机制造厂中称为下线。完成下线并进行浸漆处理后的铁芯与绕组成为一个整体一同固定在机座内。

3）机座

机座又称机壳，它的主要作用是支撑定子铁芯，同时也承受整个电机负载运行时产生的反作用力，运行时由于内部损耗所产生的热量也是通过机座向外散发。中小型电机的机座一般采用铸铁制成。大型电机因机身较大浇注不便，常用钢板焊接成型。

2. 转子

异步电动机的转子由转子铁芯、转子绕组及转轴组成。

1）转子铁芯

转子铁芯也是电机磁路的一部分，也是用电工钢片叠成。与定子铁芯冲片不同的是，转子铁芯冲片是在冲片的外圆上开槽，叠装后的转子铁芯外圆柱面上均匀地形成许多形状相同的槽，用以放置转子绕组。

2）转子绕组

转子绕组是异步电动机的另一部分。其作用为切割定子磁场，产生感应电动势和电流，并在磁场作用下受力而使转子转动。其结构可分为鼠笼式转子绕组和绕线式转子绕组两种类型。这两种转子的各自特点是，鼠笼式转子结构简单、制造方便、经济耐用；绕线式转子结构复杂、价格贵，但转子回路可引入外加电阻来改善启动和调速性能。

（1）鼠笼式转子绕组。

鼠笼式转子绕组由置于转子槽中的导条和两端的端环构成。为节约用铜和提高生产率，小功率异步电动机的导条和端环一般都是融化的铝液一次浇铸出来；大功率的电动机，由于铸铝质量不易保证，常用铜条插入转子铁芯槽中，再在两端焊上端环。鼠笼式转子绕组自行闭合，不必由外界电源供电，其外形像个鼠笼，故称鼠笼式转子。

鼠笼式转子绕组的各相均由单根导条组成，其感应电势不大，加上导条和铁芯叠片之间的接触电阻较大，所以无需专门把导条和铁芯用绝缘材料分开。

（2）绕线式转子绕组。

绕线式转子绕组是由用绝缘导线组成，嵌放在转子铁芯槽内的三相对称绕组。三相一般为星形接法，三根引出线分别接到固定的转轴上并互相绝缘的 3 个集电环上，再通过安装在端盖上的电刷装置与集电环接触把电流引出来。这种转子的特点是可以通过集电环和电刷在转子回路中接入附加电阻，用以改善电动机的启动性能或调节电动机的转速。有的绕线转子异步电动机还装有一种举刷短路装置，当电动机启动完毕而又不需要调节转速时，移动手柄使电刷被举起而与集电环脱离接触，同时使三只集电环彼此短接起来，这样可以减少电刷与集电环间的磨损和摩擦损耗，提高运行可靠性。与鼠笼式转子比较，绕线式转子的缺点是结构复杂、价格较贵、运行可靠性较差。因此，绕线转子异步电动机只用在要求启动电流小、启动转矩大或需要调节转速的场合，例如用来拖动频繁启动的起重设备。

3）转轴

转轴是整个转子部件的安装基础，又是力和机械功率的传输部件，整个转子靠轴和轴承被支撑在定子铁芯内腔内。转轴一般由中碳钢或合金钢制成。

3. 其他部件

端盖：安装在机座的两端，它的材料加工方法与机座相同，一般为铸铁件。端盖上的轴承室里安装了轴承来支撑转子，以便定子和转子得到较好的同心度，保证转子在定子内膛里正常运转。端盖除了起支撑作用外，还起着保护定子、转子绕组的作用。

轴承：连接转动部分与不动部分，目前都采用滚动轴承以减少摩擦。

轴承端盖：保护轴承、使轴承内的润滑油不至溢出。

风扇：冷却电动机。

异步电机的气隙是很小的，中小型电机一般为 0.2～2 mm。气隙越大，磁阻越大。要产生同样大的磁场，就需要较大的励磁电流。由于气隙的存在，异步电机的磁路磁阻远比变压器要大，因此异步电动机的励磁电流要比变压器的大得多。变压器的励磁电流约为额定电流的3%，异步电机的励磁电流约为额定电流的30%。励磁电流是无功电流，因而励磁电流越大，功率因数越低。为提高异步电机的功率因数，必须减少它的励磁电流，最有效的方法是尽可能缩短气隙长度。但是气隙过小会使装配困难，还有可能使定子、转子在运行时发生摩擦或碰撞，因此气隙的最小值由制造工艺及运行安全可靠等因素来决定。

3.1.3　三相异步电机的工作原理

1. 三相异步电动机转动的一般原理

三相异步电动机转动的一般原理是基于法拉第电磁感应定律和载流导体在磁场中会受到电磁力的作用这两个基本因素。图3-4中N和S是一对永久磁铁的磁极，这对磁极以 n_0 的转速按顺时针方向进行旋转，从而形成了一个转速为 n_0 的旋转磁场。当磁场转动时，放置在磁场当中的铜制线框上下两根导条与旋转磁场就有了相对运动并切割旋转磁场的磁力线，于是在这两根导条上就产生了感应电动势，其方向符合右手定则，有：

$$E = Blv \qquad (3-1)$$

式中：E——感应电动势，V；

B——磁感应强度，T；

l——导条长度，m；

v——导条切割磁力线的相对速度，m/s。

由于线框形成一个闭合回路，在感应电动势的作用下，线框的上下两根导体中就出现了如图3-4所示方向的感应电流。

在磁场中的载流导体将受到电磁力的作用，根据电动机左手定则，上下两根导条所受电磁力的方向如图 3 - 4 所示。从图中可以看出，N 极下的导条受力方向是朝向右，而 S 极下的导条受力方向是朝向左。这一对力形成一顺时针方向的转矩。如果把异步电动机的鼠笼式转子放置在旋转磁场中（如图 3 - 5 所示）代替线框，不难想象，当磁场旋转时，在磁极经过下的每对导条都会产生这样的电磁转矩，在这些电磁转矩的作用下，转子就按顺时针的方向旋转起来了。

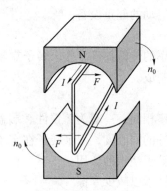

图 3 - 4　在旋转磁场作用下产生感应电流和转矩

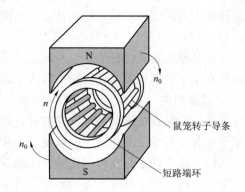

图 3 - 5　鼠笼式异步电动机转动原理

　　当然，如果磁场按逆时针方向旋转，转子也将按逆时针方向旋转。由此可见，转子的旋转方向同旋转磁场的旋转方向是相同的。

　　虽然转子同旋转磁场彼此隔离，但从上面的叙述可知，由于有了一个旋转的磁场，在转子的导条中产生了感应电流，而流过电流的导条又在磁场中受到电磁力的作用，产生电磁转矩，从而使转子转动起来。这就是感应式电动机转动的一般原理。

　　需要指出的是，转子的旋转速度 n（即电动机的旋转速度）比旋转磁场的旋转速度 n_0（一般称同步转速）要低一些。这是因为如果这两种转速相等，转子和旋转磁场就没有了相对运动，转子导条将不切割磁力线便不能产生感应电动势，也就不能产生感应电流，这样就没有电磁转矩，转子将不会继续旋转。因此，若要转子旋转，旋转磁场和转子之间就一定存在转速差，即转子的旋转速度总要落后于旋转磁场的旋转速度。由于转子的旋转速度不同于，且低于旋转磁场的转速，所以我们称这种电动机为异步电动机。

2. 旋转磁场的产生

　　若要异步电动机能够转动，首先应当有一个旋转磁场，在实际应用的异步电动机中，是不可能使用一个旋转的永久磁铁来产生旋转磁场的。

　　通常我们在三相异步电动机的定子铁芯中放置三相对称绕组 AX、BY 和 CZ，将三相绕组作星形连接，并接在三相正弦交流电源上，通入三相对称电流，这样，就能在电动机的定子空间里产生一个以固定速度旋转的磁场。

　　为了简化起见，设每相绕组只有一个线匝，3 个绕组分别嵌放在定子铁芯圆周上空间位置上互差 120°对称分布的 6 个凹槽之中。A 相绕组的始端用大写英文字母 A 来表示，A 相绕组的末端用大写英文字母 X 来表示。另两相绕组的始末端分别为 BY 和 CZ（图 3 - 6）。

　　现在将三相绕组的末端连接在一起，每个绕组的始端分别接在三相对称的交流电源上，如图 3 - 7 所示。

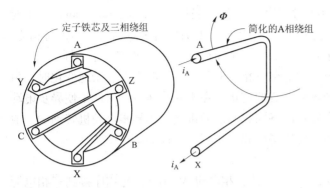

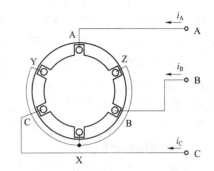

图3-6 用以产生旋转磁场的定子铁芯和绕组分布示意图　　图3-7 接成星形的三相定子绕组

在图3-8中给出了流入定子绕组的三相电流的波形。现在我们根据各个不同瞬时每相绕组电流及其方向来分析定子铁芯磁场分布的情况。

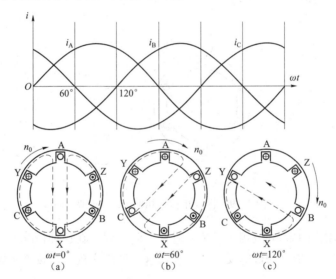

图3-8 三相对称电流产生的旋转磁场

为了分析方便，在这里作一规定，电流为正值时（在坐标横轴上方），从绕组的始端流入，从绕组的末端流出（图3-6）。下面将分析在不同时间（角度）由三相电流所产生的磁场将如何变化。

当$\omega t=0°$时，A相电流$i_A=0$。C相电流i_C为正值，即从C端流入，在Z端流出。B相电流i_B为负值，即从Y端流入，在B端流出。根据电流的流向，应用右手螺旋定则，由i_C和i_B产生的合成磁场如图3-8（a）所示。

当$\omega t=60°$时，C相电流$i_C=0$。A相电流i_A为正值，即从A端流入，在X端流出。B相电流i_B为负值，即从Y端流入，在B端流出。由i_A和i_B产生的合成磁场如图3-8（b）所示。可以看出，此时合成磁场同$\omega t=0°$时相比，按顺时针方向旋转了60°。

当$\omega t=120°$时，B相电流$i_B=0$。A相电流i_A为正值，即从A端流入，在X端流出。C相电流i_C为负值，即从Z端流入，在C端流出。由i_A和i_C产生的合成磁场如图3-8（c）

所示。可以看出，此时合成磁场同 $\omega t = 60°$ 时相比，又按顺时针方向旋转了 $60°$。同 $\omega t = 0°$ 时相比，按顺时针方向旋转了 $120°$。不难理解当 $\omega t = 180°$ 时，此时的合成磁场同 $\omega t = 0°$ 时相比，按顺时针方向旋转了 $180°$。根据这样的规律，当 $\omega t = 360°$ 时，合成磁场正好转了一周。

通过上面的分析可知，当定子绕组中的对称三相电流随时间不断周而复始地变化时，由它们在电动机定子空间所产生的合成磁场随电流的变化而在不断旋转着。这就是使异步电动机转子能够转动所需的旋转磁场。这个旋转磁场同我们前面讲述三相异步电动机转动的一般原理中所使用旋转着的永久磁铁产生的旋转磁场所起的作用是一样的。

3. 旋转磁场的转向

电动机定子三相绕组 A – X、B – Y、C – Z 是按三相电流 A、B、C 的相序接到三相电源上的，这时定子三相绕组中的电流是按顺时针方向排列的（图 3 – 8 的三相电流波形图），从前面的分析知道，此时旋转磁场也是按顺时针方向转动的。如果将电源接到定子绕组上的三根引线中的任意两根对调一下，譬如将电源 B 相接到原来的 C 相绕组上，电源 C 相接至原来的 B 相绕组上，如图 3 – 9 所示。

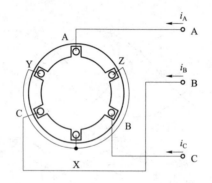

图 3 – 9　将 B 相和 C 相的电源线对调

这时定子三相绕组中的电流相序就按逆时针方向排列，在这种情况下产生的旋转磁场将按逆时针方向旋转。异步电动机的反转就是利用这一原理实现的。读者不妨自己画图分析来加以证明。

由此可见，磁场的转向与通入绕组的三相电流相序有关。任意对调两根三相电源接到定子绕组上的导线，就可以改变异步电动机的旋转方向。

4. 旋转磁场的转速

从前面的分析可知，如图 3 – 8 所示，三相电流从 $\omega t = 0°$ 变到 $\omega t = 60°$，旋转磁场也转动了 $60°$ 空间角。当电流变化一周时，磁场恰好在空间旋转了一圈。设电流的频率为 f_1，则每分钟变化 $60f_1$ 次，旋转磁场的转速为：

$$n_0 = 60f_1$$

式中，n_0 的单位为 r/min。若 f_1 为 50 Hz 的工频交流电，则此时的旋转磁场的转速为 3 000 r/min。

上面所讨论的旋转磁场的转速是对应于一对磁极的情况（即 $p = 1$）。也就是分别只有一个 N 极和 S 极。如果电动机绕组由原来的 3 个绕组增至为 6 个绕组（为了理解方便，仍使用单匝绕组），每个绕组的始端（或末端）之间在定子铁芯的内圆周上按互差 $60°$ 角的规律进行排列，并按相序编出绕组顺序编号如图 3 – 10（a）所示。6 个绕组的电气连线如

图 3 - 10（b）所示。

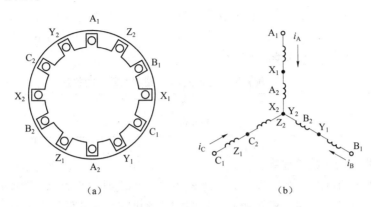

（a）　　　　　　　　　　（b）

图 3 - 10　产生两对磁极旋转磁场的定子绕组分布及其电气连线

参考图 3 - 8，分析图 3 - 11 的定子绕组上磁场分布情况易发现，在定子铁芯内圆周上具有两对磁极（即 $p = 2$），如图 3 - 11 所示。当电流也从 $\omega t = 0°$ 到 $\omega t = 60°$ 经历了 $60°$ 时，而磁场在空间仅旋转了 $30°$。就是说，当电流经历了一个周期（$360°$），磁场在空间仅仅能旋转半个周期（$180°$），由此可知，两对磁极的磁场旋转速度比一对磁极的磁场转速慢了一半，即 $n_0 = 30 f_1$。

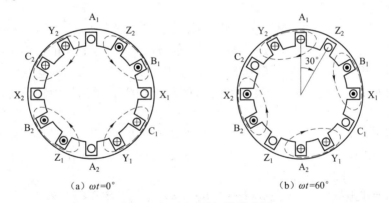

（a）$\omega t = 0°$　　　　　　　　　（b）$\omega t = 60°$

图 3 - 11　两对磁极旋转磁场

因此可以得出：空间对称分布的多相绕组，流过时间上对称的多相电流时，合成磁通势为旋转磁通势，由此磁通势建立的磁场为旋转磁场；定子绕组的主要功能在于建立旋转磁通势。

同理，在三对磁极的情况下（$p = 3$），电流变化一个周期，磁场在空间仅旋转了 1/3 转，只是 $p = 1$ 情况下的转速的 1/3，即 $n_0 = 60 f_1 / 3$，所以对于一般情况，当旋转磁场具有 p 对磁极时，磁场的旋转速度为：

$$n_0 = 60 f_1 / p \tag{3-2}$$

式中：n_0——旋转磁场旋转速度（又称同步转速）；

f_1——三相交流电流频率；

p——磁极对数。

由上式可知，旋转磁场的转速 n_0 的大小与电流频率 f_1 成正比，与磁极对数 p 成反比。

其中 f_1 是由异步电动机的供电电源频率决定，而 p 由三相绕组的各相线圈串联多少决定。通常对于一台具体的异步电动机，f_1 和 p 都是确定的，所以磁场转速 n_0 为常数。

在我国，工频 $f_1 = 50$ Hz，于是由上式可得出对应于不同磁极对数 p 的旋转磁场转速 n_0（r/min），具体对应关系见表 3 – 1 所示。

表 3 – 1　旋转磁场的转速 n_0 与磁极对数 p 的关系

p	1	2	3	4	5	6
n_0/（r/min）	3 000	1 500	1 000	750	600	500

5. 三相异步电动机的转差率

从三相异步电动机的工作原理可知，虽然电动机的转动方向同旋转磁场的转动方向相同，但旋转磁场的转速 n_0 同电机转速 n 是不同的。电机的转速 n 低于旋转磁场的转速 n_0。

旋转磁场的转速 n_0（又称同步转速）与电机转速 n 之差（$n_0 - n$），用符号 $\triangle n$ 表示，称为转速差（简称转差）。转差与同步转速的比值叫做转差率，用 s 表示。

$$s = \frac{n_0 - n}{n_0} \tag{3 – 3}$$

（1）在电机刚起步时，转子转速 $n = 0$，则 $s = 1$，转子导体切割旋转磁场的相对速度为最大，转子中的电势及电流也最大。如果电动机产生的电磁转矩足以克服机械负载的阻力转矩，转子就开始旋转，转速会不断上升。

（2）随着转子转速 n 的上升，转差率 s 减小，转子切割旋转磁场的相对速度减小，转子中电势及电流也最大。在额定状态下，转差率 s 的数值通常都是很小的，中小型异步电动机的转差率约为 0.01 ~ 0.07，转子转速为与同步转速相差并不很大。而空载时，因阻力矩很小，转子转速 n 很高，转差率则更小，约为 0.004 ~ 0.007，可以认为转子转速近似等于同步转速。

（3）假设 $n = n_0$，则转差率 $s = 0$，此时转子导体不切割旋转磁场，转子中就没有感应电势及电流，也不产生电磁转矩。可见，作电动机运行时，转速 n 在 0 ~ n_0 的范围内变化，而转差率则在 1 ~ 0 的范围内变化。

可见三相异步电机作为电动机运行时，$0 < n < n_0$，转差率 $0 < s < 1$。

3.1.4　三相异步电动机的定子绕组

1. 三相异步电动机的定子绕组

三相异步电动机的旋转磁场是依靠定子绕组中通以交流电流来建立的。因此，定子绕组必须保证当它通以三相交流电流以后，其所建立的旋转磁场接近正弦波形，以及由该旋转磁场在绕组本身中所感应的电动势是对称的。因此需要了解定子绕组的基本要求和分类，也需要了解三相异步电动机定子绕组的基本概念。

2. 对三相异步电动机定子绕组的基本要求

（1）绕组通过电流之后，必须形成规定的磁极对数，这由正确的连线来确定。

（2）三相绕组在空间布置上必须对称，以保证三相磁动势及电动势对称。这不仅要求每相绕组的匝数、线径及在圆周上的分布情况相同，而且要求三相绕组的轴线在空间互差 120° 电角度，因此一对磁极范围内 6 个相带的顺序为 U_1、W_2、V_1、U_2、W_1、V_2。

（3）三相绕组通过电流所建立的磁场在空间的分布应尽量为正弦分布且旋转磁场在三相绕组中的感应电动势必须随时间按正弦规律变化。

（4）在一定的导体数之下，建立的磁场最强而且感应电动势最大。

（5）用铜量少，嵌线方便，绝缘性能好，机械强度高，散热条件好。

3. 三相异步电动机定子绕组的分类

异步电动机定子绕组的种类很多，按相数分，有单相、两相和三相绕组；按槽中绕组数量的不同，有单层、双层和单双层混合绕组；按绕组端接部分的形状分，单层绕组有同心式、交叉式和链式之分；双层绕组有叠绕组和波绕组之分；按每极每相所占的槽数是整数还是分数，有整数槽和分数槽之分等。但构成原则是一致的。

4. 三相异步电动机定子绕组的几个基本概念

从三相异步电动机的工作原理可知，定子三相绕组是建立旋转磁场，进行能量转换的核心部件。为了便于掌握绕组的排列和连接规律，先介绍有关交流绕组的一些基本知识与概念。

1）线圈

组成交流绕组的单元是线圈。它有两个引出线，一个叫首端，另一个叫末端，如图3－12所示，在简化实际线圈的描述时，可用一匝线圈来等效多匝线圈，其中铁芯槽内的直线部分称为有效边，槽外部分称为端部。

图3－12　交流绕组的线圈

2）电角度与机械角度

电机圆周在几何上分成360°，这个角度称为机械角度。从电磁观点来看，若磁场在空间按正弦波分布，则经过N、S一对磁极恰好相当于正弦曲线的一个周期。如有导体去切割这种磁场，经过N、S一对磁极，导体中所感应产生的正弦电动势的变化也为一个周期，变化一个周期即经过360°电角度，因而一对磁极占有的空间是360°电角度。若电机有p对磁极，电机圆周期按电角度计算就为$p \times 360°$，而机械角度总是360°，因此电角度 = $p \times$机械角度。

3）绕组及绕组展开图

绕组是由多个线圈按一定方式连接起来构成的。表示绕组的连接规律一般用绕组展开图，即设想把定子（或转子）沿轴向展开、拉平，将绕组的连接关系画在平面上。

4）极距 τ

每个磁极沿定子铁芯内圆所占的范围称为极距。极距 τ 可用磁极所占范围的长度或定子槽数 z_1 表示：

$$\tau = \frac{\pi D}{2p} \text{或} \ \tau = \frac{z_1}{2p} \tag{3-4}$$

式中：D——定子铁芯内径；

z_1——定子铁芯槽数；

p——磁极对数。

5）节距 y

一个线圈的两个有效边所跨定子内圆上的距离称为节距。一般节距 y 用槽数表示。当 $y = \tau$ 时，称为整距绕组，当 $y < \tau$ 时，称为短距绕组，当 $y > \tau$ 时，称为长距绕组。长距绕组端部较长，费铜料，故较少采用。

6）槽距角 α

相邻两槽之间的电角度称为槽距角，槽距角 α 用下式表示：

$$\alpha = \frac{p \times 360°}{z_1} \qquad (3-5)$$

槽距角 α 的大小即表示了两相邻槽的空间电角度，也反映了两相邻槽中导体感应电动势在时间上的相位移。

7）每极每相槽数 q

每一个极下每相所占有的槽数称为每极每相槽数，以 q 表示，有关系式：

$$q = \frac{z_1}{2m_1 p} \qquad (3-6)$$

式中：m_1——定子绕组的相数。

5. 三相单层绕组

单层绕组在每一个槽内只安放一个线圈边，所以三相绕组的总线圈数等于槽数的一半。现以 $z_1 = 24$，要求绕成 $2p = 4$，$m_1 = 3$ 的单层绕组为例，说明三相单层绕组的排列和连接的规律。

1）计算绕组的数据

利用在上面我们提到的公式，可以计算出如下绕组的数据：

$$\tau = \frac{z_1}{2p_1} = \frac{24}{4} = 6$$

$$q = \frac{z_1}{2m_1 p} = \frac{24}{2 \times 3 \times 2} = 2$$

$$\alpha = \frac{p \times 360°}{z_1} = \frac{2 \times 360°}{24} = 30°$$

2）划分相带

在图 3-13 的平面上画 24 根垂直线表示定子 $z_1 = 24$ 个槽和槽中的线圈边，并且按 1，2，…顺序编号。据 $q = 2$，即相邻 2 个槽组成一个相带（每个极距内属于同相的槽所占有的区域），两对磁极共有 12 个相带。每对磁极按 U_1、W_2、V_1（N 极）U_2、W_1、V_2（S 极）顺序给相带命名，划分相带实际上是给定子上每个槽划分相属，如属于 U 相绕组的槽号有 1、2、7、8、13、14、19、20 这 8 个槽。

3）画绕组展开图

① 链式绕组。

先画 U 相绕组。如图 3-13 所示，从同属于 U 相槽的 2 号槽开始，根据 $y = \tau - 1 = 5$，把 2 号槽的线圈边和 7 号槽的线圈边组成一个线圈、8 号和 13 号、14 号和 19 号、20 号和 1

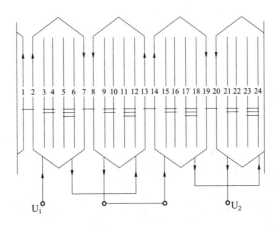

图3-13　三相单层链式（$2p=4$，$q=2$）U相绕组展开图

号共组成4个线圈，把这些同一极相的$2p=4$个线圈串联成一个U_1U_2线圈组，构成U相绕组。各线圈之间的连线按同一相的相邻的线圈边电流应反相的原则，连成一路串联，其规律是线圈的"尾连尾，头连头"。我们称一相绕组为链式绕组。链式绕组为等距元件，而且每个线圈跨距小，端部短，可以省铜，还有$q=2$的两个线圈各朝两边翻，散热好。

对于三相绕组，可以画出分别与U相相差120°的V相（从6号槽开始）、相差240°的W相（从10号槽开始）的绕组展开图，从而得到三相对称绕组U_1U_2、V_1V_2、W_1W_2。然后根据铭牌要求，将线引至接线盒上连接成Y或△。

② 交叉式绕组。

设$q=3$（如$z_1=36$，$2p=4$，$m_1=3$），其连接规律是把$q=3$的三个线圈分成$y=\tau-1$的两个大线圈和$y=\tau-2$的一个小线圈各朝两面翻，因此一相绕组就按"两大一小"顺序交错排列，故称之为交叉式绕组。端部连线较短、散热好，因此，$p\geq2$，$q=3$的单层绕组常用交叉式绕组，如图3-14所示。

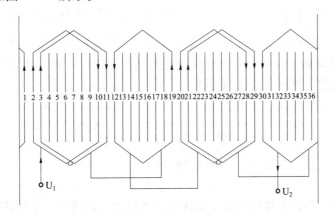

图3-14　三相单层交叉式绕组U相绕组展开图

③ 同心式绕组。

设$q=4$（如$z_1=24$，$2p=2$，$m_1=3$），在$p=1$时，同心式绕组嵌线较方便，因此，$p=1$的单层绕组常采用同心式绕组，如图3-15所示。

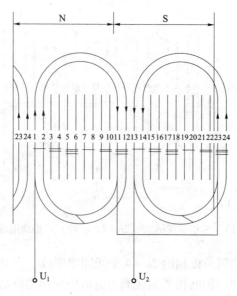

图 3 – 15 三相单层同心式绕组 U 相绕组展开图

单层绕组的优点是每槽只有一个线圈边，嵌线方便，槽利用率高，而且链式或交叉式绕组的线圈端部也较短，可以省铜。但是从电磁观点来看，其等效节距仍然是整距的，不可能用绕组的短距来改善感应电动势及磁场的波形。因而其电磁性能较差，一般只能适用于中心高 160 mm 以下的小型异步电动机。

6. 三相双层绕组

双层绕组是铁芯的每个线槽中分上、下两层嵌放两条线圈边的绕组。为了使各线圈分布对称，安排嵌线时一般某个线圈的一条边如在上层，另一条则一定在下层。以叠绕组为例，这种绕组的线圈用一绕线模绕制，线圈端部逐个相叠，均匀分布，故称"叠绕组"。为使绕组产生的磁场分布尽量接近正弦分布，一般取线圈节距等于极距的 $\frac{5}{6}$ 左右，即 $y = \frac{5}{6}\tau$，这种 $y < \tau$ 的绕组叫短距绕组。这种绕组可使电动机工作性能得到改善，线圈绕制也方便，目前 10 kW 以上的电动机，几乎都采用双层短距叠绕组。现以 4 极限 24 槽三相电动机为例，讨论三相双层叠绕组的排列和连接的规律。

1）计算绕组数据

$$\tau = \frac{24}{4} = 6，\quad q = \frac{24}{3 \times 4} = 2，\quad y = \frac{5\tau}{6} = 5$$

此类型为短距绕组。若 y 不为整数，则应当取整数，但 y 须小于 τ。

2）划分相带

画 24 对虚实线代表 24 对有效边（实线代表上层边，虚线代表下层边）并按顺序编号；根据每个相带有 $q = 2$ 个槽来划分，两对极共得到 12 个相带。

需要指出的是，对于双层绕组，每槽的上下层线圈边可能属于同一相的两个不同线圈，也可能属于不同相的，相带划分并非表示每个槽的相属，而是每个槽的上层边相属关系，即划分的相带是对上层边而言。例如，13 号槽是属于 U_1 相带的，仅表示 13 号槽上层边，对应的下层边放在哪一个槽的下层，则由节距 y 来决定，与相带划分无关。属于 U 相绕组的上层边槽号是 1、2、7、8、13、14、19、20。

3）画绕组展开图

先画 U 相绕组。如图 3-16 所示，从 1、2 号槽的上层边（用实线表示）开始，根据 $y=5$ 槽，可知组成对应线圈的另一边分别 6、7 号槽的下层（用虚线表示），将此属于同一个 U 相的相邻的 $q=2$ 个线圈串联起来组成一个线圈组 $U_{11}U_{12}$。

由图 3-16 可见，7、8 号槽的上层边与对应的 12、13 号槽的下层边也串联成属于 U 相的另一个线圈组为 $U_{12}U_{22}$。同理，由 13、14 槽的上层边与对应的 18、19 槽的下层边。19、20 槽的上层边与对应的 24、1 号槽的下层边可得 U 相的另两个线圈组为 $U_{13}U_{23}$ 和 $U_{14}U_{24}$，此例两对磁极电机的每相共有 $4=2p$ 个线圈组。由此可知，双层叠绕组每相共有 $2p$ 个线圈组。

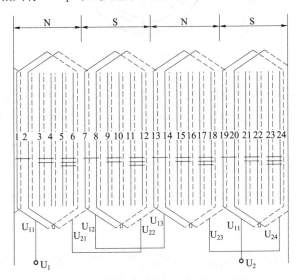

图 3-16 三相双层短距叠绕组 U 相绕组展示图

此例的 4 个线圈组完全对称，可并可串。串并联的原则仍然是：同一相的相邻极下的线圈边电流应反相，以形成规定的磁场极数。这 4 个线圈组可并可串，得到的并联支路数可以为 $a=1$，$a=2$，$a_{max}=2p=4$。

同理，可画出 V、W 相绕组展开图，然后再连接成 Y 形或 △ 形而得到三相对称的双层叠绕组。

3.2 交流电动机的特性

本节将主要以三相异步电动机为例来论述交流电动机的电路特性、工作特性、机械特性等方面的问题。

3.2.1 三相异步电动机的电路特性及其功率

异步电动机通过电磁感应把定子边（原边）的电功率转换成转子边（副边）的机械功率。从电磁关系上来看，异步电动机同变压器的运行相似，即定子可看成原端绕组，转子则相当副端绕组。所不同的是在电动机定子绕组和转子绕组中的感应电动势都是由旋转磁场作用产生的，实际上，在电动机运行时，旋转磁场是由定子绕组和转子绕组产生的合成磁场。但它和变压器比较，工作原理和分析方法有很多相似之处。

三相异步电机的每相等效电路如图 3-17 所示。

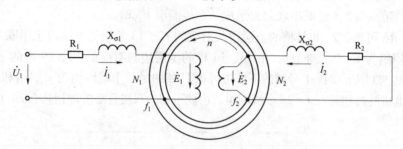

图 3-17　三相异步电动机的每相等效电路

图中的 $\dot{E}_1$ 和 $\dot{E}_2$ 分别为旋转磁场在定子绕组和转子绕组上产生的感应电动势；R_1 和 R_2 分别为定子绕组和转子绕组上的电阻；$X_{\sigma1}$ 和 $X_{\sigma2}$ 分别为定子磁路和转子磁路漏磁通产生的感抗；N_1 和 N_2 分别为定子和转子绕组的匝数。

电路中还应该加入等效负载电阻 $\dfrac{1-s}{s}R_2'$，相当于在右边的电路中串接一个滑动变阻器，这里为了讨论方便，暂时省略。在对三相异步电动机功率的讨论中，这部分负载则是应该考虑在内的。

1. 定子电路

异步电动机的定子绕组是静止的，所以旋转磁场产生的感应电动势的频率等于电源频率 f_1，根据三相异步电动机的每相等效电路，其电压方程为：

$$\dot{U}_1 = R_1\,\dot{I}_1 + jX_{\sigma1}\,\dot{I}_1 + (-\dot{E}_1) \tag{3-7}$$

仿照变压器的分析方法可得：

$$U_1 \approx E_1 = 4.44f_1 N_1 \Phi_m \tag{3-8}$$

其中，Φ_m 为气隙主磁通量。

2. 转子电路

当电动机旋转时，旋转磁场切割转子绕组导体，导体的上面产生感应电动势。由于旋转磁场是旋转的，对于转子上的每相绕组的导体来讲，旋转磁场的 N 极和 S 极都能扫过它们，所以在绕组上产成的感应电动势应当是一交流电动势。感应电动势的频率取决于旋转磁场同转子的相对速度和磁极对数。旋转磁场切割转子绕组导体的速度为 $n_0 - n$，则转子感应电动势的频率同转差的关系为：

$$f_2 = \frac{p\,(n_0 - n)}{60} = \frac{n_0 - n}{n_0} \cdot \frac{pn_0}{60} = sf_1 \tag{3-9}$$

通常，$f_2 = 0.5 \sim 4.5 \text{ Hz } (f_1 = 50 \text{ Hz})$。

在电动机启动瞬间，$n = 0$，$s = 1$，$f_2 = f_1$，此时转子绕组中的感应电动势大，为：

$$E_{20} = 4.44f_1 N_2 \Phi_m \tag{3-10}$$

当电动机旋转时，在转子绕组上的感应电动势为：

$$E_2 = 4.44f_2N_2\Phi_m = 4.44sf_1N_2\Phi_m = sE_{20} \tag{3-11}$$

由此可见，转子感应电动势与转差率 s 有关。在电动机启动瞬间，$n = 0$，$s = 1$，$f_2 = f_1$，此时转子感抗最大，为：

$$X_{s20} = 2\pi f_1 L_{s2} \tag{3-12}$$

这里的 L_{s2} 是转子漏磁电感。当电动机旋转时，转子感抗：

$$X_{\sigma2} = 2\pi f_2 L_{\sigma2} = 2\pi sf_1 L_{\sigma2} = sX_{\sigma20} \tag{3-13}$$

可见 X_{s2} 也同转差有关。

根据图 3-17 的等效电路，可写出转子绕组中的电流有效值：

$$I_2 = \frac{E_2}{\sqrt{R_2^2 + X_{s2}^2}} = \frac{sE_{20}}{\sqrt{R_2^2 + (sX_{s20})^2}} \tag{3-14}$$

由于转子漏电感的存在，$\dot{I}_2$ 要滞后 $\dot{E}_2$ 一定角度，这个角度用 θ_2 来表示，因此转子电路的功率因数为：

$$\cos\theta_2 = \frac{R_2}{\sqrt{R_2^2 + X_{s2}^2}} = \frac{R_2}{\sqrt{R_2^2 + (sX_{s20})^2}} \tag{3-15}$$

转子电流和转子功率因数同转差的关系曲线如图 3-18 所示。

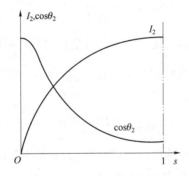

图 3-18　转子电流和转子功率因数同转差的关系曲线

由上述分析可见，由于转子电路是旋转的，转子转速不同时，转子绕组和旋转磁场之间的相对速度不同，所以转子电路中的各个量，如频率、电动势、感抗、电流和功率因数等都与转差率有关，实际上也就是同电动机的转速有关。

3. 三相异步电动机的功率

1）功率平衡方程式

若在图 3-17 中右边的电路中串入等效负载电阻 $\dfrac{1-s}{s}R_2'$，则其 T 型等效电路图如图 3-19 所示。

异步电动机的功率关系可用 T 型等效电路图来分析。异步电动机通电运行时，T 型等效电路中每个电阻上均产生一定损耗，如：

定子电阻 R_1 产生定子铜损耗：

$$p_{Cu1} = 3I_1^2 R_1 \tag{3-16}$$

励磁电阻 R_m 产生定子铁损耗：

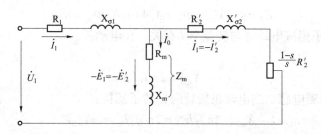

图 3 - 19　三相异步电动机 T 型等效电路图

$$p_{Fe} = p_{Fe_1} = 3I_m^2 R_m \quad （忽略\ p_{Fe2}） \tag{3-17}$$

转子电阻产生转子铜损耗：

$$p_{Cu2} = 3{I'_2}^2 R_2^1 \tag{3-18}$$

从而可得三相异步电动机运行时的功率关系如下：

$$P_{em} = P_1 - p_{Cu1} - p_{Fe} \tag{3-19}$$

电源输入电功率除去定子铜损耗和铁损耗便是定子传递给转子回路的电磁功率：

电磁功率又等于等效电路转子回路全部电阻上的损耗，即

$$P_{em} = 3{I'_2}^2 \left[R'_2 + \frac{(1-s)}{s} R'_2 \right] = 3{I'_2}^2 \frac{R'_2}{s} \tag{3-20}$$

电磁功率除去转子绕组上的损耗，就是等效负载电阻 $\frac{1-s}{s}R'_2$ 上的损耗，这部分等效损耗实际上是传输给电动机转轴上的机械功率，用 P_{MEC} 表示。它是转子绕组中电流与气隙旋转磁场共同作用产生的电磁转矩，带动转子以转速 n 旋转所对应的功率：

$$P_{MEC} = P_{em} - p_{Cu2} = 3{I'_2}^2 \frac{1-s}{s} R'_2 = （1-s）P_{em} \tag{3-21}$$

电动机运行时，还存在由于轴承等摩擦产生的机械损耗 p_{mec} 及附加损耗 p_{ad}。大型电机中 p_{ad} 约为 $0.5\% P_N$，小型电机的 p_{ad} 约为 （$1\% \sim 3\%$）P_N。

转子的机械功率 P_{MEC} 减去机械损耗 p_{mec} 和附加损耗 p_{ad} 才是转轴上实际输出的功率，用 P_2 表示，有：

$$P_2 = P_{MEC} - p_{mec} - p_{ad} \tag{3-22}$$

可见异步电动机运行时，从电源输入电功率 P_1 到转轴上输出机械功率的全过程为：

$$P_2 = P_1 - （p_{Cu1} + p_{Fe} + p_{Cu2} + p_{mec} + p_{ad}） = P_1 - \sum P \tag{3-23}$$

功率关系可用图 3 - 20 来表示。从以上功率关系定量分析看出，异步电动机运行时电磁功率 P_{em}、转子损耗 p_{Cu2} 和机械功率 P_{MEC} 三者之间的定量关系是：

$$P_{em} : p_{Cu2} : P_{MEC} = 1 : s : （1-s） \tag{3-24}$$

也可写成下列关系式：

$$P_{em} = p_{Cu2} + P_{MEC}, \quad p_{Cu2} = sP_{em}, \quad P_{MEC} = （1-s）P_{em} \tag{3-25}$$

上式表明，当电磁功率一定，转差率 s 越小，转子铜损耗越小，机械功率越大，效率越高。电动机运行时，若 s 增大，转子铜耗也增大，电机易发热，效率降低。

2）转矩平衡方程式

机械功率 P_{MEC} 除以轴的角速度 Ω 就是电磁转矩，即

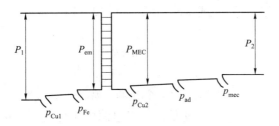

图 3 - 20 异步电动机功率关系图

$$T_{em} = \frac{P_{MEC}}{\Omega} \qquad (3-26)$$

电磁转矩与电磁功率关系为:

$$T_{em} = \frac{P_{MEC}}{\Omega} = \frac{P_{MEC}}{\dfrac{2\pi n}{60}} = \frac{P_{MEC}}{(1-s)\dfrac{2\pi n_0}{60}} = \frac{P_{em}}{\Omega_0} \qquad (3-27)$$

式中，Ω_0 为同步角速度（用机械角速度表示）。

式（3-22）两边同时除以角速度可得出:

$$T_2 = T_{em} - T_0 \qquad T_0 = \frac{p_{mec} + p_{ad}}{\Omega} = \frac{p_0}{\Omega} \qquad (3-28)$$

式中：T_0——空载转矩;

T_2——输出转矩。

在电力拖动系统中，常可忽略 T_0，则有:

$$T_{em} \approx T_2 = T_L \qquad (3-29)$$

式中：T_L——负载转矩。

3.2.2 三相异步电动机的电磁转矩和机械特性

异步电动机的作用是把电能转换为机械能，它输送给生产机械的是转矩和转速。因此电动机的转矩同哪些因素有关？它的大小受哪些因素的影响？转矩同转速之间的关系怎样？本小节将对这些问题做深入的探讨。

1. 异步电动机的电磁转矩

三相异步电动机的电流与旋转磁场相互作用产成电磁力，电磁力对电机的转子产生了电磁转矩，由此可见电磁转矩是由转子电流和旋转磁场共同作用所产生的结果，因此电磁转矩的大小与转子电流及旋转磁场每极磁通成正比。从前面对转子电路的分析知道，转子电路不但有电阻，还有漏感阻抗存在，所以转子电流 $\dot{I}_2$ 与转子感应电动势 $\dot{E}_2$ 之间有一个相位差，用 φ_2 来表示，于是转子电流可以分为有功分量和无功分量两部分。只有转子电流的有功分量部分 $I_2 \cos\varphi_2$ 才能与旋转磁场相互作用而产生电磁转矩，这样，写出电磁转矩同磁场和转子电流的关系如下:

$$T = K_T \Phi I_2 \cos\varphi_2 \qquad (3-30)$$

式中：T——电磁转矩，N·m;

K_T——电动机结构常数。

将式（3-8）、式（3-10）、式（3-14）、式（3-15）带入式（3-30），可得到转矩的另一种表达方式：

$$T = K \frac{sU_1^2 R_2}{R_2^2 + (sX_{s20})^2} \qquad (3-31)$$

这里 K 是整理式（3-31）时得到的一个新的常数。上式表明，三相异步电动机的转矩与每相电压的有效值平方成正比，也就是说，当电源电压变动时，对转矩产生较大的影响。例如电源电压降低至额定电压的 80% 时，则转矩只为原来的 64% 。过低的电压常使电动机不能启动或被迫停转，此种现象一旦发生就会引起电流剧增，若不及时切断电源，在短时间内就会使电动机烧毁，故在运行中必须引起注意。

此外，转矩与转子电阻也有关。当电压和转子电阻一定时，电磁转矩还同转差率有关。$T = f(s)$ 关系就称为异步电动机的机械特性。$T = f(s)$ 曲线如图 3-21 所示。

2. 异步电动机的机械特性

电磁转矩特性（$T = f(s)$ 曲线）间接地表示了电磁转矩与转速之间的关系，而人们关心的是电动机的电磁转矩与转速的关系，称为机械特性。若将 $T = f(s)$ 曲线的 s 坐标变换成 n 坐标，并顺时针旋转 90°，再将表示 T 的横轴移下，便得到机械特性曲线 $n = f(T)$ 曲线，如图 3-22 所示。

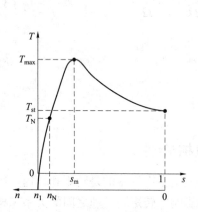

图 3-21　三相异步电动机的 $T = f(s)$ 曲线

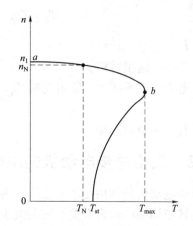

图 3-22　三相异步电动机的 $n = f(T)$ 曲线

研究机械特性的目的是为了分析电动机的运行性能。现就机械特性曲线讨论三个转矩。

1）额定转矩 T_N

电动机转轴上的输出功率等于角速度与转矩的乘积，故电动机的转矩 T 等于：

$$T = \frac{P_2 \times 10^3}{\frac{2\pi n}{60}} = 9\,550 \frac{P_2}{n} \qquad (3-32)$$

式中：P_2——异步电动机的输出功率，kW；

　　　n——异步电动机的转速，r/min；

　　　T——异步电动机的输出转矩，N·m。

在额定转速 n_N 下输出功率 P_{2N}，电动机的转矩为额定转矩。应用式（3-32）可得：

$$T_N = 9\,550 \frac{P_{2N}}{n_N} \tag{3-33}$$

式中，P_{2N} 的单位为 kW；n_N 的单位为 r/min；T_N 的单位为 N·m。

通常三相异步电动机都工作在图 3-22 所示特性曲线的 ab 段。若负载转矩增大（如起重机的起重量加大）时，在最初瞬间电动机的转矩 $T < T_L$，所以它的转速 n 开始下降。随着转速的下降，由图 3-22 可见，电动机的转矩增加到 $T = T_L$ 时，电动机在新的稳定状态下运行，这时转速较前为低。由于 ab 段比较平坦，当负载在空载与额定值之间变化时，电动机的转速变化不大。这种特性称为硬的机械特性。

2）最大转矩 T_{max}

从机械特性曲线看出，转矩有一个最大值，称为最大转矩或临界转矩。从图 3-21 可见对应于最大转矩的转差率为 s_m。由式（3-31）对 s 求导，并令：

$$\frac{\mathrm{d}T}{\mathrm{d}s} = 0$$

可求得：

$$s_m = \frac{R_2}{X_{s20}} \tag{3-34}$$

式（3-34）表明：s_m 与转子电阻 R_2 成正比，增大 R_2 可使最大转矩向下移，如图 3-23 所示。当 $R_2 = X_{20}$ 时，可使最大转矩在转差率 $s = 1$（启动）时出现，这对重载启动很有利。

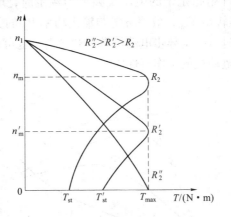

图 3-23 转子电阻不同时的特性

将 s_m 代入式（3-31），则得：

$$T_{max} = K \frac{U_1^2}{2X_{s20}} \tag{3-35}$$

可见，最大转矩 T_{max} 与电源电压 U_1 的平方成正比，而与转子电阻 R_2 无关。若 U_1 下降会使 T_{max} 迅速减小。

电动机工作电流超过它所允许的额定值，这种工作状态称为过载。为了避免过热，不允许电动机长期过载运行。在温升允许时，可以短时间的过载。但这时的负载转矩不得超过最大转矩 T_{max}，否则就会停转而烧毁电动机。通常将最大转矩 T_{max} 与额定转矩 T_N 的比值称为电动机的转矩过载系数或过载能力，用 λ 表示，即：

$$\lambda = \frac{T_{\max}}{T_N} \tag{3-36}$$

一般异步电动机的过载系数 λ 为 $1.8 \sim 2.2$。过载系数 λ 越大，表明电动机过载能力就越强。

3）启动转矩 T_{st}

电动机刚接通电源的瞬间（转速 $n=0$），这时的电磁转矩称为启动转矩 T_{st}。启动转矩 T_{st} 与额定转矩 T_N 的比值称为电动机的启动能力 K_{st}，即

$$K_{st} = \frac{T_{st}}{T_N} \tag{3-37}$$

一般异步电动机的 K_{st} 约在 $1.7 \sim 2.2$ 之间。启动时，$n=0$、$s=1$，代入式 3-31 中，则启动转矩 T_{st} 为：

$$T_{st} = \frac{R_2 U_1^2}{R_2^2 + X_{s20}^2} \tag{3-38}$$

由式（3-38）可知，启动转矩 T_{st} 与转子电阻 R_2 及电源电压 U_1 有关。在绕线转子异步电动机中，转子三相绕组通过外接电阻来适当增加转子电阻，就可以提高其启动转矩 T_{st}（见图 3-23），改善电动机的启动性能。

3. 三相异步电动机的工作特性

异步电动机的工作特性是指定子的电压及频率为额定时，电动机的转速 n、定子电流 I_1、功率因数 $\cos\varphi_1$、电磁转矩 T_{em}、效率 η 等与输出功率 P_2 的关系曲线。

上述关系曲线可以通过直接给异步电动机带负载测得，也可以利用等效电路参数计算得出。图 3-24 为三相异步电动机的工作特性曲线。

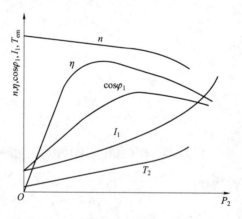

图 3-24　三相异步电动机的工作特性曲线

1）转速特性

即 $n = f(P_2)$，三相异步电动机空载时，转子的转速 n 接近于同步转速 n_1。随着负载的增加，转速 n 要略微降低，这时转子电动势 $E_{2s} = sE_2$ 增大，从而使转子电流 I_{2s} 增大，以产生较大的电磁转矩来平衡负载转矩。因此，随着 P_2 的增加，转子转速 n 下降，转差率 s 增大。转速特性是一条"硬"特性，如图 3-24 所示。

2）转矩特性

即 $T_{em} = f(P_2)$，空载时 $P_2 = 0$，电磁转矩 T_{em} 等于空载制动转矩 T_0。随着 P_2 的增加，已知 $T_2 = \dfrac{9.55 P_2}{n}$，如 n 基本不变，则 T_2 为过原点的直线。考虑到 P_2 增加时，n 稍有降低，故 $T_2 = f(P_2)$ 随着 P_2 增加略向上偏离直线。在 $T_{em} = T_0 + T_2$ 式中，T_0 之值很小，而且认为它是与 P_2 无关的常数。所以 $T_{em} = f(P_2)$ 将比平行上移 T_0 数值，如图 3 - 24 所示。

3）定子电流特性

即 $I_1 = f(P_2)$，当电动机空载时，转子电流 I_2' 近似为零，定子电流等于励磁电流 I_0。随着负载的增加，转速下降（s 增大），转子电流增大，定子电流也增大。当 $P_2 > P_N$ 时，由于此时 $\cos\varphi_2$ 降低，I_1 增长更快些。如图 3 - 24 所示。

4）功率因数特性

即 $\cos\varphi_1 = f(P_2)$，三相异步电动机运行时，必须从电网中吸取感性无功功率，它的功率因数总是滞后的，且永远小于 1。电动机空载时，定子电流基本上只有励磁电流，功率因数很低，一般不超过 0.2。当负载增加时，定子电流中的有功电流增加，使功率因数提高。接近额定负载时，功率因数也达到最高。超过额定负载时，由于转速降低较多，转差率增大，使转子电流与电动势之间的相位角 φ_2 增大，转子的功率因数下降较多，引起定子电流中的无功电流分量也增大，因而电动机的功率因数 $\cos\varphi_1$ 趋于下降，如图 3 - 24 所示。

5）效率特性

即 $\eta = f(P_2)$，根据：

$$\eta = \frac{P_2}{P_1} = 1 - \frac{\sum p}{p_2 + \sum p}$$

知道，电动机空载时 $P_2 = 0$，$\eta = 0$；随着输出功率的增加，效率 η 也增加。在正常运行范围内，因主磁通变化很小，所以铁损耗变化不大，机械损耗变化也很小，合起来称不变损耗。定、转子铜损耗与电流平方成正比，随着负载而变化，称可变损耗。当不变损耗等于可变损耗时，电动机的效率达最大。对于中、小型异步电动机，大约 $P_2 = (0.75 \sim 1)P_N$ 时，效率最高。如果负载继续增大，可变损耗增加的较快，效率反而降低。

由此可见，效率曲线和功率因数曲线都是在额定负载附近达到最高，选用电动机容量时，应注意与负载相匹配。如果选得过小，电动机长期过载运行影响寿命；如果选得过大，则功率因数和效率都很低，浪费能源。

3.3 交流电动机的额定值

使用电动机时，应以其额定值为依据。电动机的额定值标注在铭牌上和使用说明书上。本节将逐项介绍电动机的额定值。电动机的铭牌上标有额定运行时的主要技术数据，以便于使用者正确使用和选择电动机。

1）型号

为了适应不同用途和不同工作环境的需要，电动机制成不同的系列，每种系列用各种型号表示。例如：Y 132 M – 4。

Y——三相异步电动机，其中三相异步电动机的产品名称代号还有 YR 为绕线式异步电动机、YB 为防爆型异步电动机、YQ 为高启动转矩异步电动机；

132——机座中心高，mm；

M——机座长度代号；

4——磁极数。

2）接法

接法是指定子三相绕组的接法。一般鼠笼式电动机的接线盒中有六根引出线，标有 U_1、V_1、W_1、U_2、V_2、W_2。其中：U_1U_2 是第一相绕组的两端；V_1V_2 是第二相绕组的两端；W_1W_2 是第三相绕组的两端。

如果 U_1、V_1、W_1 分别为三相绕组的始端（头），则 U_2、V_2、W_2 是相应的末端（尾）。这六个引出线端在接电源之前，相互间必须正确连接。连接方法有星形（Y）连接和三角形（△）连接两种。

3）额定功率 P_N

额定功率是指电动机在制造厂所规定的额定情况下运行时，其输出端的机械功率，单位一般为千瓦（kW）。对三相异步电机，其额定功率：

$$P_N = \sqrt{3}\,U_N I_N \eta_N \cos\varphi_N$$

式中 η_N 和 $\cos\varphi_N$ 分别为额定情况下的效率和功率因数。

4）额定电压 U_N

额定电压是指电动机额定运行时，外加于定子绕组上的线电压，单位为伏（V）。

一般规定电动机的工作电压不应高于或低于额定值的5% 。当工作电压高于额定值时，磁通将增大，将使励磁电流大大增加，电流大于额定电流，使绕组发热。同时，由于磁通的增大，铁损耗（与磁通平方成正比）也增大，使定子铁芯过热；当工作电压低于额定值时，引起输出转矩减小，转速下降，电流增加，也使绕组过热，这对电动机的运行也是不利的。

我国生产的 Y 系列中、小型异步电动机，其额定功率在 3 kW 以上的，额定电压为 380 V，绕组为三角形连接。额定功率在 3 kW 及以下的，额定电压为 380/220 V，绕组为Y/△连接（即电源线电压为 380 V 时，电动机绕组为星形连接；电源线电压为 220 V 时，电动机绕组为三角形连接）。

5）额定电流 I_N

额定电流是指电动机在额定电压和额定输出功率时，定子绕组的线电流，单位为安（A）。

当电动机空载时，转子转速接近于旋转磁场的同步转速，两者之间相对转速很小，所以转子电流近似为零，这时定子电流几乎全为建立旋转磁场的励磁电流。当输出功率增大时，转子电流和定子电流都随着相应增大。

6）额定频率 f_N

我国电力网的频率为 50 赫兹（Hz），因此除外销产品外，国内用的异步电动机的额定频率为 50 赫兹。

7）额定转速 n_N

额定转速是指电动机在额定电压、额定频率下，输出端有额定功率输出时，转子的转速,单位为 r/min。由于生产机械对转速的要求不同,需要生产不同磁极数的异步电动机,因此有不同的转速等级。最常用的是四个极的异步电动机($n_0 = 1\,500$ r/min)。

8)额定效率 η_N

额定效率是指电动机在额定情况下运行时的效率,是额定输出功率与额定输入功率的比值。即

$$\eta_N = \frac{P_{2N}}{P_{1N}} \times 100\% = \frac{P_N}{\sqrt{3}U_N I_N \cos\varphi_N} \times 100\% \qquad (3-39)$$

异步电动机的额定效率 η_N 约为 $75\% \sim 92\%$ 。

9)额定功率因数 $\cos\varphi_N$

因为电动机是电感性负载,定子相电流比相电压滞后一个 φ 角, $\cos\varphi$ 就是异步电动机的功率因数。

三相异步电动机的功率因数较低,在额定负载时约为 $0.7 \sim 0.9$ 之间,而在轻载和空载时更低,空载时只有 $0.2 \sim 0.3$ 。因此,必须正确选择电动机的容量,防止"大马拉小车",并力求缩短空载的时间。

10)绝缘等级

它是按电动机绕组所用的绝缘材料在使用时容许的极限温度来分级的。所谓极限温度,是指电动机绝缘结构中最热点的最高容许温度。

11)工作方式

反映异步电动机的运行情况,可分为三种基本方式:连续运行、短时运行和断续运行。

3.4 三相异步电动机的启动、调速和制动

3.4.1 三相异步电动机的启动

异步电动机由静止状态过渡到稳定运行状态的过程称为异步电动机的启动。启动是异步电动机应用中重要的物理过程之一。异步电动机在使用过程中,总是需要启动和停机,虽然三相异步电动机具有可以产生一定的启动转矩,拖动负载直接启动的优点,但它的启动电流过大则是必须解决的问题。

当异步电动机启动时,由于电动机转子处于静止状态,旋转磁场以最快速度扫过转子绕组,此时转子绕组感应电动势是最高的,因而产生的感应电流也是最大的,通过气隙磁场的作用,电动机定子绕组也出现非常大的电流。一般启动电流 I_{st} 是额定电流 I_N 的 $5 \sim 7$ 倍。

对于这样大的启动电流,如果频繁启动,将引起电动机过热。对于大容量的电动机,在启动这段时间内,甚至引起供电系过负荷,电源线的线电压因此而产生波动,这可能严重影响其他用电设备的正常工作。

1. 鼠笼式异步电动机的启动

鼠笼式异步电动机启动方法有两种:直接启动和降压启动。

1)直接启动

直接启动就是用闸刀开关和交流接触器将电机直接接到具有额定电压的电源上。此时

I_{st}是额定电流I_N的 5 ～ 7 倍，而 $\lambda_{st} = T_{st}/T_N = 1 \sim 2$。

直接启动法的优点是操作简单，无需很多的附属设备；主要缺点是启动电流较大。鼠笼式异步电动机能否直接启动，要视三相电源的容量而定。通常在一般情况下，10 kW 以上的异步电动机，就不允许直接启动了，必须采用能够减小启动电流的其他的启动方法。

2）降压启动

这种方法是用降低异步电动机端电压的方法来减小启动电流。由于异步电动机的启动转矩与端电压的平方成正比，所以采用此方法时，启动转矩同时减小，所以该方法只适用于对启动转矩要求不高的场合，即空载或轻载的场合。

（1）星三角启动法。

星三角启动法适用于正常运行时绕组为三角形连接的电动机，电动机的三相绕组的六个出线端都要引出，并接到转换开关上。启动时，将正常运行时三角形接法的定子绕组改接为星形连接，启动结束后再换为三角形连接。这种方法只适用于中小型鼠笼式异步电动机。图3－25 所示的是这种方法的原理接线图。

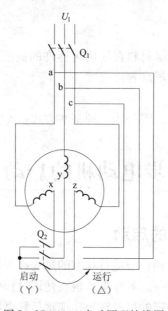

图 3－25　Y／△启动原理接线图

启动时，电机定子绕组星形连接，电机每相定子绕组上的电压是电源线电压U_l的$1/\sqrt{3}$，此时电路的线电流等于相电流，即流过每个绕组的电流（这里的 Z 是每相绕组的等效阻抗）。

$$I_{lY} = \frac{\frac{U_l}{\sqrt{3}}}{Z} \tag{3-40}$$

当电机接近额定速度时，电机定子绕组改为三角形连接，这时电机每相绕组的电压为电源线电压U_l。此时电路的线电流为：

$$I_{l\triangle} = \sqrt{3}\,\frac{U_l}{Z} \tag{3-41}$$

比较以上的两个电流：

$$\frac{I_{lY}}{I_{l\triangle}} = \frac{\dfrac{U_l}{\sqrt{3}}}{Z} / \sqrt{3}\ \frac{U_l}{Z} = \frac{1}{3}$$

即定子绕组星形连接时，由电源提供的启动电流仅为定子绕组三角形连接时的1/3。

由于启动转矩与每相绕组电压的平方成正比，星形接法时的绕组电压降低了$1/\sqrt{3}$倍，所以启动转矩将降到三角形接法的1/3，即

$$T_{stY} = \frac{1}{3}T_{st\triangle} \tag{3-42}$$

（2）自耦变压器启动法。

利用自耦变压器降压启动鼠笼式异步电动机的原理如图3-26所示。设自耦变压器的变比为k_a，经过自耦变压器降压后，加在电动机上的电压为$\dfrac{U_l}{k_a}$。此时电动机的启动电流I'_{st}便与电压成相同比例地减小，是原来在额定电压下直接启动电流I_{stN}的$\dfrac{1}{k_a}$倍，即$I'_{st} = \dfrac{1}{k_a}I_{stN}$。又由于电动机接在自耦变压器的副边，自耦变压器的原边接在三相电源侧，故电源所供给的启动电流为：

$$I_{st} = \frac{1}{k_a}I'_{st} = \frac{1}{k_a^2}I_{stN} \tag{3-43}$$

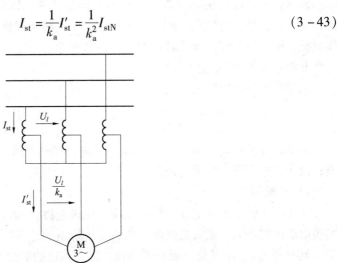

图3-26 自耦变压器启动电路原理图

由此可见，利用自耦变压器降压启动鼠笼式异步电动机，电网电流比直接启动减少了$\dfrac{1}{k_a^2}$。

由于加到电动机上的电压减小了$\dfrac{1}{k_a}$，因此，同直接启动相比，启动转矩也同样减少了$\dfrac{1}{k_a^2}$。

2. 绕线式异步电动机的启动

到现在为止，我们一直把分析的重点放在鼠笼式异步电动机上。这是因为这种类型的电动机的使用极为广泛。然而，绕线式异步电动机具有一些鼠笼式电动机所不具备的特殊的性能。

鼠笼式异步电动机为了限制启动电流而采用降压启动的方法，虽然启动电流变小了，但启动转矩也随之变小。电动机理想的启动特性应当是启动电流小，启动转矩要大。而降压启动法只满足了其中的一个方面。因此对于不仅要求启动电流小，而且要求要有相当大的启动转矩的场合，往往不得不采用启动性能较好而价格昂贵、构造复杂的绕线式异步电动机了。

绕线式异步电动机的特点是可以在转子绕组电路中串入附加电阻，换句话说，就是可以人为的改变转子电阻 R_2 的阻值。从图 3-23 以看出，当 R_2 的阻值增大时，电动机的启动转矩变大，从而改变了电动机的启动性能。因此在异步电动机转子回路接入适当的电阻，不仅可以使启动电流减小，而且可以使启动转矩增大，使电动机具有良好的启动性能。

从图 3-18 可以看出，虽然在转子回路串入电阻后获得了比较大的启动转矩，但电动机的机械特性也变"软"了，所以当电机启动到接近额定转速后，就把串在转子绕组中的电阻短路掉，使电动机恢复到原来的机械特性上。

应当指出的是，随着电力电子技术和控制技术的发展，各种针对鼠笼式异步电动机发展起来的电子型降压启动器、变频调速器等装置的推广和使用，使得结构复杂、价格昂贵、维护困难的绕线式异步电动机的活动舞台变得越来越窄。

3.4.2 三相异步电动机的调速

调速就是电动机在同一负载下得到不同的转速，以满足生产过程的需要。有些生产机械，为了加工精度的要求，例如一些机床，需要精确调整转速。另外，像鼓风机、水泵等流体机械，根据所需流量调节其速度，可以节省大量电能。所以三相异步电动机的速度调节是一个非常重要的应用。

从异步电动机的转速公式：

$$n = (1-s)n_0 = (1-s)\frac{60f_1}{p} \tag{3-44}$$

可知，异步电动机可以通过三种方式进行调速：改变电动机旋转磁场的磁极对数 p 调速；改变供电电源的频率 f_1 调速；改变转差率 s 调速。下面分别介绍这几种调速方法。

1）变极调速

变极调速就是改变电动机旋转磁场的磁极对数 p，从而使电动机的同步转速发生变化而实现电动机的调速，通常通过改变电机定子绕组的连接实现，这种方法的优点是操作设备简单（转换开关）。缺点是只能有极调速，因而调速的级数不可能多，因此只适用于不要求平滑调速的场合。

改变绕组的连接可以有多种形式，可以在定子上安装一套能变换为不同极对数的绕组，也可以在定子上安装两套不同极对数的单独绕组，还可以混合使用这两种方法以得到更多的转速。

应当指出的是，变极调速只适用于鼠笼式异步电动机，因为鼠笼转子的磁极对数能自动随定子绕组磁极对数变化而变化。

2）变频调速

异步电动机的变频调速是一种很好的调速方法。异步电动机的转速正比于电源的频率 f_1，若连续调节电动机供电电源的频率，即可连续改变电动机的转速。有关异步电动机变频调速的详细内容将在后面的章节中进行深入讨论。

3）变转差调速

分析电磁转矩公式（3 – 31）

$$T = K \frac{s U_1^2 R_2}{R_2^2 + (s X_{s20})^2}$$

可以看出，若保持转矩不变，当分别改变电源电压 U_1 和转子回路电阻 R_2 时，转差率 s 将改变，转差率的改变引起电动机转速的改变。所以通过改变转差率达到调速的目的。

（1）调压调速。

改变异步电动机定子电压的机械特性如图 3 – 27 所示。从图中可见 n_0、s_m 不变，T_{max} 随电压 U_1 的降低成平方的比例下降。对于负载转矩不变的情况（恒转矩负载）下，由负载线（图中平行纵坐标的直线）与不同电压下电动机机械特性的交点，可有以 a、b、c 点所决定的速度。不难看出，其调速范围很小，所以这种调速方法的调速范围是有限的，而且容易使电机过电流。

（2）转子电路串电阻调速。

这种方法只适用于绕线式异步电动机。对于恒转矩负载，当改变转子电阻时，可以调节电动机的转速（见图 3 – 28）。当转子电阻 R_2 增大时，电动机的转速降低。最大转矩 T_{max} 不变，特性变"软"，而且这种方法转子回路消耗功率较大，对节能不利。

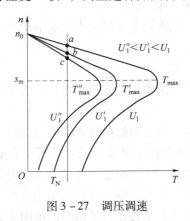

图 3 – 27　调压调速

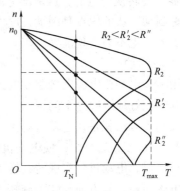

图 3 – 28　调节转子电阻 R_2 调速

由于变频器装置的广泛应用，以上两种调速方法将被逐渐淘汰。

3.4.3　三相异步电动机的制动

在一些工业应用中，要求电动机能够在很短的时间内停止运转，这就是电动机的制动工作状态。所谓制动是指电动机的转矩 T 与电动机转速 n 的方向相反时的情况，此时电动机的电磁转矩起制动作用，使电动机很快停下来。

1. 电源反接制动

若异步电动机正在稳定运行时，将其连至定子电源线中的任意两相反接，电动机三相电源的相序突然转变，旋转磁场也立即随之反向，转子由于惯性的原因仍在原来方向上旋转，此时旋转磁场转动的方向同转子转动的方向刚好相反。转子导条切割旋转磁场的方向也同原来相反，所以产生的感应电流的方向也相反，由感应电流产生的电磁转矩也同转子的转向相反，对转子产生强烈制动作用，电动机转速迅速下降为零，使被拖动的负载快速刹车（见

图 3 – 29）。这时，需及时切断电源，否则电动机将反向启动旋转。

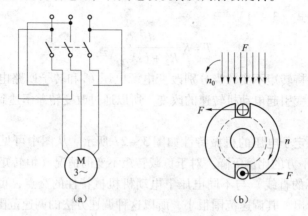

图 3 – 29　反接制动

这种制动的特点是制动时在转子回路产生很大的冲击电流，从而也对电源产生冲击。为了限制电流，在制动时，常在鼠笼式电动机定子电路串接电阻限流。在电源反接制动下，电动机不仅从电源吸取能量，而且还从机械轴上吸收机械能（由机械系统降速时释放的动能转换而来）并转换为电能，这两部分能量都消耗在转子电阻上。

这种制动方法的优点是制动强度大，制动速度快。缺点是能量损耗大，对电机和电源产生的冲击大，也不易实现准确停车。

2. 能耗制动

使用异步电动机电源反接制动的方法来准确停车有一定困难，因为它容易造成反转，能耗制动则能较好地解决这个问题。

能耗制动方法就是在电动机切断三相电源同时，将一直流电源接到电动机三相绕组中的任意两相上（见图 3 – 30），使电动机内产生一恒定磁场。由于异步电动机及所带负载有一定的转动惯量，电动机仍在旋转，转子导条切割恒定磁场产生感应电动势和电流，与磁场作用产生电磁转矩，其方向与转子旋转方向相反，对转子起制动作用。在它的作用下，电动机转速迅速下降，此时机械系统存储的机械能被转换成电能后消耗在转子电路的电阻上，所以称能耗制动。

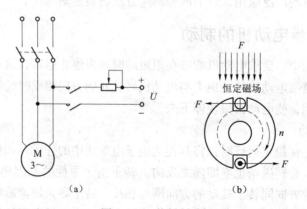

图 3 – 30　能耗制动

调节激磁直流电流的大小，可以调节制动转矩的大小。这种制动的特点是可以实现准确停车，当转速等于零时，转子不再切割磁场，制动转矩也随之为零。

3. 再生制动

再生制动亦称反馈制动，是一种使用在汽车或铁路列车上的制动技术。其原理是当电机的转子速度超过电机同步磁场的旋转速度时，转子绕组所产生的电磁转矩的旋转方向和转子的旋转方向相反，此时，电机处于制动状态。之所以把此时的状态叫再生制动，是因为此时电机处于发电状态，即电机的动能转化成了电能。此时，可以采取一定的措施把产生的电能回馈给电网。达到节能的目的。因此，再生制动也叫发电制动。

再生制动一般出现在以下两种场合。

（1）起重机重物下降时，电机转子在重物重力的作用下，转子的转速有可能超过同步转速，此时，电机处于再生制动状态。这时，电机的制动转矩是阻止重物的下落，直至制动转矩和重力形成的转矩相等时，重物才会停止下落。

（2）当变频调速时，当变频器把频率降低时，同步转速也随之降低。但转子转速由于负载惯性的作用，不会马上降低，此时，电机也会处于再生制动状态，直至拖动系统的速度也下降为止。

3.5　牵引电机设计时要考虑的几个特殊问题

高速列车用的牵引电机与工业用电机不同，它悬挂在转向架或车体上，经常受到震动和冲击，易造成转子与绝缘的破坏。对于逆变器供电的牵引电机在设计时还必须考虑下面两个特殊问题。

3.5.1　牵引电机谐波分析

牵引异步电机由静止逆变器供电时，其定子电压可分解为一个基波分量和一系列谐波分量。牵引异步电机在变频调节时，通常是在恒磁通或消弱磁场下运行。这时可以忽略磁路的饱和，而将电机作为一个线性装置来考虑，从而可应用叠加原理。这就是说，利用谐波等值电路，可以单独分析电机在各次谐波下的响应特性，然后进行叠加而得到在非正弦电压运行下的综合结果。

1. 谐波电流

利用谐波等值电路可计算出相应的谐波电流，电源电压的各谐波分量 U_k 可用傅氏级数分解求得，故谐波电流 $I_k = U_k/Z_k$。Z_k 即 k 次谐波等值电路的输入阻抗，其值利用相应的电路关系不难求得。当频率高时 k 次谐波电流的有效值为：

$$I_k = \frac{U_k}{k \ (X_1 + X_2)} \qquad (3-45)$$

一般情况下没有零序谐波和偶次谐波，所以总的谐波电流为：

$$I_h = \sqrt{I_5^2 + I_7^2 + I_{11}^2 + I_{13}^2 + \cdots + I_k^2 + \cdots} \qquad (3-46)$$

如果电机的基波电流为 I_1，则电机总的有效电流为：

$$I_r = \sqrt{I_1^2 + I_h^2} \tag{3-47}$$

由于 s 在电机的整个运行过程中均十分接近于 1，从谐波等值电路可以看出，谐波电流的数值近于恒定，而与电机的转速及负载情况无关。只有基波电流取决于负载的大小，轻载时电机谐波电流的相对含量较满载时要大很多，所以轻载时电机的损耗明显大于电机在纯正弦电压下运行的损耗。

对于一个给定的电压波形，电机电流中谐波成分的相对含量取决于电机总漏电抗的标幺值。总漏电抗的标幺值 $\bar{x}_s$ 可以表示为：

$$\bar{x}_s = \frac{X_1 + X_2}{U_N/I_N} = (X_1 + X_2)\frac{I_N}{U_N} \tag{3-48}$$

式中：U_N——电机的额定正弦波相电压；

I_N——电机的额定负载电流。

对单脉冲电压，谐波电压的大小反比于谐波的次数，即 $U_k = \dfrac{U_1}{k}$，代入式（3-45）得：

$$I_k = \frac{U_1}{k^2 \ (X_1 + X_2)} \tag{3-49}$$

若以基波相电压 U_1 作为电机的额定正弦电压，则：

$$U_1 = U_N/ \ (X_1 + X_2) = \frac{I_N}{\bar{x}_s} \tag{3-50}$$

将式（3-50）代入式（3-49），可得 k 次谐波电流的标幺值为：

$$\bar{I}_k = \frac{I_k}{I_N} = \frac{1}{k^2\bar{x}_s} \tag{3-51}$$

由式（3-37）可见，总的谐波电流反比于总电抗的标幺值。

2. 谐波转矩

非正弦电源下，由于电机气隙中存在时间谐波磁势，从而产生附加的谐波。根据产生的具体原因和性质的不同，谐波转矩又可分为两种，即稳定谐波转矩和振动谐波转矩。

振动转矩不能互相抵消，对电机的稳定运行特别是列车启动时的影响是最大的，必须设法加以抑制。采用 PWM 逆变器是为了减少谐波电压、电流和谐波磁通。VVVF 逆变器供电的牵引电机漏感的设计比较大是为了减少谐波电流，采用这些措施是为了达到减少振动转矩的目的。

1）稳定谐波转矩

稳定（又称为脉动）的谐波转矩是由同次数的气隙谐波磁通和谐波转子电流的相互作用产生。若气隙中包括基波在内共有 n 个旋转磁场，则会产生 $(n-1)$ 个稳定谐波转矩。这些谐波转矩可以采用与基波相同的方法进行计算，即可采用相应的谐波等值电路求解。

稳定 k 次谐波产生的脉动转矩值为：

$$T_k = \pm\frac{pm}{2\pi f_s k}I_{rk}'^2 \cdot \frac{r_{rk}'^2}{s_k} \tag{3-52}$$

式中：I_{rk}'、r_{rk}' 为转子电流和转子电阻折算到定子侧的 k 次谐波，$s_k \approx 1$ 是 k 次谐波的转差率。

k 次与 $(k+1)$ 次谐波产生的脉动转矩一正一负可以相互抵消掉一大部分，所以对电机的影响较小。

电机的合成电磁转矩应为基波转矩与谐波转矩的代数和。这些谐波转矩本身数值很小，且正向和负向谐波转矩之间可相互抵消（如5次谐波转矩在抵消后只剩一个极小的反向转矩），所以实际上这种谐波转矩造成的电机额定转矩的减少是微不足道的，通常可不予考虑。

2）振动谐波转矩

振动谐波转矩是由不同次的转子谐波电流和谐波磁通相互作用产生的，对于 n 个谐波交互作用产生的（$n^2 - n$）个振荡转矩中影响较大而特别值得注意的是谐波电流与基波磁通产生的谐波转矩。如 k 次谐波电流与基波磁通产生的振动转矩为：

$$T_{k-1} = \frac{pm}{2\pi f_s} I'_{rk} E'_{r1} \cos\left(6\omega t \pm \varphi_r\right) \qquad (3-53)$$

例如5次谐波的定子电流在气隙中产生的5次谐波磁场以5倍的同步速度反向旋转，从而在转子中感应6倍基波频率的转子电流，而该转子电流与基波旋转磁场相作用即形成6倍基波频率的振动转矩；7次谐波的定子电流在气隙中产生的7次谐波磁场以7倍同步速度正向旋转，也在转子中感应6倍基波频率的电流，从而与基波磁场一起形成6倍基波频率的振动转矩。

11次和13次定子谐波电流与基波磁场将产生12次谐波振动转矩，进而可以推广到任意次定子谐波电流与任意次时间谐波磁通所产生振动转矩，其振动频率可以从电流和磁场谐波次数得出来（谐波电流和磁场以其旋转方向加正负号表示）。

综上所述，异步电机在非正弦电源下运行时，除去基波成分之外，还有若干不同振幅和频率的电流及谐波磁通。这些谐波将引起电机的附加铜耗和铁耗，损耗总增量约为基波损耗的20%，所导致电机温升的提高将使效率降低2%左右。同时这些谐波又产生稳定谐波转矩和振动谐波转矩，稳定谐波转矩的影响可以忽略，振动谐波转矩约为额定转矩的5%～10%，其主要影响是使电机转矩产生脉动，从而造成电机转速（主要是低速时）的振动。适当增加电机的漏感抗，可以将电机的谐波电流限制在给定的极限范围之内。应当指出，上面着重分析的是六段波电压逆变器供电的情况，当采用电流型逆变器向电机供电时，基本情况相似，只是谐波铜耗略有增大，且振动谐波转矩的数值会随负载电流而变化。

3.5.2　并联运行时的负载分配

高速列车中一台逆变器可能给多台并联的牵引电机供电，牵引电机特性的差异和轮径的偏差都会导致牵引电机的负载分配不均匀。特性差异和轮径偏差越大，并联运行电机的负载分配将出现严重不均匀状况，有的电机电流很大，有的则很小。容易造成个别电机过热、出现空转滑行，使列车的功率显著减少，严重时会影响列车的正常运行。

对异步电机的矩速特性影响最大的是转子电阻，所以要选择合适的转子材料，其电阻率随温度的变化越小越好，还要保持同型号电机转子材质的均匀性和一致性。同时提高电机的制造工艺和制造技术也是十分必要的。

即使并联运行的各台电机的特性完全一致，由于轮径的偏差也会造成电机负载分配的不均匀。列车牵引运行时所有轮缘的线速度是相等的，因此轮径大则引起该轮对牵引电机的转速低、转矩大、电流大、温升高，但当转子电阻随温升增加时，牵引电机的矩速特性移动，使得在相同转差率下的电流减少，并迟缓了温度的上升。从热的角度来看，有利于缓和轮径偏差的影响。但是，选择牵引电机的额定转差率，要考虑轮径偏差引起的转矩不平衡、转子温升和电机效率变化等多种因素。轮径偏差时，转矩不平衡与额定转差率的关系可以用下式表示：

$$\frac{\Delta T}{T} = \left(\frac{1}{s_N} - 1\right)\frac{\Delta D}{2D}100\% \qquad (3-54)$$

式中：T——平均转矩；

ΔT——平均转矩偏差值；

s_N——额定转差率；

D——动轮直径；

ΔD——轮径偏差。

复习参考题

1. 交流异步电动机定子磁场是如何旋转起来的？
2. 概括交流异步电动机的机械特性及变化规律。
3. 三相异步电动机有哪些结构特点？
4. 如何进行交流异步电动机的调速？

第4章 交流电动机调速与控制

【本章内容概要】

本章将首先介绍异步电动机的基本特性和变频控制基础，然后介绍标量控制技术、矢量控制技术、直接转矩控制技术等。

【本章学习重点与难点】

本章重点要求掌握异步电动机变频调速的基本原理，理解标量控制、矢量控制、直接转矩控制的基本概念与区别，矢量控制是本章的难点。

4.1 异步电动机的特性和变频调速基础

由于直流电动机控制技术非常成熟，而以前交流电机的调速控制系统无法与直流调速系统相匹敌，因此高性能可调速拖动都采用直流电机。但由于直流电机本身存在一些难以克服的缺点，比如直流电机的电压、电流的极限容许值对转速和功率的限制；直流电机体积大、重量大、转动惯量大、动态响应差；维护检修工作量大、成本高；应用环境受限制。特别是直流电机的换向问题，比如具有电刷和换相器，因而必须经常检查维修，换向火花使直流电机的应用环境受到限制，以及换向能力也限制直流电机的容量和速度。交流电机虽然控制复杂，但交流电机本身比直流电机结构简单、成本低廉、工作可靠、维护方便、惯量小、效率高，特别是不存在换向的问题。所以用交流调速拖动系统代替直流调速拖动系统的需求越来越强烈。随着交流电机控制技术的进展，交流调速拖动控制系统已经成为当前电力拖动控制的主要发展方向。

目前交流电机不但可以应用在风机、水泵等通用机械的一般性能调速，而且还用在高性能的交流调速系统和伺服系统。特别是 20 世纪 70 年代初发明了矢量控制技术，也称磁场定向控制技术。它通过坐标变换，把交流电机的定子电流分解成转矩分量和励磁分量，用来分别控制电机的转矩和磁通，就可以获得和直流电机相仿的高动态性能，从而使交流电机的调速技术取得了突破性的进展。以后又陆续提出了直接转矩控制、解耦控制等方法，形成了一系列可以和直流调速系统媲美的高性能交流调速系统。还有特大容量、极高转速的交流调速，这是直流电机所不能胜任的。直流电机换向能力限制了它的容量转速积不超过 10^6 kW·r/min，超过这一数值，其设计与制造就非常困难。而交流电机没有换向器，不受这种限制，因此特大容量的电力拖动设备，如厚板轧机、矿井卷扬机等，以及极高转速的拖动，如高速磨头、离心机等，都以采用交流调速为宜。

交流电机主要分为异步电动机（即感应电机）和同步电机两大类。按照能量的角度还可以分为转差功率消耗型调速系统、转差功率馈送型调速系统和转差功率不变型调速系统。按异步电动机常见的调速方法分类可分为：① 降电压调速；② 转差离合器调速；③ 转子串电阻调速；④ 绕线电机串级调速或双馈电机调速；⑤ 变极对数调速；⑥ 变压变频调速等。其中变压变频（VVVF）调速是目前控制中最常用的。变压变频（VVVF）调速通过与电动机容量相当的变压变频器的输出，可取代直流调速，构成高动态性能的交流调速系统，应用最广。

总体说来，交流电动机比直流电动机的控制要复杂得多，特别是高性能的交流传动系统，原因在于交流电机的复杂动态特性，电机参数的变化，还需要频率可变的最佳功率变流器及对含有谐波的反馈信号的处理等。

4.1.1　异步电动机的机械特性

根据电机学原理，在忽略空间和时间谐波、忽略磁饱和、忽略铁损的三个假定条件下异步电动机的稳态等效电路如图 4-1 所示。

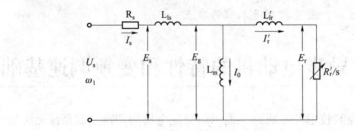

图 4-1　异步电动机的稳态等效电路

图中，R_s 为定子每相电阻；R_r' 为折合到定子侧的转子每相电阻；L_{ls} 为定子每相漏感；L_{lr}' 为折合到定子侧的转子每相漏感；L_m 为定子每相绕组产生气隙主磁通的等效电感，即励磁电感；U_s 为定子相电压；ω_1 为供电角频率；s 为转差率。

由图可以导出电流公式：

$$I_r' = \frac{U_s}{\sqrt{\left(R_s + C_1\frac{R_r'}{s}\right)^2 + \omega_1^2(L_{ls} + C_1 L_{lr}')^2}} \tag{4-1}$$

式中，$C_1 = 1 + \dfrac{R_s + j\omega_1 L_{ls}}{j\omega_1 L_m} \approx 1 + \dfrac{L_{ls}}{L_m}$

在一般情况下，$L_m \gg L_{ls}$，则 $C_1 \approx 1$ 这相当于将上述假定条件的第③条改为忽略铁损和励磁电流。这样，电流公式可简化成：

$$I_s \approx I_r' = \frac{U_s}{\sqrt{\left(R_s + \dfrac{R_r'}{s}\right)^2 + \omega_1^2\ (L_{ls} + L_{lr}')^2}} \tag{4-2}$$

令电磁功率 $P_m = 3I_r'^2 R_r'/s$，同步机械角转速 $\omega_{m1} = \omega_1/n_p$，式中 n_p 为极对数，则异步电动机的电磁转矩为：

$$T_e = \frac{P_m}{\omega_{m1}} = \frac{3n_p}{\omega_1}I_r'^2\frac{R_r'}{s} = \frac{3n_p U_s^2 R_r'/s}{\omega_1\left[\left(R_s + \dfrac{R_r'}{s}\right)^2 + \omega_1^2(L_{ls} + L_{lr}')^2\right]} \tag{4-3}$$

式（4-3）就是异步电动机的机械特性方程式。它表明，当转速或转差率一定时，电磁转矩与定子电压的平方成正比。不同电压下的机械特性如图4-2所示,图中,U_{sN}表示额定定子电压。异步电动机机械特性为:

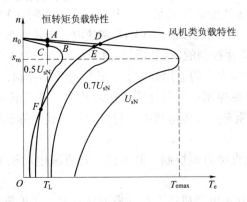

图4-2 异步电动机机械特性

将式(4-3)对 s 求导,并令 $\mathrm{d}T_e/\mathrm{d}s = 0$,可求出对应于最大转矩时的静差率和最大转矩:

$$s_m = \frac{R_r'}{\sqrt{R_s^2 + \omega_1^2 \ (L_{ls} + L_{lr}')^2}} \tag{4-4}$$

$$T_{emax} = \frac{3n_p U_s^2}{2\omega_1 \left[R_s + \sqrt{R_s^2 + \omega_1^2 \ (L_{ls} + L_{lr}')^2} \right]} \tag{4-5}$$

由图4-3可见,带恒转矩负载工作时,普通鼠笼式异步电动机变电压时的稳定工作点为 A、B、C,转差率 s 的变化范围为 $0 \sim s_m$,调速范围有限。如果带风机类负载运行,则工作点为 D、E、F,调速范围可以大一些。为了能在恒转矩负载下扩大调速范围,并使电机能在较低转速下运行而不致过热,就要求电机转子有较高的电阻值,这样的电机在变电压时的机械特性如图4-3所示。

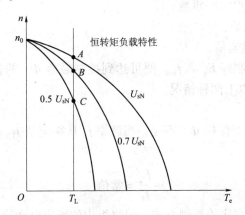

图4-3 高转子电阻电动机在不同电压下的机械特性

显然,带恒转矩负载时的变压调速范围增大了,堵转工作也不致烧坏电机,这种电机又称作交流力矩电机。

4.1.2　异步电动机变频控制的理论基础

目前应用最广泛、调速性能最好的是异步电动机变压变频（VVVF）调速系统——转差功率不变型调速系统。异步电动机在进行 VVVF 调速时，要求对变频器的电压、电流、频率进行适当的控制。VVVF 调速控制的发展，到目前为止大体分为 3 个阶段。

① 普通功能型 U/f 控制方式的通用变频器。其转速开环控制，不具有转矩控制功能。

② 高功能型的转差频率控制。其转速需要闭环检测，具有转矩控制功能，能使电机在恒磁通或恒功率下运行，能充分发挥电机的运行效率，其输出静态特性较 U/f 控制方式有较大改进。

③ 高性能矢量控制或直接力矩控制。其可以实现直流电动机的控制特性，具有较高的动态性能。

前两种方法都是基于异步电动机稳态数学模型建立的。而矢量控制是基于异步电动机动态数学模型的基础上建立的。

1. 变频调速的基本控制方式

在进行电机调速时，希望保持电机中每极磁通量 Φ_m 为额定值不变。如果磁通太弱，没有充分利用电机的铁芯；如果过分增大磁通，又会使铁芯饱和，从而导致过大的励磁电流，严重时会因绕组过热而损坏电机。对于直流电机，励磁系统是独立的，只要对电枢反应有恰当的补偿，Φ_m 保持不变是很容易做到的。交流异步电动机的磁通 Φ_m 由定子和转子磁势合成产生，要保持磁通恒定就比较麻烦。特别是在鼠笼式转子异步电动机中，转子电流难以直接检测和控制。

参见图 4-1 异步电动机的稳态等效电路，定子的每相电动势：

$$E_g = 4.44 f_1 N_s k_{N_s} \Phi_m \tag{4-6}$$

式中：E_g——气隙磁通在定子每相中感应电动势的有效值，V；

　　　f_1——定子频率，Hz；

　　　N_s——定子每相绕组串联匝数；

　　　k_{N_s}——基波绕组系数；

　　　Φ_m——每极气隙磁通量，Wb。

由上式可知，只要控制好 E_g 和 f_1，便可达到控制磁通 Φ_m 的目的，因此需要考虑基频（额定频率）以下和基频以上两种情况。

1）基频以下调速

由式（4-6）可知，要保持 Φ_m 不变，当频率 f_1 从额定值 f_{1N} 向下调节时，必须同时降低 E_g，使：

$$\frac{E_g}{f_1} = 常值$$

即采用恒值电动势频率比的控制方式。但绕组中的感应电动势是难以直接控制的，当电动势值较高时，可以忽略定子绕组的漏磁阻抗压降，而认为定子相电压 $U_s \approx E_g$，则得：

$$\frac{U_s}{f_1} = 常值$$

这是恒压频比的控制方式。但是，在低频时 U_s 和 E_g 都较小，定子阻抗压降所占的分量就比较显著，不能忽略。这时需要人为地把电压 U_s 抬高一些，以近似地补偿定子压降。带压降补偿的恒压频比控制特性如图 4－4 所示。

2）基频以上调速

在基频以上调速时，频率应该从 f_{1N} 向上升高，但定子电压 U_s 却不可能超过额定电压 U_{sN}，最多只能保持 $U_s = U_{sN}$，这将迫使磁通与频率成反比地降低，相当于直流电机弱磁升速的情况。把基频以下和基频以上两种情况的控制特性组合在一起，如图 4－5 所示。

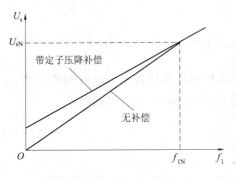

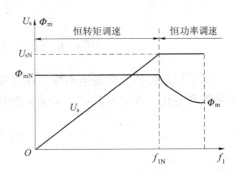

图 4－4　恒压频比控制特性　　　　图 4－5　异步电动机变压变频调速的控制特性

如果电机在不同转速时所带的负载都能使电流达到额定值，即都能在允许温升下长期运行，则转矩基本上随磁通变化，按照电力拖动原理，在基频以下，磁通恒定时转矩也恒定，属于"恒转矩调速"；而在基频以上，转速升高时转矩降低，基本上属于"恒功率调速"。

2. 异步电动机电压、频率协调控制的稳态机械特性

1）恒压恒频正弦波供电时异步电动机的机械特性

异步电动机在恒压恒频正弦波供电时的机械特性方程式，当定子电压 U_s 和电源角频率 ω_1 恒定时，可以改写成如下形式：

$$T_e = 3n_p \left(\frac{U_s}{\omega_1} \right)^2 \frac{s\omega_1 R_r'}{(sR_s + R_r')^2 + s^2\omega_1^2 \ (L_{ls} + L_{lr}')^2} \tag{4－7}$$

当 s 很小时，可忽略上式分母中含 s 各项，则：

$$T_e \approx 3n_p \left(\frac{U_s}{\omega_1} \right)^2 \frac{s\omega_1}{R_r'} \propto s \tag{4－8}$$

也就是说，当 s 很小时，转矩近似与 s 成正比，机械特性是一段直线，如图 4－6 所示。当 s 接近于 1 时，可忽略式 (4－7) 分母中的 R_r'，则：

$$T_e \approx 3n_p \left(\frac{U_s}{\omega_1} \right)^2 \frac{\omega_1 R_r'}{s \ [R_s^2 + \omega_1^2 \ (L_{ls} + L_{lr}')]} \propto \frac{1}{s} \tag{4－9}$$

即 s 接近于 1 时转矩近似与 s 成反比，这时机械特性曲线是对称于原点的一段双曲线；当 s 为以上两段的中间数值时，机械特性从直线段逐渐过渡到双曲线段，如图 4－6 所示。

2）基频以下电压、频率协调控制时的机械特性

由式 (4－7) 机械特性方程式可以看出，对于同一组转矩 T_e 和转速 n（或转差率 s）的要求，电压 U_s 和频率 ω_1 可以有多种配合。在 U_s 和 ω_1 的不同配合下机械特性也是不一样的，因此可以有不同方式的电压、频率协调控制。

(1) 恒压频比控制 (U_s / ω_1)。

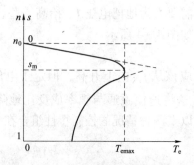

图 4 - 6　恒压恒频时异步电动机的机械特性

为了近似地保持气隙磁通不变，在基频以下须采用恒压频比控制。这时同步转速 ω_1 自然要随频率变化。在式（4 - 8）所表示的机械特性近似直线段上，可以导出：

$$s\omega_1 \approx \frac{R_r' T_e}{3n_p \left(\dfrac{U_s}{\omega_1}\right)^2} \tag{4 - 10}$$

由此可见，当 U_s/ω_1 为恒值时，对于同一转矩 T_e，$s\omega_1$ 是基本不变的，因而 $\Delta n = sn_0$ 也是基本不变的。这就是说，在恒压频比的条件下改变频率 ω_1 时，机械特性基本上是平行下移，如图 4 - 7 所示。它们和直流他励电机变压调速时的情况基本相似。所不同的是，当转矩增大到最大值以后，转速再降低，特性就折回来了。而且频率越低时最大转矩值越小，得：

$$T_{\text{emax}} = \frac{3n_p}{2}\left(\frac{U_s}{\omega_1}\right)^2 \frac{1}{\dfrac{R_s}{\omega_1} + \sqrt{\left(\dfrac{R_s}{\omega_1}\right)^2 + (L_{ls} + L_{lr}')^2}} \tag{4 - 11}$$

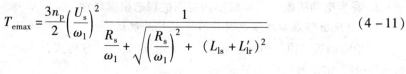

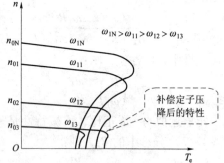

图 4 - 7　恒压频比控制时变频调速的机械特性

可见最大转矩 T_{emax} 是随着的 ω_1 降低而减小的。频率很低时，T_{emax} 太小将限制电机的带载能力，采用定子压降补偿，适当地提高电压 U_s，可以增强带载能力。

（2）恒 E_g/ω_1 控制。

从图 4 - 1 的异步电动机稳态等效电路可知，如果在电压、频率协调控制中，恰当地提高电压 U_s 的数值，使它在克服定子阻抗压降以后，能维持 E_g/ω_1 为恒值（基频以下），则由式（4 - 6）可知，无论频率高低，每极磁通 Φ_m 均为常值。由等效电路可以看出：

$$I'_r = \frac{E_g}{\sqrt{\left(\dfrac{R'_r}{s}\right)^2 + \omega_1^2 L_{lr}^{'2}}} \tag{4-12}$$

代入电磁转矩关系式，得：

$$T_e = \frac{3n_p}{\omega_1} \frac{E_g^2}{\left(\dfrac{R'_r}{s}\right)^2 + \omega_1^2 L_{lr}^{'2}} \frac{R'_r}{s} = 3n_p \left(\frac{E_g}{\omega_1}\right)^2 \frac{s\omega_1 R'_r}{R_r^{'2} + s^2 \omega_1^2 L_{lr}^{'2}} \tag{4-13}$$

利用与前相似的分析方法，当 s 很小时，可忽略式（4-13）分母中含 s 项，则：

$$T_e \approx 3n_p \left(\frac{E_g}{\omega_1}\right)^2 \frac{s\omega_1}{R'_r} \propto s \tag{4-14}$$

这表明机械特性的这一段近似为一条直线。当 s 接近于 1 时，可忽略式（4-13）分母中的 $R_r^{'2}$ 项，则：

$$T_e \approx 3n_p \left(\frac{E_g}{\omega_1}\right)^2 \frac{R'_r}{s\omega_1 L_{lr}^{'2}} \propto \frac{1}{s} \tag{4-15}$$

s 值为上述两段的中间值时，机械特性在直线和双曲线之间逐渐过渡，整条特性与恒压频比特性相似。但是，对比式（4-13）和式（4-7）可以看出，恒 E_g/ω_1 特性分母中含 s 项的参数要小于恒 U_s/ω_1 特性中的同类项，s 值要更大一些才能使该项占有显著的分量，因此恒 E_g/ω_1 特性的线性段范围更宽。将式（4-13）对 s 求导，并令 $\mathrm{d}T_e/\mathrm{d}s = 0$，可得恒 E_g/ω_1 控制特性在最大转矩时的转差率和最大转矩为：

$$S_m = \frac{R'_r}{\omega_1 L'_{lr}} \tag{4-16}$$

$$T_{emax} = \frac{3}{2} n_p \left(\frac{E_g}{\omega_1}\right)^2 \frac{1}{L'_{lr}} \tag{4-17}$$

值得注意的是，在式（4-17）中，当 E_g/ω_1 为恒值时，T_{emax} 恒定不变，其稳态性能优于恒 U_s/ω_1 控制的性能。这正是恒 U_s/ω_1 控制中补偿定子压降所追求的目标，如图 4-8 所示。

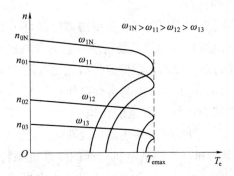

图 4-8　恒 E_g/ω_1 控制时变频调速的机械特性

（3）恒 E_r/ω_1 控制。

如果把电压、频率协调控制中的电压再进一步提高，把转子漏抗上的压降也抵消掉，得到恒 E_r/ω_1 控制，可得出：

$$I_r' = \frac{E_r}{R_r'/s} \tag{4-18}$$

代入电磁转矩基本关系式，得机械特性：

$$T_e = \frac{3n_p}{\omega_1} \frac{E_r^2}{\left(\dfrac{R_r'}{s}\right)^2} \frac{R_r'}{s} = 3n_p \left(\frac{E_r}{\omega_1}\right)^2 \frac{s\omega_1}{R_r'} \tag{4-19}$$

从式（4-19）可以看出，这时机械特性完全是一条直线，如图4-9所示。

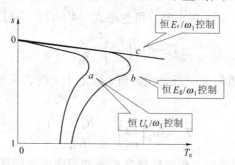

图4-9　不同电压频率协调控制方式时的机械特性

　　显然，恒 E_r/ω_1 控制的稳态性能最好，可以获得和直流电机一样的线性机械特性。这正是高性能交流变频调速所要求的性能。问题是怎样控制变频装置的电压和频率才能获得恒定的 E_r/ω_1。按照式（4-6）电动势和磁通的关系，可以看出，当频率恒定时，电动势与磁通成正比。在式（4-6）中，气隙磁通的感应电动势 E_g 对应于气隙磁通幅值 Φ_m，那么，转子全磁通的感应电动势 E_r 就应该对应于转子全磁通幅值 Φ_{rm}。

$$E_r = 4.44 f_1 N_s k_{Ns} \Phi_{rm} \tag{4-20}$$

　　由此可见，只要能够按照转子全磁通幅值 Φ_{rm} 为恒值进行控制，就可以获得恒 E_r/ω_1 了。这正是矢量控制系统所遵循的原则，它是建立在异步电动机动态数学模型的基础上，按转子磁链定向的矢量控制系统。

　　（4）几种协调控制方式的比较。

　　在正弦波供电时，按不同规律实现电压、频率协调控制可得不同类型的机械特性。

　　① 恒压频比（U_s/ω_1 = 恒值）控制最容易实现，它的变频机械特性基本上是平行下移，硬度也较好，能够满足一般的调速要求，但低速带载能力有限，须对定子压降实行补偿。

　　② 恒 E_g/ω_1 控制是通常对恒压频比控制实行电压补偿的标准，可以在稳态时达到 Φ_m 为恒值，从而改善了低速性能。线性调节范围比恒压频比宽，E_g/ω_1 为恒值时，E_{emax} 恒定不变，稳态性能优于恒 U_s/ω_1，但机械特性还是非线性的，产生转矩的能力仍受到限制。

　　③ 恒 E_r/ω_1 控制可以得到和直流他励电机一样的线性机械特性，比较理想。按照转子全磁通 Φ_{rm} 恒定进行控制，即得 $E_r = \omega_1$ = 恒值，在动态中也尽可能保持 Φ_{rm} 恒定是矢量控制系统要实现的目标，当然实现起来是比较复杂的。

　　3）基频以上恒压变频时的机械特性

　　在基频以上变频调速时，由于定子电压 $U_s = U_{sN}$ 不变，式（4-7）的机械特性方程式可以写成：

$$T_e = 3n_p U_{sN}^2 \frac{sR_r'}{\omega_1 \left[(sR_s + R_r')^2 + s^2 \omega_1^2 (L_{ls} + L_{lr}')^2 \right]} \tag{4-21}$$

而式（4-21）的最大转矩表达式可改写成：

$$T_{emax} = \frac{3}{2} n_p U_{sN}^2 \frac{1}{\omega_1 \left[R_s + \sqrt{R_s^2 + \omega_1^2 (L_{ls} + L_{lr}')^2} \right]} \tag{4-22}$$

由此可见，当角频率 ω_1 提高时，同步转速随之提高，最大转矩 T_{emax} 减小，机械特性上移，而形状基本不变，如图4-10所示。由于频率提高而电压不变，气隙磁通势必减弱，导致转矩的减小，但转速升高了，可以认为输出功率基本不变。所以基频以上变频调速属于弱磁恒功率调速。

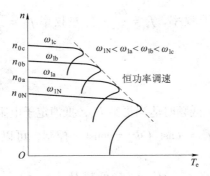

图4-10 基频以上恒压变频调速时的机械特性

以上分析的机械特性都是在正弦波电压供电下的情况。如果电压源含有谐波，将使机械特性受到扭曲，增加电机中的损耗。在设计变频装置时，应尽量减少输出电压中的谐波。

总之，电压 U_s 与频率 ω_1 是变频器—异步电动机调速系统的2个独立的控制变量，在变频调速时需要对这2个控制变量进行协调控制。在基频以下，有3种协调控制方式，采用不同的协调控制方式，得到的系统稳态性能不同，其中恒 E_r/ω_1 控制的性能最好。在基频以上，采用保持电压不变的恒功率弱磁调速方法。

4.1.3 列车牵引电动机及其运行特性

高速列车是以牵引电机为动力将电能转变成机械能而驱动列车运行的。因此，牵引电机的转矩和转速分别决定了列车的牵引力和速度。

牵引电机的转速与列车运行速度成正比，计算公式为：

$$n_d = \frac{1\,000\mu_c}{60\pi D} v_k \tag{4-23}$$

式中：n_d——电机的转速，r/min；

μ_c——齿轮传动比；

D——列车动轮直径，m；

v_k——列车运行速度，km/h。

牵引电机的转矩与列车牵引力成正比，计算公式为：

$$T = \frac{D}{2\mu_c \eta_1 N} F_k \times 10^3 \tag{4-24}$$

$$F_k = \frac{P_k \times 3.6}{v_k} \tag{4-25}$$

式中：T——牵引电机的转矩，N·m；

　　　F_k——牵引力，kN；

　　　P_k——列车牵引功率，kW。

因此，牵引电机的转矩—速度特性决定着列车的牵引特性，无论采用什么类型的电机作牵引电机，都必须满足机车牵引的要求。高速列车均采用交流传动系统，牵引电机有异步电动机和同步电机两种选择，目前采用较多的是交流异步电动机，本节从理论上分析异步电动机的转矩、速度特性是如何满足机车牵引要求的。为与普通电动机相区别和对照，在这里，牵引电机通常用 f_s 表示定子频率，$f_s = \dfrac{\omega_1}{2\pi}$；转差频率 $f_{sl} = \dfrac{\omega_s}{2\pi}$；$f_2$ 表示转子频率，$f_2 = \dfrac{\omega_r}{2\pi} = \dfrac{\omega_1 - \omega_s}{2\pi}$。

1. 恒力矩启动

采用 $U_s/f_s = \mathrm{const}$ 控制，低频时适当提高 U_s，抵消定子电阻的影响，可以实现恒力矩控制（见图 4-11）；采用 $E_s/f_s = \mathrm{const}$（$\Phi_s = \mathrm{const}$）控制，可以实现恒力矩控制。电机各参数与 f_s 的关系为：

$$\begin{cases} U_s \propto f_s\ （低频\ U_s \uparrow） \\ E_s \propto f_s \\ T = \mathrm{const}\ （f_{sl} = \mathrm{const}） \\ T_{max} = \mathrm{const} \\ I_s = \mathrm{const} \end{cases} \tag{4-26}$$

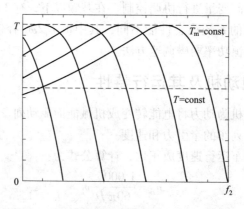

图 4-11　恒磁通控制变频调速的矩速特性

2. 恒功率运行

恒功率运行时列车运行速度高，定子和转子电阻可以忽略不计，$U_s \approx E_s$，可以推导出转矩公式和功率关系，有：

$$T = \frac{mp}{2\pi R_r'}\left(\frac{U_s}{f_s}\right)^2 f_{sl} \tag{4-27}$$

$$Tf_{s} \propto U_{s}^{2} \frac{f_{sl}}{f_{s}} \qquad P \propto Tf_{s} \propto \frac{U_{s}^{2}}{f_{s}} f_{sl} \qquad (4-28)$$

由式（4-28）可知，恒功率控制有两种不同的控制策略，即 $U_{s} = \text{const}$，$s = f_{sl}/f_{s} = \text{const}$ 恒电压、恒转差率控制；$U_{s}^{2}/f_{s} = \text{const}$，$f_{sl} = \text{const}$ 恒转差频率控制。

1）采用 $U_{s} = \text{const}$，$s = f_{sl}/f_{s} = \text{const}$ 控制

牵引电机重要的输入输出量与频率的关系如图4-12所示，用公式可表示为：

$$U_{s} = \text{const}; \quad T \propto 1/f_{s}; \quad T_{\max} \propto 1/f_{s}^{2}; \quad I_{s} = \text{const} \qquad (4-29)$$

2）采用 $U_{s}^{2}/f_{s} = \text{const}$，$f_{sl} = \text{const}$ 控制

牵引电机重要的输入、输出量与频率的关系如图4-13所示，用公式可表示为：

$$U_{s} \propto \sqrt{f_{s}}; \quad T \propto 1/f_{s}; \quad T_{\max} \propto 1/f_{s}; \quad I_{s} \propto 1/\sqrt{f_{s}} \qquad (4-30)$$

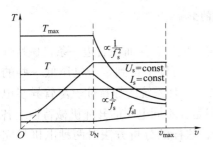

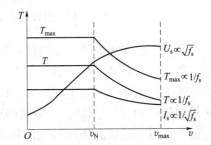

图4-12　第一种恒功运行参数与速度的关系　　　图4-13　第二种恒功运行参数与速度的关系

变频调速异步牵引电机的特性及基本理论，是列车实现牵引/制动特性、列车牵引控制（标量控制、矢量控制、直接转矩控制、逆变器的脉宽调制PWM控制）、逆变器和电机容量选择的最核心的理论基础。

4.2　标量控制技术

标量控制，就是仅仅只对变量的幅值进行控制，且忽略电机中的耦合效应。而后面讨论的矢量控制是对变量的幅值和相位都进行控制。标量控制的传动系统性能差一些，但实现起来容易，因此在传动系统中一度得到广泛应用。

4.2.1　闭环控制的变压调速系统

采用普通异步电动机的变电压调速时，调速范围很窄，采用高转子电阻的力矩电机可以增大调速范围，但机械特性又变软，因而当负载变化时静差率很大，开环控制很难解决这个矛盾。

1. 系统组成

对于恒转矩性质的负载，要求调速范围大于 $D = 2$ 时，往往采用带转速反馈的闭环控制系统，如图4-14（a）所示。该系统并没有采用 V/F 控制，只是变压调速，而不是变压变频（VVVF）调速，是一种最简单的闭环调速系统。

2. 系统静特性

闭环控制变压调速系统的静特性如图4-14（b）所示。当系统带负载在 A 点运行时，

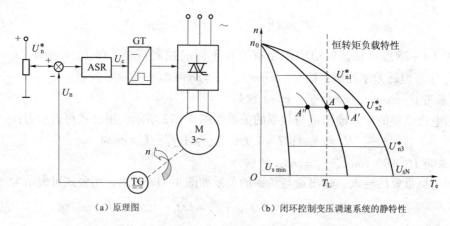

（a）原理图   （b）闭环控制变压调速系统的静特性

图 4 - 14   带转速负反馈闭环控制的交流变压调速系统

如果负载增大引起转速下降，反馈控制作用能提高定子电压，从而在右边一条机械特性上找到新的工作点 A'。同理，当负载降低时，会在左边一条特性上得到定子电压低一些的工作点 A''。按照反馈控制规律，将 A''、A、A' 连接起来便是闭环系统的静特性。尽管异步电动机的开环机械特性和直流电机的开环特性差别很大，但是在不同电压的开环机械特性上各取一个相应的工作点，连接起来便得到闭环系统静特性，这样的分析方法对两种电机是完全一致的。

尽管异步力矩电机的机械特性很软，但由系统放大系数决定的闭环系统静特性却可以很硬。如果采用 PI 调节器，照样可以做到无静差。改变给定信号，则静特性平行地上下移动，达到调速的目的。异步电动机闭环变压调速系统不同于直流电机闭环变压调速系统的地方是：静特性左右两边都有极限，不能无限延长，它们是额定电压 U_{sN} 下的机械特性和最小输出电压 U_{smin} 下的机械特性。

当负载变化时，如果电压调节到极限值，闭环系统便失去控制能力，系统的工作点只能沿着极限开环特性变化。

3. 系统静态结构

根据图 4 - 14（a）所示的原理图，可以画出静态结构图，如图 4 - 15 所示。图中，$K_S = U_S / U_C$ 为晶闸管交流调压器和触发装置的放大系数；$\alpha = U_n / n$ 为转速反馈系数；ASR 采用 PI 调节器；$n = f(U_s, T_e)$ 是式（4 - 3）所表达的异步电动机机械特性方程式，它是一个非线性函数。稳态时，$U_n^* = U_n = \alpha n$，$T_e = T_L$ 根据负载需要的 n 和 T_L 可由式（4 - 3）计算出或用机械特性图解法求出所需的 U_S 及相应的 U_c。

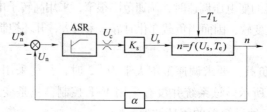

图 4 - 15   异步电动机闭环变压调速系统的静态结构图

4.2.2　转速开环、恒压频比控制的变频调速系统

目前，通用变频器大都是采用二极管整流和全控开关器件 IGBT 或功率模块 IPM 组成的 PWM 逆变器，构成交—直—交电压型变压变频器，PWM 变压变频器的基本控制作用如图 4-16 所示。它根据异步电动机稳态模型来设计其控制系统，为了实现电压、频率协调控制，它采用转速开环、恒压频比、带低频电压补偿的控制方案。

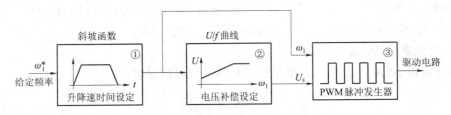

图 4-16　电压型逆变器的开环 V/F 速度控制

PWM 发生器的主要功能是通过产生相应的驱动脉冲来驱动电压型逆变器，将经过电压补偿后的 U_s^* 变换成 U_a^*、U_b^*、U_c^*，然后送给电压型逆变器。依据公式如下：

$$\theta_1 = \int \omega_1^* \, \mathrm{d}t$$

$$U_a^* = \sqrt{2} U_s \sin\theta_1$$

$$U_b^* = \sqrt{2} U_s \sin(\theta_1 - 120°) \tag{4-31}$$

$$U_c^* = \sqrt{2} U_s \sin(\theta_1 + 120°)$$

PWM 变频器主要包括以下功能。

（1）给定积分。由于系统本身没有自动限制起、制动电流的作用，因此工作频率设定信号必须通过给定积分算法产生平缓升速或降速信号，升速和降速的积分时间可以根据负载需要由操作人员分别选择。

（2）信号设定。主要是 U/f 特性。由于通用变频器—异步电动机系统是转速或频率开环、恒压频比控制系统，低频时由于线圈电阻的影响比较大，都得靠改变 U/f 函数发生器的特性来补偿，使系统达到 Φ_m 恒定的功能。因此称作"电压补偿"或"转矩补偿"，补偿方法主要有两种：

① 在微机存储多条不同斜率和折线段的 U/f 函数，用户根据需要选择最佳特性；

② 采用霍耳电流传感器检测定子电流或直流回路电流，按电流大小自动补偿定子电压。但无论如何都存在过补偿或欠补偿的可能，这是开环控制系统的不足之处。

此外需要设定的控制信息还包括：工作频率、频率升高时间、频率下降时间等，还可以有一系列特殊功能的设定。

（3）PWM 信号产生。可以由微机本身的软件产生，由 PWM 端口输出；也可采用专用的 PWM 生成电路芯片。产生的控制信号去控制 IGBT 等开关元件。

驱动电路中还包括检测与保护电路。由电压、电流、温度等检测信号经信号处理电路进行光电隔离、滤波、分压、放大等处理，再进入 A/D 转换器，输入给 CPU 作为控制算法，或者作为各种故障的保护依据，产生保护信号和显示信号。

目前，PWM 变频器的控制电路大都是以微处理器为核心的数字电路，其功能主要是接

受各种设定信息和指令，再根据它们的要求形成驱动逆变器工作的 PWM 信号。微机芯片主要采用 8 位或 16 位的单片机，或者用 32 位的 DSP，现在已有应用 RISC 的产品出现。

4.2.3　转速闭环、转差频率控制的变频调速系统

如果对调速范围和起、制动性能要求更高，并提高静态和动态性能，可以采用转差频率控制的调速系统。它采用转速反馈闭环控制，需要增加速度检测和采集功能。从电力拖动理论可知，调速系统的动态性能就是控制转矩的能力，问题是如何通过控制电压（电流）和频率来控制电磁转矩 T_e，这是提高调速系统动态性能的关键。

1. 转差频率控制的基本原理

当在 s 值很小的稳态范围内，根据式（4-8）可以推导出：

$$T_e \approx K_m \Phi_m^2 \frac{\omega_s}{R_r'} \tag{4-32}$$

上式表明，在 s 值很小的稳态范围内，如果能够保持气隙磁通 Φ_m 不变，异步电动机转矩 T_e 就近似与转差角频率 ω_s 成正比，如图 4-17 所示。因此在异步电动机中，控制转差频率 ω_s 就代表控制转矩。就和直流电机控制电流一样，能够起到间接控制力矩的作用。

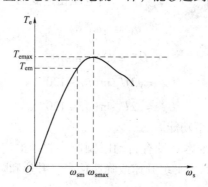

图 4-17　按恒 Φ_m 值控制的 $T_e = f(\omega_s)$ 特性

而上述规律是在保持 Φ_m 恒定的前提下才成立的。由式（4-6）可知，按恒 E_g/ω_1 控制时，就能保持 Φ_m 不变。同时由图 4-1 的异步电动机稳态等效电路可以推出：

$$U_s = f(\omega_1, I_s) = I_s(R_s + j\omega_1 L_{ls}) + E_g = I_s(R_s + j\omega_1 L_{ls}) + \left(\frac{E_g}{\omega_1}\right)\omega_1 \tag{4-33}$$

要实现恒 E_g/ω_1 控制，须在 U_s/ω_1 恒值的基础上再提高电压 U_s 以补偿定子电流压降。如果忽略电流相量相位变化的影响，不同定子电流时恒 E_g/ω_1 控制所需的电压—频率特性 $U_s = f(\omega_1, I_s)$，如图 4-18 所示。

经过推导可以证明，转差频率控制的规律是：

（1）在 $\omega_s \leqslant \omega_{sm}$ 的范围内，如图 4-17 所示，转矩 T_e 基本上与 ω_s 成正比，条件是气隙磁通 Φ_m 不变；

（2）在不同的定子电流值时，按图 4-18 的函数关系 $U_s = f(\omega_1, I_s)$ 控制定子电压和频率，就能保持气隙磁通 Φ_m 恒定。

2. 转差频率控制系统

如图 4-19 所示，为典型的实现转差频率控制规律的转速闭环变压变频调速系统的结构

原理图。

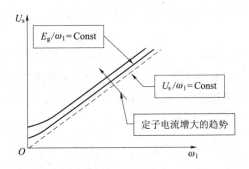

图 4 – 18　不同定子电流时恒控制所需的电压—频率特性

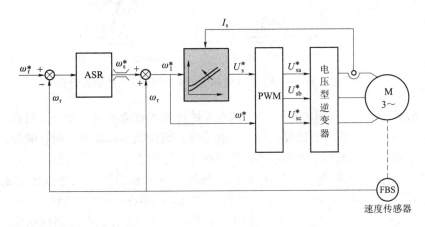

图 4 – 19　转差频率控制的转速闭环变压变频调速系统结构原理图

转差频率控制系统的控制过程主要包括频率控制、电压控制、系统特性。

1）频率控制

由于在恒定磁链下的转差率与输出转矩成正比，可认为该速度内环内存在一个转矩开环控制。

转速调节器 ASR 的输出信号是转差频率给定 ω_s^*，与实测转速信号 ω_r 相加，即得定子频率给定信号 ω_1^*，即 $\omega_s^* + \omega_r = \omega_1^*$，它表明在调速过程中，实际频率 ω_1 随着实际转速 ω_r 同步地上升或下降，犹如水涨而船高。因此，加、减速平滑而且稳定，这一关系是转差频率控制系统突出的特点或优点。同时，在动态过程中转速调节器 ASR 饱和，系统能用对应于 ω_{sm} 的限幅转矩 T_{em} 进行控制，保证了在允许条件下的快速性。在阶跃速度给定下，电机在转差率限幅值下自由地加速，该转差率限幅值对应于定子电流或转矩的限幅值。最终电机进入稳态运行，此时的转差率由稳态时负载的转矩决定。

2）电压控制

由 ω_1 和定子电流反馈信号 I_s 从微机存储的 $U_s = f(\omega_1, I_s)$ 函数中查得定子电压给定信号 U_s^*，在低速时为克服定子电阻 R_s 的影响，维持磁通恒定，需要对 U_s^* 进行电压补偿。用 U_s^* 和 ω_1^* 控制 PWM 电压型逆变器，即得异步电动机调速所需的变压变频电源。

3）系统特性

转差频率控制的转速闭环 V/F 调速系统具有很好的抗负载转矩和电网电压波动的能力。

（1）当负载转矩变化时，如图 4 – 20（a）所示，如果初始工作点在点 1，且负载转矩从 T_L 变为 T'_L，速度将会相应地降到点 2。但由于速度控制环作用，频率将会上升，直到在点 3 处恢复到原来的速度。

（2）当电网电压变化时，如图 4 – 20（b）所示，由于没有磁链闭环控制，输入电压的变化将导致磁链改变。初始工作点为曲线上的点 1，输入电压的下降将会减小磁链，从而工作点移动到点 2 处，导致的速度降落将会作用在速度环上且使频率上升，最终恢复到曲线 c 上的点 1。该系统在弱磁情况下也能良好地工作。

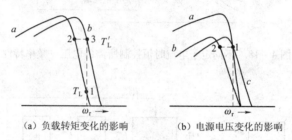

（a）负载转矩变化的影响　　　　（b）电源电压变化的影响

图 4 – 20　转差频率控制的转速闭环变压变频调速系统的动态调节过程

可见，转速闭环转差频率控制 VVVF 调速系统能够像直流电机双闭环控制系统那样具有较好的静、动态性能，是一个比较优越的控制策略，结构也不算复杂。但它的静、动态性能还不能完全达到直流双闭环系统的水平，差距存在的原因有以下几个方面。

① 转差频率控制规律是从异步电动机稳态等效电路和稳态转矩公式出发的，所谓的"保持磁通 $\varPhi_m$ 恒定"的结论也只在稳态情况下才成立，但在动态中不能保证 $\varPhi_m$ 恒定。

② $U_s = f(\omega_1, I_s)$ 函数关系中只采用了定子电流的幅值，没有控制到电流的相位，而在动态中电流的相位也是影响转矩变化的因素。定子电流 I_s 的瞬时相位情况直接决定着瞬态过程中的 I_0 分量（见图 4 – 1）是否恒定。所以这种只控制电流大小而不控制其相位的方法称作标量控制。

③ 在频率控制环节中，取 $\omega_s + \omega_r = \omega_1$，使频率得以与转速同步升降，这本是转差频率控制的优点。但如果转速检测信号不准确或存在干扰，也就会直接给频率造成误差，因为所有这些偏差和干扰都以正反馈的形式毫无衰减地传递到频率控制信号上来了。

但转差频率控制的变频调速系统，已经与直流电动机双闭环系统性能很接近，实现了直接对转矩的控制，改善了系统的动态性能。

4.2.4　并联电动机的牵引传动

目前，列车大都采用电压型逆变器，对于地铁、机车牵引等传动系统，对于电压型逆变器大都采用多台电动机由单台电压型逆变器供电以并联形式工作，且每台电机拖动机车的一个轴。如果电机的转矩—速度特性相同且速度相等，那么对于相同的变频电源，表现为相同的阻抗；而且在所有运行条件下，它们分担的转矩将相同。但实际上，电机之间的特性有所不同，而且电机的转速可能因轮子直径不完全一致也会有些差异。

（1）电机特性不匹配但轮径相同。首先考虑电机特性的差异，假设电机 1 的转差率比电机 2 小，如图 4 – 21（a）所示。每根轴的轮子直径相等，使 ω_r 相等，供电电源频率为 ω_1，因此转差频率相同。具有较低转差率特性的电机 1 将会比电机 2 承担更多的转矩。对于高效低转差率的电机，这种转矩负担的不均衡将更明显。在电动状态下，电机1可能因过载而导致轴轮打滑，因打滑而导致的速度增量将减少其转矩负载，从而实现自我校正。在再生方式下，若电机1打滑，则其速度增量将会导致其转矩负载增加，从而使情况恶化。

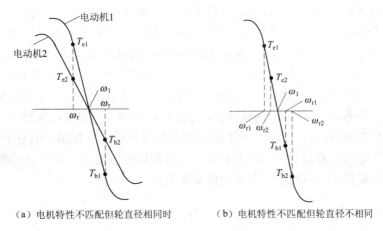

(a) 电机特性不匹配但轮直径相同时   (b) 电机特性不匹配但轮直径不相同

图 4-21   电动机并联特性

（2）电机特性匹配但轮径不相同。假设这些电机完全匹配，但电机2的传动轮子直径比电机1稍小，则对同样的机车运行速度，将会出现 ω_{r2} 大于 ω_{r1}，如图4-21（b）所示。这种情况将会使电机1在电动状态下分担的转矩 T_{e1} 大于电机2的转矩 T_{e2}；而在再生方式下，它承担的转矩 T_{b1} 则小于电机2的转矩 T_{b2}。轮子打滑的结果与前面讨论的结论相同。实际上电机特性不匹配和轮子直径不相同的问题也可能同时存在。

4.3   矢量控制技术

异步电动机是一个多变量的多输入输出系统，而电压、电流、频率、磁通、转速之间又互相有影响，所以是强耦合的多变量系统，因此针对异步电动机的动态数学模型也是一个高阶、非线性、强耦合的多变量系统。因此需要异步电动机具有高动态性能时，必须面对这样一个动态模型，因此产生了按转子磁链定向的矢量控制系统，简称 VC（Vector Control）系统。矢量控制传动系统的良好性能很受欢迎，导致标量控制的重要性日益下降。

4.3.1   问题的提出

对于直流电动机，可以认为励磁电流 I_f 产生的主磁通 Φ 和电枢绕组电流 I_a 产生的转子磁场是互相独立的，电机设计保证了励磁磁势与电枢磁势互相垂直，可认为互相解耦，此时直流电动机电磁转矩为：

$$T_e = K_T \Phi I_a = K_T' I_f I_a$$

利用补偿绕组可以对电枢电流变化引起主磁通的变化进行补偿，保证上述公式的准确性。单单控制电枢电流 I_a 就可以方便地控制电机的转矩。

但是异步电动机的情况比直流电动机复杂得多，磁场是定子电流和转子电流共同产生的，通过绕组的电流既有产生磁场的励磁分量也有产生转矩的有功（转矩）分量，二者纠缠在一起，单单控制电枢电流不能控制电磁转矩的目的，更何况鼠笼式异步电动机转子电流也难以直接测量和控制。

从电机理论可知，异步电动机的电磁转矩 $T_e = C_T \Psi_m I_r \cos\varphi_2$，它是气隙磁场 Ψ_m 和转子电流有功分量 $I_r \cos\varphi_2$ 相互作用产生的。其中 $\cos\varphi_2$ 是功率因数，是由于电枢绕组或鼠笼转子的短路绕组的电感导致每根笼条内的电流都将在时间上滞后于电动势而导致的。异步电动机矢量图如图 4-22 所示，可以看出，转子磁链 Ψ_r 和转子电流 I_r 在相位上互相垂直，而异步电动机的转子磁链 $\Psi_r = \Psi_m \cos\varphi_2$，因此可知 $T_e = C_T \Psi_r I_r$，在形式上和直流电机的转矩公式完全相似。如果能设法保持异步电动机转子磁链 Ψ_r 恒定，则只要控制转子电流 I_r 就能达到有效控制电机转矩的目的，这就是所谓以转子磁链定向的矢量控制。但对于三相鼠笼式异步电动机，转子电流 I_r 难以直接测量和控制，至于如何控制定子三相电流的瞬时值 i_A、i_B、i_C 以达到上述矢量控制的目的。这需要坐标变换的方法。

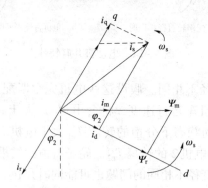

图 4-22　异步电动机矢量图

4.3.2　坐标变换的基本概念

不同电动机模型彼此等效的原则是：不同坐标下所产生的磁动势完全一致。通常产生旋转磁场有 3 种方法：三相旋转磁场、两相旋转磁场和旋转体的旋转直流磁场。如果这 3 种方法产生的旋转磁场完全相同（磁极对数相同、磁感应强度相等、转速相同），则认为这时的三相磁场系统、两相磁场系统和旋转直流磁场系统是等效的，因此这三种旋转磁场之间是可以进行等效变换的。如图 4-23 所示。

设旋转坐标系相对于静止三相坐标系 $A-B-C$ 的转速为 ω，在使用时常取同步角速度 $\omega = \omega_1$，或者转子角速度 $\omega = \omega_r$，经过变换后，三相交流电流 i_A、i_B、i_C 所产生的旋转磁场可用一组以同步旋转的二相绕组中通以相应直流电流 i_d、i_q 来等效。

但是三相交流绕组旋转磁场和直流旋转磁场之间，要进行直接变换比较困难，要以两相交流绕组旋转磁场为中间桥梁。因为三相交流绕组中线圈之间存在磁耦合；而两相交流绕组中，线圈相互之间不存在磁耦合。在三相交流绕组中，任何一相电流所产生的磁通，必将穿过另外两相，也就是说，三相绕组相互之间存在着磁的耦合。当线圈 A 中的电流穿过另一个线圈 B 时，线圈 A 中的电流变化将在线圈 B 中引起感应电动势，这种现象称为互感。所产生的感应电动势，称为互感电动势。两线圈因磁通而互相关联，这种现象称为磁耦合或耦

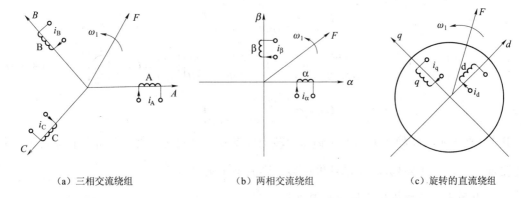

（a）三相交流绕组　　　　　　（b）两相交流绕组　　　　　　（c）旋转的直流绕组

图 4 - 23　等效的交流电动机绕组和直流电动机绕组

合。但在两相交流绕组中，由于两个绕组处于垂直状态，任一相电流所产生的磁通，并不穿过另一相绕组，因此两相绕组相互间不存在磁耦合。

三相旋转磁场和两相旋转磁场由于都是多相交变磁场的合成结果，相互间容易变换，称为三相—两相变换（3/2 变换）或两相—三相变换（2/3 变换）。当进行 3/2 变换时，原来存在耦合的三相绕组被变换成没有耦合的两相绕组了，绕组间的磁耦合被解除了，也称为解耦变换。

这样，两相旋转磁场和直流旋转磁场都是由两个相互正交的磁场构成，绕组间都没有磁的耦合相互间也容易变换，称为交/直或直/交变换。

三相静止坐标系 $A - B - C$ 和两相静止坐标系 $\alpha - \beta$ 之间的变换，简称 3/2 变换。从静止的两相坐标系变换到某一转速旋转的两相坐标系，就是所谓的旋转变换（VR）。从两相静止坐标系 $\alpha - \beta$ 到两相旋转坐标系 $d - q$ 之间的变换称为两相－两相旋转变换，简称 2s/2r 变换。其中 s 表示静止，r 表示旋转。反之，从某一旋转的两相坐标系变换到静止的两相坐标系则称为旋转逆变换（VR^{-1}）或 2r/2s 变换。

各种坐标变换的公式推导如下。

（1）对于 3/2 变换或 2/3 变换：

$$\begin{bmatrix} i_\alpha \\ i_\beta \end{bmatrix} = \sqrt{\frac{2}{3}} \begin{bmatrix} 1 & -\dfrac{1}{2} & -\dfrac{1}{2} \\ 0 & \dfrac{\sqrt{3}}{2} & -\dfrac{\sqrt{3}}{2} \end{bmatrix} \begin{bmatrix} i_A \\ i_B \\ i_C \end{bmatrix} = \boldsymbol{C}_{3/2} \begin{bmatrix} i_A \\ i_B \\ i_C \end{bmatrix}, \quad \boldsymbol{C}_{3/2} = \sqrt{\frac{2}{3}} \begin{bmatrix} 1 & -\dfrac{1}{2} & -\dfrac{1}{2} \\ 0 & \dfrac{\sqrt{3}}{2} & -\dfrac{\sqrt{3}}{2} \end{bmatrix} \quad (4 - 34)$$

$$\begin{bmatrix} i_A \\ i_B \\ i_C \end{bmatrix} = \sqrt{\frac{2}{3}} \begin{bmatrix} 1 & 0 \\ -\dfrac{1}{2} & \dfrac{\sqrt{3}}{2} \\ -\dfrac{1}{2} & -\dfrac{\sqrt{3}}{2} \end{bmatrix} \begin{bmatrix} i_\alpha \\ i_\beta \end{bmatrix} = \boldsymbol{C}_{2/3} \begin{bmatrix} i_\alpha \\ i_\beta \end{bmatrix}, \quad \boldsymbol{C}_{2/3} = \sqrt{\frac{2}{3}} \begin{bmatrix} 1 & 0 \\ -\dfrac{1}{2} & \dfrac{\sqrt{3}}{2} \\ -\dfrac{1}{2} & -\dfrac{\sqrt{3}}{2} \end{bmatrix} \quad (4 - 35)$$

（2）对于 2r/2s 或 2s/2r 变换：

$$\begin{bmatrix} i_\alpha \\ i_\beta \end{bmatrix} = \begin{bmatrix} \cos\theta & -\sin\theta \\ \sin\theta & \cos\theta \end{bmatrix} \begin{bmatrix} i_d \\ i_q \end{bmatrix} = \boldsymbol{C}_{2r/2s} \begin{bmatrix} i_d \\ i_q \end{bmatrix} \quad (4 - 36)$$

$$C_{2r/2s} = \begin{bmatrix} \cos\theta & -\sin\theta \\ \sin\theta & \cos\theta \end{bmatrix}$$

$$\begin{bmatrix} i_d \\ i_q \end{bmatrix} = \begin{bmatrix} \cos\theta & -\sin\theta \\ \sin\theta & \cos\theta \end{bmatrix}^{-1} \begin{bmatrix} i_\alpha \\ i_\beta \end{bmatrix} = \begin{bmatrix} \cos\theta & \sin\theta \\ -\sin\theta & \cos\theta \end{bmatrix} \begin{bmatrix} i_\alpha \\ i_\beta \end{bmatrix} = C_{2s/2r} \begin{bmatrix} i_\alpha \\ i_\beta \end{bmatrix} \qquad (4-37)$$

$$C_{2s/2r} = \begin{bmatrix} \cos\theta & \sin\theta \\ -\sin\theta & \cos\theta \end{bmatrix}$$

其中，θ 表示两相静止坐标系 α 轴与旋转坐标系 d 轴之间的夹角，$d-q$ 坐标系可以以任意速度 ω 旋转，如果磁场以 ω_1 的速度旋转，则 $\theta = \int \omega_1 dt$。

（3）直角坐标—极坐标变换（K/P 变换）。

设电流矢量 i_s 和 d 轴的夹角为 θ_s，已知 i_d、i_q，求 i_s 和 θ_s，就是直角坐标—极坐标变换，简称 K/P 变换，变换公式为：

$$i_s = \sqrt{i_d^2 + i_q^2}, \quad \theta_s = \arctan\frac{i_q}{i_d} \qquad (4-38)$$

由于 θ_s 在 $0° \sim 90°$ 之间变化时，$\tan\theta_s$ 的变换范围是 $0 \sim \infty$，这个变化幅值太大，在数字变换器中很容易溢出，因此常改用下列表达式表示 θ_s：

$$\tan\frac{\theta_s}{2} = \frac{\sin\dfrac{\theta_s}{2}}{\cos\dfrac{\theta_s}{2}} = \frac{\sin\dfrac{\theta_s}{2}\left(2\cos\dfrac{\theta_s}{2}\right)}{\cos\dfrac{\theta_s}{2}\left(2\cos\dfrac{\theta_s}{2}\right)} = \frac{\sin\theta_s}{1+\cos\theta_s} = \frac{i_q}{i_s+i_d}$$

$$则 \quad \theta_s = 2\arctan\frac{i_q}{i_s+i_d} \qquad (4-39)$$

（4）由三相静止坐标系 $A-B-C$ 到任意二相坐标系 $d-q$ 上的变换（3s/2r 变换）

可以推出：

$$\begin{bmatrix} i_d \\ i_q \\ i_0 \end{bmatrix} = \begin{bmatrix} \cos\theta & \sin\theta & 0 \\ -\sin\theta & \cos\theta & 0 \\ 0 & 0 & 1 \end{bmatrix} \begin{bmatrix} i_\alpha \\ i_\beta \\ i_0 \end{bmatrix} = \sqrt{\frac{2}{3}} \begin{bmatrix} \cos\theta & \sin\theta & 0 \\ -\sin\theta & \cos\theta & 0 \\ 0 & 0 & 1 \end{bmatrix} \begin{bmatrix} 0 & -\dfrac{1}{2} & -\dfrac{1}{2} \\ 0 & \dfrac{\sqrt{3}}{2} & -\dfrac{\sqrt{3}}{2} \\ \dfrac{1}{\sqrt{2}} & \dfrac{1}{\sqrt{2}} & \dfrac{1}{\sqrt{2}} \end{bmatrix} \begin{bmatrix} i_A \\ i_B \\ i_C \end{bmatrix}$$

$$= C_{3s/2r} \begin{bmatrix} i_A \\ i_B \\ i_C \end{bmatrix} \qquad (4-40)$$

$$C_{3s/2r} = \sqrt{\frac{2}{3}} \begin{bmatrix} \cos\theta & \sin\theta & 0 \\ -\sin\theta & \cos\theta & 0 \\ 0 & 0 & 1 \end{bmatrix} \begin{bmatrix} 0 & -\dfrac{1}{2} & -\dfrac{1}{2} \\ 0 & \dfrac{\sqrt{3}}{2} & -\dfrac{\sqrt{3}}{2} \\ \dfrac{1}{\sqrt{2}} & \dfrac{1}{\sqrt{2}} & \dfrac{1}{\sqrt{2}} \end{bmatrix}$$

$$= \sqrt{\frac{2}{3}} \begin{bmatrix} \cos\theta & \cos(\theta-120°) & \cos(\theta+120°) \\ -\sin\theta & -\sin(\theta-120°) & -\sin(\theta+120°) \\ \dfrac{1}{\sqrt{2}} & \dfrac{1}{\sqrt{2}} & \dfrac{1}{\sqrt{2}} \end{bmatrix}$$

$$\boldsymbol{C}_{2r/3s} = \boldsymbol{C}_{3s/2r}^{-1} = \boldsymbol{C}_{3s/2r}^{T} = \sqrt{\frac{2}{3}} \begin{bmatrix} \cos\theta & -\sin\theta & \dfrac{1}{\sqrt{2}} \\ \cos(\theta-120°) & -\sin(\theta-120°) & \dfrac{1}{\sqrt{2}} \\ \cos(\theta+120°) & -\sin(\theta+120°) & \dfrac{1}{\sqrt{2}} \end{bmatrix} \tag{4-41}$$

其中 i_0 是为将变换阵增广成可逆方阵，而在两相系统上人为地增加一项零轴磁动势 $N_2 i_0$，并定义为 $i_0 = K \dfrac{N_3}{N_2}(i_A + i_B + i_C) = \dfrac{1}{\sqrt{3}}(i_A + i_B + i_C)$，因此 $d-q$ 坐标系也可以称为 $d-q-O$ 坐标系。

4.3.3 异步电动机在 M-T 坐标系上的数学模型

1. 异步电动机在三相坐标系上的数学模型

无论电动机转子是绕线形还是鼠笼形的，在理想条件下，都将它等效成三相绕线转子，并折算到定子侧，折算后的定子和转子绕组匝数都相等。如图4-24所示，以 A 轴为参考坐标轴，定子三相绕组轴线 A、B、C 在空间上是固定的，转子绕组轴线 a、b、c 随转子旋转，转子 a 轴和定子 A 轴间的电角度 θ 为空间角位移变量，同时规定各绕组电压、电流、磁链的正方向符合电动机惯例和右手螺旋定则。

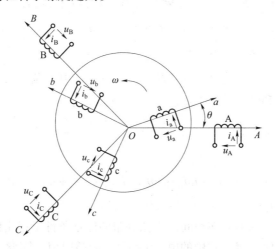

图4-24 三相异步电动机的物理模型

图中，u_A、u_B、u_C、u_a、u_b、u_c 为定子和转子相电压的瞬时值；i_A、i_B、i_C、i_a、i_b、i_c 为定子和转子相电流的瞬时值；$\boldsymbol{\Psi}_A$、$\boldsymbol{\Psi}_B$、$\boldsymbol{\Psi}_C$、$\boldsymbol{\Psi}_a$、$\boldsymbol{\Psi}_b$、$\boldsymbol{\Psi}_c$ 为各相绕组的全磁链；$\boldsymbol{\Psi}_s$ 和 $\boldsymbol{\Psi}_r$ 为定子绕组和转子绕组的磁链列阵；$\boldsymbol{u}_s$ 和 $\boldsymbol{u}_r$ 为定子和转子电压的列阵；$\boldsymbol{i}_s$ 和 $\boldsymbol{i}_r$ 为定子和转子电流的列阵。

$$\boldsymbol{\Psi}_s = \begin{bmatrix} \Psi_A \\ \Psi_B \\ \Psi_C \end{bmatrix}, \quad \boldsymbol{\Psi}_r = \begin{bmatrix} \Psi_a \\ \Psi_b \\ \Psi_c \end{bmatrix}, \quad \boldsymbol{u}_s = \begin{bmatrix} u_A \\ u_B \\ u_C \end{bmatrix}, \quad \boldsymbol{u}_r = \begin{bmatrix} u_a \\ u_b \\ u_c \end{bmatrix}, \quad \boldsymbol{i}_s = \begin{bmatrix} i_A \\ i_B \\ i_C \end{bmatrix}, \quad \boldsymbol{i}_r = \begin{bmatrix} i_a \\ i_b \\ i_c \end{bmatrix}$$

1）磁链方程

$$\begin{bmatrix} \boldsymbol{\Psi}_s \\ \boldsymbol{\Psi}_r \end{bmatrix} = \begin{bmatrix} \boldsymbol{L}_{ss} & \boldsymbol{L}_{sr} \\ \boldsymbol{L}_{rs} & \boldsymbol{L}_{rr} \end{bmatrix} \begin{bmatrix} \boldsymbol{i}_s \\ \boldsymbol{i}_r \end{bmatrix} \tag{4-42}$$

$$\boldsymbol{L}_{ss} = \begin{bmatrix} L_{ms} + L_{1s} & -\dfrac{1}{2}L_{ms} & -\dfrac{1}{2}L_{ms} \\ -\dfrac{1}{2}L_{ms} & L_{ms} + L_{1s} & -\dfrac{1}{2}L_{ms} \\ -\dfrac{1}{2}L_{ms} & -\dfrac{1}{2}L_{ms} & L_{ms} + L_{1s} \end{bmatrix}, \quad \boldsymbol{L}_{rr} = \begin{bmatrix} L_{mr} + L_{1r} & -\dfrac{1}{2}L_{ms} & -\dfrac{1}{2}L_{ms} \\ -\dfrac{1}{2}L_{ms} & L_{ms} + L_{1r} & -\dfrac{1}{2}L_{ms} \\ -\dfrac{1}{2}L_{ms} & -\dfrac{1}{2}L_{ms} & L_{ms} + L_{1r} \end{bmatrix}$$

$$\boldsymbol{L}_{rs} = \boldsymbol{L}_{sr}^{T} = L_{ms} \begin{bmatrix} \cos\theta & \cos(\theta - 120°) & \cos(\theta + 120°) \\ \cos(\theta + 120°) & \cos\theta & \cos(\theta - 120°) \\ \cos(\theta - 120°) & \cos(\theta + 120°) & \cos\theta \end{bmatrix}$$

式中：L_{ms}——定子互感，即与定子一相绕组交链的最大互感磁通；

　　　L_{mr}——转子互感，即与转子一相绕组交链的最大互感磁通；

　　　L_{1s}——定子漏感，即定子各相漏磁通；

　　　L_{1r}——转子漏感，即转子各相漏磁通。

2）电压方程

$$\begin{bmatrix} \boldsymbol{u}_s \\ \boldsymbol{u}_r \end{bmatrix} = \begin{bmatrix} \boldsymbol{R}_s' & 0 \\ 0 & \boldsymbol{R}_r' \end{bmatrix} \begin{bmatrix} \boldsymbol{i}_s \\ \boldsymbol{i}_r \end{bmatrix} + p \begin{bmatrix} \boldsymbol{\Psi}_s \\ \boldsymbol{\Psi}_r \end{bmatrix} = \begin{bmatrix} \boldsymbol{R}_s' & 0 \\ 0 & \boldsymbol{R}_r' \end{bmatrix} \begin{bmatrix} \boldsymbol{i}_s \\ \boldsymbol{i}_r \end{bmatrix} + p \begin{bmatrix} \boldsymbol{L}_{ss} & \boldsymbol{L}_{sr} \\ \boldsymbol{L}_{rs} & \boldsymbol{L}_{rr} \end{bmatrix} \begin{bmatrix} \boldsymbol{i}_s \\ \boldsymbol{i}_r \end{bmatrix} \tag{4-43}$$

$$\boldsymbol{R}_s' = \begin{bmatrix} R_s & 0 & 0 \\ 0 & R_s & 0 \\ 0 & 0 & R_s \end{bmatrix}, \quad \boldsymbol{R}_r' = \begin{bmatrix} R_r & 0 & 0 \\ 0 & R_r & 0 \\ 0 & 0 & R_r \end{bmatrix}$$

式中：$\boldsymbol{R}_s'$、$\boldsymbol{R}_r'$——定子和转子绕组电阻；

　　　p——微分算子，$p = \dfrac{\mathrm{d}}{\mathrm{d}t}$。

3）电磁转矩方程

$$T_e = n_p L_{ms} \big[(i_A i_a + i_B i_b + i_C i_c)\sin\theta + (i_A i_b + i_B i_c + i_C i_a)\sin(\theta + 120°) +$$
$$(i_A i_c + i_B i_a + i_C i_b)\sin(\theta - 120°) \big] \tag{4-44}$$

公式是在线性磁路、磁动势在空间按正弦分布的假定条件下得出的，但对定子、转子电流对时间的波形未作任何假定，式中的电流 i 都是实际瞬时值。因此上述电磁转矩方程完全适用于变压变频器供电的含有电流谐波的三相异步电动机调速系统。

4）电力拖动系统运动方程

在忽略电力拖动系统传动机构中的黏性摩擦和扭转弹性，系统的运动方程为：

$$T_e - T_L = \frac{J}{n_p} \frac{\mathrm{d}\omega}{\mathrm{d}t} \tag{4-45}$$

式中：T_e——电磁转矩；

　　　T_L——负载阻转矩；

　　　ω——转子转速，$\omega = \dfrac{\mathrm{d}\theta}{\mathrm{d}t}$。

2. 按转子磁链定向的矢量控制方程

异步电动机在任意两相旋转坐标系上的数学模型、两相静止坐标系上的数学模型和两相同步旋转坐标系上的数学模型。其中最常用的一种旋转坐标系，如图 4 - 25 所示，是取 d - q 坐标系以同步转速 ω_1 旋转，同时规定 d 轴沿着转子总磁链矢量 $\boldsymbol{\varPsi}_r$ 的方向，称之为 M（Magnetization）轴，而 q 轴则逆时针旋转 $90°$，垂直于 $\boldsymbol{\varPsi}_r$，称之为 T（Torque）轴，这种旋转坐标系称为 $M - T$ 坐标系，即按转子磁场定向的坐标系。

$M - T$ 坐标系的同步旋转保证了当三相坐标系的电压和电流都是交流正弦波时，变换到变换到 $M - T$ 坐标系上就成为直流；因为 $\boldsymbol{\varPsi}_r$ 本身就是以同步转速 ω_1 旋转的矢量，同时 $M - T$ 坐标系按照磁链 $\boldsymbol{\varPsi}_r$ 定向还可以减少同步旋转坐标系数学模型的多变量之间的耦合关系，使数学模型进一步得到简化。

目前，最常用的矢量控制方案，就是按转子磁场方向定向的矢量控制。如图 4 - 25 所示，静止轴系的 α 轴与三相轴系的 A 轴一致，M 轴与 A 轴（α 轴）之间相角为 φ。定子电流 i_s 在 $M - T$ 坐标系上分解为 i_{sm} 和 i_{st}，其夹角 θ_s 为力矩角。

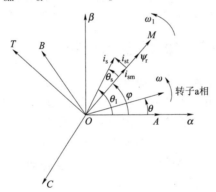

图 4 - 25　$M - T$ 坐标系的空间矢量图

当把异步电动机定子和转子的各物理量，如电压、电流和磁链等均经过坐标变换，变换到 $M - T$ 坐标系上时，通过数学推导可以得到矢量控制系统中，异步电动机在 $M - T$ 坐标系上的各物理之间的关系式：

$$T_e = n_p \frac{L_m}{L_r} \varPsi_r i_{st} \text{ 或 } i_{st} = \frac{L_r}{n_p L_m \varPsi_r} T_e \qquad (4 - 46)$$

$$\varPsi_r = \frac{L_m}{T_r p + 1} i_{sm} \text{ 或 } i_{sm} = \frac{T_r p + 1}{L_m} \varPsi_r \qquad (4 - 47)$$

$$\omega_s = \omega_1 - \omega = \frac{L_m}{T_r \varPsi_r} i_{st} \text{ 或 } i_{st} = \omega_s \frac{T_r}{L_m} \varPsi_r \qquad (4 - 48)$$

$$i_s = \sqrt{i_{sm}^2 + i_{st}^2} \qquad (4 - 49)$$

$$\theta_s = \arctan \frac{i_{st}}{i_{sm}} = 2\arctan \frac{i_{st}}{i_s + i_{sm}} \qquad (4-50)$$

$$\varphi = \int \omega_1 \mathrm{d}t \qquad (4-51)$$

$$\theta_1 = \varphi + \theta_s = \int \omega_1 \mathrm{d}t + \theta_s \qquad (4-52)$$

式中，T_e 为电磁力矩；L_r 为转子电感，$L_r = L_m + L_{r\sigma}$（L_m 为 $d-q$ 坐标系定子与转子同轴等效绕组间的互感，$L_{r\sigma}$ 为转子漏感）；T_r 为转子电磁时间常数，$T_r = \dfrac{L_r}{R_r}$；p 为微分算子，$p = \dfrac{\mathrm{d}}{\mathrm{d}t}$；$\omega_1$ 为定子频率的同步角速度；ω 为转子速度；φ 为转子磁链 Ψ_r 的相位角；θ_s 为定子电流矢量 i_s 与 M 轴的夹角；θ_1 为定子电流 i_s 的相位。

可以看出，在转子磁场定向中，在 M 轴上，只要保持 i_{sm} 不变，则转子磁链 Ψ_r 保持不变，它的大小只决定于定子磁化电流分量 i_{sm}；则电磁转矩 T_e 仅与定子电流有功分量 i_{st} 成正比，没有任何滞后。这样，在定子电流的两个分量间实现了解耦，i_{sm} 只决定磁链，i_{st} 只影响力矩，与直流电机控制完全相类似。这样只要保持定子磁化电流分量 i_{sm} 恒定不变，控制定子电流中的转矩电流分量 i_{st}，就能有效地控制异步电动机的瞬时转矩。当知道了所需的定子电流磁化分量 i_{sm} 和转矩分量 i_{st} 以后，利用两相到三相的反变换式（$C_{2r/3s}$），就不难求出实际需要控制的定子三相瞬时电流值 i_a、i_b、i_c。

4.3.4 异步电动机矢量控制的基本原理

矢量控制的基本原理是认为异步电动机与直流电机具有相同的转矩产生机理。因为直流电动机的励磁电流和电磁转矩电流是独立的、解耦的。异步电动机的矢量控制就是仿照直流电机解耦控制的思路，把定子电流分解为磁场电流分量和力矩电流分量，并加以控制。实际上是借助坐标等效变换，把异步电动机的物理模型等效地变换成类似于直流电机的物理模型，变换前后在不同坐标系下电动机模型的功率相同及磁动势不变，如图 4-26 所示。

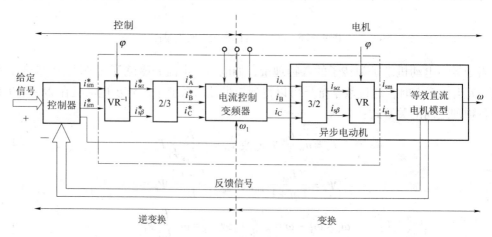

图 4-26 矢量控制系统原理结构图

图 4-26 中，3/2 为三相/两相变换；VR 为同步旋转变换；φ 为 M 轴与 α 轴（A 轴）的

夹角，在三相坐标系上的定子交流电流 i_A、i_B、i_C，通过 3/2 变换可以等效成两相静止坐标系上的交流电流 $i_{s\alpha}$、$i_{s\beta}$，再通过同步旋转变换 VR，可以等效成同步旋转 M-T 坐标系上的直流电流 i_{sm} 和 i_{st}，产生同样的旋转磁动势。如果观察者站到铁芯上与坐标系一起旋转，他所看到的便是一台直流电机，如图 4-27 所示。可以控制使交流电机的转子总磁通 Φ_r 就是等效直流电机的磁通，则 M 绕组相当于直流电机的励磁绕组，i_{sm} 相当于励磁电流，T 绕组相当于伪静止的电枢绕组，i_{st} 相当于与转矩成正比的电枢电流，且 i_{sm} 和 i_{st} 都是直流电流。

图 4-27　异步电动机的等效直流电机模型

从整体上看，输入为 A、B、C 三相电压，输出为转速 ω，是一台异步电动机。从内部看，经过 3/2 变换和 VR 变换，变成一台由 i_{sm} 和 i_{st} 输入，由 ω 输出的直流电机。既然异步电动机经过坐标变换可以等效成直流电机，那么模仿直流电机的控制策略，得到直流电机的控制量，经过相应的坐标反变换，就能够控制异步电动机了。

若给定和反馈信号经过类似于直流调速系统所用的控制器，产生励磁电流给定值 i_{sm}^* 和电枢电流给定值 i_{st}^*，经过反向旋转变换器 VR^{-1} 得到 $i_{s\alpha}^*$ 和 $i_{s\beta}^*$，再经过 2/3 变换得到 i_A^*、i_B^*、i_C^*。由这 3 个电流控制信号和由控制器直接得到的频率控制信号 ω，就可以输出异步电动机所需的三相变频电流。

在设计矢量控制系统时，可以认为，在控制器后面引入的反旋转变换器 VR^{-1} 与电机内部的旋转变换环节 VR 抵消，2/3 变换与电机内部的 3/2 变换环节抵消，如果再忽略变频器中可能产生的滞后，则图 4-26 中虚线框内的部分可以完全删去，虚线框外就是一个直流调速系统了。所以矢量控制交流变频调速系统的动、静态特性完全能够和直流调速系统相媲美。

4.3.5　转子磁链矢量的检测

在按转子磁场定向的矢量控制中，关键是要获得转子磁链 $\boldsymbol{\Psi}_r$ 信号（磁链观测）。矢量控制总是以转子磁链 $\boldsymbol{\Psi}_r$ 定向，为此测出 $\boldsymbol{\Psi}_r$ 的大小及在静止 α-β 坐标系的相位，即 $\boldsymbol{\Psi}_r$ 相对 α 轴的相位角 φ（见图 4-25）是矢量控制的前提。同时还可以供磁链反馈以及除法环节的需要。根据求得磁链向量所用的不同方法可以分为两类：直接检测法和磁链计算法，磁链计算法也通常称为磁链观测法。

1. 直接检测法

在开始提出矢量控制系统时，曾尝试直接检测磁链的方法。直接检测法一种是在电机槽内埋设探测线圈，另一种是利用贴在定子内表面的霍尔元件或其他磁敏元件。利用诸如霍尔元件之类的磁敏传感器直接测量电机气隙中相差 90° 电角度的 2 点，即选作 α、β 轴线位置上的气隙磁场，然后通过计算推算出转子的总磁链，从理论上说，直接检测应该比较准确，但实际上会遇到不少工艺和技术问题，而且由于齿槽影响，即受气隙齿谐波磁场的影响，使检测信号中含有较大的脉动分量，越到低速时影响越严重。因此测量误差较大，实际使用比较少。

2. 磁链计算法

现代实用的矢量控制系统中，多采用间接观测磁链的方法，即间接计算法。利用容易测得的电压、电流或转速等信号，利用转子磁链模型，实时计算出转子磁链 Ψ_r 的幅值和相位。转子磁链的观测模型是建立在异步电动机动态数学模型的基础上，具体还分为电压模型和电流模型。

1）计算转子磁链的电压模型

最简单的磁链计算法，就是根据电压方程中电动势等于磁链变化率的关系，对电机的电动势进行积分就可以得到磁链，这样的模型叫作电压模型。

经过推导可以得出：

$$\Psi_{r\alpha} = \frac{L_r}{L_m}\Big[\int (u_{s\alpha} - R_s i_{s\alpha})\,\mathrm{d}t - \sigma L_s i_{s\alpha}\Big] \tag{4-53}$$

$$\Psi_{r\beta} = \frac{L_r}{L_m}\Big[\int (u_{s\beta} - R_s i_{s\beta})\,\mathrm{d}t - \sigma L_s i_{s\beta}\Big] \tag{4-54}$$

式中：L_m——$d-q$ 坐标系定子与转子同轴等效绕组间的互感；

L_s——$d-q$ 坐标系定子等效两组绕组的自感；

L_r——$d-q$ 坐标系转子等效两绕组的自感；

σ——漏磁系数，$\sigma = 1 - \dfrac{L_m^2}{L_s L_r}$。

从公式可以看出，它只需要实测的电压、电流信号，不需要转速信号，且算法与转子电阻 R_r 无关，只与定子电阻 R_s 有关，而 R_s 容易测得。$u_{s\alpha}$、$u_{s\beta}$、$i_{s\alpha}$、$i_{s\beta}$ 等电量很容易由测量得到的电机定子三相电压、电流经过 3/2 变换得到。因此算法简单，便于应用，电压模型受电动机参数变化的影响较小。但是，由于电压模型中包含纯积分项，积分的初始值和累积误差都影响计算结果；在低速时，定子电阻压降变化的影响也较大。因此电压模型计算法低速时测量精度可能不高，而更适合于中、高速范围。

2）计算转子磁链的电流模型

它是根据定子电流和转子转速信号求得的。利用能够实测的物理量的不同组合，可以获得多种转子磁链模型，现在给出两个典型的模型。

（1）在两相静止坐标系 $\alpha - \beta$ 上的转子磁链模型。

由实测的三相定子电流通过 3/2 变换很容易得到两相静止坐标系上的电流 $i_{s\alpha}$ 和 $i_{s\beta}$，可以推出转子磁链在 α、β 轴上的分量为：

$$\Psi_{r\alpha} = L_m i_{s\alpha} + L_r i_{r\alpha} \tag{4-55}$$

$$\Psi_{r\beta} = L_m i_{s\beta} + L_r i_{r\beta} \tag{4-56}$$

$$i_{r\alpha} = \frac{1}{L_r}(\Psi_{r\alpha} - L_m i_{s\alpha}) \tag{4-57}$$

$$i_{r\beta} = \frac{1}{L_r}(\Psi_{r\beta} - L_m i_{s\beta}) \tag{4-58}$$

进一步还可以推出转子磁链模型：

$$\Psi_{r\alpha} = \frac{1}{T_r p + 1}(L_m i_{s\alpha} - \omega T_r \Psi_{r\beta}) \qquad (4-59)$$

$$\Psi_{r\beta} = \frac{1}{T_r p + 1}(L_m i_{s\beta} + \omega T_r \Psi_{r\alpha}) \qquad (4-60)$$

两相静止坐标系上，按式（4-59）、式（4-60）构成的转子磁链模型的运算框图如图4-28所示。有了 $\Psi_{r\alpha}$ 和 $\Psi_{r\beta}$，要计算 Ψ_r 的幅值和相位就很容易了。

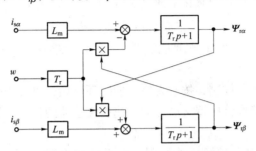

图4-28　在两相静止坐标系上计算转子磁链的电流模型

转子磁链模型适合于模拟控制，用运算放大器和乘法器就可以实现。采用微机数字控制时，由于 $\Psi_{r\alpha}$ 和 $\Psi_{r\beta}$ 之间有交叉反馈关系，离散计算时可能不收敛，不如采用下面第二种模型。

（2）按磁场定向两相旋转坐标系 $M-T$ 上的转子磁链模型。

如图4-29所示，是另一种转子磁链模型的运算框图。三相定子电流 i_A、i_B、i_C 经3/2变换变成两相静止坐标系电流 $i_{s\alpha}$、$i_{s\beta}$，再经同步旋转变换并按转子磁链定向，得到 $M-T$ 坐标系上的电流 i_{sm}、i_{st}，利用矢量控制方程式（4-47）和式（4-48）可以获得 Ψ_r 和 ω_s 信号，由 ω_s 与实测转速 ω 相加得到定子频率信号 ω_1，再经积分即为转子磁链的相位角 φ，它也就是同步旋转变换的旋转相位角。和第一种模型相比，这种模型更适合于微机实时计算，容易收敛，也比较准确。

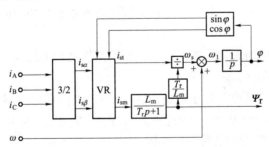

图4-29　在按转子磁链定向两相旋转坐标系上计算转子磁链的电流模型

上述两种转子磁链电流模型的应用都比较普遍，都需要实测的电流和转速信号，但也都受电机参数变化的影响，例如电机温升和频率变化都会影响转子电阻 R_r，从而改变时间常数 T_r；磁饱和程度将影响电感 L_m 和 L_r，从而 T_r 也改变。这些影响都将导致磁链幅值与相位信号失真，而反馈信号的失真必然使磁链闭环控制系统的性能降低。这是电流模型的不足之处。尤其是当转子频率变化时，由于集肤效应的影响，电感 L_r 和电阻 R_r 朝着不同的方向变化，频率增高、电阻 R_r 增加、电感 L_r 减少，T_r 变化较大，为弥补这个缺点，现在有采用参数实时在线辨识的方法，对 T_r 的值进行实时测量，实时对磁通观测器的参数加以校正，这样使系统更复杂了。也可以把转子磁链的电压模型和电流模型结合起来，在低速时采用电流模型，在中、高速时采用电压模型，可以提高在整个运行范围内计算转子磁链的准确度。

4.3.6　异步电动机的矢量控制系统

对于矢量控制系统，将定子磁化电流 i_{ds} 定向在转子磁链 Ψ_r、气隙磁链 Ψ_m 或定子磁链 Ψ_s 都可以实现矢量控制。转子磁链定向可以得到自然的解耦控制，而气隙磁链 Ψ_m 或定子磁链 Ψ_s 定向会产生耦合效应，必须通过解耦的补偿电流实施补偿，本书只介绍转子磁链定向的矢量控制。

按转子磁链定向的矢量控制，按有无磁链的闭环反馈，可分为直接矢量控制系统和间接矢量控制系统；按有无速度传感器又可分为带速度传感器的矢量控制系统和无速度传感器的矢量控制系统。

直接矢量控制：又称为磁场反馈控制，在系统中有磁链闭环，必须获得磁链反馈信号方可实现。可利用定子电压、电流或定子磁链 Ψ_s 的实际值进行解算实现矢量控制，因此转速、磁链闭环控制的矢量系统又称为直接矢量控制系统。但由于转子磁链 Ψ_r 反馈信号是由磁链模型获得，幅值和相位受到电机参数 T_r 和 L_m 变化的影响，造成控制的不准确性。

间接矢量控制：又称为转差频率矢量控制或磁场前馈控制，系统中无磁链闭环，转矩和磁链的幅值和相角由控制系统给定值计算出来，靠矢量控制方程保证，因此磁链开环转差型矢量控制系统又称为间接矢量控制系统。它既继承了稳态模型转差频率控制系统的优点，又利用基于动态模型的矢量控制规律克服了它大部分不足之处。目前高速列车上一般使用间接矢量控制策略。

二者本质的区别在于转子磁链 Ψ_r（M 轴）相对于 α 轴的相位角 φ 是如何产生的。直接矢量控制的 φ 是通过磁链观测模型获得的磁链反馈信号（$\Psi_{r\alpha}$、$\Psi_{r\beta}$）计算得到的；间接矢量控制除了 φ 角以前馈方式产生外，和直接矢量控制本质上是相同的。

1. 直接矢量控制

直接矢量控制又称反馈矢量控制，比较典型的是转速和磁链闭环的电流滞环型 PWM 变频调速系统，如图 4 - 30 所示。

通过磁链观测模型可以得到转子磁链 Ψ_r 在 $\alpha - \beta$ 坐标系的分量 $\Psi_{r\alpha}$、$\Psi_{r\beta}$，因为 $M - T$ 坐标的 M 轴定向在转子磁链 Ψ_r 上，因此通过对 $\Psi_{r\alpha}$、$\Psi_{r\beta}$ 进行 K/P 变换，可以从以下公式中计算出 M 轴相对于 α 轴的相位角 φ 等参数。

$$\Psi_r = \sqrt{\Psi_{r\alpha}^2 + \Psi_{r\beta}^2} \tag{4-61}$$

$$\cos\varphi = \frac{\Psi_{r\alpha}}{\Psi_r}, \quad \sin\varphi = \frac{\Psi_{r\beta}}{\Psi_r} \tag{4-62}$$

$$T_e = \frac{3n_pL_m}{4L_r}(\Psi_{s\alpha}i_{s\beta} - \Psi_{s\beta}i_{s\alpha}) \tag{4-63}$$

知道了 $\cos\varphi$ 和 $\sin\varphi$ 后，才可以进行 VR 变换等，将矢量控制系统中的磁链指令 Ψ_r^* 和转速指令 ω_r^* 所产生的定子电流的励磁分量 i_{sm}^* 和定子电流的转矩分量 i_{st}^*，经过 2r/3s 变换，

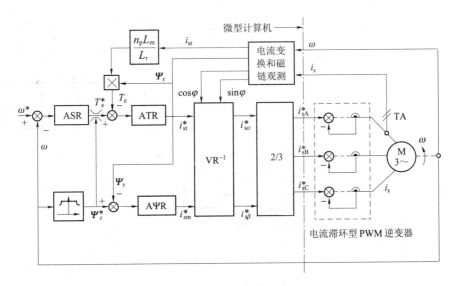

图 4 – 30　带转矩内环的转速、磁链闭环矢量控制系统

变成为 i_{sA}^*、i_{sB}^*、i_{sC}^* 给逆变器。转速调节器 ASR 的输出作为转矩给定信号,弱磁时它还受到磁链给定信号的控制。磁链给定信号由函数发生程序获得。此外系统在转速环内增设转矩控制内环,以提高转速和磁链闭环控制系统解耦性能。在转矩内环中,磁链对控制对象的影响相当于一种扰动作用,因而受到转矩内环的抑制,从而改造了转速子系统,使它少受磁链变化的影响。

2. 间接矢量控制

图 4 – 31 为转速和电流采用闭环控制的间接矢量控制系统,也属于磁链开环、转差型矢量控制。

速度偏差信号 ($\omega_r^* - \omega_r$) 经速度调节器产生力矩给定值 T_e^*,而转速信号 ω_r 送到磁通发生器,该发生器在基速以下提供恒定磁通和恒定的转子磁化电流给定值(恒力矩运行区),在超过基速以后实现磁场削弱(恒功率运行区),从而确定磁通给定值 Ψ_r^*。

由给定力矩 T_e^* 和给定转子磁链 Ψ_r^* 通过转矩磁链调节器计算出给定电流 i_{sm}^*、i_{st}^* 和给定转差角频率 ω_s^*。ω_s^* 与测得的转速信号 ω_r 相加得转子磁链 Ψ_r 的同步转速 ω_1,ω_1 经积分后得同步旋转 $M-T$ 坐标系和静止 $\alpha-\beta$ 坐标系之间角位移 φ。利用向量分析器(VA)可得 $\cos\varphi$ 和 $\sin\varphi$。

转速磁链调节器主要是根据下列公式,根据输入的 T_e^*、Ψ_r^* 和速度传感器采集的电机转速 ω_r,计算出 i_{st}^*、ω_s^*、T_e^* 和 φ 的值。

$$i_{st}^* = \frac{L_r}{n_p L_m \Psi_r^*} T_e^* \qquad (4-64)$$

$$i_{sm}^* = \frac{T_r p + 1}{L_m} \Psi_r^* \qquad (4-65)$$

$$\omega_s^* = \omega_1 - \omega = \frac{L_m}{T_r \Psi_r^*} i_{st}^* \qquad (4-66)$$

$$\varphi = \int \omega_1 \mathrm{d}t = \int (\omega_r + \omega_s^*) \mathrm{d}t \qquad (4-67)$$

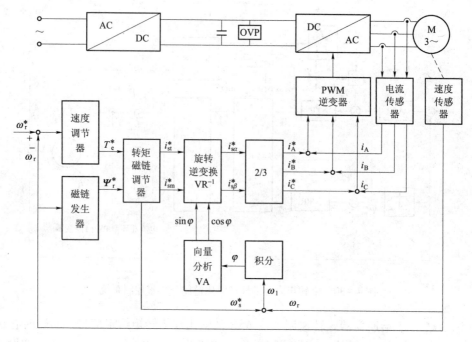

图 4 - 31　电流和转速闭环的矢量控制系统

然后把 i_{st}^*、i_{sm}^* 和 $\cos\varphi$、$\sin\varphi$ 送入向量旋转器 VR^{-1} 后，可得 $i_{s\alpha}^*$ 和 $i_{s\beta}^*$，再经 2/3 变换，则产生 i_A^*、i_B^*、i_C^*，作为可控电流 PWM 逆变器的三相电流控制信号。

此外，通过对 i_{st}^*、i_{sm}^* 进行 K/P 变换还可以计算出定子电流 i_s 幅值、力矩角 θ_s 和定子电流相位角 θ_1（见图 4 - 25），定子电流相位的控制也很重要，如果幅值很大，但相位落后 90°，所产生的转矩仍然是 0。

由以上特点可以看出，间接矢量控制的磁场定向由磁链和转矩的给定信号 T_e^*、Ψ_r^* 确定，靠矢量方程保证，并没有用磁链模型实际计算转子磁链 Ψ_r，特别是相位角 φ。

矢量控制可以用在电压型逆变器的传动系统中，也可以用在电流型逆变器的传动系统中。一般用电流控制来实现矢量控制能使系统较为简单。对于电流型逆变器，如图 4 - 32（a）所示，可以直接采用电流滞环跟踪控制，不过此时直流环节应该是串联大电感；对于电压型逆变器，如图 4 - 32（b）所示，可以采用采用电流内环控制，把给定电流 i_A^*、i_B^*、i_C^* 与实际电流 i_A、i_B、i_C 相比较，相应的误差通过 PI 调节器 ACR 产生电压型逆变器的给定电压

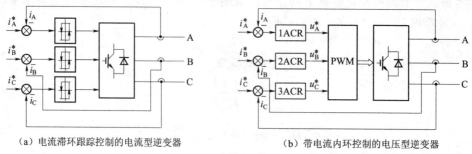

（a）电流滞环跟踪控制的电流型逆变器　　　　　（b）带电流内环控制的电压型逆变器

图 4 - 32　电流型和电压型逆变器

u_A^*、u_B^*、u_C^*。两种逆变器都是由电流进行直接或间接控制。

电流的控制采用滞环比较的方法,缺点是其谐波含量不是最优的,当电机速度较高时,由于存在较高的反电动势,电流控制器在某些时段内将趋于饱和,此时基波电流的幅值和相位将不能跟踪给定电流,从而导致矢量控制失效。因此需要对逆变器的瞬时电流进行控制。在电机调速范围较宽时,可采用同步电流控制策略来解决,也称为直流电流控制,如图4-33所示。

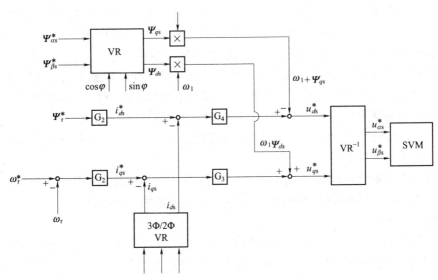

图4-33 带前馈反电动势的同步电流控制

图中,$d-q$ 坐标系相对于 $\alpha-\beta$ 坐标系以 ω_1 的速度旋转,电流指令 i_{ds}^* 和 i_{qs}^* 分别与通过静止 3/2 变换和矢量旋转变换(VR)产生的 i_{ds} 和 i_{qs} 进行比较,相应的误差通过 PI 调节后产生电压给定 u_{ds}^* 和 u_{qs}^*,再将电压给定值转换为两相或三相静止坐标系下的电压。采用 PI 控制器的同步坐标系下的电流控制可以保证电流幅值和相位的及时跟踪,即使当 PWM 控制器进入了过调制区域。

反馈环的引入会带来一些耦合效应。图4-33中($\Psi_{\alpha s}^*$,$\Psi_{\beta s}^*$)为定子磁链,为了提高电流环的响应速度,在各个环中可加入前馈反电动势,即信号 $\omega_1 \Psi_{ds}$ 加入到 i_{qs} 环,而在 i_{ds} 环中减去信号 $\omega_1 \Psi_{qs}$。

3. 无速度传感器矢量控制系统

交流传动系统中的速度传感器,一般采用磁或光电码盘等脉冲发生器(PG)进行速度检测,并反馈速度信号,然后进行速度的闭环控制。但已经成为进一步提高运用可靠性、改进控制性能、减少维修工作量的技术障碍。因此近年来出现了无速度传感器矢量控制。

与有速度传感器矢量控制相比,无速度传感器矢量控制具有以下优点。

(1)提高牵引电动机输出功率,使牵引电机小型轻量化。交流电动车组的控制部件主要都在车下,空间有限,因此增加电机的功率比较困难。如果取消速度传感器,仅此一点就可以增大电机功率,降低车重。安装在牵引电动机轴端的速度传感器厚度约为 40 mm,牵引电动机铁芯叠片的厚度约为 200 mm。如果设计时省去速度传感器,预计可提高转矩约20%。在电机功率不变的情况下,去掉速度传感器可使牵引电机小型轻量化。

（2）提高系统可靠性。在运营中，速度传感器故障要占各种传感器故障的一半以上，去掉速度传感器，则免除了由于断线必须切除电机的不正常状态，也消除了速度传感器信号引起的噪声干扰。

（3）可维护性提高，成本也降低。使电机轴向体积减小，便于电机维修，同时安装电机简单坚固，增加了系统的机械鲁棒性；也不必考虑速度传感器的维修，以及故障响应对策等。

（4）可提高黏着控制。电信号相应速度明显高于使用速度传感器时的检测速度，因此无速度传感器矢量系统滞后时间短，空转/滑行的检测、处理时间可以缩短。

（5）降低系统成本。越高精度的速度传感器价格也越贵。

无速度传感器矢量控制系统除了采用速度估计器代替速度传感器对电机转速进行估算外，基本与带速度传感器的控制系统相同，一般并不增加控制硬件，仅改变相应的控制软件。它的核心问题是通过检测定子电流、电压等参数来估算 ω_r。

采用无速度传感器矢量控制的电动车组已经试验和运行在日本轻轨和地铁线路上。

总之，矢量控制系统有如下特点：

（1）在按转子磁链定向的 $d-q$ 同步旋转坐标系（两相旋转坐标按转子磁链定向）上，使定子电流的转矩分量与磁链分量解耦。把定子电流分解为其励磁分量和转矩分量，得类似于直流电机的动态模型。

（2）解耦成独立的转速子系统和转子磁链子系统，分别用 PI 调节器进行连续控制。

（3）如选用高性能的 DSP 和高精度的光电码盘等速度传感器，系统的调速范围可达 1∶1 000。

（4）可获得很好的动态性能、调节范围宽。

矢量控制的不足：矢量控制强调转矩和磁链的解耦，有利于分别设计转速和磁链调节器，可获得较宽的调速范围。但缺点是按转子磁链定向易受电机参数（如转子电阻）变化的影响而失真，从而降低了系统的调速性能，而且旋转坐标变换较复杂。解决办法：① 提高参数辨识的准确度；② 采用智能控制方法以提高控制系统的鲁棒性。

值得一提的是近年来发展起来的直接力矩控制（DTC）系统，它是继矢量控制系统之后发展起来的，也是基于异步电动机的动态模型，并按定子磁链 $\boldsymbol{\Psi}_s$ 控制的另一种高动态性能的交流 VVVF 调速系统。它利用转速环里面的转矩反馈直接控制电机的电磁转矩，直接在电机定子侧计算转矩和磁链，借助两点式调节器（band-band 控制）产生 PWM 信号，直接控制逆变器的开关状态。因为 DTC 控制的是定子磁链而不是转子磁链，不受转子参数变化的影响，解决了矢量控制系统中需要复杂的坐标变换和控制性能容易受参数变化影响的问题；也避开了将定子电流分解成转矩和磁链分量，省去了旋转变换和电流控制，从而简化了控制器的结构。但缺点是 DTC 容易产生转矩脉动，低速性能较差，调速范围不够宽。目前国外的部分电力机车已有采用。

4.4　直接转矩控制技术

直接转矩控制简称 DTC（Direct Torque Control）或 DSC（Direct Self-Control 直接自控

制），是 20 世纪 80 年代中期继矢量控制系统之后出现的另一种高动态性能的异步电动机控制方法。与矢量控制采用的解耦方法不同，DTC 通过快速改变转差频率，直接控制异步电动机的转矩和转矩增长率。在 DTC 系统中，采用电机定子侧参数计算出磁通和转矩，并用两点式调节器直接控制逆变器的开关状态，对电机磁通和转矩进行直接自调整控制，不仅能获得快速的动态响应，而且具有最佳的开关频率和最小的开关损耗。

4.4.1 直接转矩控制思想

直接转矩控制，是将逆变器的控制模式和电机运行性能作为一个整体来考虑的，它具有两层含义：一是保持定子总磁链基本恒定；二是对电机转矩进行直接控制。通过对逆变器的开关控制，既能实现磁链的幅值控制，又能实现电机转矩的控制，两者均通过闭环控制实现。

目前电机与逆变器控制功能包括电机闭环控制和逆变器的 PWM 控制两个部分。在牵引领域应用的电机闭环控制策略主要有转差电流控制、磁场定向控制以及直接转矩控制。在采用前两种控制方法时，电机闭环控制和 PWM 控制的任务是分开的；而在采用直接转矩控制方法时，逆变器的开关动作是直接由磁通和转矩控制器产生的，不需要另外的 PWM 控制器。

异步电动机定子磁链的控制是通过控制电机的输入电压来实现的，当对称三相正弦波电压加于对称三相绕组时，电机的气隙中将产生具有恒定幅值和恒定旋转速度的磁通。当电机由一个三相逆变器供电时，电机的输入电压完全取决于逆变器的开关切换模式，而电机的磁通又取决于电压模式。直接转矩控制的目标之一就是建立磁链和逆变器开关模式之间的关系，通过逆变器开关的电压空间矢量脉宽调制控制（SVPWM）或称磁链跟踪控制技术，使电机获得一个准圆形的气隙磁场。因此，从总体控制结构上看，DTC 和 VC 都能获得较高的静、动态特性。

4.4.2 直接转矩控制的异步电动机数学模型

1. 逆变器电压空间矢量

如图 4-34 所示的两点式逆变器可以组成 8 个开关状态，用开关量 S_a、S_b 和 S_c 分别代表 3 个支路开关元件的状态，等于 1 表示上部开关元件导通，等于 0 表示下部开关元件导通。逆变器直流输入电压为 U_d，则其输出三相相电压为：

$$\begin{cases} U_{an} = \dfrac{U_d}{3}\ (2S_a - S_b - S_c) \\[2mm] U_{bn} = \dfrac{U_d}{3}\ (-S_a + 2S_b - S_c) \\[2mm] U_{cn} = \dfrac{U_d}{3}\ (-S_a - S_b + 2S_c) \end{cases} \tag{4-68}$$

8 组开关状态对应 S_a、S_b 和 S_c 的 8 种代码，代入式（4-68）就代表 8 组三相相电压。可以把这 8 组电压变换成 8 个电压空间矢量 $\boldsymbol{u}_0$，$\boldsymbol{u}_1$，$\cdots$，$\boldsymbol{u}_7$。幅值不变的原则下，三相电压的 Park 矢量表示式为：

$$\boldsymbol{u}_a = \frac{2}{3} U_d\ (S_a + aS_b + a^2 S_c) \tag{4-69}$$

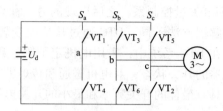

图 4 - 34　异步电动机两点式逆变器

式中 a 为矢量旋转因子，$a = \mathrm{e}^{\mathrm{j}2\pi/3}$。

以定子绕组轴线为空间坐标系，在空间建立静止三相坐标系 $a - b - c$，同时建立正交两相坐标系 $\alpha - \beta$，使 a 轴与 α 轴重合。按式（4 - 69）就可以画出 8 个电压空间矢量，如图 4 - 35 所示，其中 $\boldsymbol{u}_0$、$\boldsymbol{u}_7$ 为零电压矢量，$\boldsymbol{u}_1$，…，$\boldsymbol{u}_6$ 为非零电压矢量。

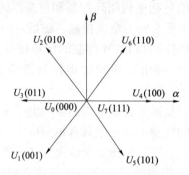

图 4 - 35　电压空间矢量图

由空间矢量理论可以得到以下结论：

① 定子磁链空间矢量顶点的运动方向和轨迹（以下简称为定子磁链的运动方向和轨迹，或 $\boldsymbol{\varPsi}_s$ 的运动方向和轨迹）对应于相应的电压空间矢量 $\boldsymbol{U}_s$ 的作用方向，$\boldsymbol{\varPsi}_s$ 的运动轨迹平行于 $\boldsymbol{U}_s$ 指示的方向。只要定子电阻压降与 $\boldsymbol{U}_s$ 的幅值相比足够小，那么这种平行就能得到很好的近似。

② 在电源频率较高时，依次给出定子电压空间矢量 $\boldsymbol{U}_s$，则定子磁链的运动轨迹形成正六边形磁链。

③ 低频时，利用电压空间矢量 8 个开关状态的线性组合，构成一组等幅不同相的电压空间矢量，可形成准圆形的旋转磁场。

④ 若电压空间矢量为零电压矢量 $\boldsymbol{U}_s$（111）或 $\boldsymbol{U}_s$（000）时，忽略定子电阻影响，磁链空间矢量 $\boldsymbol{\varPsi}_s$ 在空间保持不变。显然，利用逆变器的 8 种工作开关状态，可以得到圆形或正六边形的磁链轨迹来控制电动机，这种方法就是直接转矩控制 DTC 控制的基本思想。

2. 异步电动机的数学模型

1）异步电动机的数学模型

异步电动机在静止 $\alpha - \beta$ 坐标系下的 Γ 型等效电路如图 4 - 36 所示，其数学模型如下：

$$u_s = R_s i_s + \frac{\mathrm{d}\boldsymbol{\varPsi}_s}{\mathrm{d}t} \tag{4 - 70}$$

$$R_r i_r - \frac{\mathrm{d}\boldsymbol{\varPsi}_r}{\mathrm{d}t} + \mathrm{j}\omega\boldsymbol{\varPsi}_r = 0 \qquad (4-71)$$

$$\boldsymbol{\varPsi}_s = L\left(\boldsymbol{i}_s - \boldsymbol{i}_r\right) \qquad (4-72)$$

$$\boldsymbol{\varPsi}_r = \boldsymbol{\varPsi}_s - L_\sigma \boldsymbol{i}_r \qquad (4-73)$$

$$T_e = \frac{3}{2} n_p \frac{1}{L_\sigma} \mathrm{Im}\left(\boldsymbol{\varPsi}_s \times \boldsymbol{\varPsi}_r^*\right) \qquad (4-74)$$

$$\frac{\mathrm{d}\omega}{\mathrm{d}t} = \frac{n_p}{J}\left(T_e - T_L\right) \qquad (4-75)$$

式中，R_s 为定子电阻；R_r 为转子电阻；L 为定子自感；L_σ 为漏感；ω 为电机旋转电角频率；n_p 为电机极对数；T_e 为电机转矩；T_L 为负载转矩；J 为转动惯量；$\boldsymbol{\varPsi}_s$ 为定子磁链空间矢量；$\boldsymbol{\varPsi}_r$ 为转子磁链空间矢量；Im 为取复数的虚部；$\boldsymbol{\varPsi}_r^*$ 为 $\boldsymbol{\varPsi}_r$ 的共轭复数。

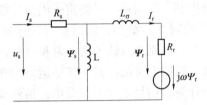

图 4-36　异步电动机的 Γ 形等效电路

2）定子磁链 $\boldsymbol{\varPsi}_s$ 模型（图 4-37）

DTC 采用的是两相静止坐标（$\alpha-\beta$ 坐标），为简化数学模型，由三相坐标变换到两相坐标是必要的，所避开的仅仅是坐标旋转变换。可以推出：

$$u_{s\alpha} = R_s i_{s\alpha} + L_s p i_{s\alpha} + L_m p i_{r\alpha} = R_s i_{s\alpha} + p\boldsymbol{\varPsi}_{s\alpha}$$

$$u_{s\beta} = R_s i_{s\beta} + L_s p i_{s\beta} + L_m p i_{r\beta} = R_s i_{s\beta} + p\boldsymbol{\varPsi}_{s\beta}$$

定子磁链计算公式移项并积分后得：

$$\boldsymbol{\varPsi}_{s\alpha} = \int (u_{s\alpha} - R_s i_{s\alpha})\,\mathrm{d}t \qquad (4-76)$$

$$\boldsymbol{\varPsi}_{s\beta} = \int (u_{s\beta} - R_s i_{s\beta})\,\mathrm{d}t \qquad (4-77)$$

$$|\boldsymbol{\varPsi}_s| = \sqrt{\boldsymbol{\varPsi}_{s\alpha}^2 + \boldsymbol{\varPsi}_{s\beta}^2} \qquad (4-78)$$

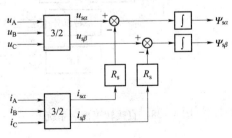

图 4-37　定子磁链模型结构框图

3）转矩 T_e 模型

可以推出，在静止两相坐标系 $\alpha-\beta$ 上的电磁转矩表达式为：

$$T_e = n_p L_m \left(i_{s\beta} i_{r\alpha} - i_{s\alpha} i_{r\beta} \right) \tag{4-79}$$

还可以推出:

$$i_{r\alpha} = \frac{1}{L_m} \left(\Psi_{s\alpha} - L_s i_{s\alpha} \right) \tag{4-80}$$

$$i_{r\beta} = \frac{1}{L_m} \left(\Psi_{s\beta} - L_s i_{s\beta} \right) \tag{4-81}$$

$$T_e = n_p \left(i_{s\beta} \Psi_{s\alpha} - i_{s\alpha} \Psi_{s\beta} \right) \tag{4-82}$$

4.4.3　直接转矩控制基本原理

DTC 系统的核心就是转矩 T 和定子磁链 $\boldsymbol{\Psi}_s$ 反馈信号的计算模型，并利用空间电压矢量的概念，用两个控制器的输出信号来控制产生电压空间矢量的 SVPWM 波形和对逆变器的开关元件的开通和关断进行综合控制，从而避开了将定子电流分解成转矩和磁链分量，省去了旋转变换和电流控制，简化了控制器的结构；同时选择定子磁链 $\boldsymbol{\Psi}_s$ 作为被控量，而不像 VC 系统中那样选择转子磁链 $\boldsymbol{\Psi}_r$，需要知道转子的电阻和电感，可以不受转子参数变化的影响，提高了控制系统的鲁棒性；控制电机的磁链与转矩运算均在定子坐标系中进行，省掉了矢量旋转变换等复杂的变换与计算，信号处理工作简单；虽然按定子磁链控制要比按转子磁链定向控制要复杂，但由于采用 Band-Band 控制，追求转矩控制的快速性和准确性，这种复杂性对控制器并没有影响。

如图 4-38 所示，为按定子磁链控制的直接转矩控制系统（DTC）的原理框图。和矢量控制（VC）系统一样，它也是分别控制异步电动机的转速和磁链。转速调节器 ASR 的输出作为电磁转矩的给定信号 T_e^*，在 T_e^* 的后面设置转矩控制内环，它可以抑制磁链变化对转速子系统的影响，从而使转速和磁链子系统实现了近似的解耦。

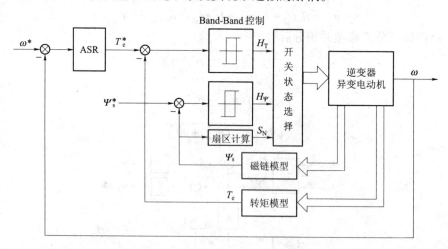

图 4-38　直接转矩控制系统

控制过程：逆变器输出的三相电压输入给异步电动机，从电动机可以检测出定子电流 i_A、i_B、i_C，通过 3/2 变换得到 $i_{s\alpha}$、$i_{s\beta}$；由逆变器输出电压 u_A、u_B、u_C 也可以计算出 $u_{s\alpha}$、$u_{s\beta}$。再由定子磁链模型可以得到 $\Psi_{s\alpha}$、$\Psi_{s\beta}$，进行数学变换后可以得到定子磁链幅值并与给定值比较后可以得到 H_Ψ；将 $i_{s\alpha}$、$i_{s\beta}$、$\Psi_{s\alpha}$、$\Psi_{s\beta}$ 送入转矩模型可以得到实际转矩 T_e，与给

定值 T_e^* 相比较，得到 H_T；扇区计算是根据磁链 $\Psi_{s\alpha}$、$\Psi_{s\beta}$ 在三相坐标的投影 Ψ_A、Ψ_B、Ψ_C 计算出磁链所在的扇区 S_N。最后由 H_Ψ、H_T、S_N 三个输入量通过开关状态选择，用查表方式，查找电压矢量表就可以为逆变器产生适当的控制电压矢量，即控制电力器件的开关状态，最终得到逆变器所需要的 SVPWM 波形，从而实现异步电动机的直接转矩控制。

DTC 控制主要由磁链两点式控制和转矩两点式控制组成。

1）磁链两点式 Band-Band 控制

磁链轨迹准圆形控制的基本思想是：实际定子磁链空间矢量 Ψ_s 的端点轨迹不允许超出以给定磁链幅值为中心圆半径的圆形偏差带，即应满足不等式 $|\Psi_s^* - \Psi_s| \leq \varepsilon_\Psi$。

在磁链旋转过程中，除了考虑磁链偏差的大小，同时还要考虑磁链方向，以此选择合适的电压空间矢量来减小或增大磁链。通过选择和切换合适的电压空间矢量输出，就可以构成 Ψ_s 的二维偏差带控制。实现这一控制方法的装置称为滞环比较器，或称两点式 Band-Band 调节器。至于旋转速度的调节，则需要在上面所述的非零矢量控制的基础上，靠适当插入一些零矢量来加以控制。磁链控制规则如表 4 – 1 所示，Ψ_s 为实测磁链幅值；Ψ_s^* 为给定磁链幅值；ε_Ψ 为磁链幅值允许偏差，$\varepsilon_\Psi = \dfrac{\Delta\Psi_s}{2}$；$H_\Psi$ 为描述磁链调节器输出状态而设置的状态量。

表 4 – 1　磁链控制规则

磁链偏差情况	H_Ψ 取值	输出电压矢量性质
$\Psi_s^* - \Psi_s \geq \varepsilon_\Psi$	1	使磁链模增大的电压矢量
$\Psi_s^* - \Psi_s \geq -\varepsilon_\Psi$	– 1	使磁链模减小的电压矢量
$|\Psi_s^* - \Psi_s| < \varepsilon_\Psi$	保持不变	维持原状态不变

适当选择各段时间里的电压空间矢量，使磁链空间矢量 Ψ_s 的幅值变化限定在给定值和允许偏差 $\pm\varepsilon_\Psi$ 的范围内，以保持其平均值不变，从而能实现 Ψ_s 的准圆形旋转磁场，如图 4 – 41 所示。

2）转矩两点式 Band-Band 控制

由电压空间矢量 PWM 控制原理可知，当磁链闭环时，定子磁链 Ψ_s 的顶端轨迹为正多边形或准圆形。若没有加入零矢量，磁链以 ω_1 为角速度旋转，且在 $t = t_0$ 时刻，转子旋转角速度为 ω_r，则对异步电动机而言，相当于有一个 $\omega_1 - \omega_r$ 的转差变化作为励磁，使转矩增长。此时，如果不适时改变转矩变化规律（即 $\omega_1 - \omega_r$ 变化规律），将导致转矩严重偏离给定值。因此，必须引入闭环控制来"修正"磁链闭环对电压空间矢量的控制。以异步电动机正转牵引情况（$T^* > 0$）为例：当实际转矩 T 低于给定转矩 T^* 的允许偏差下限时，按磁链控制得到相应的电压空间矢量，使定子磁链向前旋转，转矩上升；当实际转矩 T 达到给定转矩 T^* 允许偏差上限时，立即切换到零电压矢量，使定子磁链静止不动，转矩下降。稳态时，上述情况不断重复，使转矩波动控制在允许范围之内；在加速、减速或负载变化的动态过程中，可以获得快速的转矩响应。

零矢量 U_s（111）和 U_s（000）的选择，按开关变化次数最少原则来确定。因此，在电压空间矢量按磁链控制的同时，也接受转矩的 Band-Band 控制，如图 4-39 所示。在具体选择定子输入电压矢量 U_S（S_A，S_B，S_C）时，要注意同时兼顾保持转矩 T_e 在偏差 $\pm\varepsilon_T$ 之内和保持磁链在偏差 $\pm\varepsilon_\Psi$ 之内。即当给定转矩 T^* 与实际测得的电机输出转矩 T 之差大于允许偏差 ε_T 时，让逆变器由磁链环来控制其输出状态；当两者偏差小于负的允许偏差 $-\varepsilon_T$ 时，让逆变器输出零电压矢量；在允许偏差范围内时，则维持原控制状态不变。转矩控制规则如表 4-2 所示，其中 T^* 为给定转矩；T 为实测转矩；ε_T 为允许偏差；H_T 为描述转矩调节器输出而设置的状态量。

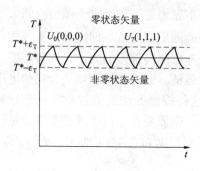

图 4-39 转矩控制图

表 4-2 两电平转矩控制规则

转矩偏差情况	H_T 取值	输出电压矢量性质
$T^* - T \geqslant \varepsilon_T$	1	由磁链环控制
$T^* - T \leqslant -\varepsilon_T$	-1	输出零电压矢量
$\lvert T^* - T \rvert < \varepsilon_T$	保持不变	维持原状态不变

因此，将磁链调节器和转矩调节器连接起来，共同控制逆变器的开关状态，既保证了电机的磁链空间矢量近似为一个旋转的圆，又能让电机的输出转矩快速跟随给定值而变化，从而使调速系统获得很高的动态性能。

此外，近年来还出现了三电平输出的转矩控制环，控制规则如表 4-3 所示。

表 4-3 三电平转矩控制规则

转矩偏差情况	H_T 取值	输出电压矢量性质
$T^* - T \geqslant \varepsilon_T$	1	需用非零相量增加转矩
$T^* - T \leqslant -\varepsilon_T$	-1	需要非零相量减小转矩
$\lvert T^* - T \rvert < \varepsilon_T$	0	需要零电压矢量改变转矩方向

3）电压矢量的选择

下面以三电平转矩控制环为例，具体说明电压矢量选择的过程。

由式（4-70）的定子电压和定子磁链的关系可知，忽略定子电阻 R_s，得到：

$$U_s = \frac{d\boldsymbol{\Psi}_s}{dt} \tag{4-83}$$

或者

$$\Delta \boldsymbol{\Psi}_{s} = \boldsymbol{U}_{s}\Delta t \qquad (4-84)$$

上式表明，定子磁链矢量 $\boldsymbol{\Psi}_{s}$ 的增量为电压矢量 $\boldsymbol{U}_{s}$ 与时间增量 Δt 的乘积，也就是说它与逆变器的六个非零矢量 $\boldsymbol{U}_{1} \sim \boldsymbol{U}_{6}$ 存在一定的对应关系，例如 $\Delta \boldsymbol{\Psi}_{1} = \boldsymbol{U}_{1}\Delta t_{1}$，$\Delta \boldsymbol{\Psi}_{2} = \boldsymbol{U}_{2}\Delta t_{2}$，…，$\Delta \boldsymbol{\Psi}_{6} = \boldsymbol{U}_{6}\Delta t_{6}$ 等，如图 4-40 所示。

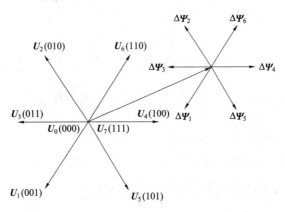

图 4-40 逆变器电压矢量及 Δt 时间内的 $\Delta \boldsymbol{\Psi}_{s}$

电机刚通电时，在直流电压的作用下，电机的磁链沿着图 4-41 中 S_{1} 扇区中多个箭头所指的轨迹逐渐建立起来，当额定磁链被建立起来以后，系统发出给定转矩命令，给定磁链 $\boldsymbol{\Psi}_{s}^{*}$ 会沿着图中虚线圆的半径旋转，而实际磁链 $\boldsymbol{\Psi}_{s}$ 可以通过选择适当的电压矢量作用于系统，其电压矢量同时对系统的转矩和磁链进行控制。对于三电平输出的转矩控制环的电压矢量开关表，如表 4-4 所示。

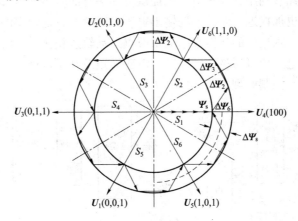

图 4-41 DTC 控制下定子磁链 $\boldsymbol{\Psi}_{s}$ 的轨迹

在确定了 H_{Ψ}、H_{T} 之后，在进行开关状态选择前，还必须进行扇区计算，来确定当前定子磁链 $\boldsymbol{\Psi}_{s}$ 所在扇区。可以将磁链 $\boldsymbol{\Psi}_{s\alpha}$、$\boldsymbol{\Psi}_{s\beta}$ 进行 2/3 变换，求出在三相坐标的 $\boldsymbol{\Psi}_{A}$、$\boldsymbol{\Psi}_{B}$、$\boldsymbol{\Psi}_{C}$，根据它们的正负号来确定磁链 $\boldsymbol{\Psi}_{s}$ 所在的扇区，并计算出扇区号 S_{N}。最后由 H_{Ψ}、H_{T}、S_{N} 三个输入量通过查找电压矢量开关表，就可以为逆变器产生适当的控制电压矢量。

表 4 – 4   逆变器电压矢量开关表

H_Ψ	H_T	S_1	S_2	S_3	S_4	S_5	S_6
	1	U_6 (110)	U_2 (010)	U_3 (011)	U_1 (001)	U_5 (101)	U_4 (100)
1	0	U_7 (111)	U_0 (000)	U_7 (111)	U_0 (000)	U_7 (111)	U_0 (000)
	–1	U_5 (101)	U_4 (100)	U_6 (110)	U_2 (010)	U_3 (011)	U_1 (001)
	1	U_2 (010)	U_3 (011)	U_1 (001)	U_5 (101)	U_4 (100)	U_6 (110)
–1	0	U_0 (000)	U_7 (111)	U_0 (000)	U_7 (111)	U_0 (000)	U_7 (111)
	–1	U_1 (001)	U_5 (101)	U_4 (100)	U_6 (110)	U_2 (010)	U_3 (011)

另外，零电压矢量（U_0，U_7）的选择应以最小开关损耗为原则，即每个小区间虽有多次开关状态的切换，但每次切换只涉及一个功率开关器件，因而开关损耗小。此外，零矢量（U_0，U_7）使电机终端短路，此时保持磁链和转矩不变。但由于存在一定的定子电阻 R_s 压降，转矩和磁链在电机终端短路时会略有减小。

4.4.4   直接转矩控制在列车牵引中的应用

为满足机车牵引的要求，电力牵引中的转矩控制系统在低频段采用间接转矩控制；在较高频段采用直接转矩控制；在高频段采用磁场削弱的直接转矩控制。

1）列车启动时的控制方法

列车启动时，即在定子频率接近于零的低速范围内，由于变流器开关器件最小导通时间的限制，如果只通过转矩的 Band-Band 控制来变换有效电压空间和零电压矢量，很难获得所希望的足够小的电压。并且由于定子电阻的影响，在低速时定子磁链的运动轨迹产生较为严重的畸变。为了提高黏着利用，要求电动机提供更加平直的转矩，尽可能减少转矩的脉动分量，逆变器需要产生更加接近正弦波形的输出电压。因此在较低频率的运行区段，宜采用圆形磁链定向的方式，与六边形的磁链空间矢量端点运动轨迹相比，此时的最佳运动轨迹是圆形的。电机所需要的电压值可通过定子磁链、电磁转矩及转子机械转速来计算得到，这种方法称为间接转矩控制，控制原理如图 4 – 42 所示。

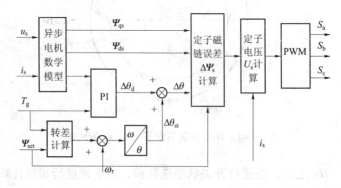

图 4 – 42   低速下间接转矩控制原理框图

图中，定子磁链角度的变化值由静态分量 $\Delta\theta_\mathrm{st}$ 和动态分量 $\Delta\theta_\mathrm{d}$ 两部分组成。静态分量由转子机械转速及转差来计算得到，动态分量由转矩控制器来得到。

定子电压 U_s 计算单元计算出定子磁链 Ψ_s 沿圆形轨迹运动且保证电动机转矩等于给定值时所需的端电压，并采用电压空间矢量脉宽调制技术（SVPWM），形成逆变器的控制信号。

2）列车在高速范围内（较高频段）的控制方法

列车在额定速度及其以下的运行范围内，通过控制电机定子磁链，以六边形轨迹运动，在 6 个有效电压矢量中均匀地加入零电压矢量，实现对转矩控制的目的，其控制原理如图 4-43 所示。

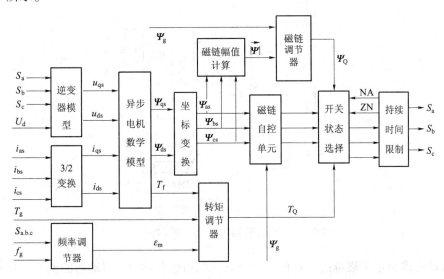

图 4-43　高速范围内的直接转矩控制框图

控制框图中各部分的功能如下：

① 逆变器模型（INV）：根据输出状态计算电动机端电压矢量。

② 异步电动机数学模型：输出定子磁链和电磁转矩。

③ 磁链调节器（AψR）：控制定子磁链的幅值等于给定值。为了减小定子电阻压降对定子磁链的影响，根据定子磁链当前所在的区域，选择合适的电压矢量，使磁链值快速增加，确保磁链幅值在一定的容差范围内。

④ 转矩调节器（ATR）：实现对转矩的两点式调节，使电磁转矩能快速准确地跟踪给定转矩的变化，使其在给定值附近形成 Band-Band 控制。

⑤ 磁链自控单元（DMC）：用来控制定子磁链矢量正六边形轨迹定向和确定定子磁链当前位置。也就是识别磁链运动轨迹的区段，给出正确的磁链开关信号，以产生相应的电压空间矢量，控制磁链按正六边形运动轨迹正确地旋转。它与坐标变换和开关状态选择单元共同配合来完成磁链自控。

⑥ 开关状态选择：将根据当前输入的信息，正反转控制以及开关转换次数最少的原则，并根据电压矢量对定子磁链和电磁转矩的关系，优化输出逆变器的控制信号，对定子磁链和转矩实行直接控制。

⑦ 开关持续时间限制：对于大功率调速系统，为了减小开关器件的发热损耗，必须将其开关频率限制在一定的范围内，需要满足变流器最小开关持续时间的要求。

⑧ 频率调节器（AFR）：则动态调节转矩调节器的容差带，充分利用开关频率。根据检测到的开关频率与给定开关频率的差值，实现对开关频率的控制。

3）列车在磁场削弱区（高频段）内的控制方法

当列车的速度达到额定速度值以上时，对电机实行恒功控制，电机激励电压保持恒定，若要提高电机的转速，必然减少定子磁链 Ψ_s 的幅值，即电动机弱磁运行，来实现对列车速度的控制。磁场削弱区内的控制方法如图 4 – 44 所示。

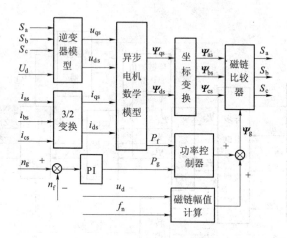

图 4 – 44   弱磁范围内的直接转矩控制框图

通过动态改变定子磁链的给定值，可以对电机的输出功率进行动态的调节，从而保证了电机输出的功率稳定。其中，定子磁链的幅值由两部分组成，稳态分量通过磁链幅值计算单元得到，动态分量通过功率控制器得到。

功率控制器可实现恒功率控制，并输出定子磁链 Ψ_s 幅值的给定值。

通过磁链比较器，把给定磁链 Ψ_g 与电机数学模型计算出的定子磁链相比较，可直接得到逆变器的三相控制信号 S_a、S_b 和 S_c。

仿真和实验波形表明，在低速间接转矩控制区域，定子磁链 Ψ_s 以圆形轨迹运动，定子电流正弦性好；在高速直接转矩控制区域，Ψ_s 以六边形轨迹运动；在弱磁控制区域，磁链为缩小了的六边形。并且在全部运行区域内，电动机的转矩阶跃响应很快，稳定性能都很好。

理论和试验也证明，间接转矩控制可以避免直接转矩控制在低速区域工作时的不利结果，即开关器件最小导通时间限制而造成的较大的转矩脉动，以及定子电阻引起的磁链轨迹畸变。但是间接转矩控制不适合于较高频率区域，因为随着运行频率的增高，转矩脉动增大，而这时的转矩控制可充分利用器件的开关频率，降低转矩脉动，并且动态响应更为优异。因此这两个方案结合起来比较理想。当工作于弱磁范围时，功率调节器控制定子磁链给定，一方面是实现恒功控制，另一方面实现动态弱磁，加速转矩的动态响应。

4.4.5   直接转矩控制的特点

1. 直接转矩控制的特点

（1）概念新颖，无需坐标变换，控制结构简单，易于实现。

直接力矩控制直接在定子坐标系下分析交流电动机的数学模型、控制电机的磁链和转矩；直接力矩控制采用定子磁场定向，便于计算；按定子磁链控制，避免了转子参数变化的影响。直接力矩控制对转矩进行直接控制，采用离散的电压状态、六边形轨迹或近似圆形磁链轨迹的概念，把转矩直接作为被控量，不极力获得理想的正弦波，也不专门强调磁场的圆形轨迹。

（2）完全的瞬态控制，反馈信号处理相当简便，无须特殊处理，可直接用于控制系统各环节的计算。因此结构简单，便于实现全数字化。

（3）定子磁链的计算受到电动机定子电阻的影响，但在实际控制系统中，定子参数易于测量、修正、补偿。

（4）在恒功弱磁工况下，采取所谓"动态弱磁控制"，简单易行，且动态响应与恒磁通工况结果一样快速。

（5）在采用 Band-Band 控制转矩的同时，又直接形成了 PWM 信号，可充分利用开关频率。Band-Band 控制属于 P 控制，可以获得比 PI 控制更快的动态转矩响应。

（6）在启动和低速阶段，由于开关器件最小导通时间的限制，如果只通过转矩的 Band-Band 控制来变换有效电压矢量和零电压矢量，不可能得到所希望的较小的平均输出电压；另外，由于定子电阻的影响，六边形定子磁链轨迹将产生较为严重的畸变。因此，只能采用不同的控制方案——以圆形磁链定向的"间接定子量控制"。

（7）随着电力电子技术的发展，高压、大功率开关器件的开关速度愈来愈快。由于控制系统中微机处理速度有限，若在充分利用开关频率的前提下仍采取转矩 Band-Band 控制，会影响控制精度。目前的解决方法是采用"间接定子量控制"，在这一点上，显示出直接转矩控制的多样性。

2. 直接转矩控制的不足

（1）Band-Band 控制会引起转矩在上下限脉动，不是完全恒定的。

（2）带积分环节的电压型磁链模型在低速时误差大，积分初值、累积误差和定子电阻的变化都会影响磁链计算的准确度，这两个问题的影响在低速时比较显著，因而使 DTC 系统的调速范围受到限制，解决办法：低速时改用电流型磁链模型，可减小磁链误差，但又受转子参数变化影响，牺牲了鲁棒性。

3. 直接转矩控制（DTC）与矢量控制（VC）的比较

（1）二者的数学模型本质相同，仅仅是所突出的状态变量不完全相同。DTC 选用转速＋定子磁链＋定子电流，选用 $\omega_s - \boldsymbol{\varPsi}_s - i_s$ 方程；VC 选用转速＋转子磁链＋定子电流，而选用 $\omega_s - \boldsymbol{\varPsi}_r - i_s$ 方程。

（2）矢量控制和直接转矩控制都采用输出量转速、磁链分别控制，因而都需要解耦。矢量控制：两相旋转坐标按转子磁链定向，使定子电流的转矩分量与磁链分量解耦。直接转矩控制：转矩控制环处于转速环的内环，可抑制磁链变化对转速子系统的影响，使转速和磁链子系统近似解耦。

（3）两种方案都适用于高性能异步牵引电动机的调速控制。

矢量控制更适用于宽范围调速系统和伺服系统；直接转矩控制更适用于需要快速转矩响应（特别在弱磁范围）的大惯量运动控制系统。但都可用于牵引控制。

（4）两种控制策略都有一些不足之处，研究和开发工作都朝着克服其缺点的方向发展。

　　DTC 控制理论自问世，以成功地应用于大功率交—直—交传动领域，德国的 Ruhr 大学和 ABB 合作，成功地将该技术应用在电力牵引系统中。DTC 在电力牵引领域表现出的发展态势是其他控制方法无法比拟的，DTC 的电力牵引交流传动系统将越来越广泛地应用于铁路机车车辆。

复习参考题

1. 简述异步电动机不同电压—频率协调控制方式的机械特性。
2. 简述标量控制和矢量控制的区别。
3. 直接矢量控制系统和间接矢量控制系统的区别是什么？
4. 试分析异步电动机矢量变换的基本思想和方法。
5. 简述直接转矩控制的基本思想。

第5章

现代机车及动车组牵引
变流电路及控制

【本章内容概要】

本章简要介绍了机车及动车组牵引变流系统主电路的基本元件，阐述了牵引变流电路的工作原理及工作模式，说明了变流器的控制策略。

【本章学习重点与难点】

脉冲整流器及逆变器的工作原理是本章的重点，逆变电路的磁场轨迹控制是难点。

5.1 牵引变流元件简述

电力电子器件是列车牵引变流器的基础与核心，电力电子器件的性能直接决定了牵引变流器的性能指标。其发展经历了两个重要阶段，即以 SCR 为代表的传统半控型电力电子时代，和以 IGBT 为代表的全控型自关断现代电力电子器件时代。

电力电子器件可分为双极性、单极型和混合型三大类型。除了晶闸管、RCT、ASCR 和 TRIAC 等器件之外，GTO、IGBT/IPM、IGCT 等均为全控型器件。下面对常用的 GTO、IGBT/IPM 等进行简单介绍。

1）可关断晶闸管（简称 GTO）

GTO 是高电压、大电流双极型全控型器件。与 SCR 相比，GTO 的工作频率较高且具有自关断能力，省去了强迫换流电路，所以整体体积减小、重量减轻、效率提高、可靠性增加。在大容量变流设备中 GTO 发挥了其高电压大电流的优势，在机车牵引传动、交流电机调速、不停电电源和直流斩波调速等领域被广泛应用。

GTO 的缺点有两个：一是关断增益较小，门极反向关断电流较小；二是为限制 du/dt 及关断损耗需设置专门的缓冲电路，这部分电路消耗一定能量，而且需要快速恢复二极管、无感电阻、无感电容等器件。

2）绝缘门栅极晶体管（简称 IGBT）

IGBT 是一种增强型场控（电压）复合器件，集大功率晶体管 GTR 通态压降小、载流密度大、耐压高和功率 MOSFET 驱动功率小、开关速度快、输入阻抗高、热稳定性好的优点于一身。IGBT 通过施加正向门极电压形成沟道、提供晶体管基极电流使 IGBT 因流过反向门极电流而关断，其门极控制电路大为简化。大功率 IGBT 的研制成功为提高电力电子装置的性能，特别是为牵引变流器的小型化、高效化、低噪化提供了有利条件。目前常用于机车牵引变流器的 IGBT 器件容量为 3 300 V/1 200 A、6 500 V/600 A 等多个等级。

3）智能型功率模块 IPM

智能型功率模块 IPM 是以 IGBT 技术为基础的电力电子开关，由高速低功耗的管芯和优化的门极驱动电路以及快速保护电路构成。与 IGBT 器件相比，IPM 还具有以下特点：（1）快速的过流保护；（2）过热保护；（3）桥臂对管互锁保护；（4）器件布局合理，无外部驱动线，抗干扰能力强，工作可靠性高；（5）驱动电源欠压保护。

5.2　脉冲整流器工作原理及控制

5.2.1　脉冲整流器工作原理

脉冲整流器是列车牵引传动系统电源侧变流器。在牵引时作为整流器，将单相交流电转变成直流电；再生制动时作为逆变器，将直流电转变成单相交流电，它可方便地运行于电压电流平面的四个象限，因此亦称为四象限脉冲整流器。

图 5-1 为脉冲整流器电路原理图，由交流回路、功率开关桥路以及直流回路组成。其中交流回路包括变压器牵引绕组的输出电压 u_N、漏电感 L_N 和绕组电阻 R_N（R_N 很小，可以忽略不计）；直流回路包括二次滤波环节 L_2、C_2 和中间支撑电容 C_d。其简化的等效电路如图 5-2 所示。

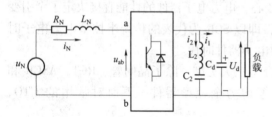

图 5-1　脉冲整流器模型电路

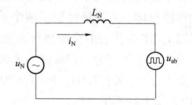

图 5-2　脉冲整流器的简化等效电路

脉冲整流器的电压矢量平衡方程为：

$$\dot{U}_N = \mathrm{j}\omega L_N \dot{I}_N + \dot{U}_{ab} \tag{5-1}$$

式中：$\dot{U}_N$——二次侧牵引绕组电压相量；

　　　$\dot{I}_N$——二次侧牵引绕组电流的基波相量；

　　　$\dot{U}_{ab}$——调制电压的基波相量。

当二次侧牵引绕组电压 $\dot{U}_N$ 一定时，$\dot{I}_N$ 的幅值和相位仅由 $\dot{U}_{ab}$ 的幅值及其与 $\dot{U}_N$ 的相位差来决定。改变基波的幅值和相位，就可以使 $\dot{I}_N$ 与 $\dot{U}_N$ 同相位或反相位。在牵引工况下，$\dot{I}_N$ 与 $\dot{U}_N$ 的相位差为 0°，该工况下的矢量图如图 5-3（a）所示，此时 $\dot{U}_{ab}$ 滞后 $\dot{U}_N$；而对于再生制动工况，$\dot{I}_N$ 与 $\dot{U}_N$ 的相位差为 180°，该工况下的矢量图如图 5-3（b）所示，此时 $\dot{U}_{ab}$ 超前 $\dot{U}_N$，电机通过脉冲整流器向接触网反馈能量。

由图 5-8 可以得到下式：

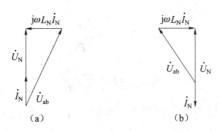

图 5 - 3　脉冲整流器简化基波相量图

$$\begin{cases} U_{ab} = U_d \cdot M_\alpha / \sqrt{2} \\ U_{ab}^2 = U_N^2 + (\omega L_N I_N)^2 \\ \omega L_N I_N = K U_N \end{cases} \quad (5-2)$$

式中：U_d——直流侧电压；

M_α——变流器的调制深度，从系统工作的安全可靠性和电网的特性（考虑，控制系统应保证 $0.8 \leqslant M_\alpha \leqslant 0.9$）；

K——短路阻抗的标幺值，一般取 $0.3 \sim 0.35$。

由式（5 - 2）可得：

$$U_d = U_N \cdot \sqrt{2}(1 + K^2) / M_\alpha \quad (5-3)$$

式（5 - 3）表明了中间直流电压 U_d 与变压器牵引绕组电压 U_N、变压器短路阻抗标幺值 K 以及调制深度 M_α 的关系。

由图 5 - 3 可知，如果保持 $\dot{I}_N$ 与 $\dot{U}_N$ 同方向，即位移因数为 1，则 $\dot{U}_{ab}$ 随负载电流变化。显而易见，当 $\dot{I}_N = 0$ 时，$\dot{U}_{abmin} = \dot{U}_N$，这时调制深度 M_α 为最小，即 $M_{\alpha min} = \dfrac{\sqrt{2} U_{abmin}}{U_d} = \sqrt{2} U_N / U_d$。而 M_α 的最大值主要取决于元件的开关频率及调制比。

在图 5 - 4 中，当调制比达到其最大值时，门极信号相邻两个开关点的间距须满足 $t_{de} \geqslant t_{on} + t_D$，其中 t_{on} 是为了复原吸收回路所需的最短时间；t_d 是保证一个器件开通之前另一个器件必须完全关断所需的最小时间，假定载波信号的幅值为 1，则由 $\triangle ABC \backsim \triangle Ade$ 有：

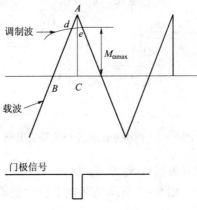

图 5 - 4　最大调制深度计算示意图

$$\frac{1-M_{\alpha min}}{1}=\frac{\frac{1}{2}(t_{on}+t_D)}{BC}$$

$$M_{\alpha max}=1-\frac{t_{on}+t_D}{2BC} \qquad (5-4)$$

假定对于高速列车，满足 $U_d=3\,000$ V，$K=0.3$，当 $M_{\alpha max}=0.9$ 时有：

$$U_{abmax}=U_d \cdot M_\alpha/\sqrt{2}=3\,000\times0.9/\sqrt{2}=1\,909.2 \text{ (V)}$$

$$U_{Nmax}=U_d \cdot M_\alpha/\sqrt{2(1+K^2)}=3\,000\times0.9/\sqrt{2(1+0.3^2)}=1\,828.67 \text{ (V)}$$

考虑网压波动范围为 $22.5\sim29$ kV，如果上述最大值只有在网压为 29 kV 的工况下才允许出现，而在系统设计时，变流器的输入电压通常对应于 25 kV 工况，因此折算到 25 kV 时的额定电压为：

$$U_N=U_{Nmax}\times\frac{25}{29}=1\,576.44 \text{ (V)}$$

$$U_{ab}=U_{abmax}\times\frac{25}{29}=1\,645.85 \text{ (V)}$$

折算到 22.5 kV 时的额定电压为：

$$U_N=U_{Nmax}\times\frac{22.5}{29}=1\,418.8 \text{ (V)}$$

$$U_{ab}=U_{abmax}\times\frac{22.5}{29}=1\,481.3 \text{ (V)}$$

5.2.2 两电平脉冲整流器

1. 两电平脉冲整流器的工作原理

单相两电平脉冲整流器主电路如图 5-5 所示，L_N 和 R_N 分别为牵引绕组漏电感和电阻，开关管 T_1、T_2、T_3、T_4 组成一个全控桥电路，L_2 和 C_2 组成一个二次滤波器，C_d 为中间直流侧支撑电容。

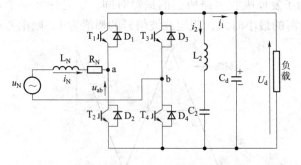

图 5-5 两电平限脉冲整流器主电路

为了便于分析，定义理想开关函数 S_A 和 S_B 如式（5-5）和（5-6）所示。采用理想开关函数并忽略牵引绕组电阻，则 5-5 所示的两电平脉冲整流器主电路可以等效为图 5-6 所示的电路。

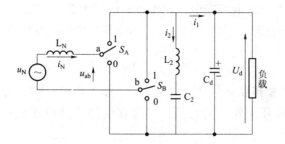

图5-6　两电平脉冲整流器开关等效图

$$S_A = \begin{cases} 1 & T_1 \text{ 导通} \\ 0 & T_2 \text{ 导通} \end{cases} \tag{5-5}$$

$$S_B = \begin{cases} 1 & T_3 \text{ 导通} \\ 0 & T_4 \text{ 导通} \end{cases} \tag{5-6}$$

由于上桥臂与下桥臂不允许直通，则 S_i（$i = A, B$）与 S_i'（为下桥臂的开关函数）必须满足 $S_i' = 1 - S_i$。于是 u_{ab} 的取值有 U_d、0、$-U_d$ 三种电平，有效的开关组合有 $2^2 = 4$ 种，即 $S_A S_B = 00$，01，10，11 四种逻辑，则 u_{ab} 可表示为：

$$u_{ab} = (S_A - S_B)U_d \tag{5-7}$$

对应于4个开关的不同开闭状态，电路共有以下3种工作模式：

工作模式1：$S_A S_B = 00$ 或 11，即下桥臂开关或上桥臂开关全部导通，则此时 $u_{ab} = 0$，电容 C_d 向负载供电，直流电压通过负载形成回路释放能量，直流电压下降。另一方面，牵引绕组两端电压 u_N 直接加在电感 L_N 上，对电感 L_N 充放电：当 $u_N > 0$，D_1 与 T_3 导通或 T_2 与 D_4 导通，电感电流 i_N 上升，电感 L_N 储存能量；当 $u_N < 0$，D_3 与 T_1 导通或 T_4 和 D_2 导通，电感电流 i_N 下降，电感 L_N 释放能量。在此过程中，有下式成立：

$$u_N = L_N \frac{di_N}{dt}$$

工作模式2：$S_A S_B = 01$，其等效电路如图5-7（a）所示，此时 $u_{ab} = -U_d$；T_1 和 T_4 同时关断，由 D_3 和 D_2 导通形成回路，$u_N < 0$，电流流向与电流 i_N 的参考方向相反，并对电感充电储能，电感电流 i_N 上升，满足如下关系式

$$L_N \frac{di_N}{dt} = u_N + U_d$$

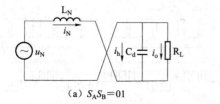
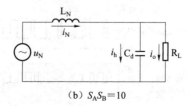

（a）$S_A S_B = 01$　　　　　　　　（b）$S_A S_B = 10$

图5-7　不同开关模式下的等效电路

工作模式3：$S_A S_B = 10$，其等效电路如图5-7（b）所示，此时 $u_{ab} = U_d$；T_3 和 T_2 同时关断，由 D_1 和 D_4 导通形成回路，$u_N > 0$，储存在电感中的能量向负载 R_L 和电容 C_d 释放，

电感电流 i_N 下降，一方面给电容充电，使得直流电压上升，保证直流电压稳定，同时高次谐波电流通过电容形成低阻抗回路；另一方面给负载提供恒定的电流；满足如下关系式

$$L_N \frac{di_N}{dt} = u_N - U_d$$

在任意时刻，处于整流状态的脉冲整流器都只能工作在三种模式中的一种，在不同的时间段，通过对上述 3 种开关模式的切换，实现直流侧负载电压的稳定和负载电流的双向流动。

2. 两电平脉冲整流器的 PWM 控制原理

两电平脉冲整流器采用 SPWM 调制，其调制方式如图 5 – 8 所示。当 $u_a > u_{ca}$ 时，S_A 为 1，否则为 0。b 相与 a 相调制方式相同，但 u_b 与 u_a 相位相差 180°，u_{cb} 与 u_{ca} 相同。图 5 – 9 为两电平脉冲整流器 SPWM 调制波形。

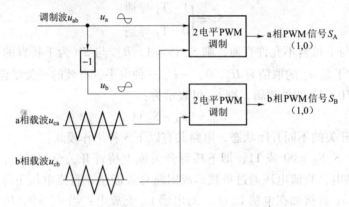

图 5 – 8   两电平脉冲整流器 SPWM 调制示意图

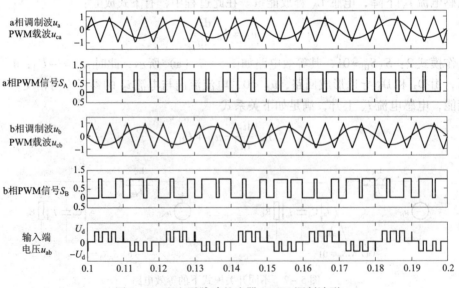

图 5 – 9   两电平脉冲整流器 SPWM 调制波形

5.2.3　三电平脉冲整流器

1. 三电平脉冲整流器工作原理

单相三电平脉冲整流器主电路如图 5 – 10 所示，图中 u_1 为直流侧支撑电容 C_1 上的电压，u_2 为直流侧支撑电容 C_2 上的电压。为了便于分析，定义理想开关函数 S_A 和 S_B 如式（5 – 8）、（5 – 9）所示。采用理想开关函数并忽略牵引绕组电阻，则图 5 – 15 所示的三电平脉冲整流器主电路可以等效为图 5 – 11 所示的电路。

$$S_A = \begin{cases} 1 & T_{a1} \text{ 和 } T_{a2} \text{ 导通} \\ 0 & T_{a2} \text{ 和 } T_{a3} \text{ 导通} \\ -1 & T_{a3} \text{ 和 } T_{a4} \text{ 导通} \end{cases} \qquad (5-8)$$

$$S_B = \begin{cases} 1 & T_{b1} \text{ 和 } T_{b2} \text{ 导通} \\ 0 & T_{b2} \text{ 和 } T_{b3} \text{ 导通} \\ -1 & T_{b3} \text{ 和 } T_{b4} \text{ 导通} \end{cases} \qquad (5-9)$$

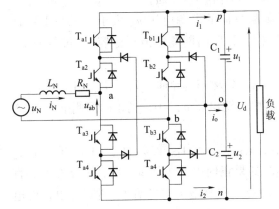

图 5 – 10　脉冲整流器主电路图

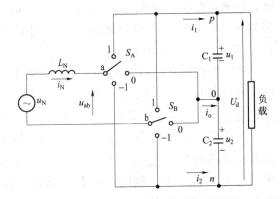

图 5 – 11　脉冲整流器开关等效电路图

显然，由 S_A 和 S_B 组成的电路共有 $3^2 = 9$ 种组合，对应主电路有 9 种工作模式。开关状态及相应的电压值如表 5 – 1 所示。

工作模式 1（$S_A = 1$，$S_B = 1$）：开关管 T_{a1}，T_{a2}，T_{b1} 和 T_{b2} 导通，T_{a3}，T_{a4}，T_{b3} 和 T_{b4} 关断，网侧端电压 $u_{ao} = u_1$，$u_{bo} = u_1$，$u_{ab} = 0$。如果网侧电源电压 $u_N > 0$，则网侧电流 i_N 增大，电容 C_1 和 C_2 通过负载电流放电。

工作模式 2（$S_A = 1$，$S_B = 0$）：开关管 T_{a1}，T_{a2}，T_{b2} 和 T_{b3} 导通，T_{a3}，T_{a4}，T_{b1} 和 T_{b4} 关断，网侧端电压 $u_{ao} = u_1$，$u_{bo} = 0$，$u_{ab} = u_1$。如果正向电源电压 u_N 大于（或小于）直流侧电压 U_d 的一半，则网侧电流 i_N 增大（或减小），网侧电流对电容 C_1 进行充电，而电容 C_2 通过负载电流放电。

表 5 – 1　工作状态及相应的电压

T_{a1}	T_{a2}	T_{a3}	T_{a4}	T_{b1}	T_{b2}	T_{b3}	T_{b4}	S_A	S_B	u_{ao}	u_{bo}	u_{ab}	Mode
1	1	0	0	1	1	0	0	1	1	u_1	u_1	0	1
1	1	0	0	0	1	1	0	1	0	u_1	0	u_1	2

续表

T_{a1}	T_{a2}	T_{a3}	T_{a4}	T_{b1}	T_{b2}	T_{b3}	T_{b4}	S_A	S_B	u_{ao}	u_{bo}	u_{ab}	Mode
1	1	0	0	0	0	1	1	1	-1	u_1	$-u_2$	u_1+u_2	3
0	1	1	0	1	1	0	0	0	1	0	u_1	$-u_1$	4
0	1	1	0	0	1	1	0	0	0	0	0	0	5
0	1	1	0	0	0	1	1	0	-1	0	$-u_2$	u_2	6
0	0	1	1	1	1	0	0	-1	1	$-u_2$	u_1	$-u_1-u_2$	7
0	0	1	1	0	1	1	0	-1	0	$-u_2$	0	$-u_2$	8
0	0	1	1	0	0	1	1	-1	-1	$-u_2$	$-u_2$	0	9

工作模式 3（$S_A=1$，$S_B=-1$）：开关管 T_{a1}，T_{a2}，T_{b3} 和 T_{b4} 导通，T_{a3}，T_{a4}，T_{b1} 和 T_{b2} 关断，网侧端电压 $u_{ao}=u_1$，$u_{bo}=-u_2$，$u_{ab}=u_1+u_2$。正向网侧电流 i_N 减小，正向网侧电流对电容 C_1 和 C_2 充电。

工作模式 4（$S_A=0$，$S_B=1$）：开关管 T_{a2}，T_{a3}，T_{b1} 和 T_{b2} 导通，T_{a1}，T_{a4}，T_{b3} 和 T_{b4} 关断，网侧端电压 $u_{ao}=0$，$u_{bo}=u_1$，$u_{ab}=-u_1$。如果反向的电源电压 u_N 大于（或小于）直流侧电压 U_d 的一半，则网侧电流 i_N 减小（或增大），反向网侧电流对电容 C_1 进行充电，而电容 C_2 通过负载电流放电。

工作模式 5（$S_A=0$，$S_B=0$）：开关管 T_{a2}，T_{a3}，T_{b2} 和 T_{b3} 导通，T_{a1}，T_{a4}，T_{b1} 和 T_{b4} 关断，网侧端电压 $u_{ao}=0$，$u_{bo}=0$，$u_{ab}=0$。如果网侧电源电压 $u_N>0$，则正向网侧电流 i_N 增大，电容 C_1 和 C_2 通过负载电流放电。

工作模式 6（$S_A=0$，$S_B=-1$）：开关管 T_{a2}，T_{a3}，T_{b3} 和 T_{b4} 导通，T_{a1}，T_{a4}，T_{b1} 和 T_{b2} 关断，网侧端电压 $u_{ao}=0$，$u_{bo}=-u_2$，$u_{ab}=u_2$。如果正向电源电压 u_N 大于（或小于）直流侧电压 U_d 的一半，则网侧电流 i_N 增大（或减小），网侧电流对电容 C_2 进行充电，而电容 C_1 通过负载电流放电。

工作模式 7（$S_A=-1$，$S_B=1$）：开关管 T_{a3}，T_{a4}，T_{b1} 和 T_{b2} 导通，T_{a1}，T_{a2}，T_{b3} 和 T_{b4} 关断，网侧端电压 $u_{ao}=-u_2$，$u_{bo}=u_1$，$u_{ab}=-u_1-u_2$。反向网侧电流 i_N 减小，反向网侧电流对电容 C_1 和 C_2 进行充电。

工作模式 8（$S_A=-1$，$S_B=0$）：开关管 T_{a3}，T_{a4}，T_{b2} 和 T_{b3} 导通，T_{a1}，T_{a2}，T_{b1} 和 T_{b4} 关断，网侧端电压 $u_{ao}=-u_2$，$u_{bo}=0$，$u_{ab}=-u_2$。如果反向的电源电压 u_N 大于（或小于）直流侧电压 U_d 的一半，则网侧电流 i_N 减小（或增大）；反向网侧电流对电容 C_2 进行充电，而电容 C_1 通过负载电流放电。

工作模式 9（$S_A=-1$，$S_B=-1$）：开关管 T_{a3}，T_{a4}，T_{b3} 和 T_{b4} 导通，T_{a1}，T_{a2}，T_{b1} 和 T_{b2} 关断，网侧端电压 $u_{ao}=-u_2$，$u_{bo}=-u_2$，$u_{ab}=0$。如果网侧电源电压 $u_N>0$，则正向网侧电流 i_N 增大，电容 C_1 和 C_2 通过负载电流放电。

2. 三电平脉冲整流器 PWM 控制原理

三电平脉冲整流器 PWM 调制方式为 SPWM，其理想相开关函数如式（5-10），其调制方式如图 5-12 所示。当 b 相调制波 u_b 与 a 相相差 180°相位，其与 b 相载波 u_{cb} 之间的关系与上述关系相同，为减少高次谐波，b 相载波需要偏离 a 相载波 180°相位。

$$\begin{cases} u_a > u_{ca}(正侧载波) > u_{ca}(负侧载波)时,S_A = 1 \\ u_{ca}(正侧载波) > u_a > u_{ca}(负侧载波)时,S_A = 0 \\ u_{ca}(正侧载波) > u_{ca}(负侧载波) > u_a 时,S_A = -1 \end{cases} \quad (5-10)$$

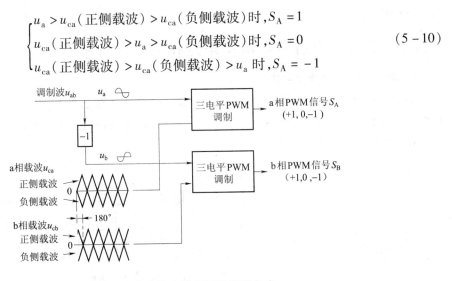

图 5-12 脉冲整流器 SPWM 调制方式

三电平脉冲整流器利用上述调制方式进行切换动作,得到的 PWM 调制和动作波形如图 5-13 所示,u_{ab} 是采用 U_d,$U_d/2$,0,$-U_d/2$,$-U_d$ 这 5 种电平来等效的正弦波。与两电平脉冲整流器相比,这样可以有效地减小网侧输入端电流 i_N 的谐波。

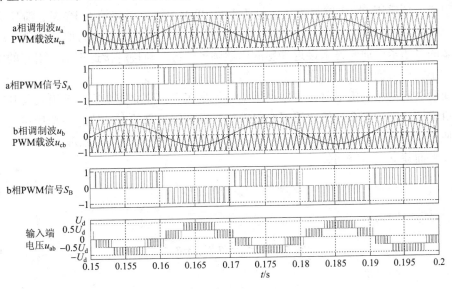

图 5-13 三电平脉冲整流器 PWM 调制动作波形

5.3 车辆传动系统牵引逆变器工作原理

牵引逆变器可以分成电压源型和电流源型两种,为同步电机供电的大多采用电流源型逆变器,为异步电机供电的大多采用电压源型逆变器,我国高速列车全部采用电压源型逆变器。根据输出电平数的不同，电压源型牵引逆变器又可分为两电平和三电平两种。

5.3.1　两电平牵引逆变器主电路构成及工作模式

1. 两电平牵引逆变器主电路构成

两电平式逆变器主电路如图 5 – 14 所示，每时刻都有三个开关管导通，共有 $T_1T_2T_3$，$T_2T_3T_4$，$T_3T_4T_5$，$T_4T_5T_6$，$T_5T_6T_1$，$T_6T_1T_2$，$T_1T_3T_5$ 和 $T_2T_4T_6$ 导通 8 种工作状态，从而获得三相对称输出电压波形。

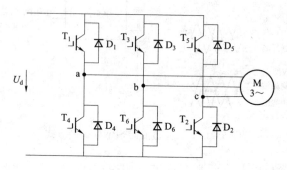

图 5 – 14　两电平式逆变器主电路图

2. 两电平牵引逆变器控制

牵引逆变器采用 PWM 控制方式，包括正弦 PWM、特定谐波消除 PWM、滞环电流控制 PWM 和空间矢量 PWM。空间矢量 PWM 是通过对电压矢量进行适当的切换控制，就可以用尽可能多的多边形磁通轨迹来接近理想的磁通圆形轨迹。轨迹越接近于圆，引起的电流、转矩波动越小，谐波损耗也会下降，电机运行性能也越好。

当逆变器向电动机供电时，可以利用空间矢量概念，建立逆变器开关模式及其输出电压与电动机磁链之间的关系。然后根据要跟踪的磁链空间矢量的运动轨迹，选择逆变器的开关模式，使逆变器输出适当波形的电压，这就是空间矢量 PWM 的基本原理。

在复平面建立电压空间矢量：

$$U_s = \frac{2}{3}(u_{sa} + au_{sb} + a^2 u_{sc}) \tag{5-11}$$

定子磁链空间矢量：

$$\Psi_s = \frac{2}{3}(\Psi_{sa} + a\Psi_{sb} + a^2 \Psi_{sc}) \tag{5-12}$$

转子磁链空间矢量：

$$\Psi_r = \frac{2}{3}(\Psi_{ra} + a\Psi_{rb} + a^2 \Psi_{rc}) \tag{5-13}$$

异步电动机定子电压空间矢量方程式为：

$$U_s = R_s I_s + \frac{d\Psi_s}{dt} \tag{5-14}$$

式中：U_s——定子三相电压合成空间矢量；

$\quad\ I_s$——定子三相电流合成空间矢量；

$\quad\ \Psi_s$——定子三相磁链合成空间矢量。

当转速较高时，定子电阻压降较小，可忽略不计，则定子电压与磁链的近似关系为

$$U_s \approx \frac{\mathrm{d}\boldsymbol{\Psi}_s}{\mathrm{d}t} \ \text{或} \ \boldsymbol{\Psi}_s \approx \int U_s \, \mathrm{d}t \tag{5-15}$$

在由三相平衡电压供电时，电机定子磁链空间矢量为：

$$\boldsymbol{\Psi}_s = \boldsymbol{\Psi}_{sm} e^{j\omega_s t} \tag{5-16}$$

式中，$\boldsymbol{\Psi}_{sm}$ 为 $\boldsymbol{\Psi}_s$ 的幅值；

ω_s 为其旋转角速度。

磁链矢量顶端的运动轨迹形成圆形的空间旋转磁场（一般简称为磁链圆）。由式（5-15）和式（5-16）可得

$$U_s = \frac{\mathrm{d}}{\mathrm{d}t}(\boldsymbol{\Psi}_{sm} e^{j\omega_s t}) = j\omega_s \boldsymbol{\Psi}_{sm} e^{j\omega_s t} = \omega_s \boldsymbol{\Psi}_{sm} e^{j(\omega_s t + \pi/2)} \tag{5-17}$$

由式（5-17）可见，当磁链幅值 $\boldsymbol{\Psi}_{sm}$ 一定时，U_s 的大小与 ω_s（或供电电压频率 f_s）成正比，其方向为磁链圆形轨迹的切线方向。当磁链矢量的空间旋转一周时，电压矢量也连续地沿磁链圆的切线方向运动 2π 弧度，其轨迹与磁链圆重合。这样，电机旋转磁场的形状问题就可转化为电压空间矢量运动形状问题。

为了便于分析，电力电子器件采用理想开关表示，定义开关函数为 S_i（i 为 A，B，C），

$$S_A = \begin{cases} 1 & \text{T}_1 \text{导通} \\ 0 & \text{T}_4 \text{导通} \end{cases} , \ S_B = \begin{cases} 1 & \text{T}_3 \text{导通} \\ 0 & \text{T}_6 \text{导通} \end{cases} , \ S_C = \begin{cases} 1 & \text{T}_5 \text{导通} \\ 0 & \text{T}_2 \text{导通} \end{cases} 。$$

三相不同开关组合有 $2^3 = 8$ 种工作状态，当列车运行速度大于额定速度时就是采用这种方式。

对于每一个有效的工作状态，相电压都可用一个合成空间矢量表示，其幅值相等，只是相位不同而已。如以 U_{s1}，U_{s2}，$\cdots$，U_{s6} 依次表示 100，110，$\cdots$，101 六个有效工作状态的电压空间矢量，它们的相互关系如图 5-15 所示。设逆变器的工作周期从 100 状态开始，其电压空间矢量 U_{s1} 与 x 轴同方向，它所存在的时间为 $\pi/3$。在这段时间以后，工作状态转为 110，电机的电压空间矢量为 U_{s2}，它在空间上与 U_{s1} 相差（$\pi/3$）rad。随着逆变器工作状态的不断切换，电机电压空间矢量的相位也作相应的变化。到一个周期，U_{s6} 的顶端恰好与 U_{s1} 的尾端衔接，一个周期的六个电压空间矢量共转过 2π rad，形成一个封闭的正六边形。至于 111 与 000 这两个工作状态，可分别冠以 U_{s7} 和 U_{s0}，并称之为零矢量，它们的幅值为 0，也无相位，可认为坐落在六边形的中心点上。

交流电机定子磁链矢量端点的运动轨迹。对于这个关系，可进一步说明如下。

设在逆变器工作的第一个 $\pi/3$ 期间，电机的电压空间矢量为图 5-16 中的 U_{s1}。此时定

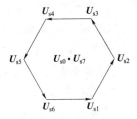

图 5-15　三相电机的电压空间矢量

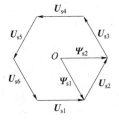

图 5-16　电压空间矢量与磁链矢量的关系

子磁链为 $\boldsymbol{\varPsi}_{s1}$。逆变器进入第二个 $\pi/3$ 期间，电压空间矢量变为 $\boldsymbol{U}_{s2}$，按式（5－15），可写作：

$$\boldsymbol{U}_s \Delta t = \Delta \boldsymbol{\varPsi}_s \qquad (5-18)$$

此处 $\boldsymbol{U}_s$ 是 $\boldsymbol{U}_{s1} \sim \boldsymbol{U}_{s6}$ 的广义表示。就第二个工作期间而言，式（5－18）表明在 $\Delta \boldsymbol{\varPsi}_s$ 对应的 $\pi/3$ 期间内，在 $\boldsymbol{U}_{s2}$ 的作用下，$\boldsymbol{\varPsi}_{s1}$ 产生增量 $\Delta \boldsymbol{\varPsi}_{s1}$，其 $|\boldsymbol{U}_{s2}| \Delta t$ 方向与 $\boldsymbol{U}_{s2}$ 一致。最终形成图 5－16 所示的新的磁链矢量 $\boldsymbol{\varPsi}_{s2} = \boldsymbol{\varPsi}_{s1} + \Delta \boldsymbol{\varPsi}_{s1}$，依此类推，可知磁链矢量的顶端运动轨迹也是一个正六边形。

（1）近似圆形旋转轨迹。

常规六拍逆变器供电的异步电机只产生正六边形的旋转磁场，显然这不利于电机的匀速旋转。如果想获得更多边形或逼近圆形的旋转磁场，就必须有更多的逆变器开关状态，以形成更多的空间电压矢量。为此，必须对逆变器的控制模式进行改造。可以利用基本空间电压矢量的线性组合，以获得更多的与 $\boldsymbol{U}_{s0} \sim \boldsymbol{U}_{s7}$ 相位不同的新的空间电压矢量，最终构成一组等幅、不同相的空间电压矢量，从而形成尽可能逼近圆形旋转磁场的磁链多边形如图 5－17 所示。这样，在一个周期内，逆变器的开关状态会多次重复出现，逆变器的输出电压是一系列等幅不等宽的脉冲波，这就形成了空间电压矢量控制的 PWM 逆变器。（图中小圆圈表示零矢量），空间电压矢量扇区分布图如图 5－18 所示。

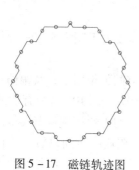

$\boldsymbol{U}_{s2}$ $\boldsymbol{U}_{s6}$
扇区 1
扇区 5   扇区 3
$\boldsymbol{U}_{s3}$ $\boldsymbol{U}_{s0}$ $\boldsymbol{U}_{s7}$ $\boldsymbol{U}_{s4}$
$2U_d/3$
扇区 4   扇区 2
扇区 6
$\boldsymbol{U}_{s1}$ $\boldsymbol{U}_{s5}$

图 5－17　磁链轨迹图　　　　　　图 5－18　空间电压矢量扇区分布图

（2）控制模式的应用。

在大功率牵引领域，由于功率开关元件的开关频率有限，因而在整个调速范围内，须应用空间电压矢量脉宽调制策略构成多种调制方式，以满足控制要求。在低频启动区段，采用异步调制可充分利用开关器件允许的开关频率，使磁链轨迹逼近理想圆，转矩脉动小；在输出频率较高时，为了保证三相输出电压、电流间的对称性，消除寄生谐波，宜采用同步调制。

同步调制时，不同的矢量拟合方式将得到不同的多边形磁链轨迹和输出结果，所以应选择磁链对称高的矢量拟合方式，同步 11、5、3 分频及方波工况对应的磁链圆轨迹分别如图 5－19（a）、（b）、（c）所示。当逆变器由 3 分频工况直接进入方波工况时，输出电压的基波分量将突然增大，该增量加在电机定子漏抗上，使电机电流迅速增大。中间直流环节电压越高，电流增量越大，极易引起系统功率冲击，影响系统的正常工作，因此必须实现同步 3 分频和方波工况之间的平滑转换，以避免电压跳变和系统的功率冲击，折角调制就是一种很好的过渡方案，对应的磁链轨迹如图 5－19（d）所示，当传动系统工作在恒功阶段时，一般采用方波运行方式，对应为六边形磁链，如图 5－19（e）所示。

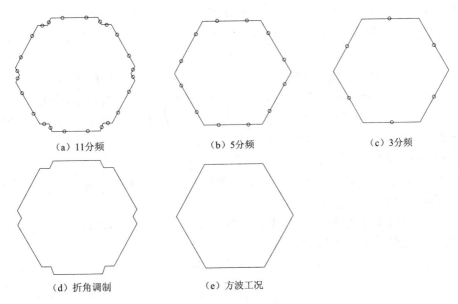

(a) 11分频　　　　　　(b) 5分频　　　　　　(c) 3分频

(d) 折角调制　　　　　　(e) 方波工况

图 5 – 19　不同调制磁链轨迹

不同调制方法之间转换时，为保证空间电压矢量的连续性，转换时刻宜选择在前一扇区结束，后一扇区刚开始工作处。过渡过程必须保证逆变器输出电压不会发生幅值和相位的跳变。因此应根据转换前后两种调制方法的不同，选择适当的矢量拟合方式进行过渡，这是整个控制过程很重要的一个问题。

5.3.2　三电平牵引逆变器

1. 主电路结构及工作状态

三电平三相逆变器电路如图 5 – 20 所示。由于三相桥臂工作过程完全相同，因此以 a 相桥臂为例进行说明。

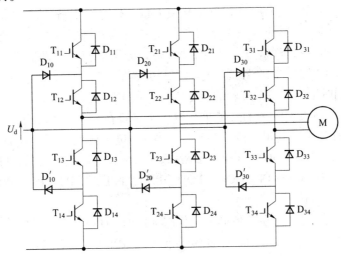

图 5 – 20　三电平式逆变器主电路原理图

两电平逆变器中相电压为 $+0.5U_d$、$-0.5U_d$，三电平逆变器中相电压为 $+0.5U_d$、0 和 $-0.5U_d$。两电平逆变器中线电压为 $+U_d$、0 和 $-U_d$ 相比较，三电平逆变器中线电压为 $+U_d$、$+0.5U_d$、0、$-0.5U_d$ 和 $-U_d$。

忽略中点电位的偏移，可以看到每一个开关器件所承受的电压均为 $0.5U_d$。

当上桥臂开关器件导通时，即状态 P，下桥臂的开关 T_{13}、T_{14} 各承受 $0.5U_d$ 的电压；当下桥臂开关器件导通时，即状态 N，上桥臂的开关 T_{11}、T_{12} 各承受 $0.5U_d$ 的电压；当辅助开关器件导通时，即状态 O，主电路中的开关 T_{11}、T_{14} 各承受 $0.5U_d$ 的电压。

2. 三电平逆变器控制

三电平逆变器控制包括空间电压矢量控制技术及中点电位平衡控制两方面。

（1）空间矢量原理。

三相三电平逆变器具有 $3^3 = 27$ 个开关状态。图 5-21 给出了对应所有开关状态的三电平逆变器空间矢量图，可分为四类矢量。

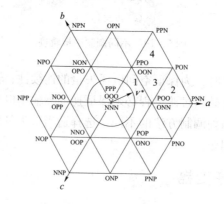

图 5-21　三电平逆变器空间矢量图

为了便于分析和控制，将 27 个开关状态分为四类矢量，即大六边形的顶角状态（PNN，PPN，NPN，NPP，NNP，PNP）对应为大开关矢量；外六边形各边的中点对应六个空间矢量为中开关矢量；内六边形的每一个空间矢量对应着两种可能的开关状态，称为小开关矢量。还有三种可能的零状态（OOO，PPP，NNN），分别对应于辅助器件的全导通，上臂器件的全导通，以及下臂器件的全导通，称为零开关矢量。

图 5-21 中同时给出了一个旋转的指令电压矢量 V^*（区域1），在欠调制区工作时，这个矢量应该在大六边形之内。在任一瞬间，这个矢量都在一个三角形内，用这个三角形三个顶点的开关状态来选择生成相应的 PWM 波。当 V^* 位于区域 1 时，所选择的状态可能是（OOO，PPP，NNN，PPO，OON，POO，ONN）。图 5-22 给出了相应的对称 PWM 波形。其状态顺序为 NNN、ONN、OON、OOO、POO、PPO、PPP、PPP、PPO、POO、OOO、OON、ONN、NNN。

当 V^* 位于区域 2 时，所在三角形顶点状态（POO，ONN，PNN，PON），图 5-23 给出了相应的对称 PWM 波形，其状态顺序为 ONN、PNN、PON、POO、POO、PON、PNN 和 ONN。

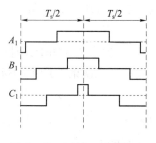

图 5 – 22 区域 1 开关状态

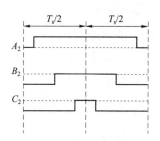

图 5 – 23 区域 2 开关状态

当 V^* 位于区域 3 时，所在三角形顶点状态（ONN，OON，PON，POO，PPO），图 5 – 24 给出了相应的对称 PWM 波形，其状态顺序为 ONN、OON、PON、POO、PPO、PPO、POO、PON、OON 和 ONN。

当 V^* 位于区域 4 时，所在三角形顶点状态（OON，PON，PPN，PPO），图 5 – 25 给出了相应的对称 PWM 波形，其状态顺序为 OON、PON、PPN、PPO、PPO、PPN、PON 和 ONN。

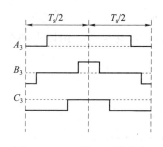

图 5 – 24 区域 3 开关状态

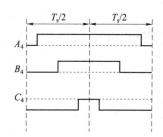

图 5 – 25 区域 4 开关状态

在区域 1 中输出 PWM 波形含有零状态，区域 2、3、4 中，不包含有任何零状态。在所有 PWM 模式中，开关状态改变一次只能带来 $0.5U_d$ 的变化。

（2）中点电压控制。

三电平逆变器中间电位平衡的控制问题是非常重要的，若中点电位偏移，在输出电压中会产生附加的畸变。如果正电流从中点流出，则上端的电容器处于充电状态；而下端的电容器处于放电状态，从而降低 0 点的电位。反之，当电流流入中点时，0 点的电位会增加。在大六边形顶角状态下（PNN，PPN，NPN，NPP，NNP，PNP）以及零状态下（OOO，NNN，PPP），没有中点电流，不会产生中点电位的偏移；而在其他状态时，中点电位可以通过调节不同开关工作状态的时间间隔来加以控制。

5.4 变流器中间直流环节及变流器控制策略

5.4.1 中间直流环节工作原理

在交—直—交变流器中，中间直流回路属于储能环节。在电压型脉冲整流器中，其组成部分包括：相应于 2 倍电网频率的串联谐振电路；支撑电容器和过压限制电路。

1. 二次串联谐振电路

由于脉冲整流器输出的电流含有大量的高次谐波，其中二次谐波对系统的性能影响最大。二次串联谐振电路的作用就是消除二次谐波，下面首先分析二次谐波产生的机理。

交流电源提供的瞬时功率为

$$P_N(t) = u_N(t) \times i_N(t) = \sqrt{2}U_N \sin\omega_N t \times \sqrt{2}I_N \sin\omega_N t$$
$$= U_N I_N - U_N I_N \cos 2\omega_N t \qquad (5-19)$$

其中包含一个恒定分量和一个以 2 倍电源频率脉动的交变分量。

变压器漏抗上的瞬时无功功率为

$$Q_{LN}(t) = u_{LN}(t) \times i_N(t) = \sqrt{2}U_{LN} \sin\omega_N t \times \sqrt{2}I_N \sin\left(\omega_N t + \frac{\pi}{2}\right)$$
$$= U_{LN} I_N \sin 2\omega_N t \qquad (5-20)$$

变流器输入瞬时功率为

$$P_s(t) = u_{ab}(t) \times i_N(t) = \sqrt{2}U_{LN} \sin(\omega_N t - \varphi) \times \sqrt{2}I_N \sin\omega_N t$$
$$= U_N I_N - U_N I_N \cos 2\omega_N t - U_{LN} \sin 2\omega_N t \qquad (5-21)$$

变流器输出电流可根据变流器为无损耗和无储能器件的简化假设，由以下功率平衡关系求得：

$$i_N(t) u_{ab}(t) = i_{dc}(t) U_d$$

则：

$$i_{dc} = \frac{\sqrt{2}U_{ab}\sin(\omega_N t - \varphi) \times \sqrt{2}I_N \sin\omega_N t}{U_d} = \frac{U_{ab}I_N}{U_d}\left[\cos\varphi - \cos(2\omega_N t - \varphi)\right] \qquad (5-22)$$

从式（5-22）式可知，变流器的输出电流包含直流分量和 2 倍于供电频率的交流两个重要的分量，一个和一个其中直流分量 $U_{ab}I_N\cos\varphi/U_d$ 流入负载，幅值为 $U_{ab}I_N/U_d$ 的二次谐波电流分量从串联谐振电路流过，而串联谐振电路吸收漏抗产生的无功功率，因而可以降低电源瞬时功率的脉动分量。

2. 支撑电容器

在电压源型变流器中，支撑电容器作为储能器可以支撑中间回路电压并使其保持稳定。支撑电容 C_d 值的大小直接决定着中间直流环节的工作性质，因此合理选择 C_d 的值十分重要。

由于中间回路与两端变流器之间存在着复杂的能量交换过程，迄今还没有简单实用的方法来选择合适的支撑电容器 C_d 的值。但可以通过系统仿真，并按照以下准则来判定经验取值的正确性。这些准则包括：

（1）中间回路直流电压保持稳定，峰-峰波动值不超过规定的允许值；

（2）中间回路直流电流是连续的，没有间断，其峰-峰波动值不超过规定的许可值；

（3）中间回路的损耗应保持最小；

（4）所选择的电容器的参数不会影响整个系统的稳定性；

（5）应当成功地抑制逆变器和电机中发生的暂态过程，保持系统稳定；

（6）防止高频电流可能引起对通信和信号系统的电磁干扰。

5.4.2 动车组牵引控制策略及其实现

列车牵引控制系统的主要控制目标是：① 网侧功率因数接近于 1，电流畸变小；② 在网压波动时中间直流电压保持恒定；③ 在负载或供电电压波动时具有快速响应的动态性能，保持良好的稳态运行能力；④ 启动平稳，谐波转矩小，启动力矩恒定；⑤ 在宽广的速度范围内实现恒功率控制。目前高速列车牵引控制常采用的控制策略有脉冲整流器瞬态直接电流控制；牵引逆变器—异步电机驱动系统磁场定向矢量控制和直接转矩控制。

1. 中间直流环节的稳压控制

目前动车组牵引用脉冲整流器普遍采用瞬态直接电流控制策略，其控制框图如图 5 – 26 所示。主要有电压电流传感器、电压电流调节器、比较器、函数发生器、运算器及 SPWM 控制器组成。其数学表达式如（5 – 23）式所示。

$$\begin{cases} I_{N1} = K_p(U_d^* - U_d) + (1/T_i)\int(U_d^* - U_d)\mathrm{d}t \\ I_{N2} = I_d U_d / U_N \\ I_N^* = I_{N1}^* + I_{N2}^* \\ u_{ab}(t) = u_N(t) - \omega L I_N^* \cos\omega t - R_N I_N^* \sin\omega t - K[I_N^* \sin\omega t - i_N(t)] \end{cases} \quad (5-23)$$

其中 K_p 和 T_i 为 PI 调节器的参数，U_d^* 为中间直流侧电压给定值，I_d、U_d 分别为中间直流环节电流和中间直流环节电压，K 为比例放大系数，ω 为网侧电压的角频率。

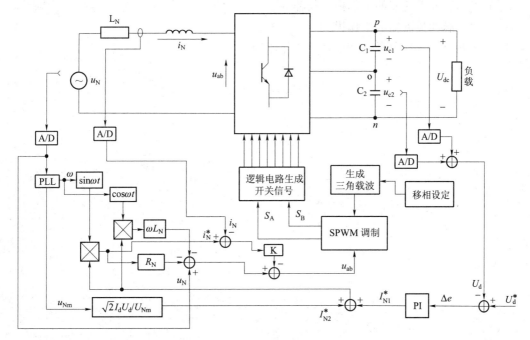

图 5 – 26 瞬态直接电流控制原理图

瞬态电流控制的基本原理：为了达到中间直流环节恒压控制的目的，将实时检测到的中间直流电压 U_d 与给定值 U_d^* 比较，当 $U_d < U^*$ 时 $\Delta e > 0$，PI 调节器的输出 I_{N1}^* 增加，使脉冲整流器的输入电流增加，达到增加 U_d 的目的。当 $U_d > U^*$ 时反之。

实时检测电网电压和电流值，按照式（5-23）组成运算电路，输出为参考电压信号即调制信号 $u_{ab}(t)$，这个调制信号包含了相角和幅值的信息，该调制信号与三角载波进行 SPWM 调制，生成 PWM 信号来驱动开关器件。

由式（5-23）可知，瞬态电流控制为电压电流双闭环控制系统，对于某一参数变动时，控制系统具有自动校正调节功能，最终达到稳态平衡。

采用瞬态直接电流控制策略，能够使系统具有直流侧电压稳定快、动态响应好、对系统参数变化能很快作出调整等优点。

2. 磁场定向矢量控制策略及其实现

交流电机矢量控制技术是指利用电机统一理论使交流电机的控制性能与直流电机可以媲美。在矢量控制系统中，根据定向空间旋转磁场的不同，可分为定子磁场定向矢量控制系统、转子磁场定向矢量控制系统和气隙磁场定向矢量控制系统。由于转子磁场定向的矢量控制基于交流电机的动态数学模型，动态性能好，转矩响应速度快，磁链模型比较简单，可增强列车防滑和抗负载扰动能力，已被大量应用于高速动车组牵引领域。

复习参考题

1. 简述脉冲整流器的工作原理。
2. 简述两脉冲整流器的工作模式与控制。
3. 简述三脉冲整流器的工作模式。
4. 简述两电平、三电平逆变电路的工作原理。

第6章

CRH1 型动车组牵引传动系统及控制

【本章内容概要】

本章介绍了 CRH1 型动车组牵引传动系统的总体构成、主电路组成、受电弓、主变压器、主变流器、牵引电动机、其他元件等。

【本章学习重点与难点】

本章重点掌握 CRH1 型动车组牵引传动系统的工作原理、系统的布置及主要设备的功能与作用。

6.1 概　　述

6.1.1 CRH1 型动车组供电牵引系统概述

牵引系统工作原理，如图 6 – 1 所示。牵引系统主要由受电弓、牵引变压器、牵引变流器及牵引电机组成。受电弓通过电网接入 25 kV 的高压交流电，输送给牵引变压器，降压成 900 V 的交流电。降压后的交流电再输入牵引变流器，通过交—直—交变流技术，转换成电压和频率均可控制的三相交流电，供给牵引电机来牵引整个列车。

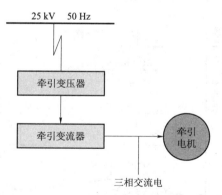

图 6 – 1　牵引系统工作原理示意图

一列 CRH1 的编组如图 6 – 2 所示，动车组的编组基于"单元"，即列车基本单元（Train Basic Unit，TBU）或基本动力单元的概念，每一单元由两动一拖或一动一拖组成。由 3 个 TBU 共 8 辆车组成，8 节车共有 20 个驱动轴，占车轴总数的 5/8。

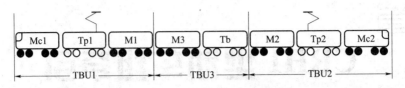

图 6 - 2　CRH1 型动车组的编组

　　其中 TBU1 和 TBU2 完全对称，由两动（Mc1、Mc2）一拖（Tp1、Tp2）构成；TBU3 由一辆动车（M1）和一辆拖车（Tb）组成，其与 TBU1 的区别主要有两点：一是无受电弓，直接从母线上引入高压电至主变压器；二是主变压器只给一个主变流器箱供电。根据客流需要，可将两列动车组编联成一列，共 16 辆车，最大定员 1 340 人，单列整备质量 421 t。

　　CRH1 属于交—直—交传动的电力牵引列车。每个 CRH1 型动车组有三个相对独立的主牵引系统，正常情况下，三个牵引系统均工作，TBU 之间通过 WTB 总线通信，而在每个 TBU 内部，通过车辆 MVB 和牵引 MVB 两级 MVB 总线通信。当一个牵引系统发生故障时，可以自动切断故障源，继续运行。

　　CRH1 型动车组的牵引主回路主要由以下电器设备组成：受电弓、高压开关、主变压器、网侧变流器、电动机变流器及三相异步牵引电动机。主回路的能量转换过程受 CRH1 的以 MITRAC 通用计算机为核心的控制系统的控制，如图 6 - 3 所示。MITRAC 计算机系统以摩托罗拉 68000 微处理器为基础，该系统的机械和电气设计适应温度范围均是 - 40℃～ + 70℃，并能承受强烈震动冲击的牵引环境。MITRAC 的前身 TRACS 从 1985 年开始实际应用，随着电子产品（如微处理器、存储器等）的更新而不断换代。

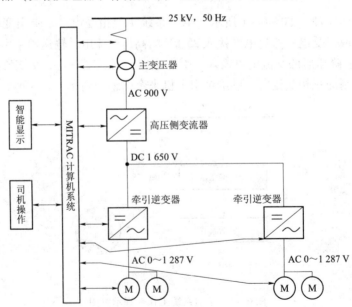

图 6 - 3　牵引传动及计算机控制系统示意图

　　整个动车组的控制和管理是一套分布式的计算机系统，称作 TCMS（Train Control and Management System，列车控制与管理系统），具有高度的智能。TCMS 接受司机的指令信息，经过转换与运算以后发给主回路系统实施能量转换过程，控制列车运行；TCMS 还检测列车运行的实际状态信息，对该状态信息进行处理和判断，一方面帮助司机、乘务人员和维护人员了解列车的运行情况，另一方面对出现的异常情况进行报警和应急处理。可以说牵引主回路是列车运行的躯干，TCMS 系统是列车运行的灵魂。

CRH1 型动车组以 Regina 型动车组为原型车，通过公司内部技术转移，由 BST 公司在国内制造生产。在动车下有牵引变流器，在拖车下有牵引变压器。牵引系统在动车与拖车底部悬挂的位置和其他悬挂装置，如图 6-4 所示。

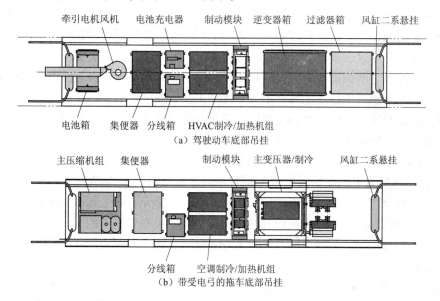

图 6-4 CRH1 型动车组牵引系统位置及悬挂装置

6.1.2 CRH1 型动车组供电牵引系统的结构组成及布置

1. 牵引系统的布置

动车组各车的主要牵引装置如图 6-5 所示。动车组有 2 动 1 拖和 1 动 1 拖两种列车基本单元（TBU）。1 个基本动力单元（1 动 1 拖或 2 动 1 拖）的牵引传动系统主要由网侧高压系统、1 个牵引变压器、1 或 2 个牵引变流器、4 或 8 台三相交流异步牵引电动机等组成。全车共计 2 个受电弓、3 个牵引变压器、5 个牵引变流器、20 台牵引电动机，列车正常时升单弓运行，另一个受电弓备用。

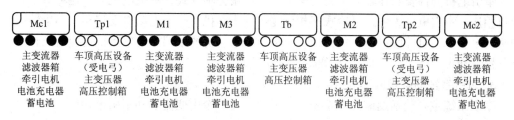

图 6-5 CRH1 各车的主要装置

2. 牵引系统的总体介绍

动车组采用交流传动技术。动车组由三个相互独立、各自完整的动力单元（TBU）组成，每个动力单元都有一套完整的牵引系统。动车组共有两个受电弓，互为备用。受电弓之间用高压电缆连接。

每个动力单元的牵引系统主要由主断路器、主变压器（MT）、网侧滤波器（FB）、网侧变流器（LCM）、直流环节（DC - LINK）、电机变流器（MCM）、牵引电机（TMO）等组成。

主变压器将接触网的 25 kV 高压转换成适合于牵引和辅助供电的电压，并实现高压系统和牵引系统中压的电气隔离。主变压器的漏抗设计能够满足减少冲击电流、滤掉网侧变流器产生的谐波电流的作用、并提供网侧变流器（PWM 脉冲整流器需要的电感）。主变压器采用循环油冷却，并可以通过 TCMS 对变压器的冷却系统进行监控。主变压器的次边滤波绕组接网侧谐波滤波器。网侧谐波滤波器（LHF）用于消除由线路噪声引起的谐振所产生的干扰电流。此外其他车顶高压设备主要都是为了保证主变压器可靠工作。

牵引变流器和牵引电机主要将主变压器输出的电能转换成轮周牵引力，电能转换形式为交—直—交。这一转化主要分以下几个步骤。

① 网侧变流器将主变压器次边绕组的交流电压转换成稳定的直流环节电压（DC-Link Votage），直流环节为电机变流器供电，将直流环节电压转换成 VVVF 牵引电机电源。一个动车单元上的两个全桥脉冲整流器构成一个网侧变流器单元，每个脉冲整流器的交流侧同主变压器的次边绕组连接，并在直流侧并联。网侧变流器对主变压器的次边绕组电压和接触网电压的相位角进行控制，使列车的功率因数接近于 1。两个网侧变流器的 IGBT 能够进行移相控制，以减少接触网电流中谐波。

② 直流环节的任务是稳定网侧变流器的输出电压，并用二次谐波滤波器减少接触网和网侧变流器电源脉动，以免引起牵引电机力矩的波动。电机侧变流器可以在网压失电时，通过实施较低水平的再生制动来保持直流环节的电压。这样可以使牵引电机保持励磁，提高牵引系统反应时间，同时保证辅助供电系统的持续供电。

③ 牵引变流器采用先进的 IGBT（3 300 kV/1 200 kA）器件。在出现过电压、过电流、接地故障和过热时牵引系统自动保护。牵引控制器和 IGBT 的门极驱动电路（GDU）之间通过光纤进行传输，以使系统有较高的抗干扰能力。

牵引变流器采用空间矢量控制，在牵引电机的额定转速以上采用方波调制来提高输出功率。并调整逆变器的频率以避开信号系统的安全临界频率。牵引变流器采用 500 ～ 1 000 Hz 的开关频率，以降低输出电压中的谐波含量，从而使牵引电机的能量损失和转矩脉动降至最低。牵引电机弹性安装在转向架的构架上，变速箱为轴挂式，牵引电机通过连轴节与齿轮传动箱相连。牵引电机为强迫风冷式三相鼠笼式异步电机。一个电动机变流器给一个转向架上的两台牵引电动机并联供电，每辆动车 4 个牵引电动机的轴编号与电动机逆变器及在电动机控制器（DCU/M）对应的轴编号如图 6 - 6 所示。

3. 牵引系统的各组成部分

牵引系统主要包括网侧高压系统、牵引变压器、牵引变流器和牵引电动机组成。

1）网侧高压系统

网侧高压系统主要包括受电弓、主断路器、避雷器、电压和电流互感器、接地开关等，如图 6 - 7 所示。

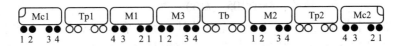

VCU 和 PCU	DCU/M1 和 DCU/M2	电机变流器编号
轴 1	MCM1 轴 1	1
轴 2	MCM1 轴 2	
轴 3	MCM2 轴 2	2
轴 4	MCM2 轴 1	

图 6-6　电动机变流器与驱动轴之间的驱动关系

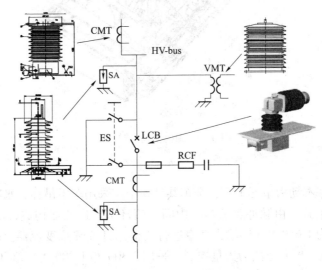

图 6-7　网侧高压系统的组成

CMT—电流互感器；VMT—电压互感器；SA—电涌放电器；
LCB—主断路器；ES—接地开关；RCF—线路滤波器

（1）受电弓：基本动力单元 TBU1 和 TBU2 各 1 个，全车共计 2 个，型号为 DSA250。

（2）主断路器：主断路器为真空型，有较高的断路能力并有内部过流保护。主断路器开关采用压缩空气控制。

（3）避雷器：为氧化锌（ZnO）避雷器，无内部空气气隙，壳体由硅橡胶制成，为免维护型。

（4）高压电流互感器：安装在高压电缆组件上，用于测量接触网电流以进行监控及各种控制。

（5）高压电压互感器：安装在车顶上，壳体由树脂制成，对接触网电压和频率进行监控及各种控制。

（6）接地保护开关：一个基本动力单元 1 个，全车共计 3 个。与主断路器组合在一起，安装在车顶，为便于维修安全，接地开关装有联锁保护。

（7）网侧谐波滤波器：一个基本动力单元 1 个，全车共计 3 个。谐振电抗器设在牵引变压器内，用于减少一定频次的谐波含量，改善网侧谐波分布。

2）牵引变压器（产品编号：3EST105 – 716）

牵引变压器一个基本动力单元1个，全车共计3个。采用心式结构，车体下吊挂，油循环强迫风冷。如图6 – 8所示。其包括1个原边绕组（25 kV，1 600 kVA），4个牵引绕组（930 V，4 × 400 kVA），1个谐波滤波器绕组（1 000 V）。外形尺寸（$L \times W \times H$）为3 900 mm × 2 200 mm × 730 mm，质量4 200 kg。

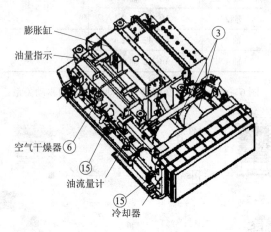

膨胀缸
油量指示
空气干燥器⑥
⑮
油流量计
⑮
冷却器
③

图6 – 8　主变压器结构图

3）主变流器

主变流器一个基本动力单元1个，全车共计5个。采用车下吊挂，水冷却方式。主电路结构为电压型两电平式，由脉冲整流器、中间直流环节、逆变器构成，设有二次谐振滤波器。中间直流电压为1 650 V（随输出功率进行调整）。1个牵引变流器控制一个转向架上的2台并联的牵引电机，控制方法为矢量控制。采用3 300 V/1 200 A等级IGBT元器件，冷却介质采用去离子水。系统具有各类故障诊断与保护功能。外形尺寸（$L \times W \times H$）为2 730 mm × 1 980 mm × 450 mm，质量1 265 kg。每个主变流器箱具体又包括1个网侧变流器、2个电机变流器和1个辅助变流器。

4）牵引电动机（MJA220 – 8型）

牵引电动机一个动力车4个，全车共计20个。牵引电动机为三相鼠笼式异步电动机，采用架悬、强迫风冷方式，通过联轴节连接传动齿轮。电机额定功率为265 kW，额定电压1 287 V，转差率0.012，质量596 kg，效率94%。

CRH1型动车组供电牵引系统主要技术参数及性能如表6 – 1所示。

表6 – 1　牵引系统各部件主要型号

受电弓所在车位置	2、7	受电弓型式	DSA250
电机数	20个	电机功率	265 kW
电机悬挂方式	架悬	牵引传动型式	两电平
牵引变流器模块	125 KG	牵引变流器冷却方式	水冷
功率器件型式	IGBT	中间电压	1 650 ~ 1 800 V
变压器型式	心式	变压器冷却油种类	硅油
牵引控制方式	矢量控制		

6.2 CRH1 型动车组传动系统主电路

6.2.1 CRH1 型动车组主电路基本组成

1. 动车组主电路概述

动车组主电路主要包括高压系统（网侧）、牵引系统和辅助供电系统。

（1）高压系统包括受电弓、主断路器（LCBT、LCBB）、避雷器（电涌放电器、SA）、电流互感器、电压互感器、接地开关（ES，与 LCBT 一体）、网侧滤波器（RCF、LHF）、受电弓切断开关等部件。

（2）牵引系统包括主变压器（MT）、网侧变流器（LCM）、电机变流器（MCM）、牵引电机（TMO）等。

（3）辅助供电系统包括辅助变流器（ACM）、三相 LC 滤波器、三相辅助变压器等。此外还有蓄电池系统，包括蓄电池（BA）和蓄电池充电器（BCM）。

2. 主电路电气系统说明

CRH1 型动车组主要是 8 辆车形式。8 - car 动车组主电路如图 6 - 9 所示。

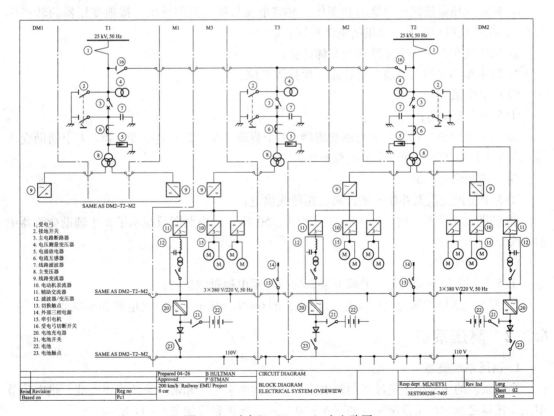

图 6 - 9　动车组（8 - car）主电路图

（1）整体结构。

① 受电弓安装在 Tp1 和 Tp2 车上（第 2 辆和第 7 辆车）；

② 两个受电弓之间有车顶高压线连接；

③ 有 5 个主断路器，2 个 LCBB 用来连接受电弓之间的高压电缆，3 个 LCBT 用来连接主变压器；

④ Tp1 和 Tp2 车内的每个主变压器分别向两个动车（Mc、M）的两个逆变器供电；Tb 车上的主变压器只向一个逆变器（M3）供电；

⑤ 5 个辅助变流器，并联向三相母线供电；

⑥ 5 个蓄电池和充电器，并联向三相母线供电。

（2）高压系统。

① 两个受电弓只有一个会随时升起；

② 5 个主断路器依次闭合，不能同时闭合；

③ 受电弓后面的过电流互感器 1 是为过流保护；

④ 避雷器，RC 滤波器和电压互感器都是为了减少电压瞬变；

⑤ 主断路器的接地开关对车顶部件接地；

⑥ 电流互感器 2 装在主变压器和接地电感器之间，测试原边绕组里的电流，传给 DCU/L；

⑦ 接地变压器连接原边绕组和车体，并将电流从接地刷中导出，接地变压器的转换率为 1∶1，原边绕组和次边绕组里的电流相同；

⑧ 每辆座车都有一个接地刷与车体连接；

⑨ 每个车体之间有接地电缆连接，保持等电位。

（3）牵引系统。

① 5 个主变流器；

② 每个主变流器包括 1 个网侧变流器、1 个直流环节、2 个电机变流器、1 个辅助变流器，每个电机变流器与两个牵引电机连接。

（4）辅助供电系统。

① 5 个辅助变流器并联安装，向三相母线供电；

② 辅助系统的额定电压为 $3 \times 400/230$ V，50 Hz，此电路图只显示了 5 个辅助变流器中的 3 个。

（5）蓄电池系统。

① 5 个蓄电池和充电器，并联安装，向三相蓄电池母线供电；

② 蓄电池系统的额定电压为 DC 110 V，图 6 - 9 只显示了 3 个充电器和蓄电池。

6.2.2 高压系统

1. 高压系统概述

高压系统的主要用途是过滤网侧电流，并且向牵引系统和辅助系统提供电能。供电环节中主变压器之前的高压系统原理如图 6 - 10 所示，车顶布置如图 6 - 11 所示。

车顶供电设备主要位于 Tp1、Tp2 和 Tb 车上，Tp 车设备安装位置如图 6 - 11 所示。Tb 车与 Tp 车的车顶设备基本相同，但 Tb 缺少以下几项：① 无受电弓；② 无高压线网侧断路

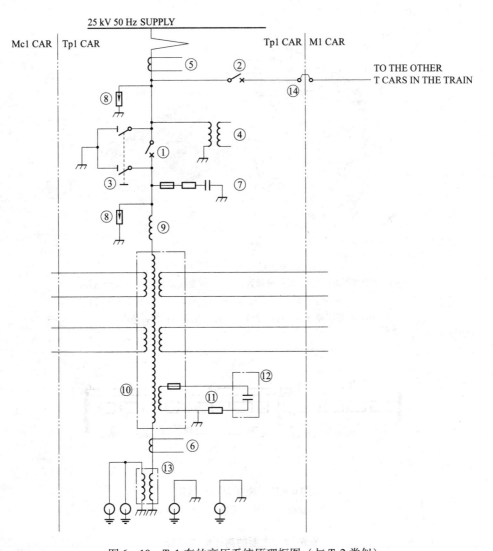

图 6-10 Tp1 车的高压系统原理框图（与 Tp2 类似）

1—主断路器；2—网侧高压线路断路器；3—接地开关；4—网侧电压互感器；5—主电流互感器；
6—网侧电流互感器；7—滤波器；8—电涌放电器；9—瞬态电感；10—主变压器；11—网侧谐波滤波器；
12—高压控制箱；13—接地变压器；14—切换开关

器（LCBB）；③ 只有一个电涌放电器；④ 无过电流互感器 1。拖车设备分为车顶设备、底架设备、转向架设备，如图 6-12 所示。

2. 高压系统各部分的功能及工作原理

网侧高压系统为 3 个主变压器供电。包括 2 个受电弓、3 个主变压器和 5 个线路断路器。其中 3 个断路器将网侧电压连接到主变压器，另外两个断路器连接两个受电弓之间的高压电线。从主变压器返回的电流通过接地变压器连到两个平行连接的接地电刷。列车的每一节车厢通过两个接地电刷接地，同时车与车之间通过车体上的两根电缆相互连接。受电弓为 DSA250 型，最大速度 250 km/h、碳滑板宽度 1 950 mm。高压系统中主要部件名称、位置及功能如表 6-2 所示。

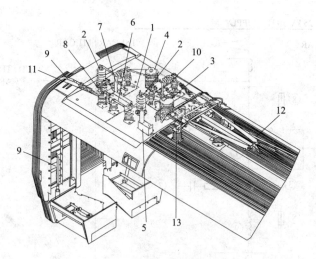

图 6-11 车顶布置图

1—网侧断路器 B；2—电涌捕捉装置；3—变流变换器 1；4—变压变换器；
5—电容器；6—电阻器；7—熔断器；8—电感器；9—网侧电流电缆；
10—网侧断路器 A；11—绝缘子；12—受电弓；13—绝缘子

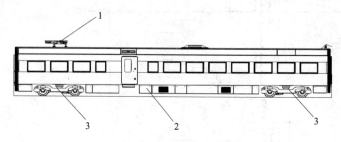

图 6-12 拖车设备布置图

1—车顶设备；2—底架设备；3—转向架设备

表 6-2 主要的高压电气设备

设备位置	设备名称	用　途
车顶设备	受电弓	受电弓从接触网将高压交流电导入列车，气动控制受电弓升起或降下，可使列车与供电网连接或断开。一列车有两个受电弓，升弓降弓命令按钮位于 Mc 车的司机室内
	网侧高压电缆	将两个受电弓连接起来，并将网侧电压传输给位于底架上的主变压器，其任务之一是将受电弓的电流传导至底架的主变压器，另一个任务是在车辆之间传导电流
	网侧断路器	高压开关，连接在受电弓和其他高压部件之间，一列 CRH1 共有 5 个网侧断路器，都采用气动控制。网侧断路器 A（高压总线）置于 Tp 车，网侧断路器 B（变压器）置于 Tb 和 Tp 车
	手动过分相器	手动方式过分相区
	自动过分相器	自动方式过分相区

续表

设备位置	设备名称	用 途
车顶设备	避雷器	保护网侧电压供电系统不受接触网或网侧断路器工作时产生的过电压的影响
	接地开关	维修工作时用作安全接地开关
	电压互感器	测量变压器，用于测量网侧电压，网侧电压信号是由 25 kV 的网侧电压转换的值，它对应于发送至列车计算机的 25 V 输入信号
	电流互感器 1	用于探测网侧电压系统中的短路故障
	网侧滤波器	用于消除网侧电压系统在断路器操作中产生的瞬间谐波
	网侧谐波滤波器	用于消除网侧电流中的谐波成分
	瞬态电感	抑制电流的突变，能够在操作网侧断路器时滤除瞬时电流冲击，使网侧滤波器能剔除网侧电压系统中所有瞬间谐波
底架设备	主变压器	向变流器模块提供电能
	电流互感器 2	用于测量初级绕组的电流，测量值发送至网侧变流器的计算机
转向架设备	转向架回流装置	转向架的回流装置。接地刷确保车体和转向架与铁轨之间的良好接地；车体与转向架之间的接地装置确保车体不带电

高压系统主要部件的工作原理。

（1）高压系统的启动和关闭。

列车两个受电弓中同一时刻只有一个可以提升。正常模式下，激活的受电弓在相对于列车行驶方向的远端车上，司机可以停用两个中的任一个。系统由 VCU 启动，当升起受电弓时，启动过程开始。当网侧电压在正确的范围内时，网侧断路器依次闭合。高压系统由 VCU 关闭，通过断开网侧断路器，然后降低受电弓，高压系统关闭。

（2）变压器网侧断路器（LCBT）（图 6 – 10 位置 1）。

安装在拖车车厢的顶部。用来接通/隔离与主变压器的连接，同时也在过载或短路条件下关闭电路。受实际网侧电压控制，LCBT 由 VCU 控制。当电压互传感器检测到过压或过分相时，由 TCMS 系统控制 LCBT 断开或重新闭合。

断路器由网侧解扣电路控制。该电路主要包括：① 过电流继电器，影响过电流继电器的过电流可用过电流互感器测量；② 主变压器油位指示器；③ DCU/Ms 和 DCU/Ls 中的网侧解扣继电器，当出现严重变流器故障（保护性关闭）和 DCU 停止时，DCU 中的网侧解扣继电器打开。任何一个都可通过中断网侧解扣电路命令断路器断开，断路器随即断开。

（3）高压母线网侧断路器（LCBB）（图 6 – 10 位置 2）。

安装在末端 Tp1 和 Tp2 拖车车厢的顶部。用来连接车顶高压电缆，接通/隔离没有提升受电弓的拖车。主要起隔离作用，通常不用作切断电流。仅当高压电缆和车顶之间发生短路时，起断开高压电路作用，从而保护 LCBT 的电网侧的电路。LCBB 由 VCU 控制。通常断路器通过保持电路反馈保持关闭状态。该电路包括主要过电流继电器（过电流互感器 1）。如果过电流出现，断路器通过中断保持电路打开。

（4）接地开关（图 6-10 位置 3）。

各变压器网侧断路器中都包含一个接地开关。接地开关与 LCBT 连接，并连接 LCBT 的两侧，用于保护高压线路和其他与其连接电路在工作中的安全。接地开关的操作手柄与向受电弓提供压缩空气的空气压缩系统中的联锁装置接互锁。当压缩空气系统中的阀门被关闭时，联锁装置的钥匙脱离。钥匙必须插入，并旋入接地开关中，松开接地栓，这样，即可从 LCBT 两边的任何一侧进行接地连接。Tb 车厢也装备有联锁装置。联锁装置处于联锁系统中，尽管 Tb 无受电弓。

（5）网侧电压互感器（图 6-10 位置 4）。

网侧电压互感器安装在车的顶部，用来测量网侧电压。电压互感器次级电压通过接触器和隔离变压器与动车中的牵引系统连接，输出隔离电路如图 6-13 所示。电压信号传给 DCU/L 用来控制系统。隔离变压器和接触器安装在拖车底部变压器旁边的高压控制箱中。网侧电压在 17.5～30 kV 之间时，变压器网侧断路器 LCBT 可以闭合。网侧电压在以下情况下，LCBT 将断开：① 大于 31.1 kV 超过 1 s；② 大于 30.1 kV 超过 5 min；③ 小于 16.9 kV 超过 1 s。

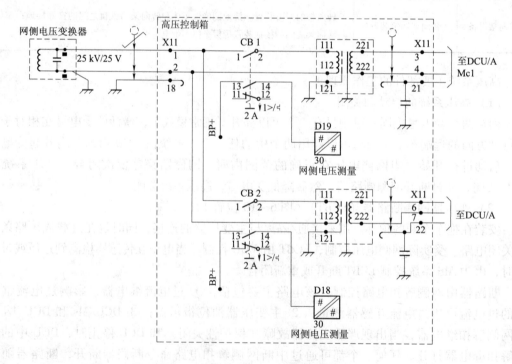

图 6-13   网侧电压互感器的输出隔离电路

（6）过电流互感器 1（图 6-10 位置 5）。

过电流变压器安装在端部 Tp1 和 Tp2 拖车的顶部。用于探测网侧电压系统中的短路故障。每个受电弓电路通过与二次电路连接的过电流继电器，形成过电流保护。过电流继电器中的触头受 LCBT 和 LCBB 保持电路中的辅助继电器的影响。

（7）电流互感器2（图6-10位置6）。

电流互感器安装在拖车底部主变压器二级终端箱内。用来测量通过主变压器原边线圈的网侧电流。再用2个中间电流互感器与网侧电流互感器二级电路连接，引向拖车两边的2个动车牵引系统中的DCU/L。2个中间电路变压器安装在高压控制箱中。

（8）RC滤波器（图6-10位置7）。

RC滤波器安装在拖车的车顶上。RC滤波器是为了减少网侧断路器在开关产生的瞬态谐波和辐射，这些瞬态辐射可以影响ATP系统。

（9）电涌放电器（避雷器）（图6-10位置8）。

电涌放电器安装在拖车顶部。每个拖车有2个电涌放电器。保护网侧电压供电系统不受接触网或网侧断路器工作时产生的过电压的影响。

电涌放电器1在高压电网侧的LCBT之前，功能是保护车辆免受由高压电网侧基本设施引入的有害瞬时电压的危害。电涌放电器将保护断路器LCBT和LCBB。

电涌放电器2在LCBT和瞬时感应器之间，用来保护高压系统的LCBT之后的部件和电路免受LCBT断开过程产生的有害电压瞬时现象的损害。

CRH1采用氧化锌避雷器，无空气间隙，在电压电平超过最大连续运行电压时，开始将电流转移至接地。落下受电弓和断开LCBT，可保护电涌放电器不受过高接触网电压的损坏。一旦接触网电压超过一定的级别，受电弓就会被落下。

（10）瞬态电抗器（电流扼流圈）（图6-10位置9）。

安装瞬态扼流圈安装在拖车的顶部，高压电缆上部的尾端，靠近主断路器（LCBT）的地方。

用途：瞬态电感用来保护主变压器、牵引设备和辅助电源设备免受在关闭系统时网侧电路断路器断开产生的瞬态电压造成的损坏。

（11）网侧谐波滤波器（LHF）（图6-10位置11）。

安装在主变压器和高压控制箱中，包括用于滤波的LHF线圈、LHF电阻、LHF电容，用于消除网侧电流中的谐波成分。保护LHF熔断丝以及用于监测LHF线圈电流的电流互感器，如图6-14所示。

位置：LHF电阻安装在拖车的车顶，LHF电容和LHF线圈电流互感器安装在高压控制箱（HVB）内，高压控制箱安装在拖车的车底。LHF线圈从主变压器引出。

用途：① 削弱列车产生的电流谐波。LHF电阻、电容构成的滤波器的作用是减少LCB操作过程中的瞬态电压和辐射；② 提供列车一个合适的网侧输入阻抗，使列车减少在网络中发生共振的可能性；③ 保证与线路上的其他列车的电气兼容性；④ 保证网侧变流器有一个稳定调节功能的合适环境。网侧谐波滤波器接地：在主变压器LHF绕组和LHF电阻之间的LHF主电路接地。

（12）主变压器（图6-10位置10）。

位置：主变压器（MT）安装在拖车底架上。包括1个原边线圈、4个牵引线圈和1个网侧谐波滤波器线圈。主变压器还包括1个网侧电流互感器和1个接地变压器。此外还包括油泵，冷却风扇和温度、压力、流量等各种传感器，变压器通过硅油冷却。

用途：主变压器将电网高电压降压，用于向变流器模块提供电能。主变压器还包含一个适合于网侧变流器（LCM）功能要求的阻抗，可以降低反馈回电网的电流波动。主变压器

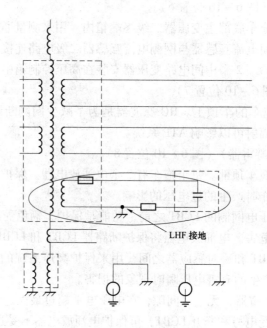

LHF 接地

图 6 – 14　网侧谐波滤波器

提供高压系统与牵引系统的电气隔离。

（13）接地变压器（图 6 – 10 位置 13）。

接地变压器安装在主变压器上，如图 6 – 15 所示。接地变压器的作用是将主变压器的返回电流强制通过返回电流装置。否则，电流将会通过轴的轴承。变压器可作为电流变压器运行，比率为 1∶1。主变压器的电流 I_1 通过主线圈，强制电流 I_2 通过第二线圈。电流 I_2 与电流 I_1 相等。

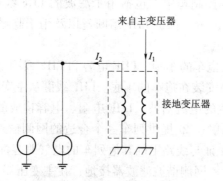

来自主变压器

I_2　　I_1

接地变压器

图 6 – 15　接地变压器

6.2.3　牵引系统和辅助供电系统

1. 牵引系统和辅助系统概述

牵引系统功能：牵引系统的用途是将主变压器牵引绕组的交流电压转换成幅值和频率可调的三相电压，用于连接在齿轮箱上的牵引电机的驱动或制动。

当牵引时，系统从电网获取能量提供给异步牵引电机，带动齿轮箱。转换成制动时，牵引电机将用作发电机，能量的方向将反向。牵引和辅助供电系统的组成及安装位置如图6－16所示。

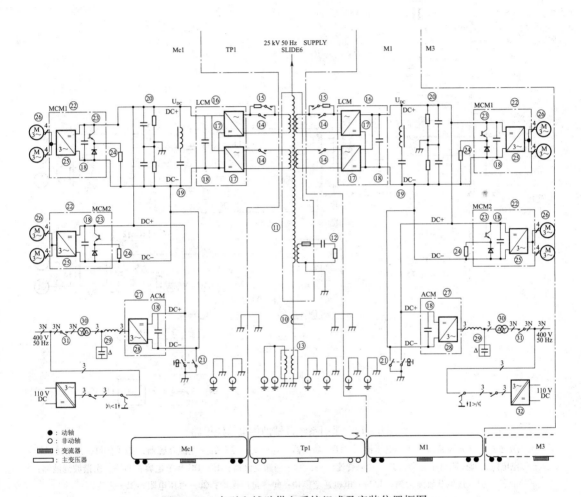

图6－16　牵引和辅助供电系统组成及安装位置框图

10—网侧电流互感器；11—主变压器；12—网侧谐波滤波器；13—接地变压器；14—隔离接触器；

15—充电接触器；16—网侧变流模块；17—网侧变流器；18—DC环节电容；

19—二次谐波滤波器；20—中点接地和接地故障检测单元；21—DC环节接地开关；

22—电机逆模块；23—过电压保护相；24—过电压电阻；25—电机变流器；

26—牵引电机；27—辅助变流模块；28—辅助变流器；29—三相滤波器；

30—三相变压器；31—三相隔离接触器；32—电池充电模块

牵引系统和辅助供电系统的主要电气设备的名称和作用如表6－3所示。

牵引系统及辅助供电系统电路如图6－17所示。

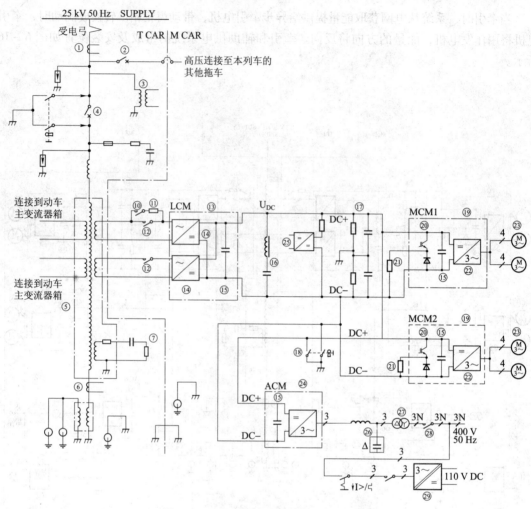

图 6 – 17　牵引系统及辅助供电系统电路

①—电流互感器；②—断路器；③—电压检测；④—断路器；⑤—变压器；⑥—电流互感器；⑦⑧⑨⑩—充电接触器；
⑪—充电电阻；⑫—隔离接触器；⑬—网侧变流模块；⑭—网侧变流器；⑮—DC 环节电容；⑯—二次谐波滤波器；
⑰—中点接地及故障检测；⑱⑲—电机逆变模块；⑳—过压保护；㉑—过压电阻；㉒—逆变器；
㉓—牵引电机；㉔㉕㉖—滤波器；㉗—变压器；㉘—三相隔离接触器；㉙—电池充电

表 6 – 3　牵引电路各电气设备的名称及作用

位置	名　　称	作　　用
10	充电接触器（CC）	正常工况（Normal Mode），在 SC 闭合之前接通，给直流环节充电
11	充电电阻	限制充电电流
12	隔离接触器（SC）	正常牵引工况时接通主变压器和 LCM6，然后 CC 断开。牵引变流器故障时，SC 隔离
13	网侧变流器（LCM）	整流输出给直流环节，由 2 个脉冲整流器构成
14	脉冲整流器	整流、有源逆变和升压
15	稳压电容	稳压、滤除较高次谐波
16	二次谐振滤波器	滤除电压型脉冲整流的二次谐波电流

续表

位置	名 称	作 用
17	直流环节（DC-LINK）	稳压，由支撑电容和放电电阻构成，电阻还起均压作用
18	直流环节接地开关	维修时给直流环节放电
19	电机变流模块（MCM）	带动牵引电机及相应的控制和保护
20	过电压保护（OVP）	制动时直流环节电压过高时，给直流环节放电，此时为电阻制动
21	OVP放电电阻	提供过电压电流通道，过高的电能在电阻上以热能消耗掉，反并联二极管续流
22	电机逆变器（MCM）	将直流环节电压逆变成电机所需的变压变频（VVVF）的交流电压采用矢量控制和SVPWM调制方式
23	牵引电机（TMO）	三相鼠笼式异步电动机，给动车组提供牵引力
24	辅助逆变模块（ACM）	将直流环节电压逆变成876 V/50 Hz的恒压恒频（CVCF）的交流电压
25	预充电单元	被动牵引模式下（Towing Mode）给直流环节充电
26	三相LC滤波器	低通滤波，将50 Hz基波通过，滤除开关频率附近的谐波
27	三相变压器	△/Y，降压为400 V/50 Hz，去负载三次谐波
28	三相接触器	三相负载的通断及保护

2. 牵引系统和辅助供电系统各部分的功能及工作原理

1）牵引系统主要部件的工作原理

如图6-16所示，牵引系统的主要设备包括主变流器箱、滤波器箱、牵引电机、齿轮箱、联轴节、反应杆、速度传感器等。主变流器箱和过滤器箱安装在动车底架上。主变流器箱和过滤器箱中的某些部件与辅助电源和牵引设备共享。牵引系统有两种不同运行模式：普通运行模式；回送模式（拖曳模式、被动牵引模式）。

（1）普通运行模式（Normal Operation Mode）。

牵引系统由VCU启动。当高压系统启动时，供电电压被提供给主变压器牵引线圈。启动程序用来完成闭合充电接触器（CC），向直流环节（DC-LINK）充电，然后闭合隔离接触器（SC），再启动网侧变流器（LCM）和电机变流器（MCM）。

牵引系统由VCU关闭。关闭程序用来完成关闭电机变流器（MCM）和网侧变流器（LC-），断开隔离接触器、断开LCBT和直流环节放电。

（2）回送模式（Towing Mode），也称被动牵引模式、拖曳模式。

在以下情况，VCU启动回送模式：① 回送模式被激活；② 直流环节充电就绪；③ 车辆速度高于一定级别。网侧变流器在牵引状态下被停用。

当牵引模式被启动时，变流器按以下顺序启动：① 直流环节由预充电设备充电；② 当直流环节高于一定级别时，充电状态关闭，备用制动状态下电机变流器被启动；③ 直流环节电压达到普通级别时，普通运行状态下辅助变流器启动。

当回送模式状态被设定为低或者车辆速度低于一定级别时，回送模式被关闭。关闭程序完成电机变流器（MCM）和辅助变流器（ACM）的关闭和直流环节放电。

（3）连接电路（图6-10位置10、11、12）。

连接电路用来接通或隔离主变压器和LCM的连接。连接电路包括隔离接触器（SC）和充电电路。充电电路包括充电接触器（CC）和充电电阻。

由于当LCM的IGBT关断时，IGBT的反并联二极管作为桥式不可控整流器，当直流环节支撑电容电压很低时，不能将主变压器二级电压直接与变流器LCM连接。充电顺序如

图 6 – 18 所示。当 DCU/L 接受来自 VCU 的启动指令时，充电开始。

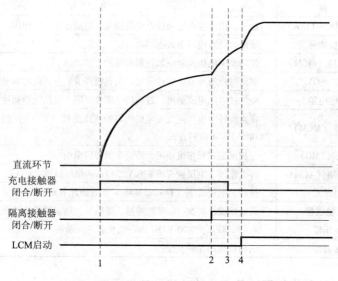

图 6 – 18　充电顺序图

（4）直流环节（DC – LINK）。

直流环节在此是指交—直—交牵引系统中的中间部分。LCM 是电压型脉冲整流器，而 MCM 是电压型逆变器，用滤波装置（电容、二次谐振滤波器）来稳定直流环节电压和保持系统电压。直流环节既作为 LCM、MCM 和 ACM 的直流电压源，也作为能量缓冲器。直流环节包括直流环节电容器（支撑电容）、二次谐振滤波器、中点接地单元。其中直流环节电容器包括 4 个电容器，LCM、MCM1、MCM2 和 ACM 各 1 个。

（5）直流环节接地及接地故障检测（图 6 – 10 位置 17）。

直流环节接地安装在变流器箱中。两个稳压电容组成了中点接地单元，直流环节中点接地。稳压电容能够使直流环节对地电压更稳定，减少牵引电机上的电压降。在直流环节中 DC + 和 DC − 对地电压分别为 +825 V 和 −825 V，对地电压减小一半。直流环节的正线和负线通过接地电阻对称接地，电阻起到放电和均压的作用。中点接地能限制下述导电部件的电压值：

① 变流器；

② 主变压器；

③ 牵引电机；

④ 辅助三相滤波器；

⑤ 辅助三相变压器。

中点接地还具有灵敏的接地故障检测功能。直流环节接地及故障检测电路如图 6 – 19 所示。

接地故障检测电路的两个电阻中点构成了一个电气中点，当该点与中点地之间的电压达到一定值时，表明有接地故障发生。这一接地故障通过继电器触点输出给 LCM 控制计算机 DCU/L。接地故障会导致 LCM 停机，其负载电路断开。直流环节较大的瞬时纹波电压会造成接地保护误动作，因此要求直流环节的滤波电容足够大。该电路可探测到 1 650 V 直流环节的任何接地故障，包括工作过程中的主变压器的牵引绕组接地、牵引电动机定子绕组接地、辅助变压器的原边绕组接地等接地故障。

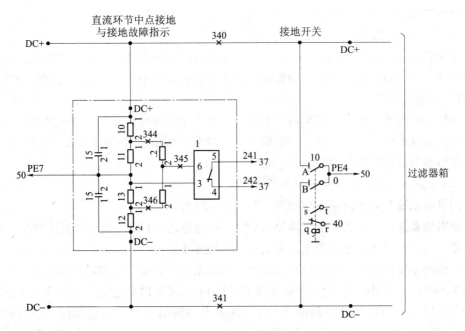

图6-19　直流环节接地及故障检测电路

（6）直流环节接地开关（图6-10位置18）。

直流环节接地开关是一个安全装置，用来保证在对主变流器箱和滤波器箱进行人工操作时，直流环节无高电压。电气安全是通过钥匙联锁系统实现，以保证在过电压电源没有安全接地时，人员无法接触电气设备。要打开主变流器箱和滤波器箱盖必须使用专用钥匙开启后才能操作该开关；闭合该接地开关后，才能用3个钥匙打开变流器箱盖、用1个钥匙打开滤波器箱盖。只有当所有4个钥匙均处于接地位置时才能断开DC环节的接地开关。110 V蓄电池电压可以独立于接地开关。

（7）二阶谐波滤波器（图6-10位置16）。

二阶谐波滤波器位置在滤波器箱。其用途是为了减少直流环节由于电网和网侧变流器功率脉动导致的二次谐波电流（100 Hz）。可减少直流环节中因网侧和LCM产生的脉冲功率造成的电压波动。否则电压波动将会传给电机变流器，引起直流电流波动和牵引电机中的转矩波动。

二次谐波滤波器包括4个电容器，并串联电感。感应器和电容器组成的二次谐振滤波环节，频率为电源的二次谐波频率。二次谐振滤波环节在滤波器箱中，在主变流器箱和滤波器箱之间，通过电缆与直流环节相连。中点接地设备保持系统电压基准接地。

（8）电机变流模块（MCM）（图6-10位置19）。

MCM主要包括三相电机变流器、过电压保护相、一部分直流环节电容、DCU/M。电机变流器（MCM）从直流环节电压取电，输出变压变频（VVVF）的三相交流电给三相异步牵引电机。

（9）牵引电机（TMO）（图6-10位置23）。

牵引电机安装在电机转向架内。牵引电机是三相鼠笼式异步电动机，在牵引状态下，将电能转变成机械能；在制动过程中，将机械能转变成电能。电机装有两套轴承。安装在非驱动端的轴承被绝缘，在驱动端的未绝缘。

（10）齿轮和联轴节。

齿轮和联轴节安装在电机转向架内。齿轮箱通过反扭矩杆与转向架结构连接，降低牵引电机的旋转速度，将机械扭矩传送至轮轴。联轴节补偿牵引电机和齿轮箱之间的相关运动。

（11）速度传感器。

速度传感器安装在动力转向架内齿轮箱上。每个牵引齿轮带一个速度传感器。速度传感器的作用是测量牵引电机轴的转数和旋转方向。检测信号由 DCU/M 接收，来进行测量和监控。速度传感器通过电缆与 DCU/M 连接。

2）辅助供电系统主要部件的工作原理

辅助供电系统与周围设备工作原理，如图 6 – 20 所示。

辅助电源系统主要包括主变流器箱（CB）、过滤器箱（FB）、蓄电池充电模块（BCM）。变流器箱、过滤器箱和蓄电池充电器安装在动车底架上。

辅助供电系统的主要作用是将牵引系统直流环节电压转变为辅助电压提供给列车。该系统输出 3×400 V/50 Hz，外加一个零线和 110 V/DC。辅助供电系统被定义为从变流器箱中的辅助变流器（ACM）到过滤器箱（FB）、BCM 及电源链中的辅助电源输出。三相零线直接在 Tb 车厢中接地。蓄电池系统负点接地。蓄电池系统通过 Tb 车厢中的电阻接地。EMU 中的 5 个辅助变流器协作运行，向三相交流总线送电。三相交流总线可最多由 5 个辅助变流器并联供电。蓄电池电压总线可最多由 5 个电池充电器并联供电。以下对辅助电源系统的描述只针对 EMU 中的 5 个辅助电源设备中的 1 个。

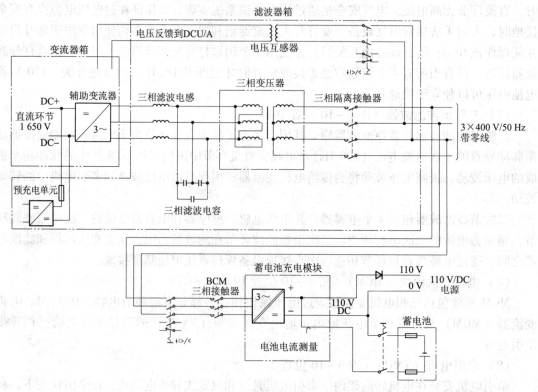

图 6 – 20　辅助供电系统工作原理图

（1）启动和关闭。

辅助供电系统有3个不同的运行模式：① 普通运行模式；② 回送模式（拖曳模式、被动牵引模式）；③ 外部供电模式。模式1和模式2的启动和关闭的顺序相似。在模式3中ACM从不启动。对蓄电池充电器而言，所有3个模式的启动和关闭顺序都相似。

（2）普通运行模式（Normal Mode）。

辅助供电系统由VCU启动。当牵引系统启动时，直流环节电压供给ACM。当直流环节电压到达正确限值内时，ACM自动启动。此时EMU中的5个ACM中的1个首先被指定为三相交流总线供电，该ACM闭合其自身的三相隔离接触器，并进行软启动。当三相交流总线由一个辅助变流器供电之后，其他ACM必须将其电压幅值、频率和相位与三相交流总线同步之后，才能闭合三相隔离接触器。当三相交流总线上电并且三相接触器闭合后，蓄电池充电器立即自动启动。充电级别控制和蓄电池的监控由VCU完成。BCM的三相接触器按先后顺序，而不是同时，将BCM与三相交流总线的连接。该系统由VCU关闭。关闭程序进行BCM关闭、断开BCM三相接触器、关闭ACM和断开三相隔离接触器。

（3）回送模式（Towing Mode）。

回送模式的作用是在EMU被动牵引时（无25 kV电网电压连接），提供辅助电源三相电压和蓄电池充电。EMU需要辅助电源实施制动。

此时，牵引电机作为发电机提供能量（相当于再生制动的情况）。电机变流器用来控制直流环节电压到正常级别。网侧变流器此时停用。辅助变流器从直流环节取电并提供三相辅助电压。三相电压供电给蓄电池充电器，蓄电池可以被充电。此操作开始时，牵引电机首先必须通过预充电单元充电。预充电单元在几秒钟内可将直流环节充电到400 V/DC。这就允许电机变流器磁化牵引电机。在直流环节电源达到正常级别时，辅助变流器被激活，进行正常运行。一旦磁化，牵引电机将向直流环节供电，预充电单元停用。预充电单元的输入为蓄电池电压110 V/DC。

（4）外部电源供电模式（Stationary Supply Mode）。

外部电源供电模式是在没有25 kV电网电压，牵引电机也不发电，直接接入外部电源的供电方式。列车安装有一个外部电源与辅助电源三相总线连接，因此所有辅助电路在没有与主电连接的情况下，均可获得外部电源，用于检测和维修的目的。在下列情况下，列车需要接外部电源：① 牵引回送他车，即牵引回送一个因蓄电池已耗尽而无法运行的车；② 因蓄电池电源耗尽而被牵引回送；③ 当没有接触网或不用接触网，而需维护列车。

需要连接外部电源时，如果贯穿整列车的辅助电气母线无断线，仅需要一个连接器为整列车供电；此时如果另外一个连接器也接上外部电源，则不允许连接到母线上。连接外部的连接器有两种：一种是在列车前部；另一种是在车体侧面。列车前部连接器可在牵引回送他车时提供其电源，也可在被牵引回送时接受电能（因蓄电池电源耗尽或在车间检修时）。侧面连接器只用于接受外部电源或车间电源的供电。

（5）辅助变流器（ACM）（图6-10位置19）。

ACM由计算机DCU/A控制。辅助变流器从直流环节电压取电，并将直流环节电压转变为固定频率和幅值（CVCF）的三相电压。ACM输出电压的幅值受三相辅助变压器之后的负载电压反馈的控制。

（6）三相 LC 滤波器（图 6 - 10 位置 26）。

在 ACM 输出之后，三相滤波器削弱 ACM 产生的谐波。滤波器包括三相电感和电容器（△连接）。滤波器使输出电压通低阻高，滤除开关频率附近的谐波，减小失真。三相电容器除作滤波器外，还能对某些三相变压器和电抗性负载提供功率补偿。

（7）三相变压器（图 6 - 10 位置 27）。

三相变压器是△/Y 变压器，是将原边三相电压转变成三相辅助系统的电压；提供牵引系统和三相辅助配电系统间的电气隔离；为单相负载提供独立的零线。

（8）电压互感器（图 6 - 20）。

三相输出电压由电压互感器测量，并反馈给 DCU/A，由 DCU/A 将输出电压控制在恒定级别上。电压互感器连接在三相隔离接触器之后。在电源链中，如果其他 ACM 已经向该系统提供电源时，可以在适当时间闭合本地 ACM 的三相隔离接触器。

（9）三相隔离接触器（图 6 - 10 位置 28）。

三相接触器接通/隔离三相辅助电源与分配系统的连接三相四线制（含零线）。如果三相辅助电源出现故障，可将三相辅助电源与三相辅助电源配电系统隔离。

（10）预充电单元（图 6 - 10 位置 25）。

预充电单元在回送状态下使用。该设备对直流环节充电，电压到一定级别时，牵引电机可以被电机变流器励磁。预充电单元向直流环节馈送 DC400 V 电压几秒钟的时间就足以使电机变流器将牵引电机励磁，牵引电机此时作为发电机工作，预充电装置即被取消。预充电单元由蓄电池供电。

（11）蓄电池充电模块（BCM）（图 6 - 10 位置 29）。

BCM 将三相交流电压整流成直流电压，向蓄电池充电并且向与动车组蓄电池配电系统相连的负载供电。输入整流器对三相交流输入电压整流，经直流环节滤波器降低直流环节电压的波动。IGBT 逆变器将直流环节电压转变为变压器高频矩形交流电压。中心抽头次级线圈的输出电压再次被输出整流器调整，并被蓄电池滤波器滤波。通过控制 IGBT，直流输出电压被维持在固定级别。如果总输出电流或蓄电池充电电路超过最大允许限值，输出电压即被减少，因此蓄电池充电器以固定电流运行。IGBT 逆变器的主控单元需要对直流输出电压、总输出电流、蓄电池充电电流和蓄电池温度进行测量和控制。

BCM 主要包括输入整流器、直流环节滤波器（感应器和电容器）、IGBT 逆变器、高频变压器、输出整流器（2 个二极管）、蓄电池滤波器（感应器和电容器）、控制单元 BCC/I 和冷却风扇组成。

6.2.4　钥匙联锁系统

钥匙联锁系统的主要目的是使高压设备可靠接地，减少使用或维护时高压触电的可能性。如图 6 - 21 所示。

（1）钥匙联锁系统方案与 Regina 相同，应按以下主要步骤：

① 切断受电弓供风，断开主电路断路器；

② 高压设备接地；

③ 辅助三相母线接地；

④ 变流器的直流环节接地。

此顺序的目的在于将高压设备接地，以减少设备维护时的事故风险，如果钥匙互锁系统工作，动车就不能开动。

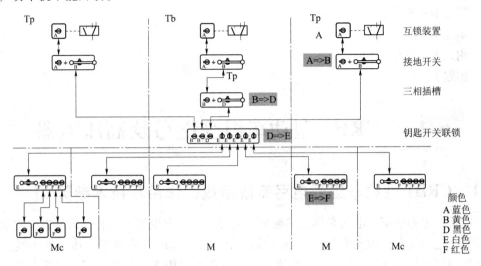

图6-21　钥匙联锁系统

（2）钥匙联锁系统由以下组件组成：

① 3个用于受电弓和主电路断路器供风的联锁装置；

② 3个用于高压系统的接地开关；

③ 1个用于辅助三相供电的接地开关；

④ 1个钥匙开关联锁转接器（Multiplier）；

⑤ 每一变流器1个接地开关；

⑥ 变流器箱的开箱钥匙。

（3）Tp车设备接地顺序如下：

① 关闭1个Tp车的受电弓和主电路断路器风压供风；

② 使用该车钥匙A，并将钥匙A插入接地开关旋转至高压位；

③ 将该车高压设备接地；

④ 使用钥匙B，并将钥匙插入Tb车的钥匙开关联锁（key multiplier）；

⑤ 按以上顺序在另一个Tp车上操作。

（4）Tb车接地顺序如下：

① 关闭Tb车的主电路断路器风压供风；

② 使用该车钥匙A，并将钥匙A插入接地开关旋转至高压位；

③ Tb车高压系统接地；

④ 使用钥匙B，并将钥匙B插入接地开关旋转至辅助三相位；

⑤ 使用接地开关中的钥匙D旋转至三相位，并将钥匙插入钥匙开关联锁；

⑥ 在钥匙开关联锁中此时设有两把钥匙"B"和"D"，以及5把钥匙"E"；

⑦ 使用钥匙E，将钥匙插入接地开关旋转至一个变流器的DC环节位；

⑧ 变流器的直流环节接地；

⑨ 此时可使用钥匙F打开变流器箱。

（5）钥匙标有不同的颜色：

① 钥匙 A—蓝色；

② 钥匙 B—黄色；

③ 钥匙 D—黑色；

④ 钥匙 E—白色；

⑤ 钥匙 F—红色。

6.3　CRH1 型动车组受电弓及高压电器

6.3.1　CRH1 型动车组受电弓系统组成、作用及技术参数

　　受电弓是电力机车、电动车辆从接触网接触导线上受取电流的一种受流装置。它通过绝缘子安装在电力机车、电动车辆的车顶上，当受电弓升起时，其滑板与接触网导线直接接触，从接触网导线上（25 kV）受取电流，通过车顶母线传送到机车内部，供机车使用。受电弓靠滑动接触而受流，是电力机车、电动车辆与固定供电装置之间的连接环节，其性能的优劣直接影响到电力机车、电动车辆工作的可靠性。随着电机、电动车辆运行速度的不断提高，对其受流性能也提出了越来越高的要求。其基本要求是：滑板与接触导线接触可靠，磨耗小；升、降弓时不产生过分冲击；运行中受电弓动作轻巧、平稳、动态稳定性好。为此，在接触导线高度允许变化的范围内，要求受电弓滑板对接触导线有一定的接触压力，且升、降弓过程具有先快后慢的特点，即升弓时滑板离开底架要快，贴近接触导线要慢，以防弹跳；降弓时滑板脱离接触导线要快，落在底架上要慢，以防拉弧及对底架有过分的机械冲击。

　　按结构形式分，受电弓分为双臂受电弓和单臂受电弓两种。双臂受电弓结构对称，侧向稳定性好，但结构复杂，调整困难。单臂受电弓结构简单，尺寸小，重量轻，调整容易，具有良好的动特性，高速时动态跟随性及受流特性较好，故而被现代电力机车广泛采用。

　　CRH1 使用北京赛德公司的 DSA250 单臂受电弓，DSA250 受电弓设计来源于最早的高速受电弓 DSA350SEK，采用压缩空气气囊驱动升弓，自重降弓。采用轻量化优质材料，具有良好的机械和动力学性能。受电弓滑板采用纯硬碳材料，对接触网线起到保护作用最高运行速度可大于 250 km/h，适应接触网高度为 5 300～6 500 mm，列车运营速度可达 200 km/h。

　　受电弓一个基本动力单元 1 个，全（列）车共计 2 个。受电弓型号是 DSA250Bsp 单臂受电弓。每一列车的带弓拖车车顶分别安装受电弓及附属装置，一列动车组正常运行时，采用单弓受流，另一台备用，处于折叠状态。当两列车组编挂在一起运行时，每一列车中各有一台受电弓处于工作状态，全列车中，共有两台受电弓同时工作。正常模式下，激活的受电弓在相对于列车行驶方向的远端车上，司机可以停用两个中的任一个。

1. 主要技术参数

（1）名称：单臂受电弓。

（2）型号：DSA250Bsp。

（3）设计速度：250 km/h。

（4）试验速度：250（1+10%）：275 km/h。

（5）额定电压/电流：25 kV/1 000 A。

（6）标称接触压力：70 N，（可调整）动态接触力调整：风动翼片（如需要）。

（7）升弓驱动方式：气囊装置。

（8）输入压缩空气压力：0.4～1 MPa（4～10 bar）。

（9）静态接触压力为70 N时的标称工作压力：约0.35 MPa（约3.5 bar）。

（10）弓头自由度：60 mm（垂向位移）。

（11）材料滑板：整体碳滑板（铝托架/碳条），碳滑板宽度为1 950 mm；

弓角：钛合金；

上臂/下臂：高强度铝合金；

下导杆：不锈钢；

底架：低合金高强度结构钢。

（12）质量：约115 kg。

2. 受电弓结构

受电弓的结构如图6-22所示，气动升弓装置3安装在底架1上，通过钢丝绳作用于下臂，下臂、上臂和弓头使用轻型铝合金焊接而成。滑板安装在U型弓头支架上，弓头支架垂悬在4个接簧下方，两个扭簧安装在弓头和上臂间，这种结构使滑板在机车运行方向上移动灵活，而且能够缓冲各方向上的冲击，达到保护滑板的目的。气动元件安装在位于底架的控制盒内，自动降弓装置可以监测到滑板的使用情况，如果滑板磨耗到限或受冲击断裂后，受电弓会迅速自动降下，防止弓网事故进一步扩大。更换滑板后，重新启用自动降弓装置。

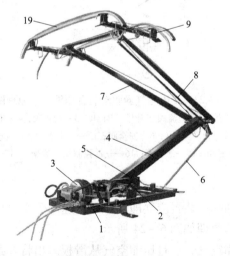

图6-22　受电弓结构图

1—底架；2—阻尼器；3—升弓装置；4—下臂；5—弓装配；
6—下导杆；7—上臂；8—上导杆；9—弓头；10—碳滑板

对于不同型号和不同速度等级的机车，受电弓的空气动力可以通过安装弓头翼片来进行调节（如果选装）。当重联运行时，一旦前弓因故自动降弓后，滑板监测装置可通过机车

TCMS 系统，实现后弓的连锁降弓，从而达到保护后弓免受损坏。ADD 关闭阀置于车内，当受电弓自动降弓后，如果对接触网没有造成损坏，而且对受电弓性能没有影响时。可关闭 ADD 关闭阀，重新升起受电弓。更换滑板后，应重新启动 ADD 装置。

3. 自动升弓原理

图 6 – 23 为受电弓气囊驱动装置压缩空气原理图，其中的压力表安装在司机室滑板监视部分的面板上，空气从司机室内的电磁阀经空气滤清器进入减压阀，减压阀的作用是调节工作压力，调节精度为 0.02 MPa，这种精度非常重要，因为压力变化 0.01 MPa 会直接导致接触压力变化 10 N。压力表仅用于粗略观察，调整节流阀可以控制升弓速度，高速节流阀可以控制降弓速度。安全阀在减压阀失效时起作用。

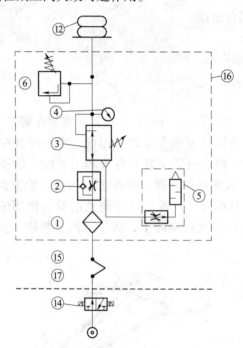

图 6 – 23   受电弓气囊驱动装置压缩空气原理图

1—滤清器；2—节流阀（升弓）R1/R；3—减压阀；4—压力表；

5—消音节流阀（降弓）；6—安全阀；12—气囊驱动装置（受电弓）；

14—电磁阀；15—绝缘管；16—气动控制箱（底架）；17—车顶

4. 自动降弓原理

当弓头受到损坏时自动降弓装置应立即动作，迅速降下受电弓，脱离接触网，避免网线和受电弓的进一步损坏，其原理如图 6 – 24 所示。

滑板的内置气道有压缩空气，一旦压缩空气从滑板漏出将导致受电弓的升弓装置压力下降，压缩空气会从快速降弓阀中排出。滑板碳条上细小的裂缝引起的少量漏气如果在压力响应的范围内，不会影响受电弓的使用。如果由于滑板碳条受到冲击，导致压缩空气压力变化，压力开关会产生一个电信号并传输给机车计算机，机车计算机关闭主断路器，同时电控阀得到来自计算机系统"受电弓降下"的信号，这避免了受电弓降下时电弧对网线和受电弓的损坏。

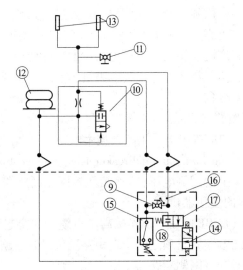

图6－24　自动降弓装置原理图

9—关闭阀；10—快速降弓阀；11—试验阀（自动降弓）；12—升弓装置；

13—碳滑板；14—电磁阀；15—压力阀；16—微动开关；

17—快速排气阀；18—滑板检测装置

在正常升弓条件下，压力开关须有延时功能，压力开关和自动降弓装置启动主断路器需设定时间延迟（约20～30 s）。

如果快速降弓阀和滑板间的气管断裂，自动降弓装置可以通过ADD关闭阀停止使用（重新连接后，注意清理渗水）。

微动开关通过与机车计算机系统连接可以显示ADD关闭阀的工作状态。

注意：受电弓在快速降弓前应先切断机车主断路器，禁止受电弓带电降弓。

5. 受电弓滑板的维护

每六个月检查一次受电弓滑板，运行中如果滑板出现故障，故障监测电路会报警并要求立刻降下受电弓，这时所有网侧断路器均断开，司机可从IDU智能显示单元上看到这一故障信息，然后决定是否选择另外一个受电弓，处理完后重新启动列车，这时故障显示会消除。

DSA250Bsp单臂受电弓的工作原理、使用维护及故障诊断与日本动车组E2－1000基本相同，具体可参见CRH2部分。

6.3.2　CRH1型动车组主断路器

1. 主断路器概述

高压断路器是电力系统中最重要的开关设备，担负着控制与保护的双重任务。主断路器属于高压断路器的一种，连接在受电弓和主变压器原边绕组之间，安装在机车车顶中部，它是电力机车电源的总开关和机车的总保护电器。当主断路器闭合时，机车通过受电弓从接触网导线上获得电源，投入工作；若机车主电路和辅助电路发生短路、过载、接地等故障时，故障信号通过相关控制电路使主断路器自动断开，切断机车总电源，防止故障范围扩大。

主断路器按其灭弧介质可分为油断路器、空气断路器、六氟化硫断路器和真空断路器等。CRH1型动车组采用的是真空型断路器。真空型断路器以真空作为绝缘介质和灭弧介质，利用真空耐压强度高和介质强度恢复速度快的特点进行灭弧。与空气断路器相比，真空断路器具有结构简单、工作可靠、分断容量大、动作速度快、绝缘强度高、整机检修工作量小等优点，在电力领域得到广泛应用。由于电力机车的特殊使用环境和一些恶劣工作条件所限，真空断路器直到 20 世纪 80 年代才运用到电力机车上。它主要由真空灭弧室、中央传动机构箱和气动操作机构几部分构成。

2. CRH1 的主电路断路器

而图 6-25 是在 CRH1 型动车组上采用的新型主电路断路器。CRH1 有 5 个网侧断路器，2 个高压总线网侧断路器（The Line Circuit Breaker High Voltage Bus，LCBB），用于连接/断开没有弓或没有升弓的拖车上的网侧电压；3 个变压器网侧断路器（The Line Circuit Breaker Transformer，LCBT），直接向变压器供电。

高压总线网侧断路器（LCBB）在车顶连接高压电缆，主要起到隔离开关的作用，通常不用作切断电流，仅当高压电缆和车顶之间出现短路现象时起断路作用，受电弓后面的电流互感器检测到短路故障后断开该网侧断路器。

变压器网侧断路器（LCBT）的开闭由 TCMS 通过高压控制电路控制，该电路串联有主过流继电器触点、主变压器油位继电器触点及电动机变流器、网侧变流器内的网侧脱扣继电器，其中的任何一项都可以通过切断网侧断开电路的方式使高压断路器立即断开，一旦这些电路出现严重故障，就通过高压断路器切断其后的负载，以达到保护的目的。

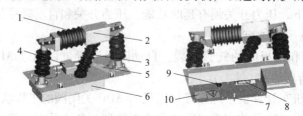

图 6-25　CRH1 主断路器的组成

1—真空灭弧室；2—上部驱动缸；3—驱动杆；4—接地开关装置；5—接地杆；
6—下部外壳；7—带互锁的接地开关接口；8—车辆接口连接器；
9—时钟/计数器；10—部件识别标签

表 6-4　高压断路器技术数据

项　目	名　称	性能要求
主电路	额定操作电压	25 kV/50 Hz
	最大持续电压	31 kV
	脉冲耐压	170 kV
	交流耐压（60 s）	75 kV
	操作电流	1 000 A
	额定短路关合电流	25 kA
	额定耐电流（1 秒）	25 kA
辅助电路	辅助电源	DC 110 V
体积，质量	长×宽×高，质量（包括接地开关）	940 mm×430 mm×508 mm，98 kg

为降低网侧电流设备发生短路的风险。断路器由 TCMS 系统自动控制，5 个独立网侧断路器按顺序断开/闭合。

如果以下条件均满足则闭合高压断路器。

① 有网侧断路器闭合命令。

② 网侧电压在规定范围内。闭合高压断路器的网侧电压范围规定：安装在车顶的网侧电压互感器检测网侧电压，如果网侧电压在 17.5 ～ 30 kV 之间时，可以闭合网侧高压断路器；如果网侧电压高于 31.1 kV 超过 1 s，或者高于 30.1 kV 超过 300 s，或者低于 16.9 kV 超过 1 s，则网侧高压断路器断开。

③ 没有其他系统的断开要求。

④ 高压空气压力在规定范围内。

6.3.3　CRH1 网端检测装置

网端检测装置包括 1 个网侧电压互感器、1 个过电流互感器、1 个网侧电流互感器和受电弓滑板漏气压力检测开关。

① 网侧电压互感器（变比为 25 kV∶25 V，隔离变压器变比为 1 V∶1 V）测量网侧电压及网侧电源频率，安装在拖车顶部。该电压测量值为网侧变流器的控制计算机（DCU/L）提供网侧电压信号以实现系统控制与保护。通过检测电网频率来通过 TCMS 自动设置系统工作频率，通过测量的电压值来监视电网电压，如果电网电压超出允许工作范围，就要降下受电弓，切断列车与电网的联系。

② 过电流互感器（变比为 800 A/5 A）安装在 Tp1 和 Tp2 顶部，监视受电弓电流。过电流继电器通过二次回路来控制网侧断路器，从而起到过载和短路保护作用。如果发生短路或电流大到一定程度，就要断开高压断路器，保护用电设备及供电系统安全。

③ 网侧电流互感器（变比为 400 A/5 A）安装在主变压器箱内，用以测量主变压器原边电流；中间电流互感器（变比为 5 A/1 A）装在高压控制箱中，连接在网侧电流互感器的二次侧，为网侧变流器的控制计算机（DCU/L）提供网侧电流信号。

④ 受电弓滑板漏气时导致压缩空气压力变化，压力开关就会产生一个电信号并传输给机车计算机，机车计算机切断主断路器，同时电控阀得到来自计算机系统"受电弓降下"的信号，这避免了受电弓降下时电弧对网线和受电弓的损坏。具体参见受电弓部分。

6.3.4　CRH1 防雷击装置

如图 6 - 26 所示，CRH1 型动车组的防雷主要采取避雷器（Surge Arrester，电涌捕捉器）和接地装置相配合的方式。车端在车钩两侧各设一条与邻车相连的接地线，以实现整列车所有接地的等电位。采用截面不小于 25 mm^2 的铜编织镀锡或镀镍绳式导线。采用将配电保护地线、防雷接地、直流逻辑地线、静电地线、屏蔽地线、车体和设备的金属外壳实现电气连接，保持所有接地的等电位。列车的每一节车厢通过两个接地电刷接地，同时，车与车之间通过车体上的两根电缆相互连接。

在受电弓后直接安装避雷器会限制由接触网传入的瞬时过电压，如雷电的入侵，对列车电气设备的危害；再进一步通过 RC 滤波器和电感器相配合，最大限度地减少网侧断路器开合时产生的瞬时过电压。

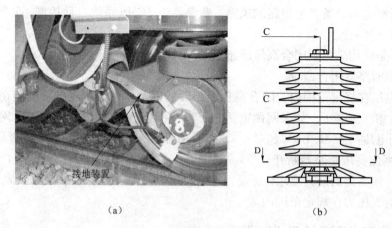

(a)　　　　　　　　　　　　　　　(b)

图 6 - 26　避雷器和接地装置

当车体遭受雷击时，接地装置要求满足 100 kA 以上的冲击电流。CRH1 采用四套安装在每根车轴上的 EC—3（QZ）型防雷接地装置，直接将车体和车轴（车轮）短接，每套接地装置耐受冲击电流为 25 kA 以上。接地装置的冲击接地电阻不应大于 4 Ω，同时接地装置的接地电阻应不大于 0.05 Ω。

1. 避雷器结构形式

一个基本动力单元 1 个避雷器，全列共计 3 个。避雷器为无气隙氧化锌（ZnO）避雷器，壳体由硅橡胶制成，为免维护型。避雷器（SA），如图 6 - 26 所示。

额定电压：36 kV；

最大持续电压：30 kV；

保护等级：90 kV Peak；

高度：482 mm；

绝缘器直径：210 mm；

底座直径：280 mm；

质量：17 kg。

2. 氧化锌避雷器的原理与维护

1）氧化锌避雷器的原理

氧化锌避雷器的主要元件是氧化锌阀片，它以氧化锌 ZnO 为主要成分，并以多种精选过的能产生非线性特性的少量 Bi_2O_3、CoO、Cr_2O_3、MnO、Sb_2O_3 等金属氧化物添加剂，用高温烧结而成。ZnO 颗粒的直径约 10 μm，周围包有厚 0.1 μm 的掺杂物氧化膜形成的晶界层。晶界层的电阻率是变化的，使阀片具有极好的非线性保护特性。而其相对介电常数可达 500～2 000，因而阀片具有相当大的电容量，它具有理想的伏—安特性（相当于稳压二极管的反向特性），非线性系数好。在正常工作状态下成高阻，使流过阀片的电流非常小，且大部分为电容电流，这样小的电流不会烧坏氧化锌阀片，可视为绝缘体，从而实现无间隙。当系统出现超过某一电压动作值的电压时，阀片呈低电阻，使流过阀片的电流急剧增加，此时电流的增加抑制了电压的上升，使避雷器的残压被限制在允许值下，并将冲击电流迅速泄入大地，从而保护了与其并联的电力机车设备的绝缘。电压恢复到正常工作范围时，电流又非常小，避雷器又呈绝缘状态。因此避雷器不存在工频续流，不存在灭弧问题，使不明跳闸故障大为减少，也不影响系统的正常工作。无间隙、无续流是它的优点。同时它体积小、重量轻、不受气候影响，防污性、防震性、防爆性都很好。

2）氧化锌避雷器的安装

通常避雷器的安装是自下而上进行，在安装过程中，首先安装连接渡板，要确保气体释放方向朝向机车外侧未安装电气设备的空旷区。高压端用软连接带与车顶母线连接，地线接在接地连接片上。而拆卸方向应与安装方向逆向进行。

3）维护与保养

① 在适用氧化锌避雷器的过程中，要始终保持磁套表面干燥、光洁、无裂纹。每次回库定修时，需要干净软布擦拭瓷套，清除污垢。如果瓷套表面污物无法清除干净，则用集流环屏蔽；② 每次回库定修时需检查喷口，不允许有开裂或缺口；③ 每次回库定修时需检查导线和编织线，导线需连接紧固，编织线折损面积不得超过原面积的10%；④ 运行过程中，原有刷漆部分每隔1～2年补漆一次。

4）预防性试验

因氧化锌阀片在长期运行电压作用下存在老化问题，装配时或运行中因密封不良可能受潮，因此在运行过程中需要加强对避雷器的检测，并定期进行预防性试验。另外，在每年的雷雨季节前，也应有选择地进行试验。

预防性试验一般分为测量直流参考电压、测量直流泄漏电流、测量绝缘电阻、测量交流参考电压和测量持续运行五类试验。直流参考电压和直流泄漏电流的测量是必做的试验。对有条件的用户建议进行绝缘电阻测量、交流参考电压测量和持续运行电流测量三项试验。

因氧化锌阀片长期承受工频电压作用，可能逐渐劣化而导致泄漏电流增加；或者因避雷器密封不严，阀片受潮，也会使泄漏电流增加。阻性电流分量的急剧增加，可导致阀片温度上升而发生热崩溃，甚至引起爆炸事故。因此，检测氧化锌避雷器在持续运行电压下的泄漏电流值，是简单、有效防止避雷器发生故障的方法。

氧化锌避雷器的等效电路是电阻和电容并联，因此电流包括阻性电流和容性电流。因为影响氧化锌避雷器寿命的主要是功率损耗，而其阻性电流值是直接反映功耗和老化情况。因此，学术界一致认为：检测氧化锌避雷器泄漏电流中的阻性电流分量是最直接和最可靠的监测氧化锌避雷器寿命、运行状况及防止发生故障的科学方法。常用的方法有谐波法、基波法和补偿法。其中补偿法可靠性高、稳定性好，是目前普遍采用的方法。补偿法是在测量电流的同时检测系统的电压，利用电压信号消除总电流中的容性分量，获得阻性电流。

6.3.5　CRH1型动车组其他元件

（1）RC滤波器熔断器，如图6－27所示。

额定电压：36 kV，50 Hz；

额定电流：10 A；

额定短路遮断功率：16 kA；

短路功率：576 MVA；

主要尺寸：直径51 mm、长度666 mm；

质量：3 kg。

（2）RC滤波器电阻器，如图6－28所示。

标定电阻：100 Ω；

额定电流：4 A；

接地耐压试验电压：7 kV，50 Hz；

主要尺寸：长度 630 mm、宽度 233 mm、高度（绝缘器除外）200 mm；

质量 20 kg；

安装在 25 kV 绝缘器上的 RC 滤波器单元。

（3）RC 滤波器电容器，如图 6 - 29 所示。

标定电容：20 nF；

额定电流：4 A；

耐压试验电压：脉冲峰值 125 kV；

主要尺寸：高度 595 mm、宽度 133 mm、长度 410 mm；

质量 17 kg。

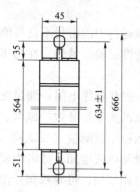

图 6 - 27　RC 滤波器熔断器

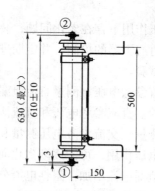

图 6 - 28　RC 滤波器电阻器

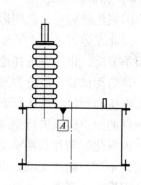

图 6 - 29　RC 滤波器电容器

6.4　CRH1 型动车组变压器

主变压器，又称为牵引变压器，是交—直—交传动电力机车中的重要电器设备，用来将接触网上取得的单相工频交流 25 kV 高压电降为列车各电路所需的电压。

CRH1 型动车组中主变压器，在每个拖车底部采用悬挂方式，功能是：由 Tp1、Tp2 和 Tb 车车顶上的 25 kV 系统向主变压器供电；在 Tp1 和 Tp2 车上的主变压器将向两个主变流器箱供电；在 Tb 车的主变压器将向一个主变流器供电。另外车体上主变压器的旁边安装了 HV 控制箱，对主变压器进行状态监测和控制。此外还有接地变压器，用来抑制电网过电压，限制单相短路电流。

6.4.1　CRH1 型动车组主变压器

1. 主变压器的技术参数

一个基本动力单元 1 个牵引变压器（产品编号：3EST105 - 716），全车共计 3 个。采用心式结构、车体下吊挂、强迫油循环风冷方式。具有 1 个原边绕组（25 kV，1 600 kV·A）

4个牵引绕组（930 V, 4×400 kV·A），1个滤波器谐振电抗器（1 000 V）。外形尺寸（$L×W×H$）为3 900 mm×2 200 mm×730 mm，质量4 300 kg。外形如图6-30所示，主变压器主要参数如表6-5所示。

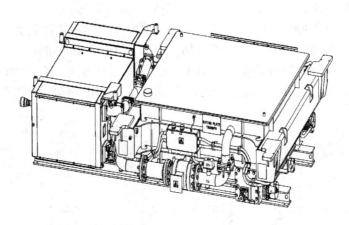

图6-30　主变压器外形图

表6-5　变压器的主要技术参数

	数量	1
	公称电压	25 kV, 50 Hz
初级绕组	额定功率	～2 100 kV·A
	额定辅助电流	585 A
	短时电流	922 A
	数量	4
	名义电压	900 V, 50 Hz
牵引绕组	提供25 kV时的公称电流	585 A RMS 分路
	电抗，涉及副边	505 mΩ
	数量	1
	额定电压	1 000 V, 50 Hz
网侧谐波过滤器绕组	提供25 kV 公称电流	158 A RMS 分路
	电抗，涉及副边	83 mΩ
	3 相短路期间的最大空气间隙扭矩	5 506 N·m
	平均短路频率	1 次/年
	高度	625 mm
主要尺寸	横向宽度	2 250 mm
	沿车辆长度	3 000 mm
	质量	4 300 kg
供应商	瑞士 ABB Sécheron 股份有限公司	

2. 主变压器的结构组成

动车组主变压器除了与普通机车主变压器一样，具有体积小、质量轻、绕组多、用铜多、电压波动范围大、负载变化大、耐振动等特点之外，动车组的主变压器与动力集中式电力机车的主变压器相比，为减轻轴重，质量要更轻，体积要更小，功率也较小。例如 SS4 电力机车的主变压器 TBQ8—4923/25 型（简称 TBQ8 型），额定容量为 4 923 kVA，质量7 940 kg，都是 CRH1 型动车组变压的近两倍。而因为 TBQ8 型只带动一个主变流器，额定电流为 196.92 A。为增强耐振动能力，CRH1 动车采用悬挂方式。除 CRH1 主变压器的网侧高压原边绕组外，二次侧低压绕组有 4 个牵引绕组，1 个 LHF 绕组。如图 6 - 31 所示。

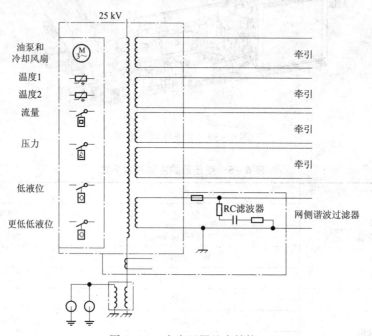

图 6 - 31   主变压器基本结构

CRH1 主变压器的结构由器身、油箱、保护装置、冷却系统和出线装置等部件组成。以下介绍主变压器的内部结构，如图 6 - 32 所示。

1）器身

器身由铁芯、绕组（线圈）、器身绝缘和引线装置等组成。

（1）铁芯。

铁芯的作用是构成变压器的闭合磁路，同时也是支撑绕组及引线装置的机械骨架。必须具有良好的导磁性能和足够的机械稳定性。铁芯由芯柱、铁轭和夹紧装置组成。芯柱和铁轭均采用高磁导率的冷轧电工钢片叠装而成。

CRH1 主变压器的铁芯结构采用芯式，高低绕组同芯地套装在芯柱上。芯式铁芯结构简单，并具有绕组装配及绝缘处理比较容易，短路时机械特性稳定性好等优点，是目前应用最广泛的结构形式。

为防止产生悬浮电位造成对地放电，安装时铁芯及其他所有金属构件都必须可靠接地。整个铁芯只允许一点接地。如果有两点或两点以上接地，则接地点之间可能形成闭合回路，造成铁芯局部过热。

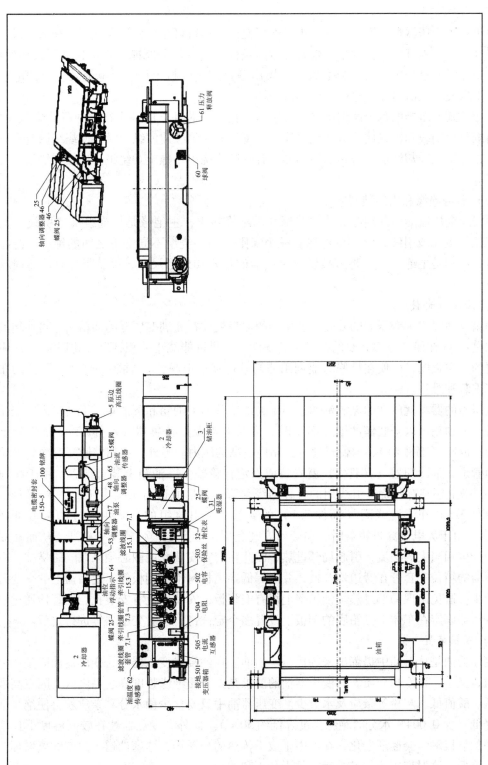

图6-32　主变压器内部结构图

（2）绕组。

绕组是主变压器最关键的部件，为了保证变压器运行可靠，变压器绕组必须具有足够的电气强度、耐热强度、机械强度和良好的散热条件，使变压器既能在额定条件下长期使用，又能经受住过渡过程中（如短路、雷击、操作等）产生的过电压、过电流及相应的电磁力作用，不致发生绝缘击穿、过热、变形或损坏。

单相芯式变压器的每个绕组都是由分别布置在两个芯柱上的两个绕组并联或串联而成。绕组由纸包扁铜线和绝缘体组成，绝缘体构成绕组的主绝缘体的纵绝缘，使绕组固定在一定位置上，并形成冷却油道。绕组的结构形式有圆筒式绕组、螺旋式绕组、连续式绕组、双饼式绕组等。

（3）器身绝缘和引线装置。

油浸式变压器的内部绝缘分为主绝缘和纵绝缘两类，主绝缘是指绕组（或引线）对地及对其他绕组（或引线）之间的绝缘；纵绝缘则指同一绕组不同部位之间的绝缘。绝缘结构尺寸，特别是主绝缘尺寸将直接影响变压器的重量和外形尺寸，以及阻抗电压、损耗等性能。

2）油箱（部件1）

油箱是油浸式主变压器的外壳，变压器的器身就放在充满变压器的油箱内。对油箱的基本要求是：① 在保证内部必要的绝缘距离条件下，尽可能减小体积，以节约用油；② 应具有必要的真空强度，以便在检修时能利用油箱进行真空干燥；③ 油箱外部各种附件的布置应便于安装和维护。

变压器的器身就放在的充满油的油箱中，油箱分为上油箱和下油箱。下油箱安装变压器的器身，上油箱可以安装储油柜（部件3），还装有油温度传感器（部件62）。油箱壁上装有压力释放阀（部件61），以便迅速排出箱内过高的压力。另外，在箱壁还开有冷却系统的进出口管道，油冷却器（部件2）就安装或固定在箱壁上。油箱上装有油管，用于接通油路。油箱壁上还装有各绕组引线用的各种绝缘套管，包括原边高压线圈（部件5）、牵引线圈（部件7.3）和滤波线圈（部件7.1）的套管。牵引绕组的套管中通过的电流可高达1 000 A。由于大电流穿过箱盖时，在套管安装孔周围会产生很强的交变磁通，从而在周围钢板内产生相当大的涡流，引起局部过热，因此在套管安装孔周围必须采取隔磁措施。有的主变压器的箱盖上套管孔旁边均开槽，并嵌焊低导磁材料不锈钢板等，使箱盖上的交变磁通显著减少，避免出现局部过热。油箱壁上焊有安装板，安装板上有安装孔，用螺栓通过橡胶垫把变压器固定在车体上。箱底的钢板上设置多个定位钉，以对变压器等进行定位。

3）保护装置

变压器油是从石油中提炼出来的优质矿物油。在油浸式变压器中，变压器油既是一种绝缘介质，又是一种冷却介质。对变压器油的要求是：介质绝缘强度高、黏度低、闪点高、凝固点低、酸值低、灰粉等杂质及水分少。变压器油中只要含少量水分和杂质就会使绝缘强度大为降低（含0.004%水分时绝缘强度降低约50%）。此外，变压器油在较高温度下长期与空气中的氧接触时会逐渐老化，在油中生成不传热的悬浮物，堵塞油道，并使酸值增加，绝缘强度降低，这对变压器的安全运行是十分不利的。

还必须注意：不同产地或不同牌号的变压器油通常不能混用，这是因为变压器油的牌号是以凝固点的温度值命名的，不同牌号的变压器油混用后，对油的黏度、闪点、凝固点等都有一定影响，会加速油的老化。混合使用时，必须先测量油的凝固点，若相近方可混合使用。

为了减缓变压器油受潮或老化的程度，使油能较长久地保持良好状态，CRH1 主变压器上设置了下列几种保护装置。

（1）储油柜（部件3）。

储油柜又称油枕，安装在箱盖的上方。主变压器储油柜的容量应满足变压器在高温持续运行时，油不溢出储油柜；在低温且变压器不工作时，储油柜中应有油。

（2）油位表（部件32）。

储油柜侧壁设有玻璃管油位表，玻璃管中有一个空心红色玻璃球，用于指示油位。油位表旁标有环境温度，分别为 +40 ℃、+20 ℃、－30 ℃时，且变压器为工作时储油柜内变压器油应具有的油位刻度。此外 HV 控制箱的 DI 端口还对 CRH1 主变压器的油位进行检测，分为油位不低和油位不是太低两个档。

（3）吸湿器（31）。

吸湿器又称空气干燥器（图6－33），它的主要用途是干燥空气和滤除杂质。一般干燥剂采用硅胶粒，当第一次安装时，干燥剂是橙色。当罐内温度变化（等于压力变化）时，它吸收进入空气中的水分。当需要更换时，其颜色变成无色。此时干燥剂中的水分饱和。干燥剂可以干燥和重新使用若干次。增添时，仅使用规定的干燥剂。每三个月检查一次空气干燥器干燥剂的颜色。如果从窥镜观察，超过一半的粒子变绿，则更新干燥剂。

干燥剂

图6－33　空气干燥器

（4）油温度传感器（部件62）。

油温传感器用来测量和监视主变压器上层油温。油温的测量采用2个PT100铂电阻，放在油箱侧壁上部的两个不同的位置。若变压器油温超过允许范围，由 HV 控制箱的 AI 端口检测油温1和油温2，然后通过 MVB 总线将数据向上传输。

（5）油流传感器（部件65）。

油流传感器，又称油流继电器，用来监视变压器油循环状态是否正常。当油流正常时，变压器油进入探头，靠油的流动压力作用于微动开关，推动触头使常闭触头打开，给出一个油流正常的信号，显示正常。它的输出是一个开关量，由 HV 控制箱的控制板的 DI 接口对油流是否正常进行检测。

（6）压力释放阀（部件61）。

由于变压器采用全密封结构，压力释放阀装在油箱壁上。变压器在运行中，因外电路或变压器内部有故障，出现很大的短路电流时，过高的热量使变压器油迅速气化，变压器内部压力升高。为防止变压器事故扩大，造成油箱薄弱环节破裂和变形，安装了压力释放阀。当压力增加到动作压力时，压力释放阀动作，将油箱中的压力释放出来，喷出的油流被轨基道渣迅速吸收，不致酿成火灾；当压力低到关闭压力时，压力释放阀关闭，这时油箱中仍保持着正压，确保外部的空气、灰尘等不进入变压器油箱中。当恢复正常时，阀口关闭。CRH1型动车组主变压器选 50T 型压力释放阀，有一个开关。HV 控制箱的 DI 接口对油压进行检测，以确定是否有过高的油压力。

4）冷却系统（部件2）

主变压器运行中产生的所有损耗将转变为热能，使各部件的温度升高，当主变压器温升超过规定的限值，将使绝缘损坏，直接影响主变压器的使用寿命（20～30年）。因此，主变压器必须具有相应的散热能力。CRH1 主变压器在保证内部散热能力良好的同时，其外部冷却采用了油循环强迫风冷式冷却系统。冷却系统如图 6-34 所示。

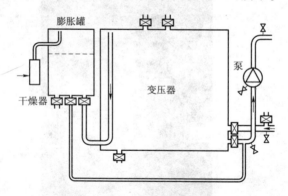

图 6-34　主变压器冷却系统

热油从上油箱即牵引线圈端（部件15.3）出来，经过油流继电器（部件65），进入油泵（部件17）的进油口，然后进入冷却器（部件2），热油在冷却器内被风机吹风冷却，从冷却器内出来的冷油沿油道，进入下油箱即原边高压引线端（部件5），经过冷却变压器铁芯与线圈后，流到上油箱。如此循环，就可以实现变压器油与冷却空气进行热交换，保证变压器的散热。

冷却器由风机、过渡风道及复合型冷却器等组成。HV 控制箱由控制板的 DI 口检测冷却风机的运转情况，包括变压器冷却风机是否在低速或高速运转这两种状态。

5）出线装置（部件7.3、部件7.1）

主变压器各绕组的引线从油箱内引至油箱外时，必须采用出线装置，又称套管

（Bushing），以便使带电的导线与接地的油箱绝缘。主变压器的出线装置多数采用复合瓷绝缘套板。部件7.3额定电流1 000 A和部件7.1额定电流250 A。

此外，主变压器还有接地变压器箱，可以与接地变压器相连，用来防止单相对地短路电流，抑制电弧过电压，保护电网。

在变压器的滤波器线圈经过保险丝（部件503）与HV控制箱相连，HV控制箱可以检测网侧电压、电流的状态。

HV控制箱还对变压器油泵是否工作的开关量进行检测，由控制板的DI端口输入，HV将把变压器相关的这些数据都通过MVB总线传输给TCMS。

3. 主变压器的维护与检修

为了使主变压器处于良好的工作状态，必须对主变压器进行日常的维护和定期检修，以减少或避免主变压器在运行过程中发生故障，从而保证主变压器安全可靠运行。

1）日常维护和保养

（1）主变压器必须保持正常的油量，以保证良好的冷却作用和绝缘性能。油量不足时，必须及时补足合格的同号变压器油。

（2）定时检查和校验测量油温用的温度计，保证指示准确。

（3）经常检查油的温度，正常运行时，主变压器上层油温应不大于95 ℃，绕组平均温度不得大于105 ℃（环境温度为+40 ℃）。

（4）主变压器刚开始投入运行、长期停运或检修后投入运行时，必须仔细检查它的外部状态，并对主变压器的各绕组及变压器油进行绝缘强度试验，确认合格后方可运行。

（5）加强对变压器油的保养。若变压器不净或老化，将严重威胁变压器的安全运行。若变压器制造厂过滤不净或在使用中由于油泵烧损、轴承磨损、泵轮转子铁芯松动等原因都可能使变压器油内混入金属碎片和产生游离，使油变污；变压器油经长期使用后，也会发生老化析出酸和油泥，因此在下列情况下，变压器必须进行滤油处理，以提高变压器的质量。

① 变压器油泵烧损修复后；

② 烧损油泵时；

③ 运行多年而未经滤油的；

④ 主变压器中修时；

⑤ 闪点下降及发生其他情况认为需要滤油时。

每12个月从每个变压器取油样品，抽取工具如图6-35所示，并送实验室化验油的隔离能力、颜色（深色）、颗粒、水分、击穿电压、介电耗散因子和界面张力等指标。

（6）定期检查吸湿器中的干燥剂，观察是否变色。硅胶在干燥时呈橙色，吸收潮气后呈绿色或白色。受潮的硅胶在一定温度下焙烘后，可以重复使用若干次。

2）主变压器的检修

根据铁道部"电力机车段修规程"规定，主变压器分为小修和大修两个修程。在进行辅修、小修时，主变压器进行外部检查；各瓷瓶应清洁、无裂纹，接线应牢固、无漏油现象；瓷瓶表面缺损面积小于3 cm²时进行涂绝缘漆处理，修补面积大于3 cm²时经耐压实验，合格后方可继续使用。油箱焊缝，油泵及散热器的管路、接头均不得漏油；油温应在规定范围内。干燥剂半数以上变色或变质时，应进行干燥或更换。小修时，主变压器的变压器油应作耐压实验及化学分析，均需符合规定的技术标准。中修时，对变压器应用2 500 V MΩ表

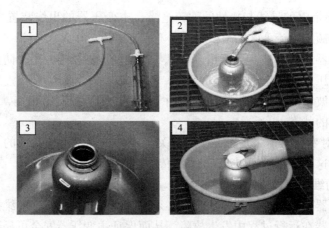

图 6-35   抽取主变压器油样品

测定各绕组的对地绝缘电阻，应符合限度要求。除上述定期检修外，在主变压器运行中，如发现异常声响，瓷套管破损或放电、变压器油温度不正常、漏油严重等情况，必须进行事故性检修。

6.4.2   高压控制箱的原理、组成及结构

高压控制箱或 HV 控制箱（缩写为 HB）。HV 控制箱安装 Tp 和 Tb 车的底部，在主变压器的旁边，如图 6-36 所示。

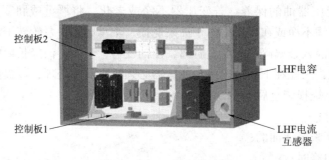

图 6-36   HV 控制箱结构

HV 控制箱主要功能包括：① 提供网侧谐波滤波器；② 主变压器风扇控制；③ 主变压器油泵控制；④ 主变压器监测；⑤ 网侧电压和电流测量；⑥ 数字 I/O 功能；⑦ 模拟 I/O 功能。

6.4.3   接地变压器

接地变压器的主要作用是减少轴承箱的电化学腐蚀，工作原理如图 6-37 所示。

接地变压器的主要功能特点：① 接地变压器是一个互感元件；② 接地变压器原边和次边的电流值相等；③ 主变压器原边电流通过特殊的电路接地；④ 车轴轴承上无漏电流；⑤ 接地变压器压降很低。

主变压器原边的回流电路如图 6-38 所示。通过接地变压器的原边绕组连接到车体，从车体输出。通过接地变压器的次边绕组，连接接地电刷。

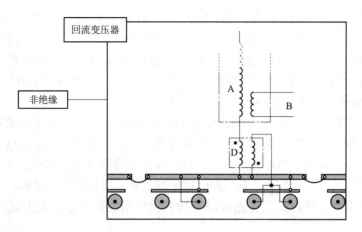

图 6 - 37　接地变压器工作原理

A—主变压器原边线圈；B—主变压器次边线圈；D—接地变压器

接地变压器的作用是将主变压器的返回电流强制通过回流装置；否则，电流将会通过轮轴的轴承。

接地变压器可看作是具有 1∶1 变比的电压互感器，主变压器的原边电流 I_1 必然产生与其相等的次级电流 I_2。如图 6 - 38 所示。

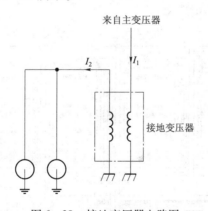

图 6 - 38　接地变压器电路图

6.5　CRH1 型动车组主变流器

动车组变流器箱悬挂在动车底部，主要包括网侧变流器、电机变流器和辅助变流器。此外，变流器的旁边还安装了滤波器箱来提高电磁兼容性，滤波器箱中还有预充电单元。

6.5.1　主变流器箱的结构组成及性能

1. 动车组主变流器箱概述

主变流器一个基本动力单元 1/2 个，一个动车 1 个，全车共计 5 个。采用车下吊挂、水冷却方式。主电路结构为电压型两电平式，由脉冲整流器、中间直流电路、逆变器构成，设有二次谐振滤波装置。中间直流电压为 1 650 ～ 1 800 V（随输出功率进行调整）。采用架控原理，1 个牵引变流器控制一个转向架上的 2 台并联的牵引电机，控制方法为矢量控制。采用 3 300 V/1 200 A 等级 IGBT 元器件，冷却介质采用去离子水。模块具有互换性，模块质量 125 kg。系统具有各类故障诊断与保护功能。外形尺寸（$L \times W \times H$）为 2 730 mm × 1 980 mm × 450 mm，质量 1 250 kg。

牵引变流器优先采用电压型、两点式交—直—交电路结构，由多重四象限变流器、直流电压中间环节和电机变流器组成，牵引变流器的模块应具有互换性。系统具有各类故障诊断与保护功能。变流器采用水循环冷却方式，与液体沸腾冷却方式相比较，虽然冷却效率相对较低，装置体积、重量相对较大，且低温时需采取添加乙二醇等防寒措施，但系统维修方便且更符合环保要求。系统设二次谐振滤波装置和网侧谐波滤波器，大大减少了网侧的谐波含量。

2. 主变流器箱组成

主变流器箱（CB）是一个独立的单元包括变流模块、冷却系统和接触器。在电气上 CB 连接着主变压器、滤波器箱和牵引电机。物理结构上，它是阳极氧化铝箱，并且位于车下紧靠滤波器箱（FB）。不锈箱体给了里面高压设备充足的保护。

主变流器箱中的变流器模块包括 1 个网侧变流器模块（LCM）、2 个电机变流器模块（MCM）和 1 个辅助变流模块（ACM）等，主变流器箱结构如图 6 - 39 所示。

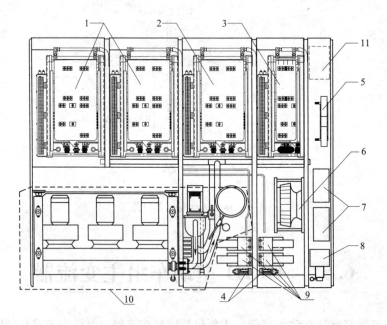

图 6 - 39　主变流器箱结构

1—电机变流模块 MCM（2 个）；2—网侧变流模块 LCM（1 个）；3—辅助变流模块 ACM；
4—充电接触器；5—充电电阻；6—内部冷却系统；7—过电压电阻；8—接地接触器；
9—牵引（隔离）接触器；10—外部冷却系统；11—I/O 单元

（1）变流器箱。

动车组中的主变流器箱与以往的 Regina 原型车相比作了以下的改动，如图 6 - 40 所示。

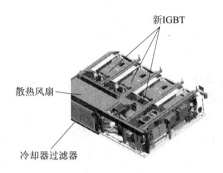

图6-40　主变流器箱变动示意图

（2）网侧变流器和电机变流器外形结构，如图6-41所示。

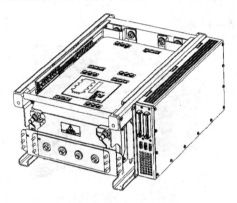

图6-41　网侧变流器和电机变流器外形结构

基本技术参数如下：

类型：MITRAC CMI 1500 WW；

IGBT规格：3.3 kV/1 200 A；

型号：日立MBN1200D33C；

DC环节电压：DC 1 650 V；

斩波器：IGBT型号，日立MBL800E33D；

主要尺寸：长810 mm、宽610 mm、高350 mm；

质量：125 kg。

（3）辅助变流器箱模块，如图6-42所示。

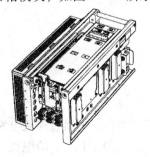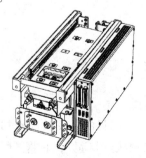

图6-42　辅助变流器外形图

基本技术参数如下：

类型：MITRAC CMI 1500 WW；

输入电压：DC 1 650 V；

IGBT 规格：3.3 kV / 1 200 A；

型号：Eupec FF400R33KF2C；

三相电压：AC 876（1±5%）V；

三相频率：50（1±1%）Hz；

THD：<10%；

控制功率：163 kV·A，cos φ＝0.85；

主要尺寸：高 350 mm、长 410 mm、宽 810 mm；

质量：90 kg。

（4）冷却模块，如图 6-43 所示。

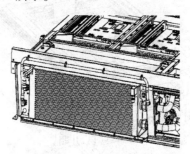

图 6-43　冷却模块外形

基本技术参数如下：

① 外部冷却：

风扇：3×1.1 kW；

风量：2.7 m³/s。

② 内部冷却：

风扇：1×1.5 kW；

风量：0.8 m³/s。

③ 热交换器：

容量 1.25 kW/℃。

④ 供水系统：

水量：53%；

防寒：47%；

流量：801/min；

泵：1.5 kW。

3. 主变流器箱功能

主变流器箱（CB）的目的是安放和冷却逆变器模块。通过连接电路从主变压器来的 AC 电压连接到网侧变流模块（LCM），它将 AC 转换成 DC 电压，给电机变流模块（MCM）和辅助变流模块（ACM）供电。MCM 将 DC 电压逆变成变压变频（VVVF）的交流电压，

ACM 将 DC 电压逆变成恒压恒频（CVCF）的交流电压。当制动时，系统能够改变电能流向并将再生电能反馈给电网。

主变流器箱中的两路连接电路中的其中一路包括 1 个牵引接触器、1 个充电电阻和 1 个充电接触器。另外一路连接电路包括 1 个牵引接触器，如图 6 - 44 所示。

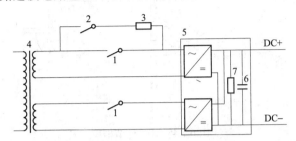

图 6 - 44 在主变压器和网侧变流器之间的牵引和充电接触器的连接

1—牵引接触器；2—充电接触器；3—充电电阻；4—主变压器；

5—网侧变流模块；6—DC 环节电容；7—DC 环节放电电阻

1）连接电路

连接电路用来将牵引电路连接到两路网侧电压系统中的一路。充电接触器闭合并且充电，电阻限制经过 LCM 进入 DC 环节电容的电流。当 DC 环节电压达到一个指定的电压水平，允许在 15 min 内充电 DC 环节电容 3 次（在第 1 次充电后，第 2 次充电最大 10 s，第 3 次充电最多 1 min）。牵引接触器（每个主变压器线圈 1 个）接通，充电接触器断开。充电接触器和牵引接触器由 LCM 操纵，都有通断、灭弧和状态显示功能。

2）过电压电阻

当 DC 环节电压超过指定值时，通过 MCM 内的电压传感器测量，MCM 命令过压斩波器的门极驱动单元（GDU）来启动 IGBT，在 DC 环节电容能量在 OVR 中被散失掉。当 DC 环节电压降到指定值时，IGBT 关断。

过电压保护的控制和监控是通过 MCM。从电压传感器来的测量 DC 环节电压的输入信号被用来监控 OVR 热载荷和计算 OVR 的温度。

3）DC 环节

DC 环节是形成一个滤波器稳定 DC 电压和电压接地设备的一个通用名称。DC 环节不但为 LCM、MCM 和 ACM 提供电压源，而且还可以作为电能的缓冲装置。DC 环节包括 DC 环节电容、中点接地和接地开关。DC 环节框图如图 6 - 45 所示。

DC 环节电容包括 4 个电容，物理上位于 LCM、MCM（2 个）和 ACM 内部。

带有接地故障保护的中点接地包括与电阻串联、与电容并联，电容与 DC - 和 DC + 分别串联的电路。接地故障保护包括 1 个指示单元和 2 个电阻。

每个开关都是一个安全设备确保当对变流器箱内部维修时，没有有害电压被施加到逆变器主电路上。接地开关只能通过属于互锁系统的钥匙接通。第一步就是将高压设备顶部连接到地，只有当接地开关处在接通位置时，才可能接触钥匙来打开逆变器的盖子。

（1）DC 环节电容。

DC 环节电容在 LCM、ACM 和 MCM 之间形成能量的缓冲。它过滤和稳定 DC 环节电压。并且保持 DC 环节电压波动在允许的范围内，能够进行精确的逆变控制。

（2）接地故障检测和中点接地。

为了限制 DC 环节电压的电位，电机和逆变器与电容和电阻在中点位置上接地。额外部分来快速检测接地故障。

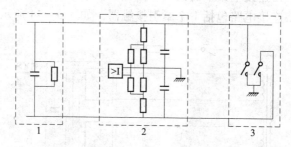

图 6 - 45　DC 环节框图

1—DC 环节电容；2—中点接地；3—接地开关

接地故障检测能检测 DC 环节的任何接地故障，在操作过程中，从主变压器牵引线圈到牵引电机定子线圈和到辅助电源变压器初始线圈的接地故障都能被检测出来。

图中接地故障检测的电阻构成了 DC 环节的电气中点。指示单元连接在中点和接地中点之间。当指示单元的电压超过一定值时，接地故障经过继电器到达 LCM 的控制计算机并显示出来。与电阻并联的电容过滤了瞬变值，否则会引起错误的接地故障检测。电路中的单元安装在接地故障指示板上。

（3）接地开关。

牵引设备工作时的电气安全通过钥匙联锁系统来保证，如果高压电源不安全接地，钥匙联锁系统就确保不能接触牵引装置。接地开关连接 DC + 和 DC - 到地，当开锁时，它只能用钥匙来操纵。在设备上的辅助触点表明 DX 单元的状态。当接地开关接通，4 把钥匙能用来打开 CB 上的 3 个盖子和过滤器箱（FB）的一个盖子。接地开关只能当所有 4 把钥匙都在接地位置时才断开。DC 环节电容总是在断开电源后放电，通常与过压斩波器一起工作。如果 MCM 中的斩波器功能紊乱，DC 环节的电容放电。

4. 主变流器箱设计

CB 是一个独立的单元能够从车体上拆装。外壳由阳极氧化铝制成，防水防尘。CB 包括逆变器模块、牵引接触器、充电接触器和电阻、I/O 单元、过电压电阻和接地开关。

打开前盖能接触到可调节的和可重新安装的元件。所有盖子用钥匙从 CB 箱的接地开关处打开。向上折叠盖子并抬起。要接触到元件来维修或更换，底盖和侧盖要被移走。

1）逆变器模块

MCM、LCM 和 ACM 在维修时很容易更换。模块通过滑入 CB 来安装。在 CB 的后侧有滑动触头和相连接线，在前侧有为冷却水准备的牢固连接。DC 环节通过低电感母线在前侧很容易达到。通过滑动条的放置来避免 CB 的模块安装在错误位置。

2）接线

在安装 CB 时，所有的电气连接做到模块的内侧。在顶部有一个带有电源电缆线密封管的盖子。在盖子内部有铜棒来连接电源线和电缆接线片。所有的信号线用 WAGO 型的连接器连接。信号线从上部通过连接箱体和电缆导体的橡胶接头进入箱体。

3）冷却系统

CB 由外部冷却系统和内部冷却系统构成：内部冷却系统包括 1 个离心风扇、3 个接触器和 2 个电机保护断路器。主要在箱体内部形成对流；外部冷却系统直接给 IGBT 所在的箱体散热，是最主要的冷却系统，包括 3 个离心风扇、1 个温度传感器 PT100、1 个热交换器、1 个水泵、7 个电机保护断路器、4 个接触器、1 个欠电流检测继电器和 1 个带有压力开关的扩展容器。

5. 主变流器箱的电路分析及工作原理

从主电路图 6-46 可以看出，变流器箱经过牵引接触器与主变压器相连，之后经 1 个网侧变流器（LCM）转换为中间直流电压（1 650～1 800 V），连接到 2 个电机变流器（MCM）和 1 个辅助变流器（ACM），中间直流电压还接有中点接地和接地故障指示单元。两个转向架上各有一个电机变流器，每个 MCM 在一个转向架上同时带动两个牵引电机。

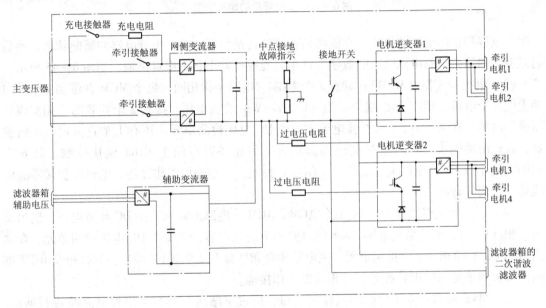

图 6-46　变流器箱的主电路

主变流器箱有 3 个外部风扇、1 个内部风扇和 1 个水泵，它们各由一个 3×400 V 的三相异步电机控制。通过带有电机过流保护的电流断路器和继电器进行开关。变流器箱通过内部的数字 I/O 单元能够检测和控制它们。通过 I/O 单元的输入接口 DI1—DI9 检测外部风扇、内部风扇、水泵、接地开关、液位低、液位太低等各种状态，然后通过 I/O 单元输出接口控制外部风扇、内部风扇和水泵的工作。变流器箱的输入输出如图 6-47 所示。

（1）网侧变流器（LCM）：有 1 个 LCM。一个主变压器两路变压后有两路交流电压要经过 1 个 LCM，然后转换成中间直流电压，两路主变压器牵引线圈 1U-1V、2U-2V 各有 1 个交流电流检测装置检测输入的交流电流的大小并进行保护，每路牵引线圈都有 4 个 IGBT 对其进行整流或逆变，相当于 1 个全桥全控整流电路。这样一个 LCM 模块内部就有 8 个 IGBT，2 个全桥全控整流电路。同时在 LCM 直流输出侧还有一个直流电压检测单元检测输出的直流电压以进行保护。直流侧还有电阻和电容以进行滤波。

（2）中点接地和接地故障指示单元：直流电压的中点接地和接地故障指示单元由几个

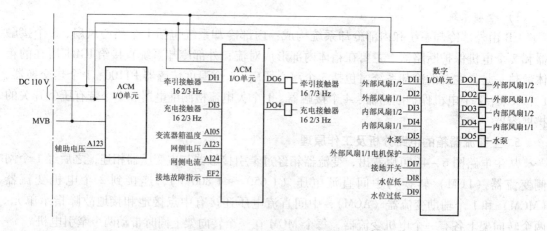

图 6-47　变流器箱的输入输出

电阻、电容和常闭继电器组成。它能将是否接地转换为其元件 1 中继电器的通断状态，然后通过变流器箱内部的电流隔离的数字 I/O 单元能够检测出是否中点接地，如图 6-45 所示。

（3）电机变流器（MCM）：共有 2 个 MCM，电路结构相同，每个 MCM 在带动 1 个转向架上的 2 个电机。MCM 输出端为三相（U、V、W）交流电压，接到 2 个并联的三相交流异步牵引电机。在输入 DC 端有滤波电容和 1 个 DC 电压检测单元，还有 1 个直流过电压斩波器；在输出端的 U、V 两相有电流检测单元。每相桥臂有两个 IGBT 模块控制，共 6 个 IGBT。每个 IGBT 都由门极控制单元（GDU）控制。三相输出工作接地，电机保护接零。电缆线一律用屏蔽线。

（4）辅助变流模块（ACM）：1 个 ACM。ACM 主电路的输入端接 DC 环节电压，输出端为三相（U、V、W）交流电压。在输入 DC 端有滤波电容，和 1 个 DC 电压检测单元，在输出端的 U、V 两相有电流检测单元。主电路中每相桥臂有 2 个 IGBT 模块控制，每个 IGBT 都由门极控制单元（GDU）控制。三相输出工作接地。

（5）MVB 接口：主要包括输入输出端口，通过屏蔽线与列车网络控制系统进行通信。向上传递采集的信号，并接收从列车网络控制系统向下传递的命令信号。不同的 MVB 节点地址不同。MCM1 的 MVB 的地址为 4CH，MCM2 的 MVB 的地址为 49H，LCM 的 MVB 的地址为 41H，ACM 的 MVB 的地址为 51H。

（6）DI/DO：通过接地屏蔽线与列车网络控制系统通信，将采集的外部 DI 和 AI 信号通过 MVB 总线向上传递给列车网络控制系统，它给出控制量经 MVB 向下传递滤波器 DO 命令。它的内部有 DC/DC 单元（DC110 V 转换为 DC +5 V）MVB 控制单元（MVBC）控制逻辑（CONTROL LOGIC）ICM 和延时报警继电器。DX 信号都与各自 MVB 接口的控制逻辑相连。DI/DO 板的 MVB 节点地址为 43H。

（7）内部风扇、水泵：水泵由 DO5 端输出高电平，继电器闭合，控制水泵的单速三相电机通电。由 DI5 通过其辅助接头检测其状态，通电时为 DC 110 V。内部风扇由 1 个双速三相异步电动机控制。当 DO3 输出高电平，继电器闭合，电机速度 1 通电，状态由 DI3 通过辅助触头检测。当 DO4 输出高电平，电机速度 2 通电，状态由 DI4 通过辅助触头检测。

（8）外部风扇 1、2、3：由 3 个双速三相异步电机，线路上有过电流保护断路器。机壳保护性接地。高低速度的变换由 DX 板的 X2 接口的 J、H 端口控制。当 J 为高电平、H 为低电平时，为速度2；当 J 为低电平、H 为高电平时，为速度1。

（9）牵引控制电路：由 DO4 给继电器通电，常开触头闭合，进行充电控制，同时有继电器辅助触头闭合，DI3 能检测到 DC 110 V；由 DO6 给继电器通电，常开触头闭合，进行牵引控制，同时有继电器辅助触头闭合，DI1 能检测到 DC 110 V。

（10）控制电路：主要采集车轴1速度、车轴2速度、车轴3速度、车轴4速度、牵引电机1温度、牵引电机2温度、牵引电机3温度、牵引电机4温度、变流器箱空气温度、三相电压、网侧电压、网侧电流、接地故障指示、接地故障断开、水位（1—满　2—太低）、变流器箱水泵开、变流器箱内部风扇低速、内部风扇高速、变流器箱外部风扇低速、外部风扇高速接触器开、外部风扇高速断路器开等各种状态。其中速度传感器都是将速度信号转变为脉冲信号，信号传输线一律用接地屏蔽绞线。主变流器箱的技术参数如表6-6所示。

表6-6　主变流器的技术参数

类型		值
元件	牵引接触器	DC 77 ~ 137 V, 294 Ω
	充电电阻	22 Ω
	过电压电阻	2.4 Ω
	电阻中点接地	4.7 kΩ
	电容中点接地	3.9 μF
	电阻接地故障保护	150 kΩ
接地开关	电容电流	400 A
	过电容电流	30 kA/100 ms, 16 kA/1 s
	钥匙数量	1 + 4
电气供电	电源电压	AC 25 kV
	辅助电压	AC 400 V
	频率	50 Hz
	电池电压，额定	DC 110 V
绝缘测试电压	1 500 V 系统输入接地	5 500 V（RMS）, 50 Hz, 60 s
外部风扇	额定电压	AC 3 × 400 V
内部风扇	额定电压	AC 3 × 400 V
水泵	额定电压	AC 3 × 400 V
机械参数	长度（不包括固定点）	2 730 mm
	长度（包括固定点）	2 830 mm
	高度	450 mm
	深度	1 800 mm
	质量	1 265 kg
	外壳等级	IP55

6.5.2 网侧变流器模块

1. 网侧变流器模块的结构组成及技术参数

1）网侧变流器概述

网侧变流器模块（LCM）是电力牵引系统的一部分。LCM 将主变压器次级线圈输入的 900 V 交流电压转换成直流环节电压（1 650 V），给电机变流模块（MCM）和辅助变流模块（ACM）供电。在电气制动时，LCM 可进行有源逆变，主变压器吸收能量并反馈回交流电网。LCM 有 2 个 PWM 脉冲整流器和 1 个直流环节电容构成，并被内部计算机 DCU/L 监测和控制。对逆变器来说，成功地控制从变压器来的电能，有一个稳定的直流环节电压很重要。DC 环节电容稳定输出直流电压，DC 环节电容对逆变器来说是往复的能源，为监测和控制，LCM 需要检测温度、电流和电压。

2）LCM 箱体的结构设计

LCM 包括两部分：功率部分和电子控制箱，如图 6-48 所示。LCM 模块被从主变流器箱的舱口推入，LCM 是基于水冷 IGBT 的逆变模块，通过端开 DC + 和 DC - 的母线、信号线、水连接和在模块前的两个螺栓，模块很容易接触到，在车间进行维修时，能容易地从车上取下，减小列车停止的时间。LCM 模块外壳等级为 IP00，不防异物、不防水。变流器箱的外壳等级为 IP55。如图 6-49 所示，为 LCM 与变压器的连接。

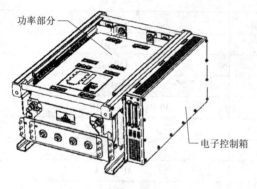

图 6-48　LCM 结构

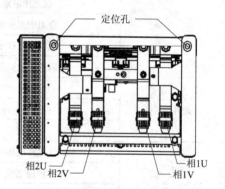

图 6-49　LCM 与变压器的连接

（1）电缆和连接器：低电感母线连接到模块前部的直流环节棒，来连接其他的逆变模块和直流电源，输出电源线与模块后部的滑动触头相连。采用可移式刚性接头进行水路的连接。控制信号连接到在电子控制箱侧壁的带有插入式连接器的模块。有 2 个 MVB 输入和输出接口，1 个 RS - 232 接口用来记录信号。控制信号连接到在 LCM 模块前部的插入式连接器。

（2）电子控制箱：电子控制箱用合叶安装在 LCM 的右侧壁，装有计算机 DCU/L。当拆开电子控制箱的盖子时，DCU/L 和电源容易被接触到。电子控制箱可以被打开约 45 度来接触到在电子箱后面的 GDU。电子箱部分用屏蔽来防止在功率电路和计算机之间的电磁干扰。箱体有一开口结构确保空气流动。

（3）功率部分的组成包括：① 母线；② 电流传感器；③ 电压传感器；④ DC 环节电容；⑤ 门极驱动单元（GDU）；⑥ IGBT 模块；⑦ 放电电阻。

3）网侧变流器模块（LCM）的电路分析及工作原理

LCM 的主电路如图 6-46 所示，主要包括：① DC 环节电容；② 两路 PWM 脉冲整流器；③ 计算机；④ 低压电源供电；⑤ 测量传感器。

从主电路中可以看出，LCM 主电路的输入端接主变压器的两个牵引次级线圈，分别为 1U、1V 和 2U、2V。每个半桥有 2 个 IGBT 模块，由 1 个 GDU 单元驱动，通过光纤与控制单元 DCU/L 通信，从 DCU/L 输入控制信号，向 DCU/L 发送反馈信号。其中 1U、2U 两相输入电流由电流传感器进行检测，并传递给 AI 接口（X12）。DCU/L 为 +24 V 电源供电，GDU 为 ±24 V 供电，接受外部和内部信号，并带有温度传感器。在输出的 DC 环节电压有滤波电容和一个电压传感器，检测直流电压。

DCU/L 的控制电路单元主要由 DC/DC 电源单元、光纤 I/O 单元、DI/DO 接口（X11）、AI 接口（X12）、MVB 接口、扩展板（X21）等组成。

DC/DC 电源单元将从蓄电池出来的 110 V，经 DC/DC 转换成 ±24 V，给各种数字输入输出隔离单元（包括光电隔离单元）供电。保护性接地，并带有故障输出端。

光纤 I/O 单元接收 1U、1V、2U、2V 的 8 个 IGBT 的反馈信号，进入 DCU/L，并输出 1U、1V、2U、2V 的 8 个 IGBT 的控制信号。

AI 接口（X12）输入 LCM 输出的 DC 环节电压的电压传感器的值，并输入 1U 相交流电流、2U 相交流电流传感器的值、并输入 DCU/L 内部的温度值，对其进行检测。此外还有接地故障指示（EFI）输入端。

MVB 接口主要包括输入输出端口，通过屏蔽线与列车网络控制系统进行通信。向上传递采集的信号，并接收从列车网络控制系统向下传递的命令信号。此外还有 RS232 通信接口与显示屏等服务界面相连。

DI/DO 接口（X11）内部主要是 MVB 节点地址的确定。根据控制信号端口 X4 的信号，确定 MVB 有 40H、41H、42H 三个地址可供选择。它还能输入牵引接触器和充电接触器的状态，并控制充电开关（测试模式）、网侧开关（测试模式）和牵引开关。

扩展板（X21）与控制信号端口 X4 的部分端口相连。

在 IGBT 的栅极 G 和发射极 E 端接有电容，来滤除高频干扰，防止发生误触发导通。

4）电机变流器模块（LCM）的各部分主要功能

LCM 是基于 IGBT 技术。在逆变器模块内部有 4 个同样的逆变相桥臂，1U、2U、1V、2V，两相桥臂形成 1 个整流器，具体包括以下内容。

（1）直流环节（DC-LINK）：① DC 环节电容；包括 2 个并联的薄膜电容器，是 1 个能量缓冲器，能滤波和稳定 DC 环节电压。② 放电电阻：2 个放电电阻与 DC 环节的电容器并联。

（2）IGBT 模块：每个半桥有 2 个 IGBT 模块，在 1 个模块中有 1 个 IGBT 带有反并联放电二极管。通过 GDU 驱动，通过 DCU/L 控制。

（3）门驱动单元（GDU）：门极驱动单元按照从 DCU/L 的顺序控制 IGBT 的开与关。GDU 靠近 IGBT 模块用双绞线连接，使门极和监控电缆尽可能的短。GDU 与 DCU/L 通过光缆通信。GDU 门极的接线头防短路，2 个 LED（发光二极管）指示 GDU 的状态。

（4）调制形式：LCM 用每相桥臂固定开关频率的脉宽调制（PWM）方式。

（5）LCM 计算机（MITRAC-DCU/L）：LCM 计算机（MITRAC DCU/L）监测和控制

LCM 的大部分功能。计算机是车辆分布式控制系统的一部分。DCU/L 包括 DCU/L 计算机板、DCU 扩展板和 DCU 光纤板三种 PCB 板，扩展板和光纤板安装在计算机板上。扩展板包括 LCM 控制需要的额外的 I/O 端口。DCU/L 安装在金属基板上，能提供稳定性和多路接地点。PCB 板被设计成滑入连接器支架。所有的电气接口都包括在连接器支架中，便于维修。DCU/L 与列车计算机单元通过 MVB 总线相连。在 LCM 内部 DCU/L 上安装了一块光纤电路板，所有的光发送器和接收器都在上面。DCU/L 与 GDU 之间的信号通过光纤传输，把电力回路与计算机隔离，减小了电磁干扰。

DCU/L 既有硬件又有软件，大部分系统控制被编程进微控制单元（MCU）和数字信号处理器（DSP）。一些重要的和关键的功能在可编程硬件（FPGA）中执行。软件被建构于功能模块之外，每个模块大部分都标准化了，较小的一部分是特殊的。

DCU/L 负责 LCM 与外部控制系统的通信，与牵引计算机之间通过 MVB 传输输入输出信号，最重要的信息包括：启动（激活）、指令（输入）、电压基准（输入）、实际输出功率（输出）、DC 环节电压（输出）、网侧电压（输出）、状态（输出）、故障指示（输入/输出）。

通过 RS232 接口，DCU/L 可连接到基于 PC 机的便携式检测试验装置，通过 PC 机软件进行诊断和故障追踪。该装置由 PC 机和 8 通道记录板组成，PC 机可读出 DCU/L 的状态和参数值，利用故障指示和信号作进一步的分析诊断。此外还有用于检修的试验架，如果需要可以把 LCM 从动车组底架拆下来放在试验架上，然后通过 PC 机软件进行故障追踪。

2. 网侧变流器的传感及监控功能

1）网侧变流器（LCM）测量传感器

（1）电流传感器：LCM 有 2 个电流传感器，分别测量 1U 和 2U 相电流，DCU/L 的模拟输入端 AI 接收数据，如果相电流超过最大允许值，则输出功率立刻减小。所有基于霍尔元件的电流传感器都由从 DCU/L 出来的 DC ±24 V 供电。AC 和 DC 都能测量。

（2）电压传感器：DC 环节电容的电压通过电压传感器测量，DC 环节电压的信息被不断发送到 DCU/L，在变流器控制算法中使用。

（3）温度传感器 PT100 及冷却系统。

① IGBT 的散热片散热：为了更准确地测量温度，PT100 传感器用螺丝安装在功率箱的 IGBT 所在的散热片上，温度值传给 DCU/L。

② 内部冷却：LCM 模块内部没有风扇，然而模块有一个非常敞开通风的设计，使主变流器箱内有足够的气流。

2）网侧变流器计算机的监控功能

网侧变流器计算机（MITRAC DCU/L）监督和控制 LCM 中的大部分功能，通过多功能车辆总线（MVB）连接到牵引控制单元（PCU）。DCU/L 控制和监视的功能如下。

（1）网侧电流控制：如果网侧电流超过最大允许值，LCM 会向列车计算机请求限制输出功率，降低 DC 环节电压，使 MCM 的功率减少，从而减小网侧电流。

（2）DC 环节电压控制：DCU/L 监控正常运行过程中的 DC 环节电压，在输出功率急剧变化及故障情况下，MCM 中的过电压保护（OVP）将会限制 DC 环节电压，保护系统不致过电压，严重情况下（如非常高或非常低电压时），DCU/L 会激活保护性关闭程序。

（3）过电流保护：DCU/L 对每相输出电流有过电流保护功能，如相间短路产生的过相电流。通过 IGBT 的集－射电流来监控短路电流，监测 IGBT 的 C－E 端来检测短路，当发生短路时启动保护，IGBT 以快速而柔和的方式关断，输出功率立刻减小。GDU 中也有短路检测与保护，可保护 IGBT 导通前和导通期间的短路，在电源和接地短路时保护动作非常快。

（4）过热保护：在散热器上装有 PT100 温度传感器（0℃时 100 Ω），过热温度激活值 A 可编程修改。如果温度超过设定值，LCM 的输出功率就会受到限制；如果测量温度在预设值 A 与 A＋4℃之间超过 15 分钟以上，就显示故障，变流器关闭；只有温度下降到 A－10℃以下时，变流器才会重新启动。当半个小时连续发生 3 次以上此故障时，进行隔离。

（5）诊断：DCU/L 有自检功能，LCM 有故障诊断和追踪功能，且能在运行过程中进行。故障信息被发送到列车计算机，有些严重故障会造成 LCM 关断。也有半自动测试功能在维修中被使用。为防止设备的损坏，一些故障测试将使 LCM 停止工作。

3）DCU/L 的功能及特点

LCM 的输入端是网侧交流电压，通过各种控制要求及限制，最终保持输出稳定的直流电压，都是在 DCU/L 的监控下完成的。

① 交流网侧频率计算；② 交流功率计算；③ 直流环节电压基准及控制（调节时间小于 3～5 网侧电压周期，调节器的稳定精度是期望值的 ±5%）；④ 开环无功网侧电电流控制，根据滤波器阻抗和实际网侧电压对变压器滤波器绕组进行容性电流补偿；⑤ 交流网侧干扰电流抑制；⑥ 网侧同步；⑦ 网侧电流控制（基准值的 ±10%）；⑧ 脉冲模式的产生：开关频率 150 Hz～1.5 kHz 的范围内选择，通常 CRH1 选用 450 Hz；DCU/L 间移相处理（脉冲相移为 180°除以投入运用的 DCU/L 的个数）；PWM 控制，开关模式与网侧电压同步，开关频率监测等；⑨ 电网中断和受电弓离线处理（保护性阻断，重新恢复接触时 DCU/L 准备好重启）；⑩ 网侧功率限制；⑪ 结冰模式即在接触网结冰时消耗无功功率，改善车辆行驶性能。

4）网侧变流器的监督与保护

网侧变流器（LCM）的监测功能包括：① 保护性关闭监测；② MVB 通信监测；③ 直流环节过压保护；④ 直流环节欠压保护；⑤ 直流环节电压传感器监测；⑥ 网侧电压传感器监测；⑦ 网侧电流传感器监测；⑧ 网侧电流监测；⑨ 网侧电路电流传感器监测；⑩ 网侧频率监测；⑪ 二次谐波环节监测；⑫ 主变压器次级绕组监测；⑬ 充电接触器监测；⑭ 分离接触器监测；⑮ 直流环节充电监测；⑯ 直流环节放电监测；⑰ 网侧变流器开关（频率）监测；⑱ IGBT 反馈监测；⑲ 接地故障检测；⑳ 充电电阻温度监测；㉑ 网侧变流器温度监测；㉒ DCU/L 控制板监测；㉓ 牵引安全监测；㉔ LCM 截止；㉕ 校准；㉖ 电源电路自检。

牵引系统受阻断的保护，发生重大故障时能切断牵引系统的交流电源。列车运行时为排除外界干扰或其他临时性故障，大多数故障情况都允许在一定时间段内一定数量的重复发生。例如 30 min 内某种故障发生 3 次。如果故障在一定时间段内发生次数超出规定值（例如上述的 3 次），变流器即被永久性隔离。此时必须在车间维修之后手动复位。实际故障状态和故障历史记录将储存在 VCU 中的列车诊断系统中。为避免损坏，变流器出现严重故障时必须立即停止工作。如表 6－7 所示，为需要变流器停止工作时的几种保护模式，按优先级升高的次序排列。

表 6 – 7　保护性模式描述

保护模式	描　　　　述
软阻断（Soft Blocking）	逐步减小转矩基准最后阻断变流器，但网侧变流器保持激活状态
保护性阻断（Protective Blocking）	立即阻断变流器，将转矩基准设为零。（交流）网侧变流器保持激活状态；（直流）保持分离接触器闭合
软关机（Soft Shutdown）	将转矩基准逐步减小一直到零，阻断所有连到同一直流环节的变流器，断开分离接触器。网侧断路器保持闭合状态
保护性关闭（Protective Shutdown）	通过安装在 DCU 板上的网侧脱扣继电器分断网侧断路器，阻断所有变流器，断开分离接触器，直流环节放电。发现严重故障时需要执行保护性关闭，例如直流环节过压时。 保护性关闭的要求首先被发送至 VCU，然后由 VCU 断开网侧断路器，并将保护性关闭指令发送至其他连到同一网侧断路器的牵引系统。只有当故障的牵引系统的分离接触器被断开以后，才允许重新合上该网侧断路器
隔离（Isolated）	隔离表示变流器无法再次激活。如果故障状态在一定时间内不消失，或者故障发生频率过高，就需要隔离网侧变流器。对于被隔离的变流器，必须由维护人员检查和复位。故障复位之后，可以通过 VCU 指令重新启动网侧变流器

3. 网侧变流器的诊断、测试及自检功能

（1）网侧变流器（LCM）的诊断方法：① 事件处理；② 标准瞬态记录器（Standard Transient Recorder）；③ 固定瞬态记录器（Fixed Transient Recorder）。

（2）网侧变流器（LCM）的测试及自检方式：① 一般性诊断和自检；② MVB 仿真模式；③ 变流器仿真模式；④ 控制参数调节方式；⑤ 主回路检测包括通过 MVB 接口默认的 VCU 测试模式和监控测试模式。其中监控测试模式是一种特殊方式，由在线监控器或试车人员激活 MVB 信号仿真模式。该功能控制 DCU 来实现测试，有些测试结果可自动评判并显示出测试成功或测试失败的结论，有些由人工或通过外部设备来评判。测试的内容包括：

➤电流传感器故障；

➤IGBT 故障；

➤门极驱动单元故障；

➤光纤连接故障；

➤短路；

➤接地故障；

➤直流环节电容器和泄流电阻器故障；

➤接触器电路（控制、反馈等）故障；

➤网侧脱扣链故障。

对 DCU 的试验有：

➤例行试验：生产现场的每个变流器；

➤用户试验：故障追踪和车上试运行；

➤日常试验：列车运行中，周期性进行，故障处理之后进行；

➢型式试验：通常情况下，生产现场的第一个变流器。

主电路试验分为：无直流环节电压条件下进行的试验；降低直流环节电压条件下进行的试验；完全直流环节电压条件下进行的试验。有 3 组参数适应不同的试验环境，可通过 MVB 选择。

➢列车（Train）：第一组参数，建议车上试验时采用；

➢生产（Production）：第二组参数，建议生产现场试验时采用；

➢其他（Other）：第三组参数，建议其他场合试验时采用，例如型式试验和试运行。

具体实验包括：

➢IGBT 单工位试验；

➢数字输出试验；

➢自检；

➢充电和放电；

➢被动放电试验；

➢单相激活试验；

➢变流器相负载试验、低荷载；

➢变流器相负载试验、大负载；

➢人工低荷载试验；

➢变流器换相试验；

➢老化试验；

➢网侧脱扣试验；

➢网侧变流器电路试验。

6.5.3 电机变流器模块

1. 电机变流器模块的结构组成及技术参数

1）电机变流器模块概述

电机变流器模块（MCM）同时给两个并联的牵引电机供电。从 LCM 出来的直流环节电压被逆变成对称的变频变压三相电压，供电给牵引电机工作。如图 6 – 50、图 6 – 51、图 6 – 52、图 6 – 53 所示。当车辆在经历电能时间间隙时，牵引系统被切换到制动模式。这样，系统避免了在 DC – 连接的电容器的电能下降，电机仍能维持磁化并能保证等到网侧电压一返回就进入牵引模式。电机变流模块（MCM）包括控制系统和对于模块的冷却系统。电气上 MCM 有 3 个主子系统：三相逆变器、直流环节电容和过电压制动斩波器。3 个子系统都被内部计算机监测和控制。MCM 装备了 IGBT（绝缘栅双极晶体管）模块，用微机进行控制。

直流环节电容稳定输入的直流电压，它对调节电机电流十分重要。三相逆变器将输入的直流电压逆变成三相电压来给异步电机供电。逆变器有三相桥臂都安装了 IGBT 模块。过电压制动斩波器（OVP）抑制瞬时过电压。能量从位于 MCM 外部的过电压电阻引导。

电机变流器模块（MCM）便于监测和控制，MCM 检测温度、电流和电压。

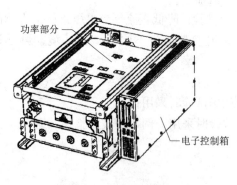

图 6-50　MCM 基本组成

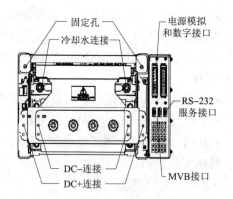

图 6-51　电压连接、直流电源、
水路连接和固定孔

（1）电子控制箱。

为了便于维修，当拆开电子控制箱的盖子时，DCU/M 和电源容易被接触到。电子控制箱可以被打开约 45 度来接触到在电子箱后面的 GDU。电子箱部分通过屏蔽来防止在功率电路和计算机之间的电磁干扰。箱体有一开口结构来确保内部通风。

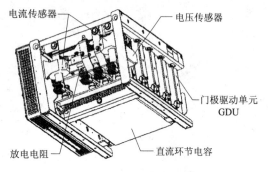

图 6-52　MCM 的仰视图

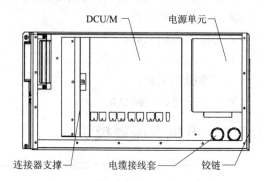

图 6-53　盖子被移走的电子控制箱

（2）功率部分的组成：① 母线；② 电流传感器；③ 电压传感器；④ 直流环节电容；⑤ 门极驱动单元；⑥ IGBT 模块；⑦ 放电电阻。

2）MCM 的电路分析及工作原理

MCM 的主电路如图 6-54 所示。主要包括：① 直流环节电容；② 3 相逆变器；③ 过电压斩波器；④ 计算机（DCU/M）；⑤ 低压供电电源；⑥ 测量传感器。

从主电路中可以看出，MCM 输入端接直流环节电压，输出端为三相（U、V、W）交流电压。在输入 DC 端有滤波电容和一个 DC 电压检测单元，还有 1 个直流过电压斩波器；在输出端的 U、V 两相有电流检测单元。每相桥臂有 2 个 IGBT 模块控制，共 6 个 IGBT。每个 IGBT 都由门极控制单元（GDU）驱动。GDU 的控制系统是通过光缆与驱动控制单元（DCU/M）相互传递。DCU/M 接收外部信号和内部信号，并带有温度传感器。

过电压斩波器用于防止 DC 过电压。它由 1 个 IGBT 和 1 个反向二极管构成。当 IGBT 开通时，通过与反向二极管并联的过电压电阻放电。

DCU/M 的控制电路单元主要有 DC/DC 电源单元、光纤 I/O 单元、DI/DO 接口（X11）、

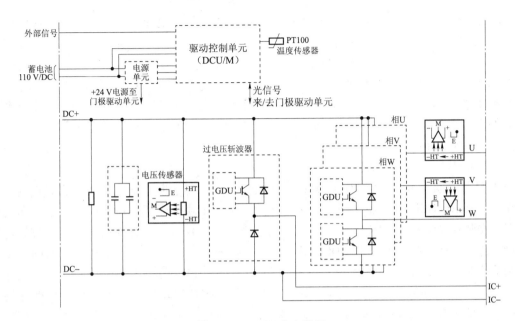

图6-54　MCM主电路图

MVB接口、AI接口（X12）。DC/DC电源单元将从蓄电池出来的110 V，经DC/DC转换成±24 V，给各种数字输入输出隔离单元，包括光电隔离单元供电。保护性接地，并带有故障输出端。

光纤I/O单元接收U、V、W三相6个IGBT的反馈信号和1个过电压斩波器的反馈信号，进入DCU/M，并输出U、V、W三相6个IGBT的控制信号和1个过电压斩波器的控制信号。

AI接口（X12）输入DC输入电压的电压传感器的值，并输入U相、V相的输出电流传感器的检测值。同时还输入DCU/M内部的温度值、电机温度1、电机温度2、速度传感器1、速度传感器2的值。此外还有接地故障指示（EFI）输入端。

MVB接口主要包括输入输出端口，通过屏蔽线与列车网络控制系统进行通信。向上传递采集的信号，并接收从列车网络控制系统向下传递的输入信号。此外还有RS232通信接口，与显示屏等服务界面相连。还有电源故障检测输入。

DI/DO接口（X11）内部主要是MVB节点地址的确定。根据端口X4的信号，确定MVB的地址为49H、4BH、4CH三个地址可供选择。并能决定是否开启充电接触器测试模式和网侧电压测试模式。

DC输入端的电压信号经滤波后来到三相桥臂，每相桥臂的两个GDU由+24 V供电，光电隔离，从DCU/M输入控制信号，向DCU/M发送反馈信号。其中U、V两相输出电流由电流检测器进行检测，并传递给AI接口（X12）。在IGBT的栅极G和发射极E端接有电容，来滤除高频干扰，防止发生误动作现象。

门极驱动单元（GDU）按照DCU/M控制的顺序开关IGBT，通过光缆与DCU/M通信，将高压系统与控制系统电气隔离。2个LED（发光二极管）指示GDU的状态。GDU能监测IGBT电压，也能检测相短路电流。1个GDU控制一个半桥的2个IGBT模块。GDU由从低压电源上的+24 V供电。GDU尽可能地靠近IGBT模块放置，使监控电缆尽可能的短。

过电压斩波器（OVP）执行过压保护的功能，防止瞬态电压过大，斩波器与过电压电阻相接。过电压保护（OVP）：保护 OVP 防止瞬态过电压。当直流环节电压超过一个指定值（1 950 V）时单相桥臂启动。OVP 包括：① IGBT 模块；② 反馈二极管：续流二极管能在 IGBT 关断时为电流提供续流通道；③ 门驱动单元：与逆变器的 GDU 类似。OVP 启动时，电能通过过电压电阻散失，直流环节电压开始下降。当电压降到一个指定值（1 840 V），OVP 停止工作；OVP 的 GDU 的反馈信号传给 DCU/M，来检测 OVP 电流短路或其他故障。

3）MCM 计算机

（1）DCU/M 的结构组成。

MCM 计算机（MITRAC – DCU/M）驱动控制硬件，其主板分别安装在变流器箱内，如图 6 – 55 所示。DCU/M 包括 2 块 PCB 板、1 块主板和 1 块光学板。所有的光发送器和光接收器都安装在光学板上。DCU/M 安装在金属基板上，PCB 板被设计成滑入连接器支架。电气接口都包括在连接器支架中。DCU 具有网侧变流器控制、电机变流器控制、辅助变流器控制等功能。DCU/M 具有多处理器系统（MCU、DSP、FPGA），大部分控制功能固化在微控制器（MCU）和数字信号处理器（DSP）中。程序按功能块组态，大部分是标准化的功能块，小部分根据项目确定。部分响应时间非常敏感的功能由现场可编程门阵列（FPGA）实现。DCU/M 负责 MCM 与牵引计算机之间通过 MVB 传输输入输出信号。

MCU（4 ～ 1 024 ms）主要完成低速监测与控制、MVB 通信、诊断功能；DSP（100 μs ～ 10 ms）用来实现低速监测与控制；FPGA 实现 IGBT 触发控制与快速保护。

图 6 – 55　DCU/M 计算机电路板

（2）DCU/M 的功能简介。

MCM 计算机（MITRAC DCU/M）监测和控制 MCM 的大部分功能。计算机是车辆分布式控制系统的一部分。DCU/M 与列车计算机单元通过 MVB 总线相连。DCU/M 控制和监测以下内容：

➤直流环节电容的放电；

➤转矩；

➤转速；

➤打滑；

➤过电压保护；

➤过电流保护；

➤温度；

➢测试功能。

DCU/M 既有硬件又有软件，通信功能主要包括以下几个方面。

① 与列车计算机行通信：DCU/M 通过 MVB 接口与列车计算机单元通信，较重要的数据是：

➢开启命令（输入）；

➢车行驶方向（输入）；

➢参考转矩（输入）；

➢获得转矩（输出）；

➢直流环节电压（输出）；

➢转速（输出）；

➢状态（输出）；

➢故障指示（输入/输出）；

➢直流环节电压（输出）。

② 光缆输入输出，光缆用于 GDU 之间的通信。

③ 便携测试单元：1 个便携式的测试单元与 MCM 相连。测试单元能被用来故障诊断和跟踪。它由 PC 和 8 通道记录板构成。PC 连接到 DCU/M 的 RS232 接口，用来检测 DCU/M 的状态和参数值。故障指示和信号能被传送到计算机中做进一步的分析诊断。此外还有测试架，测试单元可以从车上拆下放在测试架上。

2. 电机变流器模块（MCM）的传感及监控功能

1）测量传感器

（1）电流传感器与过流保护：MCM 中有 2 个电流传感器，分别测量 U 相、V 相的每相电流，按三相电流之和为零可在 DCU/M 中连续计算出 W 相电流。DCU/M 持续监视相电流，当相电流超过最大限值时（相短路时），通过计算机硬件的方式快速反应，立即减小电动机转矩。当相电流中的直流成分太大时，会在牵引电机中引起转矩波动，如果电动机的转矩波动太大，此时 DCU/M 控制 MCM 停止。GDU 监测 IGBT 模块的电流，当发生短路时快速可靠关闭 IGBT。这种保护非常迅速，无论是功率电路中的短路还是对地短路，无论是发生在 IGBT 开通之前，还是在导通过程中都能起作用。

（2）电压传感器：测量直流环节电压值发送到 DCU/M，该测量值一方面用于变流器控制算法，另一方面用于过压保护。

（3）温度传感器 PT100 及冷却系统。

① IGBT 的散热片散热：MCM 中有 1 个温度传感器，（在 0 ℃为 100 Ω）PT100 安装在功率箱散热片上，在散热片上测量温度。散热片中有水的管道，水在里面循环把热量带走，带到外部用 3 个风扇冷却后，再参加循环。过热温度激活值 A 点可通过程序调整。当某一温度（过热温度激活值 A）在散热片中记录下来，当温度达到该值时显示高温信息。如果温度保持在 A 和 A +5 ℃之间持续 15 分钟以上，显示故障，三相逆变器阻断停止工作。只有当温度下降到低于 A－10 ℃，逆变器才会重新启动。

② 内部冷却：MCM 模块内部没有风扇，但有一个非常敞开通风的设计，使空气循环，确保主变流器箱内有足够的气流。

2）MCM 计算机的监测和控制功能

MCM 计算机（MITRAC DCU/M）监督和控制 MCM 中的大部分功能，该计算机是车辆分布式控制系统的一部分，通过多功能车辆总线（MVB）连接到牵引控制单元。

DCU/M 控制和监视的功能包括：① 转矩控制；② 转速测量；③ 防空转/滑行控制；④ 过分相区时维持直流环节电压；⑤ 过电流保护；⑥ 优化电磁兼容；⑦ 诊断和故障跟踪。

DCU/M 对电动机的控制功能包括：① 矢量控制；② 脉冲模式产生；③ 电动机的电气制动控制；④ 轴速测量；⑤ 防空转/滑行。

LCM 与 MCM 的主要参数如表 6-8 所示。

表 6-8　MCM 和 LCM 的主要参数

类　　型		MCM 参数	LCM 参数
输入数据	直流环节额定电压	DC 1 650 V	输入电压：AC 860～920 V 最大电压：AC 1 254 V 输入相电流［I（RMS）］：800 A
	频率	50 Hz	50 Hz
	电池额定电压	DC 110 V	DC 110 V
输出数据	过电压保护激活值	DC 1 900 V	输出 DC 环节额定电压： DC 1 650 V
	过电压保护解除值	DC 1 840 V	
	直流环节欠电压激活值 （保护性阻断）	200 V	
	相电压（基础驱动时）	0～1 287 V	
	输出相位电压，基础制动	0～1 287 V	
	输出相电流最大值	800 A（RMS）	
	输出频率	0～152 Hz	
尺寸和质量	高度×长度×深度	350 mm×616 mm× 829.5 mm	350 mm×616 mm× 829.5 mm
	质量	123 kg	125 kg
温度	环境温度	-40 ℃～+40 ℃	-40～+40℃
	换热箱工作激活温度	+76 ℃	+76℃
	换热箱的最高温度	+80 ℃	+80℃
绝缘试验	1 500 V 系统的输入到 接地之间	5 500 V（RMS）、 50 Hz、60 s	5 500 V（RMS）、 50 Hz、60 s
制动/牵引力限制	电动机高温转矩降低	50%	
	电动机变流器高温转矩降低	50%	
开关频率	开关频率	1 kHz	450 Hz
部件	薄膜电容	4 mF	4 mF
	放电电阻	33 kΩ	33 kΩ
	DC 环节放电时间	10 min	10 min

6.5.4 辅助变流器模块的结构组成及性能

辅助变流器模块（ACM）的主要功能是将从 LCM 出来的直流电压，逆变成三相 AC 电压，为车上的辅助电机等供电。它的基本电路结构组成与 MCM 类似，不同点在于 MCM 输出的是变压变频（VVVF）的三相交流电压；而 ACM 输出的是恒压恒频（CVCF）的三相交流电压，AC 876（1±5%）V，频率为 50（1±1%）Hz，经三相变压器降压后，输出三相 AC 400 V，如图 6-56 所示。

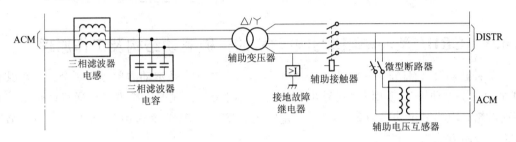

图 6-56 辅助变流器 ACM 的外部接线

6.5.5 滤波器箱的结构组成及性能

滤波器箱（FB）属于主变流器（CB）的一部分，安装在动车底部的变流器的旁边，如图 6-56 所示。只是因为存在电容、电感等器件、存在电磁干扰（EMI），会对主变流器箱正常工作造成干扰，因此单独把这些容易产生电磁干扰的器件从主变流器箱中取出放到滤波器箱中，如图 6-57 所示，箱体严格按照国际的 EMC 标准进行设计，保证电磁兼容性。此外还有钥匙联锁系统与之相连。FB 的主要功能包括以下几个方面。① 滤波和稳定变流器间

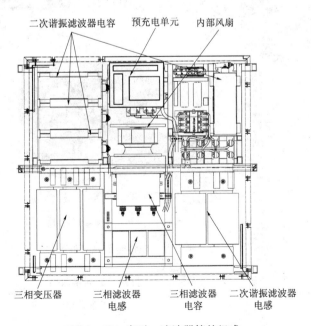

图 6-57 牵引—滤波器箱的组成

的 DC 环节电压，供给网侧变流器，电机变流器和辅助变流器。② 为辅助系统产生的三相 AC 电压。辅助系统包括检测接地故障的设备。③ 还有预充电单元，在回送模式下给直流环节充电。此外 FB 还有数字 I/O 板和模拟 I/O 板，能对各种信号进行采集，同时还有 MVB 接口，能和网络控制系统进行通信，相互传递控制命令和数据。

6.6　CRH1 型动车组牵引电动机

6.6.1　CRH1 型动车组牵引电动机的机械驱动结构及工作原理

　　牵引电动机（MJA220 - 8 型）：一个动力车 4 个，一个基本动力单元 4/8 个，全车共计 20 个。牵引电动机为三相鼠笼式异步电动机，采用架悬、强迫风冷方式，通过联轴节连接传动齿轮。电机额定功率为 265 kW，额定电压 1 287 V，转差率 0.012，质量 596 kg，效率 94%。控制方法为矢量控制。

　　动车的每个转向架安装 2 台牵引电机，如图 6 - 58 所示，采用并联的方式由 1 个电机变流器供电。牵引电机安装在转向架构架上，通过 1 个齿轮联轴节和 1 个单减速齿轮箱把电机转轴与转向架轮轴相连接。联轴节的作用是从电机向齿轮箱传送动力，齿轮箱将动力由联轴节传到轮轴，齿轮箱的传动比大约是车轮每旋转一周电机转四圈，牵引电机是进行能量转换的装置，在牵引模式下将电能转换成机械能，在制动模式下则将机械能转换成电能。牵引电机的运行由电机变流器计算机实时监控。与牵引电机运行相关的数据如表 6 - 9 所示。

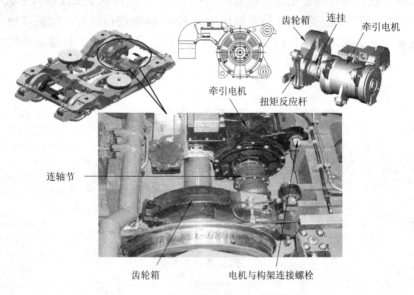

图 6 - 58　牵引电机在转向架中的布置

表 6 - 9　与牵引电机运行相关的列车数据

最大运行速度	200 km/h	最大轴荷重	17 000 kg
最大设计速度	250 km/h	最小使用寿命	30 年

续表

新车轮直径	915 mm	年平均运行距离	400 000 km
磨耗轮直径	835 mm	齿轮箱齿轮比	3.71
轨距	1 435 mm		

6.6.2 CRH1 牵引电动机的特点和技术参数

1. 概述

CRH1 电机设计的主要目标：利用率高、维修间隔时间长、低级噪声和振动、适用性高、采用成熟的设计。为达到这一目标，在设计中采取特殊措施，牵引电机具有如下特点：

➢最大限度地减少电机零部件，从而减少终端用户的维修工作量，提高电机的可靠性。

➢电机与电机逆变器配套优化设计，以最大限度地减小脉动转矩、电机损耗及运行噪声。

➢所有的牵引电机在交付之前都要按 IEC60349-2 标准进行例行试验，牵引电机的制造厂通过 ISO9001 和 ISO14001 标准认证。

2. 技术参数

1）牵引电动机主要参数

➢类型：三相鼠笼型异步电机；

➢通风：强迫气冷型（$0.3\ m^3/s$）；

➢额定电压：1 287 V；

➢额定转速：2 725 r/min；

➢额定频率：92 Hz；

➢额定功率：265 kW；

➢最高电动机转速：4 727 r/min（正常运用）、5 342 r/min（设计速度）；

➢温度等级：C/200；

➢质量：615 kg；

➢轴承润滑剂类型：Shell Retinax LX2；

➢供应商：Bombardier，由 ABB 制造。

2）牵引电动机内部

牵引电动机详解，如图 6-59 所示，与牵引电机运行相关的列车数据如表 6-10 所示。

3）机械接口

电机、齿轮箱的轴与轮轴平行安装，三点弹性紧固在转向架上悬挂起来，电机通过弹性齿形弹性联轴节与齿轮箱耦合在一起，以补偿电机和齿轮箱之间的径向和轴向运动。电机在转向架上的所有支承点都装有橡胶衬垫，以减少振动和扭转摆动。齿轮箱抱在轮轴上并通过一个连杆（Reaction Rod）悬挂在转向架上。

4）电气接口

牵引电机的电气联接按牵引电机外部接线图接线，如图 6-60 所示。电机端子标识和旋转方向标识遵照 IEC 60034-8 标准。

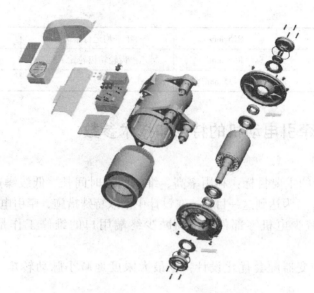

图 6 – 59　牵引电机内部详解

表 6 – 10　与牵引电机运行相关的列车数据

一般参数		连续工作额定数据		最大数据	
牵引电机型号	MJA 220 – 8	频率	92 Hz	最大运行速度（磨耗轮）	4 727 r/min
采用标准	IEC60349 – 2，2002	基本速度	2 725 r/min	最大设计速度（新轮）	5 392 r/min
相数	3	电压	1 287 V	电机轴的最大牵引扭矩	2 155 N·m
极数	4	电流	158 A	最大制动扭矩	2 130 N·m
温度传感器	RTD（PT100），	功率	265 kW	三相电路短路时的 最大气隙扭矩	5 506 N·m
温度等级	C/200	冷却风流速	0. 32 m³/s	平均短路频次	1 次/年
质量	600 kg	静态风压	1 550 Pa		

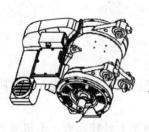
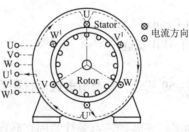
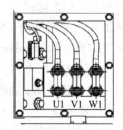

图 6 – 60　电机的接线

（1）电力接线盒：有三个接线端子（每相一个）通过螺栓和接线片与三相电力电缆连接，每相最大电缆 70 mm²；接线盒内还有一个接地端子，螺栓连接，最大电缆 35 mm²；为了能直接从电机连到转向架，在定子外面还有一个不锈钢接地端子，用 M10 螺栓连接，最大接地电缆 50 mm²，该端子按 IEC 60445 标准以"FB"标识。

（2）传感器插座：接线盒外有一个8极插座，用以连接两个PT100元件的接线端子，用作测量定子绕组温度，其接线要用屏蔽电缆，屏蔽层通过电缆封连到盒子上。

（3）与变流器的连接：连接牵引电机和牵引变流器的中间接线盒装在车体下面，这是由于当转向架装到车体上时电机上面的接线盒就够不着了。

（4）接线注意：同一转向架上的两个牵引电机并联连接到同一个电机变流器上，电机的连接必须保证旋转方向不同，以达到同一转向架的两个轮对得到相同方向的驱动力。如果供电相序是U、V、W，并且依次连接到相应标识的端子上，那么面对轴端电机的旋转方向是顺时针方向。

6.6.3 CRH1型动车组牵引电动机的使用、维护与诊断

牵引电机使用前要注意使用条件并进行试验。

使用条件主要是环境条件，如海拔、温度等，不能超出使用范围。

试验包括形式试验、例行试验、研究性试验。

① 形式试验：用来验证电动机的定额、特性和性能。主要包括温升试验，特性曲线试验，容差、超速试验和噪声测量。

② 例行试验：用来验证每台电动机已正确组装，且能够承受相应的耐电压，并在机械和电气方面处于良好的工作状态。包括短时发热试验，特性曲线试验，容差、超速试验，绝缘试验和振动试验。

③ 研究性试验：是为了获得补充资料而进行的非强制性的特殊试验，仅在向制造厂订购该电动机之前，用户与该制造厂签订研究性实验协议后才进行。

此外，在牵引电机的运行过程中，每个牵引电机都有温度传感器PT100，测量电机的温度，输入到逆变模块MCM的AI接口，进行运行过程中的牵引电动机故障监控。电机逆变器模块（MCM）对电动机有以下诊断和保护功能。

（1）保护，电机变流器提供给电机以下保护：

① 接地故障保护；② 安装在定子绕组内的RTD传感器提供过温度保护；③ 过负荷保护（通过转矩限制）；④ 过速度保护。

（2）功能性故障，功能性故障的原因可分为：

① 电气故障，表现为匝间短路，相间短路，接地故障；② 机械故障，表示为振动或轴承失效；③ 由于非正常使用或电气、机械因素引起的过热。

（3）导致MCM电机变流器阻断（Block）的故障：

① 电机电源故障；② 引起接地故障的故障；③ 一组电机的所有速度传感器故障；④ 引起一组电机内转速差异太大的故障；⑤ 导致电机温度超过最大允许值的故障；⑥ 导致超速故障。

（4）引起暂时性能降低的故障：

① 当出现一组电机内转速差异大（但还不是太大）时；② 当电机温度超过一定值时，转矩减小直到温度正常。

复习参考题

1. CRH1 型动车组牵引传动系统主电路的工作原理。
2. CRH1 型动车组牵引传动系统主要构成部件的基本工作原理与作用。
3. CRH1 型动车组牵引传动系统主电路接地系统有何特点？

第7章

CRH2型动车组牵引传动与控制

【本章内容概要】

本章介绍了CRH2型动车组牵引传动系统的总体构成、主电路组成、受电弓、主变压器、主变流器、牵引电动机、其他元件等方面。

【本章学习重点与难点】

本章重点掌握CRH2型动车组牵引传动系统的工作原理、系统的布置及主要设备的功能与作用。

7.1 概　述

CRH2型动车组由四方股份公司制造生产。动车组由8辆车组成，其中4辆动车4辆拖车；首尾车辆设有司机室，可双向驾驶，编成后结构如图7-1所示。

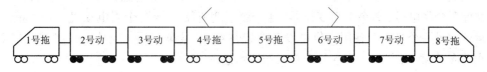

图7-1　动车组编组示意图

动车组头车长度25.7 m，中间车长度25 m，总长201.4 m，车体宽度3.38 m，车体高度3.7 m。在4、6号车设受电弓及附属装置，安装高度4 m时，受电弓工作高度最低4 888 mm，最高6 800 mm，最大升弓高度7 000 mm。动车组正常运行时，采用单弓受流，另一台备用，处于折叠状态。2、3、6和7号车为动车，车下有牵引变流器和牵引电动机，在2号和6号车下有牵引变压器。1、4、5和8号车为拖车。

7.1.1 CRH2型动车组供电牵引系统基本原理

图7-2为牵引系统工作原理示意图，牵引系统主要由受电弓、牵引变压器、牵引变流器及牵引电机组成。通过受电弓将电网接入的25 kV高压交流电，输送给牵引变压器，降压成1 500 V的交流电。降压后的交流电再输入牵引变流器，通过一系列的处理，变成电压和频率均可控制的三相交流电，输送给牵引电机牵引整个列车。动车组有两个相对独立的主牵引系统，两辆动车组成一个动力单元，正常情况下，两个牵引系统均工作，当一个牵引系统发生故障时，可以自动切断故障源，继续运行。

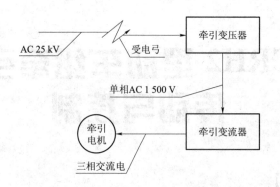

图 7-2   牵引系统工作原理示意图

动车组制动系统有两套，一套是电制动，将牵引电机转换成发电机形式工作，即再生制动；一套是空气制动，将电指令转换成空气指令送入制动缸起制动作用。当列车速度较高时，实施电制动，在低速时实施空气制动，制动方式转换均由微机系统控制完成。当司机通过司机台上的制动控制器实施制动指令时，制动电信号首先到达车辆计算机系统，再传入制动控制系统。制动控制系统根据列车速度，自动实施空气制动与电制动。电气制动系统的组成与牵引系统一致。

7.1.2   CRH2 型动车组供电牵引系统组成及模块的布置

动车组以 2 动 2 拖为一个基本动力单元。一个基本动力单元的牵引传动系统主要由网侧高压电气设备、1 个牵引变压器、2 个牵引变流器、8 台三相交流异步牵引电动机等组成。全列共计 2 个受电弓、2 个牵引变压器、4 个牵引变流器、16 台牵引电动机，列车正常时升单弓运行，另一个受电弓备用。供电设备布置在 4、6 号车车顶，电传动设备布置在 2、6、3、7 号车的车底。图 7-3 为 6 号车设备布置示意图。

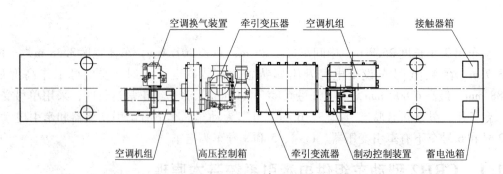

图 7-3   6 号车设备布置示意图

在各车辆间，主电路采用高压电缆及高压电缆连接器连接。动车组在 2 号车后部、3 号车前后部、4 号车前部、5 号车后部、6 号车后部的车顶上设置特高压电缆连接器，4 号车后部、5 号车前部的各车顶上，为了方便摘挂，设置了特高压电缆用倾斜型电缆连接器，通过此高压连接器接通特高压电缆。在 4 号车和 6 号车前部车顶安装受电弓和紧急接地开关。车顶设备布局如图 7-4 所示。

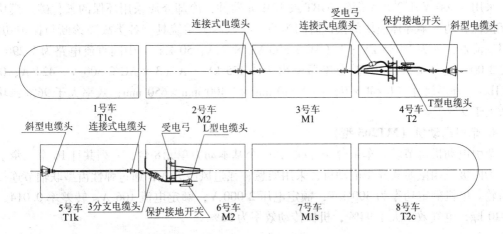

图7-4　车顶设备布局

1. 电气设备

电气设备主要包括受电弓、主断路器、避雷器、电流互感器、接地保护开关等。

（1）受电弓（DSA250型）：一个基本动力单元1个，全列共计2个。单臂型，额定电流1 000 A，接触压力为70 N±5 N，弓头宽度1 950 mm，具有自动降弓功能，适应接触网高度为5 300～6 500 mm，列车运营速度为200 km/h。

（2）主断路器（CB201C-G3型）：一个基本动力单元1个，全列共计2个。主断路器为真空型，额定开断容量为100 MV·A，额定电流为200 A，额定断路电流为3 400 A，额定开断时间小于0.06 s，电磁控制空气操作。

（3）避雷器（LA204或LA205型）：一个基本动力单元1个，全列共计2个。额定电压为42 kV（RMS），动作电压为57 kV以下，限制电压为107 kV。由以氧化锌（ZnO）为主体的金属氧化物构成，是非线性高电阻的无间隙避雷器。

（4）高压电流互感器：一个基本动力单元1个，全列共计2个。变流比为200/5，用于检测牵引变压器原边电流值。

（5）接地保护开关（SH2052C型）：一个基本动力单元1个，全列共计2个。额定瞬时电流为6 000 A（15周），电磁控制空气操作，具有安全联锁。

2. 牵引变压器

牵引变压器一个基本动力单元1个，全列共计2个。采用壳式结构、车体下吊挂、油循环强迫风冷方式。具有1个原边绕组（25 kV，3 060 kV·A）、2个牵引绕组（1 500 V，2×1 285 kV·A），1个辅助绕组（400 V，490 kV·A）。采用铝线圈、轻量耐热材料和环保型硅油，实现了小型化、轻量化；外形尺寸（$L×W×H$）为2 570 mm×2 300 mm×835 mm，质量仅2 860 kg，效率大于95%。

3. 牵引变流器（CI11型）

牵引变流器一个基本动力单元2个，全列共计4个。采用车下吊挂、液体沸腾冷却方式。主电路结构为电压型三电平式，由脉冲整流器、中间直流电路、逆变器构成，不设二次谐振滤波装置和网侧谐波滤波器，采用PWM方式控制；中间直流电压为2 600～3 000 V（随牵引电机输出功率进行调整），1个牵引变流器采用矢量控制原理控制4台并联的牵引电机。采用 3 300 V/1 200 A 等级 IGBT 或 IPM 元器件，冷却介质采用环保的氟化碳。模块具有互换性，功率半导体模块的换件时间为两小时以内。系统具有各类故障诊断与保护功能。牵引变流器输入为 1 285 kV·A（AC 1 500 V、857 A、50 Hz），中间直流电路为 1 296 kW（DC 3 000 V、432 A），牵引变流器输出为 1 475 kV·A（3 × AC 2 300 V、424 A、0 ～ 220 Hz）。外形尺寸（$L \times W \times H$）为 3 240 mm × 2 400 mm × 650 mm，效率大于 96%，功率因数大于 97%。

4. 牵引电动机（MT205 型）

牵引电动机每节动力车 4 台（并联），一个基本动力单元 8 台，全列共计 16 个。牵引电动机为四极三相鼠笼式异步电动机，采用架悬、强迫风冷方式，通过弹性齿型联轴节连接传动齿轮。电机额定功率为 300 kW，额定电压 2 000 V，额定电流 106 A，转差率 0.014，质量 440 kg，电气效率大于 94%，机械传动效率为 95%。

7.1.3　CRH2 型动车组供电牵引系统动力性能参数

CRH2 型动车组最高运营速度为 200 km/h，最高试验速度为 250 km/h，动车组牵引总功率 4 800 kW。定员载荷的动车组平直道上的启动加速度为 0.406 m/s²；200 km/h 运行时，其剩余加速度不小于 0.1 m/s²。动车组损失 25% 的动力时，平直道上的平衡速度可大于 200 km/h。动车组在风速 15 m/s 逆风下也可进行正常的营业运行。电机正常时的牵引特性曲线图如图 7 - 5 所示。

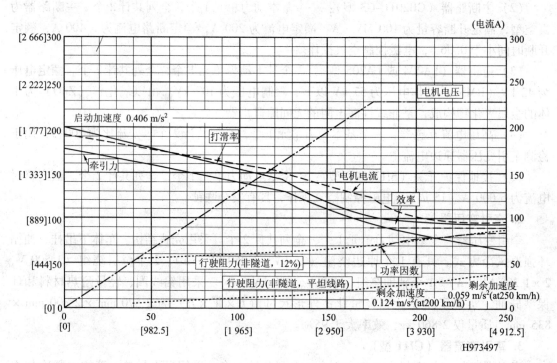

图 7 - 5　电机正常时的牵引特性曲线图

7.2　动车组传动系统主电路

7.2.1　CRH2型动车组主电路

主电路基本动力单元由1台牵引变压器、2台牵引变流器、8台牵引电机构成，1台牵引变流器驱动4台牵引电机，主电器简图如图7-6所示。主电路系统以M1车、M2车的两辆车为1个单元。受电弓从接触网25 kV、50 Hz单相交流电源受电，通过主断路器VCB连接到牵引变压器原边绕组上。主电路开闭由VCB控制。牵引变压器牵引绕组设两组，原边绕组电压25 kV时，牵引绕组电压1 500 V。牵引变流器在M1车、M2车上分别装载脉冲整流器、逆变器各1台，运行时除实施牵引电机电力供应和制动时的再生制动外，还具备保护功能。牵引电机采用三相鼠笼式感应电机，其轴端设置速度传感器，用于检测牵引变流器、制动控制装置的转速（转子频率）。当设备故障时，M1车和M2车可分别使用。另外，整个基本单元可使用VCB切除，不会影响其他单元工作。

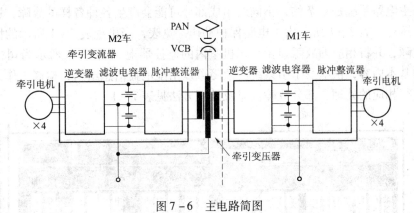

图7-6　主电路简图

CRH2采用了最具代表性的、先进的交—直—交传动系统，以M1车、M2车两辆动车作为一个基本单元，每个单元的系统配置大致相同，主要包含三大部分：主变压器、主变流器、牵引电机。供电电源为25 kV、50 Hz/60 Hz单相交流电，由受电弓从接触网受电，通过VCB与主变压器1次侧绕组连接。主变流器由M1车、M2车分别设置的一组整流器+逆变器组成，在牵引时向牵引电机供电，再生制动时向电网回馈电能，电路具有完善的保护功能。主电路采用1台主变压器+2台主变流器+8台牵引电机的模式，其中1台主变流器控制4台牵引电机，主变流元件采用IGBT替代了GTO成为主型器件。IGBT与GTO相比，具有开关频率高，开关时所允许的电流变化率大，门控电路简单，装置体积小、重量轻等优点，牵引系统主电路示意图如图7-7所示。

牵引电机使用三相鼠笼式感应电机，功率为300 kW×4台并联连接。该电机体积小、重量轻、功率大，电机安装采用架悬方式，结构简单。

7.2.2　CRH2 型动车组高压保护

牵引传动系统是高压系统，为保证系统安全和可靠地工作，系统设置了各种保护装置。电驱动系统的保护主要有：① 牵引驱动系统对各种故障具有检测和保护功能；② 为了有效利用黏着力，牵引变流器设有牵引时检测空转实施再黏着控制的功能，并在制动控制装置设有制动时检测滑行并进行再黏着控制的功能；③ 为了在故障和并联电机载荷分配不均匀等情况时保护牵引电机，设有电机过流检测、电机电流不平衡检测、接地检测等保护功能。所有故障信息均通过车辆信息控制装置网络传递，并在司机操纵台显示装置上进行显示。高压设备箱在考虑防止危险和绝缘距离的基础上，力求小型、轻型化，为防止触电事故发生，采用连锁方式，在通电时不能打开箱门。动车与拖车设有接地装置，动车转向架的接地装置安装在齿轮箱上，接地容量为 160 A × 2 个/齿轮箱，拖车转向架的接地装置安装在轴箱上。动车组高压回路中没有电压互感器。另外，动车组采用原型车结构在高压回路中设置了主断路器，不再设置隔离开关。

7.2.3　CRH2 型动车组主电路故障及处置

动车组主电路系统是复杂的，不同的组成部分可能会产生各种各样的故障，影响动车组的安全可靠运行。表 7 - 1 所示为主电路保护动作一览表，当出现表 7 - 1 所示的情况时，系统将出现故障，并将相应的故障显示在司机室内的监控器上。图 7 - 8 所示为司机室配电盘信息显示的基本内容，供电及牵引系统的故障可以由配电盘信息给出，检修工作人员根据故障的情况进行相应的处理，部分故障信息及处理方法见表 7 - 1。

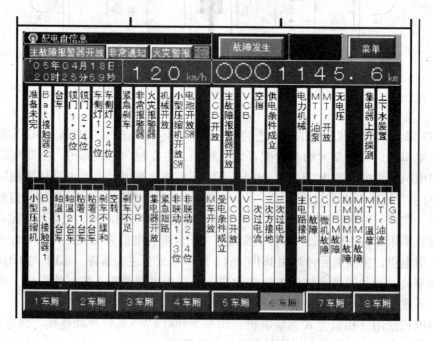

图 7 - 8　司机室配电盘信息显示

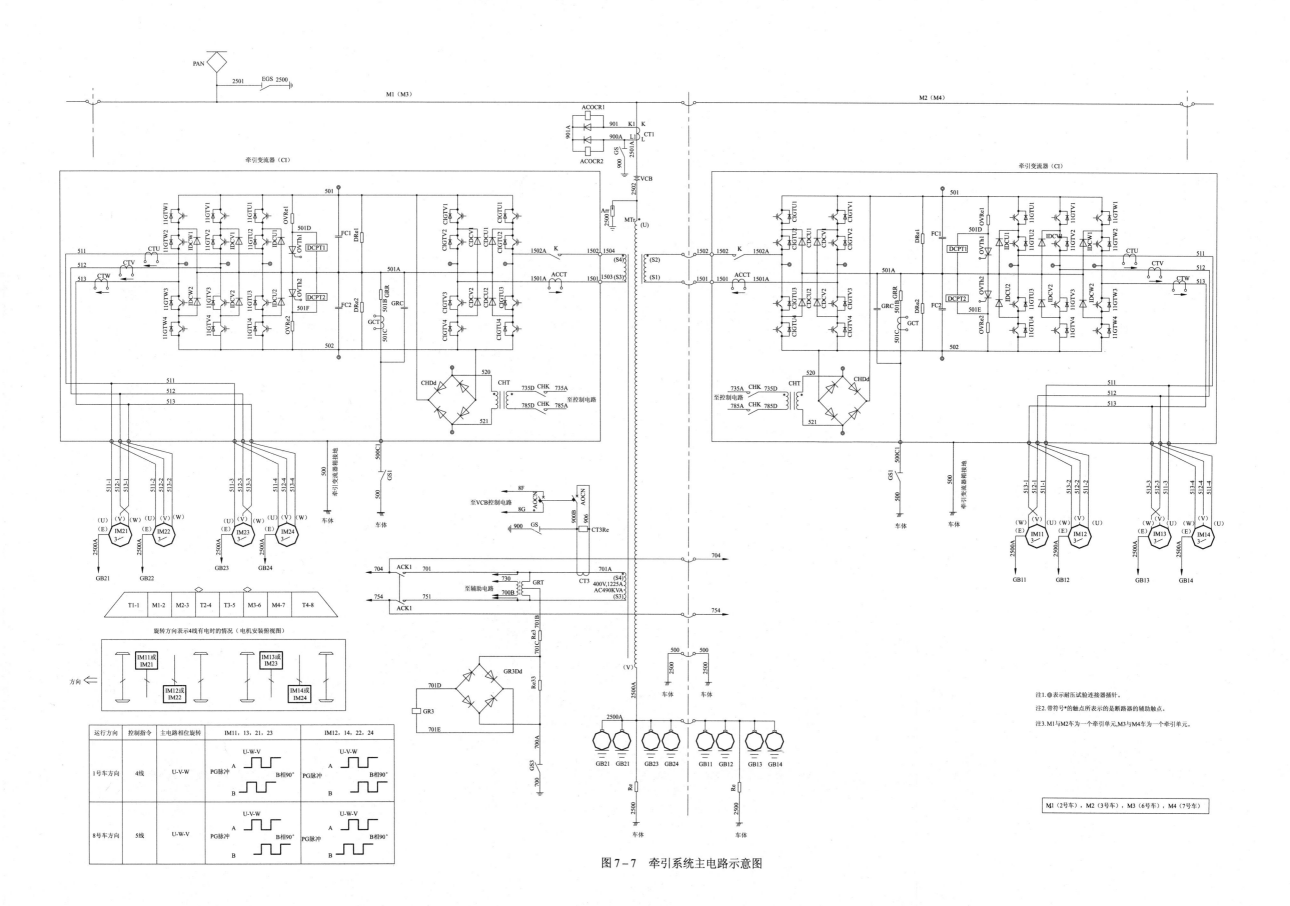

图 7-7　牵引系统主电路示意图

表 7-1　主电路保护动作一览表

编号	故障的种类		信号名称	检测装置	设置值（注1）	保护动作						检测分类			显示			复位方法	备注
						VCB跳闸	K开放	变换器闸控断开	变频器间断开	OVTh开	其他	牵引	惯性	再生	驾驶台指示灯	故障发生信息	其他显示画面		
1	牵引变压器1次电路	外部雷击·内部雷击	Arr	避雷器	107 kV 以下	—	—	—	—	—	—	○	○	○	—	—	—	—	
2		保护接地	EGS	EGS	操作 EGS	—	—	—	—	—	—	○	○	○	—	—	—	操作 EGOS	在接通 EGS 时无法升起受电弓
3		牵引变压器1次过电流	ACOCR	ACOCR1,2（ACOCRR）	280（1±10%）A（CT1 200:5 2次侧为7（1±10%）A）	○	—	—	—	—	—	○	○	○	VCB	牵引变压器1次过电流（异常代码162）	配电盘信息	再次接通复位开关 再次接通 OCTN 再次接通 VCB	
4	牵引变压器	牵引变压器油泵停止运行	MTOPMN	MTOPMN	AC 460 V，10 A	○	○	—	○	—	—	○	○	○	—	牵引变压器油泵停止运行（异常代码165）	配电盘信息	再次接通 NFB	
5		牵引变压器绝缘油循环停止	MTOFR	MTOFR	关闭：120（1±15%）L/min 打开：150（1±10%）L/min	—	○	○	○	—	—	○	○	○	电气装置	牵引变压器绝缘油循环停止（异常代码132）	配电盘信息	状态解除	

续表

编号		故障的种类	信号名称	检测装置	设置值（注1）	保护动作						检测分类			驾驶台指示灯	显示		复位方法	备注
						VCB跳闸	K开放	变换器闸控断开	变频器闸控断开	OVTh开	其他	牵引	惯性	再生		故障发生信息	其他示画器画面		
6	牵引变压器	牵引变压器温度上升	MTThR	MTThR	135 ℃±2.5 ℃	—	○	—	—	—	—	○	○	○	电气装置	牵引变压器温度上升（异常代码133）	配电盘信息	状态解除	
7		牵引变压器内部压力上升	—	减压阀	0.1 MPa±0.015 MPa	—	○	—	—	—	减压阀动作	○	○	○	—	—	—	状态解除（减压阀通过弹簧自动恢复）	需要进行牵引变压器的目视确认
8		牵引变压器3次过电流	AOCN	AOCN	3 000 A±300 A	○	—	—	—	—	—	○	○	○	VCB	牵引变压器3次过电流（异常代码163）	配电盘信息	再次接通ACON 再次接通VCB	
9	牵引变压器3次电路	牵引变压器3次接地	GR3	GR3	AC 100 V以下	○	—	—	—	—	—	○	○	○	VCB	牵引变压器3次接地（异常代码164）	配电盘信息	再次接通复位开关 再次接通VCB	
10		牵引变压器3次低电压	NVR1	NVR1VD	吸引：75 V±3 V 释放：60 V±3 V	—	—	—	—	—	—	○	○	○	—	—	配电盘信息	状态解除	
11		牵引变压器3次低电压（全部装置）	NVR2	NVR2	14.4 V以下 释放：2.4 V以上	—	—	—	—	—	—	○	○	○	—	—	配电盘信息	状态解除	紧急制动器动作 Batk2开放

续表

组别（编号12～17）：主变压器2次侧电路　CI·MM·MTr

编号	故障的种类	信号名称	检测装置	设置值（注1）	保护动作						检测分类			显示			复位方法	备注
					VCB跳闸	K开放	变换器闸控断开	变频器闸控断开	OVTh开	其他	牵引	惯性	再生	驾驶台指示灯	故障发生信息	其他显示器画面		
12	同步电源异常（过电压）	VSOV	ACPT	32 kV ±1 kV	—	—	○	○	—	—	○	○	○	—	—	主变换（各车）	状态解除并且在检测后经过了1 s	
13	同步电源异常（低电压）	VSLV	ACPT	16.5 kV ±1 kV	—	—	○	○	—	—	○	○	○	—	—	主变换（各车）	状态解除并且在检测后经过了1 s	
14	同步电源异常（频率）	FIR	ACPT	20.5 ms 以上 19.5 ms 以下	—	—	○	○	—	—	○	○	○	—	—	—	状态解除并且在检测后经过了1 s	
15	牵引变压器2次过电流1	ISOC1	ACCT	2 300（1±3%）A	—	○	○	○	—	—	○	○	○	—	—	主变换（各车）	状态解除并且在检测后经过了1 s	
16	牵引变压器2次过电流2	ISOC2	ACCT	2 700（1±5%）A	○	—	○	○	—	—	○	○	○	电气装置 VCB	牵引变流器故障（异常代码141）牵引变流器故障2（异常代码005）	主变换（各车）配电盘信息	不可复位（CICN1切入）	
17	直流过电压1	VDOV1	DCPT1,2	3 400（1±3%）V	—	—	○	○	—	—	○	○	○	—	—	—	状态解除并且在检测后经过了1 s	空挡时不检测

续表

编号		故障的种类	信号名称	检测装置	设置值（注1）	VCB跳闸	K开放	变换器间控断开	变频器间控断开	OVTh开	其他	牵引	惯性	再生	驾驶台指示灯	故障发生信息	其他显示画面	复位方法	备注
18	主变压器2次侧电路	直流过电压2	VDOV2	DCPT1,2	1 700 (1±3%) V (1/2电压)	—	—	○	○	○	—	○	—	○	—	—	—	状态解除并且在检测了1 s经过后	
19		直流过电压3	VDOV3	DCPT1,2	1 900 (1±5%) V (1/2电压)	—	○	○	○	○	○	○	—	○	—	牵引变流器故障1（异常代码004）	主变换（各车）	操作复位开关	空挡时，变换器间控断开时，间控起动后3 s内不检测
20		直流低电压1	VDLV1	DCPT1,2	2 000 (1±3%) V	—	—	—	○	○	—	○	—	○	—	—	—	状态解除并且在检测了1 s经过后	空挡时，变换器间控断开时，间控起动后3 s内不检测
21	CI·MM	直流低电压2	VDLV2	DCPT1,2	1 300 (1±5%) V	—	○	○	○	—	—	○	—	○	—	—	主变换（各车）	状态解除并且在检测了1 s经过后	空挡时，K开放时不检测
22		直流电压异常	VDTD	DCPT1,2	直流电压图形最终值250 (1±5%) V	—	—	○	○	○	—	○	—	○	—	—	—	状态解除并且在检测了1 s经过后	空挡时不检测间控起动许可为±100 V
23	MTr	主电路器件异常	IGTFD	电力装置	不一致检测后16 μs	○	—	○	○	○	○	○	—	○	电气装置 VCB	牵引变流器故障（异常代码141）牵引变流器故障2（异常代码005）	主变换（各车）配电盘信息	不可复位（CICNI切入）	

7.3　动车组受电弓

本型动车组受电弓采用 DSA250 型，受电弓适合中国既有线路和客运专线接触网。每列动车组（8辆）设2台受电弓。安装高度距轨面 5 300 ~ 6 500 mm，其间用特高压配线连接，最高运行速度为 250 km/h。受电弓安装自动降弓装置。动车组正常运行时，采用单弓受流，另一台备用，处于折叠状态。

用于高速受电的受电弓应满足以下基本要求。

（1）受电弓的滑板与接触导线之间要保持恒定的接触压力，以实现比常规受电弓更为可靠的连续电接触。受电弓的滑板与接触导线之间的接触压力不能过大或过小。因此，受电弓的结构应保证滑板与接触导线在规定的受电弓工作高度范围内保持恒定不变的、大小合适的接触压力。

（2）与常规受电弓相比要尽可能减轻受电弓运动部分的质量，以保证与接触导线有可靠的电接触。运行中，受电弓将随着接触导线高度变化而上下运动，在高速条件下，这种运动更为频繁，从而直接影响滑板与接触导线之间接触压力的恒定。由于接触压力除与接触网的结构、性能有关外，还与受电弓的静态特性（静止状态下接触压力与受电弓高度的关系）和动态特性（运行状态下受电弓上下运动的惯性力）有关，因此对于高速受电弓，除必须保证机械强度和刚度外，应尽可能降低受电弓运动部分的质量，从而减小运动惯性力。这样才能使受电弓滑板迅速跟上接触导线高度的变化，保证良好的电接触。

（3）由于高速运行时空气阻力很大，因此高速受电弓在结构设计上要作充分考虑，力求使作用在滑板上的空气制动力由别的零件承担，从而使受电弓滑板在其垂直工作范围内始终保持水平位置，以减小甚至消除空气制动力对滑板与接触导线间接触压力的影响。

（4）滑板的材料、形状、尺寸应适应高速的要求，以保证良好的接触状态及更高的耐磨性能。

（5）要求受电弓在其工作高度范围内升降弓时，初始动作迅速，终止动作较为缓慢，以确保在降弓时快速断弧，并防止升降弓时受电弓对接触网和底架有过大的冲击载荷。

DSA250 型受电弓为单臂式受电弓，图 7 - 9 为 DSA250 型受电弓的外形图。CRH2 型动车组采用 DSA250 型受电弓，适用于 250 km/h 的列车运行速度。该动车组在 4、6 号车设受电弓及附属装置，安装高度 4 m 时，受电弓工作高度最低 4 888 mm，最高 6 800 mm，最大升弓高度 7 000 mm。动车组正常运行时，采用单弓受流，另一台备用，处于折叠状态。该型受电弓的主要技术参数如下：

① 设计速度：250 km/h（最大试验速度 $250 \times (1 + 10\%) = 275$ km/h）；

② 额定电压/电流：25 kV/1 000 A；

③ 标称接触压力：70 N（可调整）；

④ 空气动力调整：通过弓头翼片调节（根据用户需要选装）；

⑤ 升弓驱动方式：气囊装置；

⑥ 输入空气压力：0.4 ~ 1 MPa；

⑦ 静态接触压力为 70 N 时的标称工作压力：约 0.35 MPa；

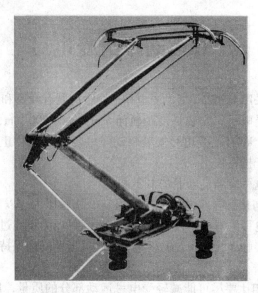

图 7 – 9　DSP250 型受电弓

⑧ 弓头垂向移动量：60 mm；

⑨ 精密调压阀耗气量：输入压力 <1 MPa 时不大于 11.5 L/min；

⑩ 滑板：整体碳滑板（铝托架/碳条）；

　　弓角：钛合金；

　　上臂/下臂：高强度铝合金；

　　下导杆：不锈钢；

　　底架：低合金高强度结构钢；

⑪ 质量：约 115 kg（不包含绝缘子）；

⑫ 结构：单臂受电弓；

⑬ 环境温度：– 40 ℃～ + 60 ℃；

⑭ 放空升起高度：3 000$^{100}_{-25}$ mm（包括绝缘子）；

　　最高作用高度：2 800 mm（包括绝缘子）；

　　最低作用高度：888 mm（包括绝缘子）；

　　折叠后高度：588 mm ± 2 mm（包括绝缘子）；

⑮ 接触压力：70 N ± 5 N；

⑯ 设置破损检测和紧急降弓装置；

⑰ 运行中受电弓最大电流计算值：275.4 A（网压 25 kV 时），305.9 A（网压 22.5 kV 时）；

⑱ 列车停车时的受电弓最大电流计算值：44.5 A（网压 25 kV 时），49.4 A（网压 22.5 kV 时）；

7.3.1　CRH2 型动车组受电弓系统组成

DSA250 型单臂受电弓可在电力机车和其他电力牵引设备中使用。升弓装置安装在底架上，通过钢丝绳作用于下臂。下臂、上臂和弓头由较轻的铝合金材料结构设计而成，

DSA250型受电弓组成如图7－10所示。

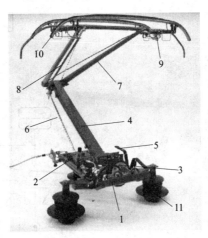

图7－10　DSA250型受电弓的组成
1—底架；2—阻尼器；3—升弓装置；4—下臂；5—弓装配；
6—下导杆；7—上臂；8—上导杆；9—弓头；10—滑板；11—绝缘子

　　滑板安装在U型弓头支架上，弓头支架垂悬在4个拉簧下方，2个扭簧安装在弓头和上臂间，这种结构使滑板在机车运行方向上移动灵活，而且能够缓冲各方向上的冲击，达到保护滑板的目的。

　　对于不同型号和不同速度等级的机车，受电弓的空气动力可以通过安装弓头翼片来进行调节（如果选装）。自动降弓装置可以监测到滑板的使用情况，如果滑板磨耗到限或受冲击断裂后，受电弓会迅速自动降下，防止弓网事故进一步扩大。

7.3.2　CRH2型动车组受电弓升降系统工作原理及动作

　　受电弓的升弓是由气动力驱动的，受电弓气动原理图如图7－11所示。压缩空气通过电控阀经过滤器进入精密调压阀，精密调压阀（部件3）用于调节受电弓接触压力，输出压力恒定的压缩空气，其精度偏差为±0.002 MPa。因为气压每变化0.01 MPa会使接触压力变化10 N。精密调压阀在工作过程中，为保证输出压力稳定，溢流孔和主排气孔始终有压缩空气间歇性排出，属正常现象。

　　压力表（部件4）显示值仅作为参考，应以实测接触压力为准。单向节流阀（部件2）用于调节升弓时间，单向节流阀（部件5）用于调节降弓时间。如果精密调压阀出现故障，安全阀会起到保护气路的作用。精密调压阀运用中不得随意改变其调整值，为保证各种控制阀正常使用，应严格防止水和其他杂质渗入（注意机车上部件管接头的密封，并及时检查清理空气过滤器。精密调压阀的更换应采用原厂配件或装备部指定的产品，否则引起的质量事故，后果由用户承担）。

　　自动降弓装置（ADD）的工作原理如图7－12所示。经过调压后的压缩空气进入到带有风道的滑板（部件5），如果滑板（部件5）出现空气泄漏，达到一定的压力差值后，快速降弓阀（部件2）动作，气囊（部件4）中的气体会从快速降弓阀中（部件2）迅速排出，从而实现降弓。

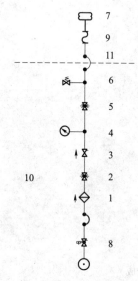

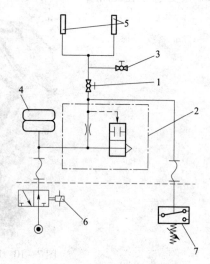

图 7-11　受电弓气动原理图

1—空气过滤器；2—单向节流阀（升弓）G1/4；

3—精密调压阀 Rc1/2 调压范围为 0.01～0.8 MPa；

4—压力表 R1/8；5—单向节流阀（降弓）

G1/4；6—安全阀；7—气囊；8—电控阀；

9—绝缘管；10—气囊驱动式受电弓阀板；11—车顶界面

图 7-12　自动降弓装置（ADD）原理图

1—ADD 关闭阀；2—快速降弓阀；

3—ADD 试验阀；4—气囊；

5—滑板；6—电磁阀；

7—压力开关

滑板若存在微小裂缝和少量的漏气，受电弓仍能升起，则属于正常允许范围，滑板可继续使用。

装有主断分断装置的受电弓，如果滑板受到冲击泄露时，压差同时使得压力开关（部件 7）产生一个电信号传输给机车主断分断装置，机车控制器会切断主断路器。同时切断电磁阀（部件 6），停止供气，压缩空气会快速从机车主断分断装置的快排阀及受电弓的快速降弓阀（部件 2）排出，迅速降弓，这样可避免在下降的过程中电弧对网线和受电弓的损坏。

在正常的升弓条件下，压力开关有延时功能，延时设置约为 15～20 s。如果快速降弓阀（部件 2）和滑板（部件 5）间的气管断裂，自动降弓装置可以通过关闭阀（部件 1）停止使用。重新连接后注意清理渗水。

7.3.3　CRH2 型动车组受电弓系统的使用及维护

1. 受电弓的使用

1）环境和安装条件

环境温度：-40 ℃～+60 ℃；

注意阀板尽可能装在车内；

2）压缩空气压力值

必须使用干燥的空气，正常升弓空气压力值约 0.34～0.38 MPa（接触压力为 70 N时）。

3) 接触压力调整

受电弓在正常工作高度，接触压力可在机车顶部用弹簧秤测量，如果需要可由专业技术人员通过精密调压阀调节，调整好的精密调压阀在使用过程中禁止随意人为调整。更换受电弓时，应重新检测受电弓的接触压力。

2. DSA250型受电弓外形尺寸参数

DSA250型受电弓的安装接口尺寸如图7-13所示，其外形尺寸如图7-14所示。

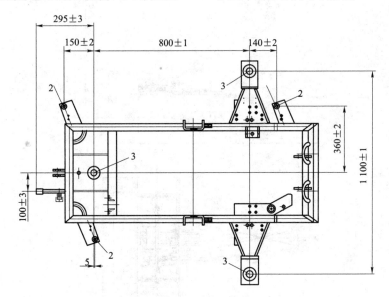

图7-13 DSA250型受电弓的安装接口尺寸图（单位：mm）

DSA250型受电弓外形尺寸参数如下：

① 纵向安装尺寸：800 mm ± 1 mm；

② 横向安装尺寸：1 100 mm ± 1 mm；

③ 最低处折叠的长度：约1 423 mm（关节处与绝缘子之间）；

④ 绝缘子的高度：约306 mm；

⑤ 落弓位高度（包括绝缘子）：588^{+5}_{-10} mm（612 mm 上臂最高处）；

⑥ 最大升弓高度（包括绝缘子）：$3\,000^{+100}_{-25}$ mm；

⑦ 最低工作高度（包括绝缘子）：约888 mm；

⑧ 最大工作高度（包括绝缘子）：约2 800 mm；

⑨ 碳滑板：约1 250 mm；

⑩ 滑板总长度：约1 576 mm；

⑪ 弓头长度：约1 950 mm；

⑫ 弓头宽度：约580 mm ± 2 mm；

⑬ 折叠长度：约2 561 mm（关节处与底架之间）。

3. CRH2型动车组受电弓维护

1) 注意事项

（1）必须要由专业技术人员调整和维护受电弓。在任何情况下，必须采取必要的安全

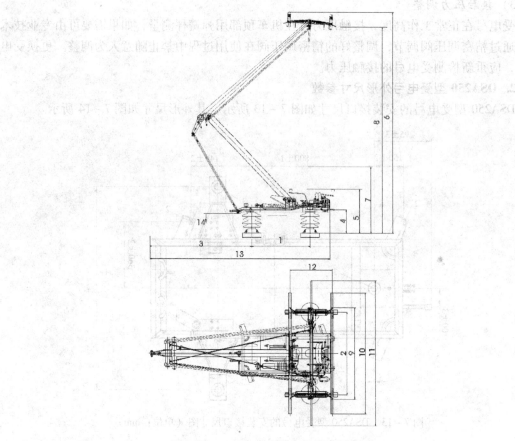

图 7 – 14　DSA250 型受电弓外形尺寸图

和防护措施。

（2）在车顶工作时，必须切断接触网线供电电源。

（3）受电弓升弓时，应确保压缩空气供应无意外故障发生。因为一旦压缩空气供应发生故障，受电弓就会下降，可能造成受电弓臂底下人员的人身伤害。

（4）在调整和维护受电弓时，为确保不会无意升弓，使用约 1.5 m 的绳子绑在底架和上交叉管间。

（5）为确保安全，防止无意识降弓（如自动降弓装置失效），在调整受电弓接触压力时，关闭受电弓的自动降弓装置的关闭阀。

（6）维护弓头时，在受电弓的上交叉管和车顶或底架间用长约 0.9 m 的木制支撑。不要把木制支撑放置在气囊或升弓装置的部件上。

（7）特殊情况在受电弓气囊失效后，重新启用受电弓前应完全排除渗入其中的水。

（8）发生自动降弓后的受电弓必须经过全面调试后方可投入使用。

（9）必须遵循网线接地和绝缘的原则。

2）维护说明

（1）检查。

使用前，在降弓位置检查钢丝绳的松紧程度。两侧张紧程度应一致。清理阀板上的过滤器。拧开滤清器的外罩，清理尘埃和水。

① 间隔 4 周的维修内容：目测整个受电弓，若存在损坏的绝缘子，破损的软连接线，损坏的滑动轴承和变形的部件都应更换；若磨耗部件超过其磨损极限，也应当及时更换。清洁车顶与受电弓之间的绝缘管，可用中性清洁剂，不得使用带油棉纱。每天用干棉纱擦拭，防止灰尘吸附，导致一次短路。

② 间隔 6 个月的维修内容：整个受电弓性能检测，目测软连接线，用卡尺测量滑板厚度，若磨损到限则应更换。

③ 间隔 1 年的维修内容：紧固件的检测，尤其是整个弓头弹性系统的零部件。如果需要拧紧螺母，应注意保证相应的扭矩，M8 螺栓扭矩为 12 N·m ±2 N·m。

④ 间隔 2 年的维修内容：轴承的润滑，滑动轴承可自润滑，对于下导杆两端的关节轴承及升弓装置销轴处的润滑，可用注油枪向润滑油杯内注 SHELL ALVANIA R3 型润滑脂。注完后用油杯帽密封。下臂上的 6 个滚动轴承的润滑，需拆下下臂，从有弹性挡圈一端将轴拆下，衬套内注 SHELL ALVANIA R3 型润滑脂后，装上下臂。拆装下臂时请向厂家索取拆装工艺说明书。

⑤ 间隔 4 年的维修内容：更换软连接线。

⑥ 间隔 8 年的维修内容：更换轴承。

（2）润滑。润滑滚动轴承是为了提高其使用寿命。在最初安装时、两年一次的维修期和常规维修时油杯应注意密封以防尘土和水。滑动轴承可自润滑，保养方便。

（3）清理。阀板上的过滤器应 1 ～ 2 周清理一次。

（4）更换滑板。出现下列情况时，必须更换滑板：

① 碳条磨耗后高度小于 5 mm 或滑板总高度 ≤22 mm；

② 由于产生电弧，发生变形或缺陷；

③ 滑板碎裂或出现一定深度的凹槽。

如果仅需更换一个滑板，新滑板与另一个旧滑板的高度差应不超过 3 mm，且应注意滑板 ADD 接口安装的正确位置。

特别注意：安装滑板压缩空气进气接口时，套紧螺母的拧紧力矩不大于 3 N·m，用手或小型扭力扳手旋入即可。

（5）调试更换阻尼器。

阻尼器在安装受电弓前必须经过调试。如果受电弓实际动作特性与额定值之间有较大差别，有必要检查阻尼器的安装情况。阻尼器调试说明如图 7 - 15 所示。

磨损、动作不灵活和漏油时，必须更换阻尼器。具体操作如下：

先把阻尼器拉伸、压缩各 5 次，长度 1 = 54 mm，落弓位置的安装长度 2 = 480 mm ±1. 5 mm。

（6）检查升弓装置。

建议每 4 ～ 6 周在落弓位置检查一次钢丝绳的松紧。如需要，则把钢丝绳拉紧，但两螺母拧紧量要相同，避免升弓装置松弛（在落弓位置）。装有升弓装置的底架如图 7 - 16 所示。

（7）自动降弓装置。

① 检查自动降弓装置。

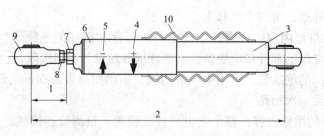

图 7 – 15　阻尼器调试说明图

1—长度 = 54 mm；2—长度 = 480 mm ± 1.5 mm；

3—阻尼器；4—右；5—左；6—防尘盖；7—锁紧螺母（气缸）；

8—锁紧螺母（接头）；9—接头；10—保护套

图 7 – 16　装有升弓装置的底架

1—弓装配；2—升弓装置；3—钢丝绳；4—销轴；5—主通气管；6—线导向

注意：在操纵台上转动旋钮开关至升弓位后，降弓范围内不许有人。

根据调试结果，自动降弓装置应有如下性能：

a. 如果自动降弓装置 ADD 关闭阀在"开"的位置，试验阀在"工作状态"位置，网线与滑板接触力良好，则气囊工作正常。

b. 如试验阀处于"试验状态"位置，快速降弓阀排气，则受电弓快速下降。

② 自动降弓后的受电弓检查。

如果受电弓运行中由于滑板磨损或断裂而导致自动降弓装置作用，受电弓在重新使用前应由专门技术人员检查，要检查静态接触压力和升弓、降弓时间。降弓时注意在离落弓位置 1 m 高度左右处的速度缓冲。

③ 运输。

在长距离装载运输情况下，建议使用专门的受电弓运输架。尺寸：2 800 mm × 1 700 mm × 2 100 mm，DSA250 型受电弓的弓头最大宽度在滑板处，为 1 576 mm（拆去弓角），弓头两端的弓角应卸去。弓角和升弓装置突出底架底部，因此受电弓底架应放置到方木块上或专用支架上。用车辆运输时，应保证受电弓弓头不受冲击影响。在吊装时，受电弓应按下列步骤安装。把链钩置于底架上（置于底架吊耳上，注意绳长为 1 200 mm 参照图 7-17）每次起吊一架受电弓，多架起吊是不允许的。

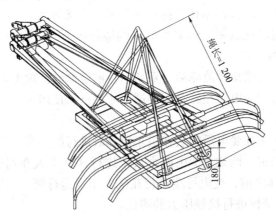

图7-17 吊绳上悬挂的受电弓（单位：mm）

④ 保管。

受电弓可放在运转架中，最大叠垛高度为 4 组，共包括 4 个受电弓。

⑤ 磨损极限。

达到磨损极限尺寸后，表 7-2 中所列部件就应当更换。

表7-2 更换部件极限参数

序号	名 称	图纸尺寸/mm	极限尺寸/mm
1	滑板（碳条高度）	22^{+1}_{-0}	5
2	弓角涂层	$0.3^{+0.4}_{-0.0}$	0.1
3	滑动轴承（直径）	$\Phi 30.02$	$\Phi 30.2$
4	弓头管轴（直径）	$\Phi 30^{+0.00}_{-0.15}$	$\Phi 29.5$
5	三种软连接线	—	出现破损
6	钢丝绳	—	有一股断裂
7	升弓装置	—	出现裂缝发生泄漏
8	阻尼器	—	发生泄漏

⑥ 弓网故障后的检修、检测。

当发生弓网故障，造成受电弓滑板、弓头、上臂等零部件变形或损坏，应将受电弓从车顶拆下，进行全面调修或更换零部件，检修完成后在专用试验台上对受电弓进行例行试验（包括动作试验、弓头自由度测量、气密性试验、静态压力特性试验、ADD 性能试验等），试验合格后方可重新装车投入使用。对于较轻的刮弓，可在车顶调试升降弓时间、静态压力特性试验、ADD 性能试验等。

3）装配调试说明

（1）注意事项。

① 必须要由专业技术人员和乘务员来使用和维护受电弓。在任何情况下，必须采取必要的安全和防护措施。

② 在车顶工作时，必须切断接触网线供电电源。

③ 受电弓升弓时，应确保压缩空气供应无意外故障发生。因为一旦压缩空气供气发生故障，受电弓就会下降，会造成受电弓臂下人员的伤害。

④ 维修时，用约 0.9 m 长的木棒支撑在底架和上交叉管间。

⑤ 如自动降弓装置出现故障，调节受电弓的接触压力时，为防止受电弓意外下降，应使 ADD 关闭阀处于关闭位置。

⑥ 当受电弓的空气管路出现故障后，重新运行前应彻底清理渗入其中的水和杂质。

⑦ 发生过自动降弓的受电弓须经全面调试，才能重新使用。

（2）车顶调试工作。

① 概述。调试工作是在受电弓安装在机车顶部后进行的。

② 受电弓的基本调试。调试至少由两个人来进行（一个人在司机室内，另一个人在车顶部）。在进行调试工作之前，受电弓应进行几次（至少运行两、三次）升弓和降弓。使用量程在 0 ~ 100 N 的弹簧秤进行接触压力的测试。

a. 调整静态接触压力。

打开车内的电控阀，升起受电弓。把弹簧秤与受电弓的上交叉管相连，如果需要的话，可在上交叉管上套上绳子。调整精密调压阀使受电弓慢慢上升，在高出车顶 1.6 m 处用弹簧秤匀速阻止受电弓的上升。弹簧秤显示为 70 N 时调节好精密调压阀。精确调整接触压力的方法是：先通过弹簧秤使受电弓以 0.05 m/s 的速度匀速朝下运动，然后再使受电弓以相同速度匀速向上运动。（上升和下降运动均是在大约 1.6 m 的高度上进行且每次向上或向下移动的距离为 0.5 m）从弹簧秤上读出所测得的力，相加并平均，最终结果 F_m 就是平均接触压力，其值应为 70 N ± 5 N。拧紧精密调压阀手轮的防松螺母，固定精密调压阀调整的最终压力。如图 7 - 17 所示。

注意：在图 7 - 18 中，向下运动时，力的最大值不超过 85 N，向上运动时，力的最小值不小于 55 N，在同一升弓高度，两个值之差都不应超过 20 N。由于滑板的磨损（质量损耗），接触压力最大可以增加 10 N，这时不必再调整压力，因为一旦安装上新的滑板时又恢复到以前接触压力值，精密调压阀上的压力表的示值只能用于粗略检查。

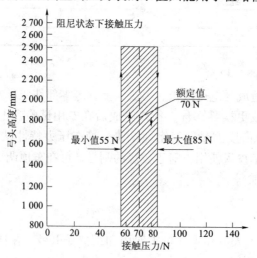

图 7 - 18   调整静态接触压力图

b. 调整升弓和降弓时间。

静态接触压力调好后，从受电弓的落弓位置到工作位置（即受电弓从落弓位置升高到约2 m）的升弓和降弓时间，通过升弓节流阀和降弓节流阀来调整。

调定后的时间应满足以下值：

> 升弓时间不大于5.4 s；
> 降弓时间不大于4 s。

升弓时不允许受电弓有任何回跳；降弓时应有缓冲，上交叉管应落在二个橡胶减震器上，允许降弓时，在降弓位弹跳，因为这种现象不会对受电弓引起损坏。如果实际测量值与规定值有偏差，应该重新调整节流阀。升弓时间是受电弓从落弓位开始升至2 m高度（包括绝缘子）的时间，计时从弓头开始升起到升至2 m高度结束；降弓时间反之。

③ 自动降弓装置的试验。

受电弓的ADD控制阀不应经常试验。在更换滑板后，检验ADD性能时，将受电弓升起到0.6 m高度，打开试验阀，受电弓应迅速降下（必须对受电弓采取保护措施和注意安全）。工作时，ADD控制阀必须调节到以下位置：

> ADD关闭阀在"开"位置；
> ADD试验阀在"工作"位置。

④ 橡胶减震器安装位置的检测。

在落弓位置时，受电弓应落在三个橡胶减震器上。橡胶减震器支撑着受电弓上、下臂和弓头，在落弓时，弓装配用来防护弓头。由于在车顶和受电弓底架间出现水平差异，受电弓安装到机车上后，通过目测看底架上的橡胶减震器是否水平。如果不平的话，应该通过重新调整橡胶减震器的高度来消除底架水平误差。此外在落弓状态时，弓装配与弓头之间的间隙应为8～12 mm，可以通过调整弓装配来实现。要确保上臂组装的上交叉管由两个橡胶减震器均匀支撑。支撑下臂的橡胶减震器位置应稍低于落弓位置。

7.4　动车组主变压器

7.4.1　CRH2型动车组变压器概述

CRH2型动车组变压器是一个基本动力单元1个，全列共计2个。采用壳式结构、车体下吊挂、油循环强迫风冷方式。具有1个原边绕组（25 kV，3 060 kV·A）、2个牵引绕组（1 500 V，2×1 285 kV·A）、1个辅助绕组（400 V，490 kV·A）。采用铝线圈、轻量耐热材料和环保型硅油，实现了小型化、轻量化；外形尺寸（$L \times W \times H$）为2 570 mm × 2 300 mm×835 mm，质量仅2 860 kg，效率大于95%。

牵引绕组为两个独立线圈，每个线圈均连接到1台牵引变流器上，确保牵引绕组的高电抗、疏耦合性，具有可使牵引变流器稳定运行的特性。另外，为了增加每组牵引绕组的容量，原边绕组采用两组并联结构的绕组。

由于动车组所采用的主变压器＋四象限整流器的电路是一种升压式的脉冲整流供电方式，这就要求变压器二次绕组具有高电抗、疏耦合性，使用带空隙的铁芯形成交流电抗器功

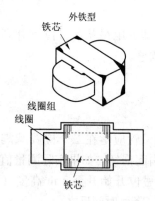

图 7 – 19　主变压器结构特点

能，从而可使主变流器能够稳定运行。二次绕组分为两组，每个绕组连接 1 台主变流器。主变压器结构采用壳式无压密封、强迫油循环风冷形式，冷却油为硅油（主变压器结构特点见图 7 – 19），油箱分上下两部分，具备金属波纹管存油器，存油器与主体油箱经接通孔流通主体内油，油充满波纹管外侧。波纹管内侧通大气，通过波纹管的伸缩来适应绝缘油由于温度变化带来的容积变化。变压器的线圈结构为 2 个二次绕组、1 个三次绕组。

在网压变化范围内，牵引变压器输出电压、电流及功率满足列车牵引和再生制动的要求。牵引变压器的安装采用在车体横梁下用螺栓固定的吊挂方式。牵引变压器有足够的强度，保证在高速运行时碎石碰撞不至于破损。冷却采用强迫油循环风冷方式，除用湿度继电器、油流指示器实施状态监控外，还采用金属波纹管存油器，以防止外气与油的直接接触，防止油质老化。冷却油采用难燃性硅油。表 7 – 3 为主变压器的性能参数，表 7 – 4 为主变压器绝缘等级和试验电压值。图 7 – 20 为变压器绕组的缠绕方式，图 7 – 21 为变压器铁芯的引脚布置及极性。

表 7 – 3　主变压器的性能参数

线圈＼规格	容量/（kV·A）	电压/V	电流/A
一次	2 900	25 000	116
二次	2 570	1 500	857 × 2
三次	330	400	825

表 7 – 4　主变压器绝缘等级和试验电压值

线圈	试验电压		
	耐感应电压	工频试验电压	耐雷电脉冲电压
一次线路侧	42 kV × 10 min	—	全波：150 kV 截断波：170 kV
一次接地侧	—	2.9 kV × 1 min	—
二次	—	5.4 kV × 1 min	—
三次	—	2.9 kV × 1 min	—

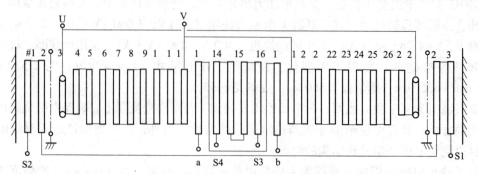

图 7 – 20　变压器绕组的缠绕方式

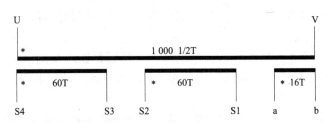

图 7 - 21 变压器铁芯的引脚布置及极性

7.4.2 变压器结构

该变压器相关的辅助设备包括通风机、供油泵、端子盘、冷却器等，整流方式为输入电流正弦波调频多重方式（三点式 PW—脉冲整流器控制方式/调频频率 1 250 Hz），绝缘油为硅油，辅助设备电源规格为：电动鼓风机，三相、50 Hz、400 V、115 m^3/min；电动油泵，三相、50 Hz、400 V、700 L/min、7 m 油柱；总质量为 2 910 kg（包括电动鼓风机）。

1. 变压器的构造

1）内部构造

变压器的内部结构采用壳式形状自适应结构，如图 7 - 22 所示，油箱分上部油箱和下部油箱两部分。变压器内部部件组装有以下步骤。

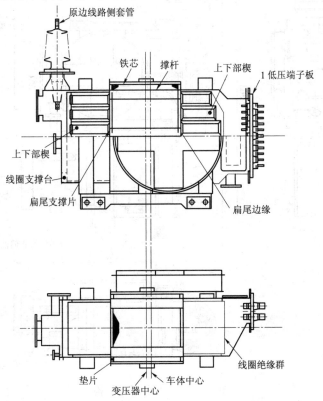

图 7 - 22 变压器内部结构

① 依据设计规格将绕组加压成形为板状。将板状绕组层积到规定寸法，各绕组之间预留绝缘物、绝缘油的间隙。

② 将板状绕组群垂直放置于下部油箱底板上，然后将铁芯按画框形状安装在绕组群外周和内侧，并积到规定的高度，铁芯层应积在下部油箱上缘的法兰和横跨绕组内侧的铁芯支撑板的上面。

③ 向铁芯上缘和绕组群内侧的间隙装入不锈钢板制作的楔（扁尾边缘），用以将绕组群固定到铁芯。

④ 将上部油箱缓慢安放到下部油箱上。隔着玻璃纤维焊接上部油箱下缘的法兰和下部油箱的法兰。在铁芯外周和上部油箱的间隙装入树脂制作的楔（撑杆），用以固定铁芯和油箱。变压器主机横向放置时，内部部件重量通过撑杆传递到油箱。

2）外部构造

变压器的外部结构如图 7 – 23 所示，变压器外形如图 7 – 24 所示。图中变压器同其他牵引变压器一样采用金属波纹管式储油柜。储油柜安装在牵引变压器中央部位附近。波纹管选用圆形不锈钢焊接波纹管。储油柜和主机油箱通过连接孔输送绝缘油，油存放在波纹管外侧。波纹管内侧与大气相通。

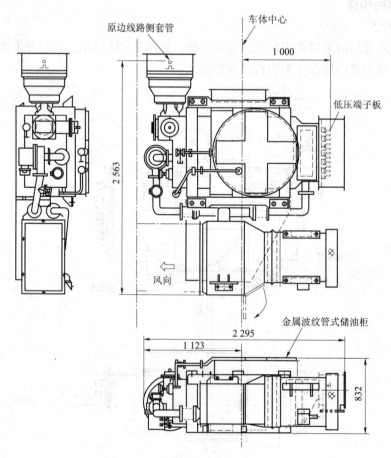

图 7 – 23　变压器外部结构

图7-24　变压器外形

原边线路侧套管选用一体型耐热环氧树脂注塑成型套管。套管从变压器主机前面朝向侧面引出，连接到相邻的高压机器箱内的断路器上。原边接地侧、牵引侧、辅助侧的引线全部引出到侧面的一体型低压注塑成型端子板。

冷却系统如图7-25所示。电动送风机从车辆侧面吸入冷却风，经柔性风道内的整风栅板送往油冷却器。在油冷却器内热交换后的空气从进气风道对侧的排气风道排出。绝缘油在油冷却器冷却后被送往变压器。油在流经绕组表面和铁芯侧面时吸收热量。吸收热量后的油经电动送油泵再次送往油冷却器进行热交换。油不停地在变压器内部循环，一旦循环因油泵故障等停止，则绕组将过热、甚至烧损。为此，需要在循环回路的某部分安装油流继电器，以供进行油流停止检测。

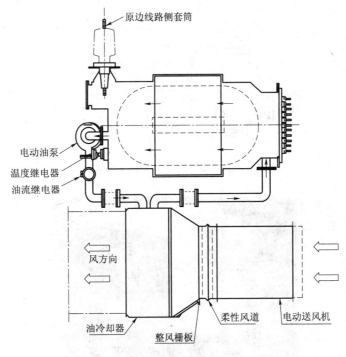

图7-25　冷却系统

2. 变压器主要附件

1）油冷却器

油冷却器的总体结构如图7-26所示，其外形如图7-27所示。油冷却器选用整体铝制结构，采用铝制波纹翅片。虽然翅片间距和形状都加以了防止堵塞处理，但堵塞仍不可避免，进而导致冷却性能降低。为此，油冷却器的风道部侧面需要开设清扫（检查）口，以便于堵塞时的检查和清扫。油冷却器规格如表 7 - 5 所示。

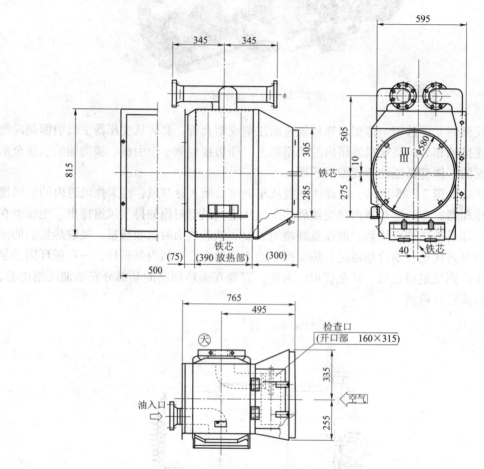

图 7 - 26　油冷却器的总体结构（单位：mm）

图 7 - 27　油冷却器外形

表7-5 油冷却器规格

	高温侧	低温侧
热交换量	142 kW	
流体	硅油	空气
流量	700 L/min	115 m²/min
入口温度	105 ℃	25 ℃
压力损失	3.0 m 油柱	333 Pa

2）电动油泵

电动油泵总体结构如图7-28所示，其外形如图7-29所示，选用轴向空隙型电动油泵。油泵的泵和电动机采用一体构造，任何一侧均能浸润硅油，因此轴承可直接使用硅油润滑。电动油泵规格如表7-6所示。

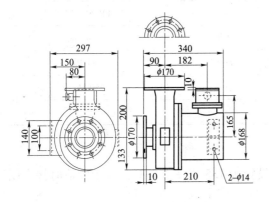

图7-28 油泵总体结构（单位：mm）

图7-29 电动油泵外形

表7-6 电动油泵规格

型号		TS16—80—b4	
电机		油泵	
方式	单相鼠笼式径向空隙型	方式	漩涡型
输出功率	1.5 kW	排出量	700 L/min
电压	400 V	全扬程	7 m 油柱
电流	5.5 A	使用绝缘油	硅油
频率	50 Hz		
极数	4		

3）电动送风机

电动送风机的总体结构如图7-30所示，其外形如图7-31所示。电动送风机采用单相鼠笼型感应电动机和送风机直连构造，可在牵引变压器的油冷却器的旁边，通过防振橡胶衬垫吊在车体下部。送风机为2段轴流型，为应对车辆低地板化，可进一步缩小体积。电动送风机规格如表7-7所示。

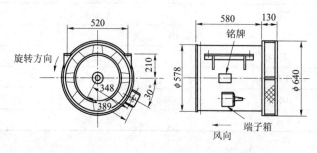

图7-30　电动送风机的总体结构　　　　　图7-31　电动送风机外形

表7-7　电机鼓风机规格

电机		鼓风机	
型号	SE—J	型号	FPD56—01
相数	3φ	风量	125 m³/min
极数	4 P	静压	784 Pa
电压	400 V	频率	50 Hz
输出功率	3.4 kW		

4）温度继电器

用于监测牵引变压器的油温度。警报温度设定为 135 ℃ ±2.5 ℃，高于此值时接点闭合，车辆上的指示灯点亮。

5）油流继电器

用于监测牵引变压器运行中的油流量。流量超过 150（1±10%） m³/min 时动作，流量低于 120（1±15%） m³/min 时接点闭合。

6）金属波纹管式储油柜

波纹管为由多个（层数按规格）薄钢板冲压成形的环经内外圆周交互焊接而成的、蛇腹状的、具有伸缩性的管。管的一端用钢板密封；另一端设有通气孔，并焊接到储油柜缸体的钢板上。缸体套在波纹管外周，两部件之间油密焊接。储油柜安装在牵引变压器上部。波纹管外侧和缸体内侧之间存放绝缘油，此空间与牵引变压器主机连通。波纹管内侧通过空气配管与大气连通。储油柜通过波纹管伸缩吸收绝缘油温度变化引起的体积变化，使牵引变压器内部保持大气压力。

7）自动复归型卸压阀

自动复归型卸压阀采用由连杆和弹簧组成的自动复归结构。当主机内部异常导致压力升高到（0.1±0.015）MPa［（1.0±0.15）kg/cm²］以上时，自动卸压；当压力降低到约 0.03 MPa（0.3 kg/cm²）以下时，自动关闭卸压阀外罩，以避免不必要的油损失。

3. 操作注意事项

（1）牵引变压器起吊：将专用 MH 吊钩固定到变压器吊装部位，然后起吊，如图7-32 所示。

（2）牵引变压器落地：为防止损伤冷却装置等，落地前在变压器主机下部放置支撑台。

4. 维护和检查

1）一般注意事项

维护和检查作业具有一定的危险性，实施前必须认真确认情况，以确保人员、机器的安全。特别是在检查带电部位时，必须事先切断电路，并通过地线将残留电荷释放干净。

2）检查实施项目

变压器常规检查项目、判定基准、异常处置等项目见表7-8。

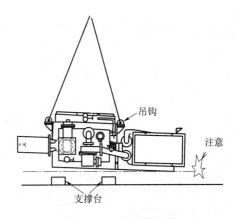

图7-32 变压器起吊

表7-8 变压器常规检查项目及异常处置

编号	检查项目	判定基准	异常处置
1	外观检查。部件有无损伤、漏油	无异常	修理损伤、漏油部位
2	卸压阀有无动作痕迹、有无漏油	无异常	存在动作痕迹时调查详细原因
3	油泵、送风机回转时有无异常声音、异常振动。存在异常声音时，使用声波探测器等确认声源	无异常。与同编组的其他变压器进行比较	检查紧固部分有无松动、轴承有无损伤等，查明原因后实施相应的处置
4	电动送风机金属网过滤器和整风栅板的污物附着状态和清扫情况	检查金属网过滤器和整风栅板的污物附着状态	换班检查时打开侧面塞板的外罩，检查金属网过滤器和整风栅板的污物附着状态。每2～3个换班检查时期清扫1次。温度继电器动作时进行清扫
5	油冷却器堵塞检查和清扫情况	油冷却器入风口前面面积堵塞10%～20%	换班检查时通过冷却器的清扫（检查）口检查堵塞状态。全面检查时必须进行清扫。温度继电器动作时进行清扫
6	橡胶护套、保护外罩密封圈等有无老化、龟裂	无异常	更换
7	测量介质损耗角正切。用逆西林电桥进行以下测定：原边-牵引/辅助/接地间；牵引-原边/辅助/接地间；辅助-原边/牵引/接地间。同时记录油温	超过1%时需加以注意，并积累数据，用以观察推移趋势	结合绝缘电阻进行研究。怀疑绝缘已经劣化时，实施油分析等详细调查
8	测定绝缘电阻。主电路使用1 000 V兆欧表进行测定。辅助回转机和继电器电路使用500 V兆欧表进行测定。同时记录油温、湿度	下述值以上。 原边-接地间25 MΩ 牵引-接地间0.5 MΩ 辅助-接地间0.3 MΩ 原边-牵引间25 MΩ 原边-辅助间25 MΩ 牵引-辅助间0.5 MΩ 辅助旋转机、继电器电路-接地间0.3 MΩ	检查套管、端子板、端子台、配线有无污损、闪络。怀疑变压器内部存在异常时，实施油分析等详细调查

続表

编号	检查项目	判定基准	异常处置
9	绝缘耐力试验 （1）原边–牵引/辅助/接地间 2 500 V×1 min （2）牵引–接地间 5 400 V×1 min （3）辅助–接地间 2 900 V×1 min （4）泵电路接地间 1 000 V×1 min	绝缘无破坏	更换变压器。调查原因，实施对策
10	感应耐电压试验 原边接地侧（V）端子接地，从牵引绕组施加电压，然后使原边线路端感应出以下电压： 150 Hz 时：38 kV × 7 min 或 42 kV×3 min。 200 Hz 时：38 kV × 5 min 或 42 kV×2.5 min	绝缘无破坏	更换变压器。调查原因，实施对策
11	绝缘油耐压试验和油分析 耐压试验依据 JIS C 2101 实施水分测定依据 JIS K 0068 实施。其他分析分别依据规定的方法实施	绝缘破坏电压在 30（kV/2.5 mm）以上。含有水分量 60 ppm 以下	详情待定（还需要研究）

5. 保护故障处置

保护装置动作依据表 7–9 的原因调查确认。

表 7–9 故障处置

保护装置名	动作确认	原　因
温度继电器	油温度升高到 135 ℃ 以上时 MTThR 动作，闸门断开	1. 过负荷；2. 油冷却器堵塞；3. 送风机故障；4. 温度继电器自身故障
油流继电器	循环油量减小到大约 120 L/min 以下时 MTOFR 动作，闸门断开	1. 油泵故障；2. 漏油导致吸入空气；3. 异常低温造成循环油量不足；4. 油泵电源电路故障；5. 油流继电器自身故障
自动复归型卸压阀	变压器内部压力升高到 0.1 MPa 以上时，油或分解气体喷出	1. 内部异常过热；2. 内部放电；3. 呼吸管堵塞；4. 外部短路冲击

7.5　动车组主变流器

7.5.1　CRH2 型动车组变流器的工作原理、组成及结构

1. 原理

CRH2 型动车组采用牵引变流器（CI11 型），一个基本动力单元 2 个，全列共计 4 个。

采用车下吊挂、液体沸腾冷却方式。主电路结构为电压型三电平式,由脉冲整流器、中间直流电路、逆变器构成,不设二次谐振滤波装置和网侧谐波滤波器,采用 PWM 方式控制;中间直流电压为 2 600 ～ 3 000 V(随牵引电机输出功率进行调整),1 个牵引变流器采用矢量控制原理控制 4 台并联的牵引电机。采用 3 300 V/1 200 A 等级 IGBT 或 IPM 元器件,冷却介质采用环保的氟化碳(FX3250)。模块具有互换性,功率半导体模块的换件时间为两小时以内。系统具有各类故障诊断与保护功能。牵引变流器输入为 1 285 kVA(AC 1 500 V,857 A,50 Hz),中间直流电路为 1 296 kW(DC 3 000 V,432 A),牵引变流器输出为 1 475 kVA(3×AC 2 300 V,424 A,0 ～ 220 Hz)。外形尺寸($L \times W \times H$)为 3 240 mm×2 400 mm×650 mm。其中变流器为单相电压式 3 级 PWM 变换器;逆变器为三相电压式 3 级 PWM 变频器。脉冲整流器效率 97.5% 以上(牵引电机额定),逆变器效率 98.5% 以上,牵引变流器控制为软件控制,调节装置免维护。

2. 牵引变流器组成及结构

牵引主变流器外形如图 7 - 33 所示,图 7 - 34 为打开检查罩的状态,图 7 - 35 为主变流器吸气侧外观,图 7 - 36 为主变流器拆下吸气过滤网的状态,图 7 - 37 为牵引变流器内部设备的布置情况。牵引变流器装置中心配置变频功率单元(2 台)、逆变功率单元(3 台),力求功率单元集中布置。在此功率单元车辆侧配置有两排气口的两轴形电动通风机,向功率单元冷凝器送风。真空接触器和继电器单元、无触点控制装置等集中布置,便于检修。另外,检查面考虑其工作性和密封性,采用板簧式手动型夹紧装置。牵引变流器的零部件,考虑到其操作、维修方便,采用模块化设计。例如半导体冷却装置分成变频器用 2 台,逆变器用 3

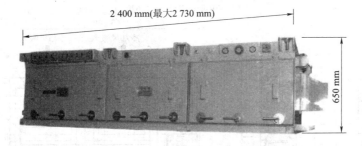

图 7 - 33 牵引主变流器外形图

图 7 - 34 主变流器打开检查罩的状态

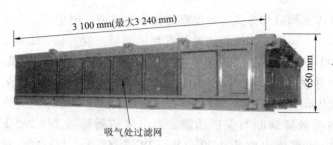

图 7 - 35 主变流器吸气侧外观

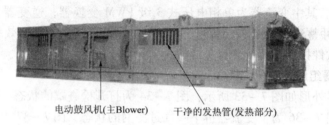

图 7 - 36 主变流器拆下吸气过滤网的状态

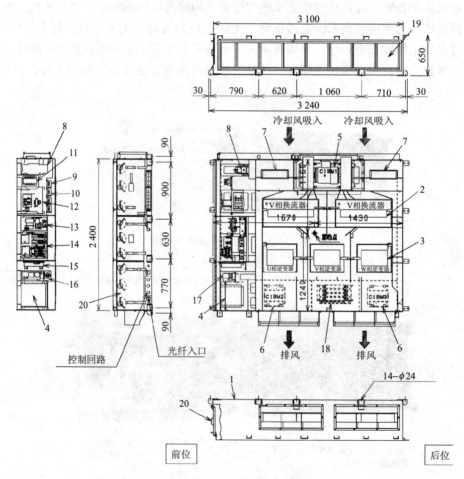

图 7 - 37 牵引变流器内部设备的布置情况（单位：mm）

台的单元，分别具有互换性。控制关联零部件分成无触点控制装置（控制逻辑部）、继电器单元、电源单元等。牵引变流器的构成设备见表7-10。半导体冷却装置和电动通风机等大型装置采用下部拆装的结构。小型控制单元内的各零部件可以采用不同厂家的产品，维修和检查时需要更换的控制单元，其结构和功能必须具有互换性。

表7-10 牵引变流器的构成设备

序号	名　称	数量/每组	备　注
1	箱形框架	1	
2	换流器功率单元	2	
3	逆变器功率单元	3	
4	无接点控制装置	1	
5	主鼓风机（CIBM1）	1	
6	辅助鼓风机（CIBM2、3）	2	
7	热交换器	2	
8	真空接触器	1	
9	电流检出器（ACCT）	1	
10	电流检出器（CTU·CTV·CTW）	3	
11	耐压试验接插件	1	
12	充电单元	1	
13	接地电流检出（GCT）单元	1	
14	抑制过电压晶闸管（OVTh）	1	包括DCPT单元
15	门用电源	1	
16	交流电压检出器（ACPT）	1	
17	继电器单元	1	
18	电阻器单元	1	
19	空气过滤器	1	
20	检查面盖板	3	

　　牵引变流器箱尺寸（前进方向×枕木方向×高度）为 3 100 mm × 2 400 mm × 650 mm，质量为 1 900 kg，箱内接线规格为：

　　① 主电路接线：母线或 3.5 ~ 150 mm² SQWL2 电线；

　　② 控制电路接线：0.5 ~ 2.0 mm² SQWV0 电线或特氟隆电线；

　　③ 接线布置时分离高低压接线。按类别分开不同信号线并分别构成不同的线束，以尽可能地避免在信号线之间产生相互干扰。

　　动车组牵引变流器采用与原型车相同的免维修模块结构。功率半导体模块的换件时间为两小时以内，模块具有互换性。对牵引电机的基本要求：特性差异控制在 5% 以内。功率半导体采用与原型车额定参数相同的元件：

　　➤ IGBT 或 IPM：3 300 V、1 200 A；

　　➤ 钳位半导体：3 300 V、1 200 A。

　　主变换装置分别在 M1、M2 车装载 1 台。除了在加速时向主电动机供电、实施制动时的电力再生控制之外，还有保护功能。此外，将车辆信息控制装置的信息在换流器间进行载波相位差运行，以减少接触网电流的高次谐波。车轴端装有速度传感器，使用于主变换装置，制动控制装置的速度（旋转频率）检出。

主变换装置是由从单相交流得到直流功率的换流器，从直流电流得到三相交流的逆变器吸收脉冲电压得到直流电压的直流平滑电路（滤波电容）组成。采用 PWM 换流器能使输入基波功率因素达到 1，这样实现了机器的小型化，降低功率消耗。

此外，换流器、逆变器均采用三级构成，以实现更细的电压控制。主电路半导体元件采用的是能实现高速开关的 IGBT 或是 IPM，减低了交流电压波形失真，降低了主电动机、主变压器的电磁干扰、扭矩波动。

1）换流器部分

换流器以主变压器二次侧输出的 AC 1 500 V、50 Hz 为输入。它由单相三级 PWM 换流器、交流接触器 K 组成。换流器的功能是：通过无接点控制装置的 IGBT 点弧控制，控制输出电压在 2 600～3 000 V，控制主变压器一次侧的电压、电流功率因素达到 1，以及无接点控制装置的保护功能。在再生制动时，进行逆变换，输入滤波电容的 DC 3 000 V，将 AC 1 500 V、50 Hz 供给主变压器侧。此外，作为输入侧的主电路的接通与断开，使用的是交流接触器 K，图 7 – 38 为变流器单元的外形图。

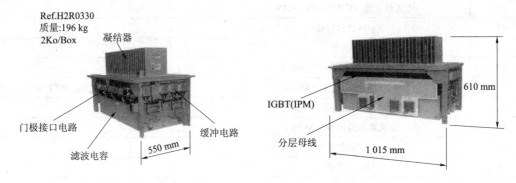

图 7 – 38　变流器单元的外形

脉冲整流器用半导体单元元件参数及配套数目如下：

① 主控制元件，高耐压 IPM/IGBT 3 300 V/1 200 A 1S2P4A；

② 钳位二极管，高耐压二极管 3 300 V/1 200 A 1S2P2A；

③ 滤波电容器 2 125（1±10%）μF 1 套；

④ 闸控接口电路 1 套；

⑤ 冷却器温度继电器 1 个；

⑥ 密封部位温度继电器 1 个；

⑦ 沸腾冷却式冷却器 1 套；

⑧ 主电路接线盘 1 套；

⑨ 缓冲电路 1 套。

2）逆变器

逆变器以滤波电容电压输入，通过无接点控制装置 IGBT 元件控制信号，输出电压频率可变的三相交流电压，控制 4 台并联的感应电动机的速度、转矩。再生制动时，功能发生变化，感应电动机输入发电的三相交流，向滤波电容输出直流电压。感应电动机的控制是采用矢量控制方式，独立地控制转矩电流及励磁电流，以提高转矩控制的精度、转矩应答的高速化和提高电流控制性能。电路的结构与换流器相同，采用三级结构。逆变器的外形如图 7 - 39 所示。

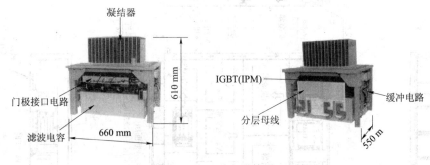

图 7 - 39　逆变器外形

逆变器用半导体单元元件参数及配套数目：

① 主控制元件，高耐压 IPM/IGBT 3 300 V/1 200 A 1S1P4A；

② 钳位二极管，高耐压二极管 3 300 V/1 200 A 1S1P2A；

③ 滤波电容器 1 250 （1 ± 10%） μF 1 套；

④ 闸控接口电路 1 套；

⑤ 冷却器温度继电器 1 个；

⑥ 密封部位温度继电器 1 个；

⑦ 沸腾冷却式冷却器 1 套；

⑧ 主电路接线盘 1 套；

⑨ 缓冲电路 1 套。

3）直流平滑电路（滤波电容）

滤波电容器在换流器功率单元有 2 组，在逆变器功率单元有 3 组，总共容量为 8 000 μF。滤波电容与备用充电电源相连接，启动时经过内有电阻分量的充电变压器，由三次电路进行初次充电，防止因 K 线接通时的过大的冲击电流。接通换向器时，接入 CHK，充电（约 1 s）后，CHK 断开，K 接通，滤波电容备用充电电路的构成概况如图 7 - 40 所示。

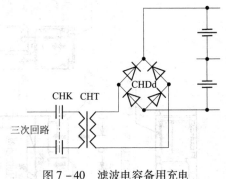

图 7 - 40　滤波电容备用充电
电路的构成概况

7.5.2　冷却系统构成及其设备

1）冷却结构

冷却结构的流程如附图 7 - 41 所示。本装置的冷却结构由通过外气进行冷却的主冷却部和不导入外气进行冷却的密封室冷却部组成。主冷却风的流程用粗黑箭头表示，密封室内的冷却风的流程如白箭头所示。

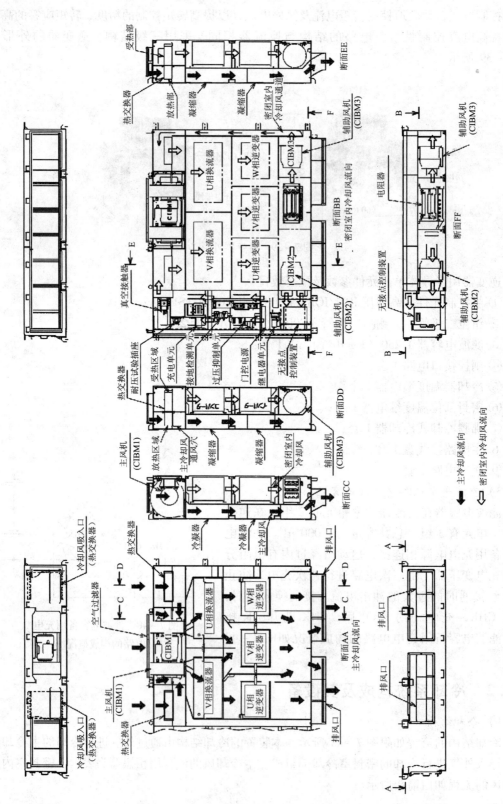

图 7 - 41　冷却结构的流程

受热部

热交换器
放热部
凝缩器
凝缩器
密闭室内风通道

断面EE

辅助风机
(CIBM3)

B

辅助风机
(CIBM3)

电阻器

F
CIBM3

U相换流器

W相逆变器

密闭室内冷却风流向

E
CIBM1
U相换流器
V相逆变器
W相逆变器

E

断面FF

辅助风机
(CIBM2)

E
真空接触器
V相换流器
U相逆变器
V相逆变器

断面BB

无接点控制装置

辅助风机
(CIBM2)

CIBM2

密闭室内冷却风流向

B

耐压试验插座
充电单元
接地检测单元
过压抑制单元
门控电源单元
继电器单元
无接点控制装置

F

辅助风机
(CIBM2)

F

热交换器
受热区域

主风机
(CIBM1)

放热区域
主冷却风通风穴
凝缩器
凝缩器
密闭室内冷却风

断面DD

辅助风机
(CIBM3)

断面CC

主冷却风流向

密闭室内冷却风流向

热交换器
冷凝器
冷凝器
主冷却风
排风口

A

冷却风吸入口
(热交换器)

热交换器

D

W相逆变器

C

排风口

空气过滤器

U相换流器

U相
逆变器

C

冷却风吸入口
(热交换器)

CIBM1

V相
逆变器

断面AA
主冷却风流向

热交换器

主风机
(CIBM1)

V相换流器

U相
逆变器

排风口

D

A

排风口

热交换器

（1）主冷却风流程。

图7-42是模块化的主冷却风的流程。一种是冷风（外界空气）通过空气过滤器后，经过热交换器（散热部）被主鼓风机（CIBM1）吸入，另一种则是直接被主鼓风机吸入。主鼓风机（CIBM1）排出的冷却风通过换流器功率单元冷却器、逆变器功率单元冷却器，由排风管道排出。

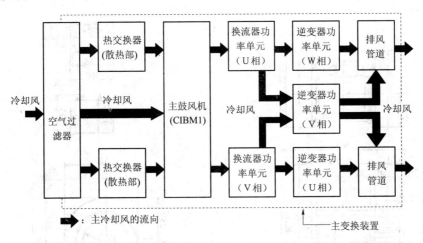

图7-42　主冷却风的流程

（2）密封室内冷风的流程。

图7-43给出了模块化的密封室内冷风的流程。密封室内的冷却风没有从外界进入的循环风，而是通过热交换器释放热量。为使冷却风循环，使用了2台辅助鼓风机（CIBM2、CIBM3）。冷却器的流程有两种：一种是从CIBM2经由检查面侧的机器室、热交换器（受热部）；另一种是由CIBM3经过密封室的冷却风管道、热交换器（受热部）实施的。通过热交换器散热的冷风，冷却换流器功率单元及逆变器功率单元的电子元件（门驱动器、滤波电容等），然后被辅助鼓风机（CIBM2、CIBM3）吸入进行循环。

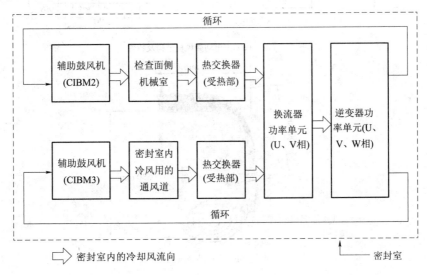

图7-43　密封室内的冷却风流程

2）主鼓风机

主鼓风机（MH1132—FK205 型电动送风机）用作 C111 系主变换器的主冷却，在主变换装置内有 1 台。电动机使用单相鼠笼式两轴感应电动机。送风机是用多翼型两扇类，由主鼓风机吸入的冷却风（外界空气）从 2 个口排出送风，冷却换流器功率单元及逆变器功率单元的冷凝器。主鼓风机的外形、结构如图 7-44 所示。主鼓风机的规格如表 7-11 所示。

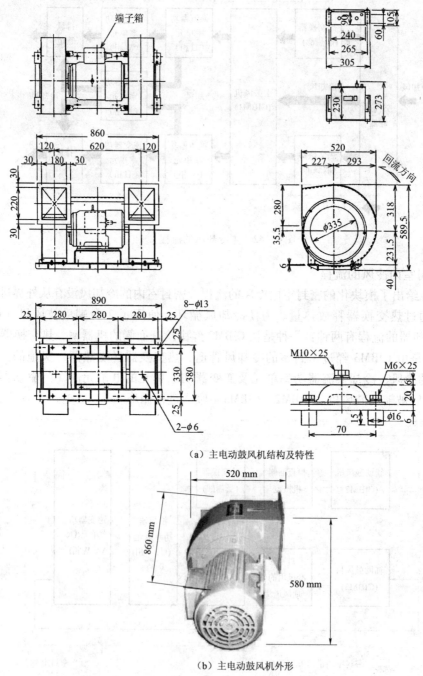

（a）主电动鼓风机结构及特性

（b）主电动鼓风机外形

图 7-44　主鼓风机的外形结构

表 7 – 11　主鼓风机的规格

电动机		送风机	
形式	MH1132	形式	FK205
方式	笼形　单相	方式	多翼型（片扇）两轴
通风方式	全闭外扇形	送风机静压	960 Pa
相数	单相	风量	50×2 m³/min
电极数量	4 P	旋转速度	1 400 r/min
输出	4.0 kW	质量	120 kg
电压	400 V	电容质量	9 kg
额定电流	13 A		
频率	50 Hz		
额定速度	1 400 r/min		
绝缘种类	F 种	备注 防振橡胶：使用8块	
电容器	90 μF/AC 600 V		
轴承（负载侧）	6308ZZC3		
轴承（非负载侧）	6308ZZC3		
使用的油脂	SRL		

（1）主鼓风机电动机。

电动机是作为主鼓风机的驱动机相配合的，是全封闭、附有外扇脚的横向两轴型电动机。它是水平横向安装的。送风机的翼片直接安装在电动机两轴端，电动机的冷却是通过自己的外扇风来实现，电容器另外设置在机械室内（检查面侧）。

（2）主鼓风机送风机。

送风机是使用多翼叶轮，安装在电动机的两侧，套管安装后，吸入口均使用铝材，以减轻重量。电动机和箱一起安装在安装台上。主鼓风机经 8 块防振橡胶安装在主变换装置上。

3）辅助鼓风机（MH1130—201 型号电动送风机）

辅助鼓风机（MH1130—201 型号电动送风机）用作 C111 型主变换装置的密封室的冷却。该装置用 2 台辅助鼓风机。电动机使用单相鼠笼式感应电动机，送风机使用轴流型。由于辅助鼓风机是 2 台运转，使密封室内的空气循环通过热交换放热。辅助鼓风机的外形如图 7 – 45 所示。辅助鼓风机的规格如表 7 – 12 所示。

图 7 – 45　辅助电动鼓风机

表 7 – 12　辅助鼓风机规格

电动机		送风机	
形式	MH1130A	形式	FK201
方式	笼形	方式	斜流型
通风方式	全闭型	送风机静压	265 Pa

续表

电动机		送风机	
相数	单相	风量	30 m³/min
电极数量	2 P	旋转速度	2 830 min⁻¹
输出	0.55 kW	质量	35 kg
电压	400 V	电容质量	1.4 kg
额定电流	2 A		
频率	50 Hz		
额定速度	3 000 r/min	备注	
绝缘种类	F 种	防振橡胶：使用 4 块	
电容器	7 μF/AC 880 V		
轴承（负载侧）	6305ZZC3		
轴承（非负载侧）	6305ZZC3		

（1）辅助鼓风机电动机。

电动机的结构为全封闭型的，通常通过外扇冷却电机。本主变换装置为能够通过密封室内的循环达到冷却效果，去掉了外风扇，使之减轻重量，定子使用 0.5 mm 厚的硅（矽）钢片，槽数为 24 个，线圈是使用脂亚氨基线，绝缘物使用诺曼克斯纸（聚酰胺绝缘材料商品名），是 F 类绝缘。转子是有高电阻的铝铸件，电容是另行设置在机械室内（检查面侧）。

（2）辅助鼓风机送风机。

送风机是斜流型，由罩叶片导轨、叶轮组成，电动机与罩一起装在安装台上。辅助鼓风机是通过 4 块防振橡胶安装在主变换装置的密封室内。

4）热交换器

图 7-46 显示了热交换器的外形。本热交换器用于藏有电子产品的密封室内的冷却，每个主变换装置有 2 台，冷却媒介不是氟的替代品，而是使用纯水，这是本热交换器的特征，

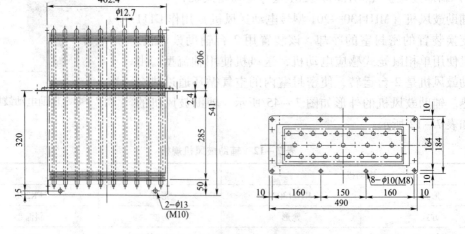

图 7-46　热交换器外形（单位：mm）

在设计上充分考虑了环境因素。

图7-47 给出了热交换器的略图，本热交换器使用重力型加热管。封入的液体（纯水）通过从管壁吸热蒸发，形成蒸气流面向冷凝器部。这里蒸气被冷却成为液体，同时，通过冷凝热的释放进行热交换。

加热管使用铜管（表面镀锡），散热扇片使用铝（0.5T），以提高热交换器的性能和减轻重量。安装框使用 SUS304（1.2T）。热交换器的基本规格如表7-13 所示。

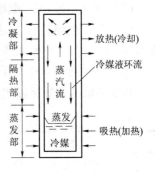

图7-47　热交换器略图

表7-13　热交换器基本规格

	放热侧（上部）	吸热侧（下部）
风量	15 m³/min	20 m³/min
压损	100 Pa 以下	50 Pa 以下
热性能	0.013 3 K/W（20 K/1 500 W）以下	
冷却媒介	纯水	

5）空气过滤器

空气过滤器的安装状况如图7-48 所示。过滤器的两侧设有 L 形连接部，通过该 L 部将各过滤网连接起来，由于是采用连接结构，只有在检查面侧能够安装卸下过滤网。

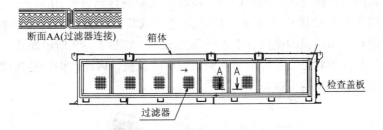

断面AA(过滤器连接)　　箱体

过滤器　　检查盖板

图7-48　空气过滤器的安装状况

空气过滤器只有过滤盒的过滤网 A，有2.5 筛号的金属的过滤网 B，有40 筛号的金属网的过滤网 C。过滤盒使用铝型材以减轻重量，过滤网材料有使用不锈钢，用2.5 筛号的金属网按压的结构（过滤网 B），过滤网 C 是为了更多地去除尘埃，在2.5 筛号网与不锈钢丝间（风下侧）插入40 筛号的金属网。

6）真空接触器（型式 VMC100A1）

该接触器用于主变压器与换流器间。K 接触器使用在主变压器二次侧1 500 V 电路的开闭。通常实施换流器电流的接通与断开，切断事故电流时，通过 VCB 切断电源后通过联锁实施切断。

（1）主接点采用真空接点，在达到寿命更换期前，无需维修。此外，由于不在大气中产生电弧，较之空中断路器安全，在防灾上是有利的。

（2）采用电磁式操作，由于不使用空气气缸，不需要压缩空气，气缸也不要增加油脂。

（3）由于不使用灭弧沟消弧线圈，空气气缸较之以前的气中式接触器来得轻。

（4）操作电路设有采用电子电路的电流控制，接通单一操作线圈，使之保持，而不用投入经济的电阻，不使用线圈切换接点，因而结构简单。

（5）辅助接点采用双重接点型的线簧开关，其内封入非污性气体，提高接触可靠性。

真空接触器的规格如表 7 - 14 所示。

表 7 - 14　真空接触器的规定值

项　　目	规　定　值	备　注
主电路额定电压	AC 1 500 V（50/60 Hz）	
主电路额定电流	AC 1 000 A	单独
主接点遮断容量	AC 1 200 V　5 000 A	
操作电路额定电压	DC 100 V	动作电压 70 ～ 110 V
联锁辅助接点	2 a	
操作电路输入电流	接通时：约 5 A（100 V） 保持时：约 0.1 A（100 V）	
质量	18 kg	

7.5.3　牵引变流器其他组件

1）接插件的耐压试验

图 7 - 49 是耐压试验接插件的外形图。该耐压试验的接插件使用 3 个，是短路 11 点构成的，试验时将 3 个接触件从"平常"位变换到"试验"位置。从防止事故的观点出发，在试验状态下进行耐压试验的接插件盖板是不关闭的，如图 7 - 49 所示那样，耐压试验时的接插件盖板是呈打开的状态。这样会影响到检查面的盖板，因而，即使是在试验状态下错误地关闭检查面盖板，在结构上保证了它不会实现。

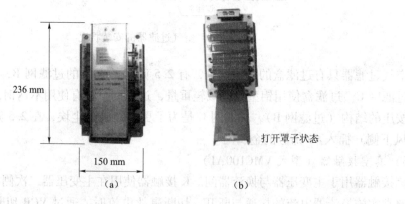

236 mm

150 mm

打开罩子状态

（a）　　　　　　　　　　　（b）

图 7 - 49　耐压实验接插件

2）充电单元

本单元是由充电变压器、二极管桥、电磁接触器构成。随着司机台上双刀开关的接通，由于电磁接触器接通，通过变压器三次线圈，经充电变压器、二极管电桥对滤波电容器进行初次充电，充电变压器与充电电阻是一体形的结构，将 AC 400 V 升压到 2 100 V，经二极管电桥整流，对滤波电容器进行充电。本单元质量约 34 kg，安装件的两侧设有把手。图 7-50 为充电单元的构成，图 7-51 为充电单元变压器。构成充电单元的主要部件如表 7-15 所示。

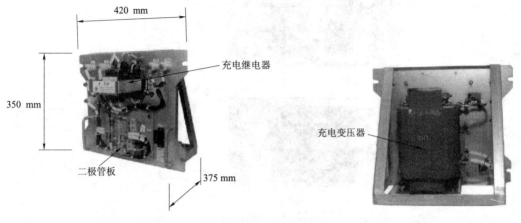

图 7-50　充电单元的构成　　　　　图 7-51　充电单元变压器

表 7-15　构成充电单元的主要部件

名　　称	记号	数量	备　　注
充电变压器	CHT	1	400 V/2 100 V
二极管电桥	CHDd	1	4 000 V，40 A×4 （型号：15MA400×4）
电磁接触器	CHK	1	SC2N/SEZ835 AC 440 V 60 A

3）电流检出单元

电流检出单元（GCT 单元）是由接地电流检出器、接地电阻、接地电路、用于吸收浪涌的电容器等组成。滤波电容器中点经接地电阻接地，作为检出流经本电路电流的，是使用电流检出器，接地电流达到一定值以上时，通过无接点控制装置来检出，检知变压器二次侧主电路接地。接地电流检出器是双线绕制，在无接点控制输入部的检出精度提高到 12.5 A/10 V。构成接地电流检出单元（GCT 单元）的主要部件见表 7-16，图 7-52 是 GCT 单元的外形。

表 7-16　构成接地电流检出单元（GCT 单元）的主要部件

名　　称	记号	数量	备　　注
接地电流检出器	GCT	1	25 A/10 V （型号：HC-ML025V10B15DWQ）
接地电阻	GRRe	4	20 Ω（2S×2P） （型号：SRT200-20 ΩSE）
用于接地电路吸收浪涌电压的电容器	GRC	1	1 μF （型号：MZ20X105K5311A）

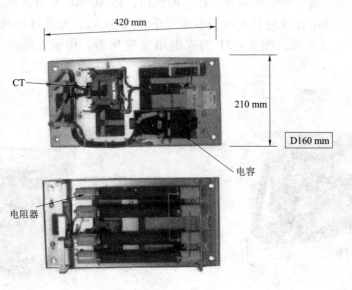

图 7 - 52　GCT 单元外形

4）抑制过电压的晶闸管单元

抑制过电压的晶闸管单元（OVTh 单元）是由晶闸管、减震电阻、减震电容器、门驱动印刷电路板、直流电压检出器等组成。检出到滤波电容过电压时，在控制电源 OFF 时，晶闸管接通，使滤波电容器放电。直流电压检出器用于检测滤波电容电压，用于上下检出（共 2 台），通过直流电阻对主电路电压进行分压，用主电路电压进行换算，换算比为 2 000 V/10 V。构成抑制过电压的晶闸管单元（OVTh 单元）的主要部件见表 7 - 17，图 7 - 53 是 OVTh 单元的外形图。

表 7 - 17　构成抑制过电压的晶闸管单元（OVTh 单元）的主要部件

名　　称	记号	数量	备　　注
晶闸管	OVTh	2	5 000 V，300 A （型号：SF300HX32）
减震电阻器	RSO	2	30 Ω（型式：SKRT40）
减震电容器	CSO	1	0. 2 μF × 2 （型号：MZ20X40425310A）
门印刷板	—	2	
直流电压检出器	DCPT	2	25 V/10 V （型号：DCPT - 2515）
DCPT 用直流电阻	DCPTRe	12	31 kΩ × 6 S × 2 （型号：M - 10）

5）门用电源

本单元输入 DC 100 V，经抗干扰滤波器输出下述电源：门驱动电源、DC 100 V 电源

（用于无接点控制装置等）。

（1）AC 30 kHz，50 V 矩形波（门驱动电源）。

（2）DC 100 V（无备用电容器）。

（3）DC 100 V（有备用电容器）。

作为备用电容共载有 26 400 μF，用作控制电源切断时的无接点控制装置和门驱动装置的备用电源。门用电源规格如表 7 – 18 所示。

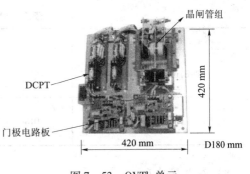

图 7 – 53　OVTh 单元

表 7 – 18　门用电源规格

名　称	数量	备　注
电源（AVR）	1	AC 30 kHz，50 V 输出功率：180 W 和 300 V·A DC 100 V 电源（有备用电源）：1.2 A（最大） DC 100 V 电源（无备用电源）：1.5 A（最大） （型号：DA – 30008）

6）交流接触器

交流接触器（ACPT）将三次电压降至 AC 100 V，用作无接点控制装置接触网电压的检出。交流接触器（ACPT）如表 7 – 19 所示。

表 7 – 19　交流接触器（ACPT）参数

名　称	数量	备　注
ACPT	1	400 V/10 V，单相 0.01 V·A

7）电阻单元

电阻单元的外形如图 7 – 54 所示。该电阻器单元是由抑制过电压电阻（OVRe）和放电电阻（DRe）组成，配置第一级、第二级过压抑制电阻共 4 个（4S×2 级），第三级上段配置放电电阻 4 个（2S×2）。该电阻单元就是采用三级结构。表 7 – 20 为各电阻的规格。

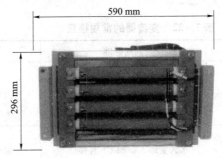

进深370 mm

图 7 – 54　电阻单元的外形

表 7 – 20　电阻的规格

名　称	记号	数量	备　注
抑制过电压电阻	OVRe	8	1.3 Ω ×4S ×2 （型号：RE1000 – 1.3 Ω）
放电电阻	DRe	4	12 kΩ ×2S ×2 （型号：RT400 – 12 kΩSE）

8）继电器单元

继电器单元外形如图 7 – 55 所示。本单元是由 24 V 平型继电器组成。该平型继电器采用插入式，是由插座、操作线圈、可动铁芯、操作卡、固定触头、可动触头、磁灭弧永久磁铁等组成的继电器体和透明罩组成。接点有 2 个，具有很高的接触可靠性。平型继电器规格如表 7 – 21 所示。

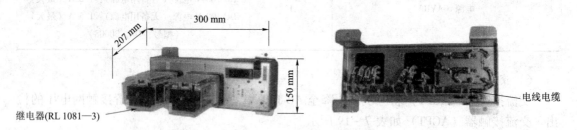

图 7 – 55　继电器单元外形

表 7 – 21　平型继电器规格

名　称	形　式	线圈电源	线圈电阻值
平型继电器	RL1081—3	DC 2 V	100（1 ±5%）Ω

7.5.4　变流器检查

1）变流器整体检查项目

变流器的常规检查可参考表 7 – 22。

表 7 – 22　变流器的常规检查

序号	项目检查	判断标准	处　理
1	外观检查 有无外伤、有无盖板损伤、安装状态如何	无异常	有损伤要修理
2	衬垫有无损伤老化（检查面盖板、底盖板、主鼓风机出口）	永久变形 3 mm 以下有弹性	有损伤及永久变形者更换
3	通电部松动否，有无加热痕迹	无异常	增加紧固力 有加热痕迹、有异常者要更换

续表

序号	项目检查	判断标准	处 理
4	导电棒有否损伤、绝缘有否老化、固定状态是否良好	无异常	有松动要紧固，有异常者要更换
5	电线有否老化、损伤、固定状态是否良好	无异常	有松动要紧固，有异常者要更换
6	端部有否松动，焊点、压接部有无损伤、老化	无异常	增加紧固力 修理 异常者更换
7	光缆有无污损	无异常	损伤严重者更换
8	光缆衰减量	衰减量 3 dB 以下	更换
9	装置内污损	无污损	吹气式清扫
10	内含器件（单元）有无损伤变色	无异常	有异常者要修理、更换

2）功率单元

功率单元的常规检查可参考表 7 – 23。

表 7 – 23　功率单元常规检查

序号	检查项目	判定标准	处 理
1	滤波电容器连接端子有否松动盒子是否膨胀	无异常 盒膨胀（片侧） 换流器：10 mm 以下 逆变器：7 mm 以下	增加紧固力（6.5～7.5 N·m） 盒子膨胀严重者要更换
2	本体安装部衬垫有无损伤、老化	永久变形 3 mm 以下要有弹性	损伤及永久变形者要更换
3	冷却器的冷凝部的堵塞、污损情况	记录堵塞、脏污程度，反映在维修标准的设定中	吹风清扫。此外，堵塞、脏污等用清扫方法不能完全去掉时要更换 当检知功率单元温度上升时，必须进行清扫
4	门驱动 印刷电路板表面、光接插件有无污损	无污损	用吸引方式清扫 （操作同无接点控制装置项）
5	主电路导体棒 绝缘处理部有否损伤老化，及其固定状态	无异常	绝缘处理部损伤及老化严重者更换 增加紧固力（较规定的紧固力矩为高）

功率单元维修、操作时的注意事项。

（1）温度继电器动作时的处理。

① 在检测到温度超过的场合，通过保护动作使主变换装置停止运行。

② 温度下降后自动再启动。其后，在没有检测到温度超标，并且认为设备还没有发生故障的场合，则就使主变换装置持续动作。

③ 在检知机械室温度再次超标时，温度继电器的动作情况要确认辅助鼓风机是否正常工作。若发现故障予以更换。

④ 检知元件安装面的温度继电器再次动作时的场合，这种现象认为是冷却器的性能老化，要用备品来更换功率单元，并予以调查。同时，在功率单元变换时，将从备品卸下的光缆接插件用的防尘帽安装到门驱动器（保护受光部）。

（2）IBGT 发生故障时的处理。

① 在 IGBT、二极管发生故障时，从主变换装置卸下功率单元，以功率单元为单位委托修理。同时，将光缆接插件用的防尘帽安装在门驱动器（保护受光部）。

② IGBT 元件的简易检验方法。在功率单元呈单体状态（要装在主变换装置内时，卸下功率单元与主变换装置间 4 根导电棒时的状态），检验端子安装位置及插针的排列如图 7-56 所示，用仪表检测端子间的电阻，以检验 IGBT 元件，表 7-24 为正常时电阻值的标准。该值是使用模拟量仪表用 ×1 挡位测定时的标准值。图 7-57 检验端子连接图。

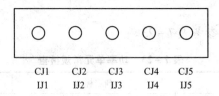

图 7-56　检验端子安装位置及插针的排列

表 7-24　检验端子间元件正常时的电阻值

项　目	电　阻　值			
	CJ1—CJ2 间 IJ1—IJ2 间	CJ2—CJ3 间 IJ2—IJ3 间	CJ3—CJ4 间 IJ3—IJ4 间	CJ4—CJ5 间 IJ4—IJ5 间
正向（IGBT）	∞	∞	∞	∞
反向（Df）	5～10 Ω	5～10 Ω	5～10 Ω	5～10 Ω

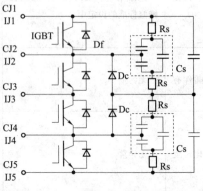

图 7-57　检验端子连接图

3）鼓风机（主鼓风机、辅助鼓风机）

鼓风机的常规检查可参考表7-25。

表7-25 鼓风机（主鼓风机、辅助鼓风机）常规检查

序号	检查项目	判定标准	处理
1	外观检查 紧固部有无松动，有无损伤、变形	无异常	增加紧固力 视需要进行分解检查
2	有无异常振动、异常噪声	无异常	视需要进行分解检查
3	检查防振橡胶有无龟裂、裂纹、老化	无龟裂、裂纹，推荐硬度无异常	更换（推荐更换周期：2次大修后）
4	清扫翼轮	无污损	鼓风机整体用吹风清扫，叶轮用布擦抹清洁
5	轴承	无异常	更换（不超过6年范围，更换周期可延长）

4）真空接触器

鼓风机的常规检查可参考表7-26。

表7-26 真空接触器检查

序号	检查项目	判定标准	处理
1	紧固部有否松动	无异常	增加紧固扭矩（较之规定扭矩）
2	污损	无异常	用抹布清洁
3	通电部有无变色、生锈	无异常	更换
4	确定遮断次数	过电流的遮断次数（根据监控器信息管理）5 000 A·20次	更换
4		通常电流遮断次数（根据走行距离换算）800 A·25万次	更换
5	测定绝缘接头连接杆的移动量	使用移动量的限度 最大：1.8 mm 最小：0.3 mm	调整移动量 最大：1.8 mm 最小：0.8 mm
6	确认最低动作电压	动作：75 V以下 释放：5 V以上	（1）确认调整的No.4移动量 （2）调整移动量 （3）更换电子电路单元（电子电路单元故障时）
7	确认辅助接点的动作次数	根据走行距离换算 动作次数：50万次	更换辅助接点

序号	检查项目	判定标准	处　理
8	绝缘耐压试验	主电路（端子间对地控制电路）AC5 400 V、1 min	更换绝缘老化元件
		控制电路（对地）AC1 200 V、1 min	更换绝缘老化元件

5）无接点控制装置

无接点控制装置鼓风机的常规检查可参考表7-27。

表7-27　无接点控制装置检查

序号	检查项目	判定标准	处　理
1	印刷电路板表面接插件是否污损	无污损	吸引式清扫
2	接插件表面及接插连接部（接点等）是否有弯曲异常	无异常	与厂家商量后处理
3	元件、焊点的老化、损伤	无老化、损伤	发现元件过热、腐蚀时，与厂家商量后处理
			焊点处（尤其是散热元件）有老化倾向时，要实施修补
4	连接的接插件印刷电路板	无特殊需要绝对不要触摸接插件	—
		通常不进行印刷电路板的插拔	接插件插拔时，必须检验连接的接插件的污损情况，要插拔2~3次。
5	测量记录所用电池的电压	3 V以上	低于3 V更换

6）变流器构成装置的其他部件

变流器构成装置的其他部件的常规检查可参考表7-28。

表7-28　变流器构成装置的其他部件检查

序号	检查项目	判定标准	处　理
1	热交换器有无变形腐蚀	无异常	与厂家商量处理
2	热交换器的堵塞	无异常堵塞	吹气式清扫
3	空气过滤器的堵塞	无异常堵塞	每次月检清扫（推荐更换周期：厂修）
4	电磁接触器（在充电单元内）	无异常	更换
5	抑制过电压的晶闸管内、门印刷电路板有无变色、老化、损伤	无异常	更换
6	门用电源有无变色、老化、损伤	无异常	更换

7.6　动车组牵引电动机

CRH2型动车组牵引电动机外形如图7-58，每节动力车4台（并联），一个基本动力单元8台，全列共计16台。牵引电动机为四极三相鼠笼式异步电动机，采用架悬、强迫风冷方式，通过弹性齿型联轴节连接传动齿轮。电机额定功率为300 kW，额定电压2 000 V，额定电流106 A，转差率0.014，质量440 kg，电气效率大于94%，机械传动效率为95%。外形尺寸长720 mm、宽697 mm、高629 mm。

7.6.1　CRH2型动车组牵引电动机的工作原理、组成

牵引电机采用三相交流感应电机，并采用不解体就可供油脂的绝缘轴承。牵引电机适用于电压源逆变器供电，变频变压（VVVF）调速运用方式。四台牵引电机并联使用。四台牵引电机特性差异控制在±5%以内，以便电流负荷分配均匀。同时，对轮径差有如下要求：

① 同一轮对（左右轮）：1 mm以内；
② 同一转向架车轮间：3 mm以内；
③ 同一车辆转向架间：3 mm以内。

图7-58　牵引电动机外形

管理两轴至四轴间最大轮径差应控制在3 mm以内。

牵引电机适用于电压源逆变器供电，变频变压（VVVF）调速运用方式。牵引电机绝缘采用200C级绝缘等级。所有牵引电机在外形尺寸、安装尺寸和电气性能方面，均能在所有动车的转向架各个轮轴之间完全互换。电机维修时，仅更换定子或仅更换转子后，仍能保证电机特性的一致性。牵引电机的连续额定效率为0.94以上。基本的结构组成如下。

① 转子：转子为坚固的鼠笼形，采用耐高速旋转的结构。为确保转子杆的滑动，采用固有电阻大、强度高的铜锌合金（黄铜）。

② 定子：为了轻量化，将外框分割并取消铁芯外周的框架，采用联结板压住铁芯。电机框架设与转向架连接的安装突起和安装座，框架两侧的联结框（以下称铝托架）采用铝合金铸件制造，实现了进一步轻量化。

③ 测速发电机：在非传动轴端安装了2台测速发电机，用于逆变器控制和制动控制。

7.6.2　CRH2型动车组牵引电动机的主要技术参数及性能

轴承采用绝缘轴承，牵引电机采用不解体就可供油脂的轴承结构。每台牵引电机的最大输出设定轴输出为300 kW，在通常的营业运行中能满足基本走行条件。相关技术参数如表7-29所示。

表 7 – 29　时速 200 km/h 铁路动车组用牵引电机主要项目表

方式	鼠笼式异步电机		连接		Y
型号		定子线圈	线圈间距		#1 ～#8 = 7
极数	4		导体数/切槽		16
相数	3		串联导体数/相		192
额定值	类别	持续		导体尺寸		2 – 1.5 mm×5.5 mm
	输出功率/kW	300		导线束绝缘		聚酰亚胺电线
	电压/V	2000		电流密度		6.67 A/mm^2
	电流/A	106	转子铁芯	外径 – 内径		Φ306 – Φ80 mm
	频率/Hz	140		叠层厚度		170 mm
	打滑率/%	1.4		切槽数量		46
	转速/（r/min)	4140		切槽尺寸		7.4 mm×25.6 mm
	效率/%	94.0		风口数 – 直径		16 个 – Φ24 mm（堵塞 8 处风口）
	效率因数/%	87.0		材质·板厚		相当于 50A800·0.5 mm
冷却方式	机械通风方式（20 m^3/min)	转子导体	杠杆	尺寸	7.3 mm×23.0 mm
绝缘类别	200			材质	赤黄铜
温度上升极限	200 K（定子绕组、电阻法）			电流密度	6.33 A/mm^2
最高使用转速	6 120 r/min		端环	尺寸	27 mm×34 mm
最高试验转速	7 040 r/min			材质	纯铜
计划质量	440 kg			电流密度	4.23 A/mm^2
定子铁芯	外径 – 内径	Φ480 – Φ310 mm	最大 V/f	牵引		2 300 V/116 Hz
	叠层厚度	170 mm		再生		2 300V/130 Hz
	切槽数量	36	电路常数（115℃、140 Hz)	R1：0.144 Ω/相		X1：1.246 Ω/相
	切槽尺寸	13.5 mm×35.0 mm		R2：0.146 Ω/相		X2：1.138 Ω/相
	材质·板厚	相当于 50A800·0.5 mm		Rm：527.7 Ω/相		Xm：28.88 Ω/相

7.6.3　牵引电动机结构

牵引电动机为感应电动机，具有无整流问题（无整流器结构）的特征，能够长时间无需维修就能持续动作。此外，结构上考虑了极度轻量化的同时，维修简化。以下就主要部分结构图予以说明。作为适用于车辆的构件，在构造设计方面不仅最大限度地追求轻量化，而且还追求在维护时的简易性。

CRH2 型动车组采用 MT205 型牵引电动机，对电机的结构主要从以下几个方面进行说明。

1）定子

为了追求轻量化，定子框采用以联结板连接铁芯的无框架结构框，设有安装转向架的凸头和安装座。定子框的两侧采用铝合金铸件（铝托架）制作部件，进一步实现了定子框整体的轻量化，定子结构如图 7 - 59 和图 7 - 60 所示。

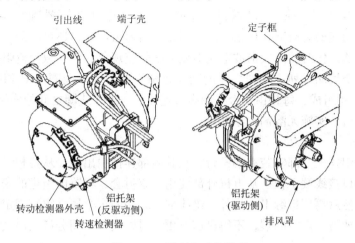

图 7 - 59　牵引电动机外观

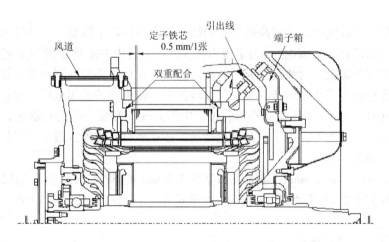

图 7 - 60　牵引电动机断面

（1）铝托架（反驱动侧和驱动侧）。

由于无机座结构的框的连接架是用铝合金铸造的，重量轻，铝托架的材质、板的厚度是考虑到高速行驶时碎石的冲击因素选定的。铝托架安装部用加厚及采用加强筋来增加强度，以进一步提高强度。

通过铝、铁热膨胀的差别和防止错位所进行的嵌合是采用两重嵌合方式。由于是强制风冷方式，在反驱动侧的铝托架上部设有风道，在端面部将检测旋转数用的支架。此外，在驱动侧上部安装有出线口盖。

铝托架的材质以及板厚都考虑到高速行走。另外，铝托架的定子框安装部分，通过加强筋提高强度。通过加厚及加强筋的加强提高了铝托架的框架安装部的强度。安装时，使用 M12×8 的螺丝安装在无机座结构的框架上。和定子框一侧的配合，采用双重配合方式，利用铁和铝热膨胀之差异，防止滑动。反驱动侧的铝托架，出于采用强制风冷方式的需要，在托架上部设置风道，在托架端面安装了转速检测器外壳，用 M15×5 的螺丝加以固定。另外，在驱动侧，上部安装了端子壳。

（2）定子的铁芯及定子线圈。

定子铁芯为厚度 0.5 mm 的硅钢板和厚度 1.6 mm 的 SPCC（端板）层压而成。另外，定子铁芯上设置的切槽为后退式切槽，这样可以留出通风空间，还可以提高冷却效果。定子线圈为防止逆变器运作时的高次谐波电流造成趋肤效应现象，而导致交流阻抗增加，温度上升过大，故将多个线圈并列。线圈导体的断面是扁平的。定子线圈由 U 相绕组、V 相绕组和 W 相绕组的三相组成，每相由 3 个线圈串行连接。另外，线圈之间的连接全部实施银焊，并缠绕绝缘胶带后，实施无溶剂清漆处理。

（3）引出线。

在驱动侧的铝托架上部安装有端子台，在其内部连接引出线。从各相线圈引出的平角铜线，用带有的银口接线端子板。从电机外部使用橡胶衬套，将罩内引进的安装用的引出线用银焊牢牢固定，然后再用带缠上。另外，绝缘部分是用固定金属件牢牢固定的。且由于道碴冲击等原因铝托架万一产生断裂，不得已需要更换时，具有不用分离引出线连接部就可以更换的结构。

2）转子

转子为坚固的鼠笼型，是耐高速旋转的结构。为确保转子转动，转子导条采用固有阻力大，强度高的铜锌合金（黄铜）。为了极力减少由于运转中的温度上升所引起的热膨胀，短路环采用了固有电阻很小的纯铜。为了对应高速旋转在短路环的外周还设有保持环。

转子的构造适用于高速运转。为了确保转差率，转子导条采用电阻系数较大，强度足够的铜锌合金（红铜）。为了尽量减小运转过程中因温度上升而产生的热膨胀，短路环采用电阻系数较小的纯铜。此外，为了应对高速转动，还在短路环的外围设置了保持环。

（1）转子铁芯。

转子铁芯为厚度 0.5 mm 的硅钢板和厚度 1.6 mm 的 SPCC（端板）的层压板，热套在转子轴上。铁芯上共设有 $\Phi24$ 的冷却用通风孔 8 个，同时也使转子轻量化，提高了冷却效率。

（2）转子导条及短路环。

转子导条为纵长的矩形形状，插入在转子铁芯的 46 个切槽中。短路环通过银焊牢固地接合在转子导条的两端。转子导条从转子铁芯外周通过模锻牢固地固定在槽内。

（3）转子轴。

轴材为铬钼钢，与齿轮联轴器配合时，直径大的一侧为：$\Phi68$ 锥度 1/10，锥长为 75 mm，驱动侧的螺丝是 M42—P2。

3）轴承

反驱动侧使用的轴承是 6311C4P6，驱动侧使用的是 NU214C4P6，驱动侧的圆柱滚子轴承考虑到保持架导向面的滑动摩擦生热及摩擦之对策，采用了滚子导向方式的保持架。且作为轴承的防电蚀之对策，在驱动侧、反驱动侧的轴承外环上喷镀了陶瓷，采用了已形成有绝缘保护膜的绝缘轴承。轴承采用的结构是，在中间加油时通过加油嘴加进的润滑脂能从这两处均衡地注入轴承内部，能延长分解的周期。在驱动侧设有端盖，在反驱动侧的罩内设有注油管路，厂修时，可以很容易地进行清洗。另外，为了增大润滑脂量，在驱动侧、反驱动侧的端盖上设有环状润滑脂室。

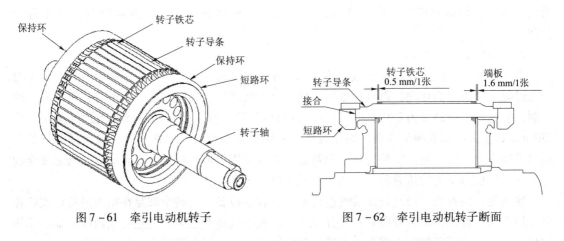

图 7 - 61 牵引电动机转子   图 7 - 62 牵引电动机转子断面

4）转速检测器

在反驱动侧安装有与装在轴端的齿轮的齿面相对应样式的逆变器控制及制动器控制用的2个转速检测器，其使用很容易。

5）排风罩

为了耐雪，采用从车体吸取冷却风的方式，在排风部安装有防雪侵入的排雪罩。

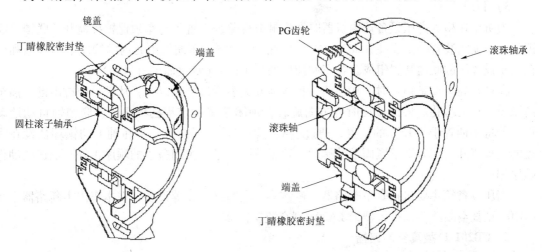

图 7 - 63 驱动侧轴承外形构造   图 7 - 64 反驱动侧圆柱滚子轴承外形构造

7.7 主电路其他元件的使用维护

7.7.1 CRH2 型动车组高压设备箱

1. 高压设备箱

1）概要

高压设备箱安装在 M2 车的地板下面，真空遮断器、避雷器、地板下电缆盒装在设备箱内。该高压设备箱能够只将收藏的设备各自单独地装卸，也可根据需要对箱整体进行装卸。

2）高压设备箱的结构

为了防止发生危险和避免所藏设备受到污损，高压设备箱的结构采用密封方式。为了对应通过隧道时压力的变化，设有过滤器，使外界大气进行换气。此外，为了降低避雷限压的抑制，空中绝缘距离设为230 mm，以使设备箱小型化。高压加压部按确保大地绝缘距离为230 mm以上来配置收藏的设备。高压设备箱采用铝合金型材，制作牢固。高压设备箱的上面吊有避雷器，箱的侧面安装有真空断路器、地板下用的电缆接线盒及表示灯。为了安全起见，在保护接地开关的接通时，为能用视觉加以确认而设置表示灯。

底面设有检查盖。通过锁闭装置进行锁闭。收藏设备的安装全部是在箱内进行。实施作业及检查时，操作锁闭装置以后打开开闭盖。地板下电缆盒的装卸是松动箱内固定盖的紧固螺丝，固定盖落下后卸下电缆盒，安装夹具的紧固螺丝，将电缆不受碰伤地拔出。

真空断路器的装卸是在取下空气管道，用于配线的连接器后，从箱内卸下安装螺丝，使其在箱内移动，开闭盖的部分，在下方拔出。

避雷器的装卸是将接地线从端子部卸下后，松开避雷器防振橡胶的紧固螺母，在下方拔出。

3）锁闭装置

为防止在检查高压设备箱内机器时发生触电现象，设置了与车顶保护接地开关联锁的联锁装置。锁闭装置是由安装在M2车地板下辅助电动空气压缩机单元内的管座上的键箱和设在高压设备箱的联锁装置组成。各车厢使用的键不同。（键表面刻有号码）

在打开高压设备箱盖时，在确认保护接地开关表示灯点亮以后，从键箱中拔出键，插至高压设备箱的键孔。将键按反时针方向旋转，锁闭装置的定程档杆引入，联锁轴自动地动作。若将手柄置于"开"的位置，通过手柄使轴移动的同时，安装在轴上的锁环从设在底盖的托板离开，同时卸下紧固盖的螺丝，盖子就打开了。关闭盖子的顺序正好与上述的动作顺序相反。

高压设备箱主要包括真空断路器、避雷器、电缆终端盒等设备，在本车内主断路器采用CB201型真空断路器，避雷器为LA205型交流避雷器。

2. CB201 C型真空断路器

安装真空断路器的目的在于当主变压器次级侧以后的电路发生故障时，能迅速、安全、确切地切断过电流，与此同时，它也是主电路平时的一种开闭器。它兼有断路器和开关两种作用。

该型真空断路器（通常称VCB），它利用真空中的高绝缘性能和电弧的扩散作用进行遮断，配置在电动车地板下面高压机器箱内。

CB201 C型真空断路器只用了一个电磁阀兼顾开路和闭路。这样减轻了重量。它与CB201 A型相比较，在结构、弹簧压力等方面发生了改变，故两者不具互换性。

CB201 C型真空断路器的外形图如图7-65所示，其内部配线如图7-66所示。

CB201 C型真空断路器的规格如表7-30所示。

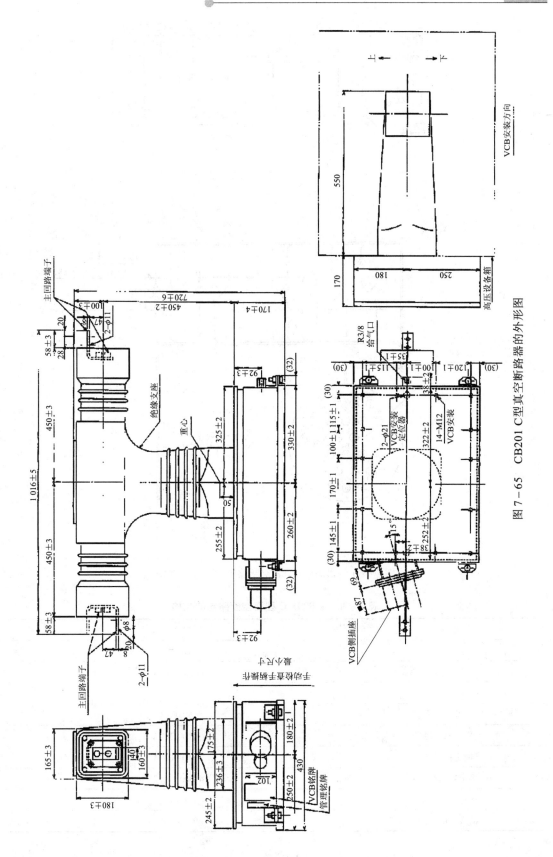

图7-65　CB201 C型真空断路器的外形图

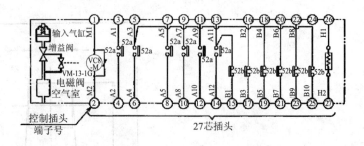

展开联接图

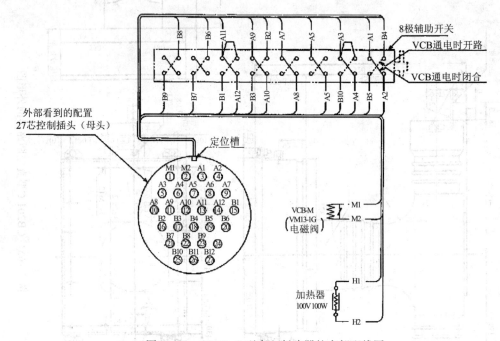

图 7 – 66　CB201 C 型真空断路器的内部配线图

表 7 – 30　**CB201 C 型真空断路器的规格**

项　　目	规　　格
型号	CB201 C
额定电压	AC 30 kV
额定电流	200 A
额定频率	50/60 Hz
额定断路容量	100 MVA
额定接通电流	10 000 A
额定短路时电流	4 000 A (2S)
额定断路时电流	3 400 A
无荷载时的接通时间	0.15 s 以下

项　目	规　格
额定开极时间	0.06 s 以下
额定断路时间	0.08 s 以下
操作方法	闭极：电磁控制空气操作式 开极：电磁控制空气操作式
额定操作电压	DC 100 V（变动范围 60 ~ 110 V）
额定操作压力	0.8 MPa（变动范围 0.64 ~ 0.96 MPa）
标准动作	CO—5 s—CO

3. LA204 型及 LA205 型交流避雷器

LA204 型及 LA205 型交流避雷器是由以氧化锌为主体的金属氧化物组成的高非线性电阻体的无间隙避雷器。

LA204 型及 LA205 型交流避雷器其电气规格是相同的，在安装方面具有互换性。此外，在安装上与 LA203 型、LA203B 型无互换性。表 7 – 31 给出了 LA204 型及 LA205 型交流避雷器的规格。

表 7 –31　LA204 型及 LA205 型交流避雷器的规格

项　目		规　格
型号		LA204、LA205
标准放电电流		10 kA（8×20 μs）
额定电压		42 kV RMS
标准电压		33 kV RMS
动作开始电压		57 kV 以上（直流 1 mA 电流流过时的端子电压）
限制 电压	5 kA	100 kV 以下
	10 kA（标准）	107 kV 以下
耐放电量	冲击电流	100 kA（8×20 μs）
	矩形波	400 A，2 回
质　量		30 kg（LA205 型 21 kg）

1）LA204 型避雷器

该避雷器内有由 13 块元件叠加，用绝缘杆绝缘螺丝固定的组件。将该块用弹簧支持，使之有缓冲作用。在瓷管内部装有上述非线性电阻体，用氮气密封。万一避雷器由于大电流而断路，内部压力异常上升，因此设置了向外释放高压气体的特殊薄金属板的放压装置。

2）LA205 型避雷器械

该避雷器内有带有用弹簧强力固定的密贴接触的止振橡胶的 14 个元件。此外，在 LA204 中瓷管使用环氧树脂，在 LA205 中使用聚合物（难易燃烧的物质），以减轻质量。

7.7.2　CRH2 型动车组电流互感器

互感器虽与变压器相似，但从两者的用途来看，变压器除了用来变压和有时变相外，主要用于传输电能；而互感器则是把原边电路的电压、电流准确地反映给副边电路。所以，电力机车上的互感器在结构和要求上都与电力变压器有所区别。其特点如下：

（1）电流互感器的原边绕组与主电路串联，通过原边的电路就是主电路的负载电流 I_1，与副边电流 I_2 无关；而电力变压器的原边电流却是随副边电流的改变而改变的。

（2）由于串接在电流互感器副边的测量仪表或继电器电流线圈的阻抗都很小，所以电流互感器正常工作状态接近于短路状态，这也与变压器不同。

作为测量用的电流传感器，其比差和角差直接影响到测量结果的正确程度，因此比差和角差是这种互感器的最主要特性。比差和角差不但随原边电流的变化而略有改变，而且还随着副边电路的负载阻抗 Z_2 的增大而增加。因此，同一电流互感器可能以几种不同的准确度级工作。为了限制误差范围，对每一个电流互感器都规定了一个额定的负载，并标注在铭牌上。所谓额定负载是指电流互感器误差不超过某一范围的副边最大负载，以 Ω 表示。

用于短路保护的电流互感器，由于短路时原边绕组中流过的电流大大超过额定电流，致使磁路饱和，误差大大增加。所以，这种用途的互感器的主要特征是饱和倍数，而不是角差。所谓饱和倍数，就是当原边电流超过额定值并继续增加到使增加值恰好等于 − 10% 时，这一电流与额定电流之比，用额定原边电流的倍数来表示。

如果由于某种原因，电流互感器的副边未接入仪表或继电器，必须将互感器副边绕组短接，也就是说，电流互感器在使用时，其副边只能短路而不能开路。因为在正常运行时，电流互感器的励磁安匝仅为原边安匝的很小部分，其绝大部分用于与副边的安匝平衡。如果副边开路，则抵消一次侧线圈的安匝 I_2W_2 为零，此时原边安匝全部用于激磁，使磁通增加，会造成以下后果：

（1）铁芯因强烈磁化而产生剩磁，增加测量误差；

（2）副边绕组出现很高的尖峰电压，危及工作人员的安全和测量仪表的绝缘；

（3）铁芯的铁耗猛增而过热，甚至烧坏互感器。

为保证工作人员安全，还必须将电流互感器的外壳和副边绕组的一端可靠接地，以防原、副边绕组间绝缘一旦损坏，原边的电压窜入低压的副边，引起触电和仪表的损坏。

CRH2 型动车组采用 TH − 2 型高压电流互感器，一个基本动力单元 1 个，全列共计 2 个。该高压电流互感器变流比为 200/5，用于检测牵引变压器原边电流值。

CRH2 型动车组主电路的 TH − 2 型电流互感器基本性能如下：

> ➢ 方式：室外用隔离型互感器；
> ➢ 用途：牵引变压器原边过电流检测；
> ➢ 变流比：200/5。

7.7.3　MR139 型接地电阻器

MR139 型接地电阻是为了防止接地刷的异常磨耗、轴承电腐蚀的措施，使接地电流均匀设置的电阻器，电阻器的规格如表 7 − 32 所示。

表7-32　电阻器规格

电阻值/Ω	0.5（20 ℃）
连续电流/A	20
最大负载/（A×s）	300×0.25（电路不开路）
冷却方式	自冷
质量/kg	约18.5

电阻器在最大负载电流流过时，即使电阻体或绝缘发生局部破坏也不应导致电阻开路，以此来设计电阻器容量、电阻与框架绝缘等所必需的最小值，以实现小型、轻量化。接地电路使用50 mm²电线，电阻器的引线端子应有比电阻体部分有更大的容量，在电阻器下方故设计了突出的端子抽头。

1）电阻体

电阻体材料使用Fe-Cr-Al合金。一个电阻值为0.004 8 Ω，将52个焊接起来排成Z形连接状连接起来，分成二层叠加，上下层的一端用与电阻同样材质的接线板进行焊接，与电阻成为一个整体。电阻间隔板小，通过焊接连成，因而电阻是小型化的。

2）绝缘螺丝

保持绝缘体绝缘的绝缘螺丝在2个螺丝卷有云母片，通过玻璃封口来保护其表面，绝缘螺丝是采用这样的结构。

MR139型接地电阻器是为了防止接地刷异常磨耗、电腐蚀及接地电流均等化而设计的电阻器。该电阻器材质为铁铬铝合金，电阻体厚度为18.8 mm，由104枚电阻构成。

7.7.4　SH2052C型保护接地开关（EGS）

设置保护接地开关的目的在于当真空遮断器不能切断主电路的场合，或者是认为接触网异常，希望接触网无电压，使接触网强制接地。在保证车辆安全的同时，还可在高压设备箱内进行检查时，万一受电弓升弓，预先使受电弓接地，避免触电事故的发生。只要有电源和空气压缩机，什么时候均可不受限制地接通。在开路场合，只有高压设备箱完全关闭的场合才有可能。操作用的电磁阀设在地板下的辅助电动空气压缩机内。

操作时，可以使用司机台的开关（保护接地开关使用的开关）、开路开关或是使用配电盘的开关，实现遥控。SH2052 C型保护接地开关规格如表7-33所示。

表7-33　SH2052 C型保护接地开关规格

	形式	电磁空气式
	型号	SH2052C
性能	电压	30 kV 单相
	频率	50/60 Hz
	短时间电流	6 000 A（15 周期）
	操作空气压力	0.785 MPa
	操作电压	DC 100 V
	接入容量	15 kA（条值）1 次

主接点接触力	78.4 N
联锁接点	3a – 3b
刀形开关接通时间	10～20 周期

保护接地开关是由操作气缸、扭矩机构、辅助开关和内藏的加热器、安装在外部的含有刀形开关的机构箱、固定触点等组成。

机构箱在箱的纵向方向两侧有安装脚，安装在车体侧的支架，固定的触头部安装在低噪声受电弓内部。

接通开关时，闸刀通过低噪声受电弓下面的 FRP 槽接通受电弓内部的触头。为了对抗寒冷，本机构箱内有 100 V、100 W 的电阻丝。为避免热散发，以及防止水、尘埃的侵入，采用了密闭结构，对外部的刀形开关而言，设在暖暖的机构箱的侧面，即使是下雪也不会结冰。此外，固定触头的接触弹簧也能方便地粉碎固定触头上的冰。

复习参考题

1. CRH2 型动车组牵引传动系统主电路的工作原理。
2. CRH2 型动车组牵引传动系统主要构成部件的基本工作原理与作用。
3. CRH2 型动车组牵引传动系统主电路接地系统有何特点？

第8章

CRH3 型动车组供电牵引传动系统与控制

【本章内容概要】

本章介绍了 CRH3 型动车组牵引传动系统的总体构成、主电路组成、受电弓、主变压器、主变流器、牵引电动机、其他元件等方面。

【本章学习重点与难点】

本章重点掌握 CRH3 型动车组牵引传动系统的工作原理、系统的布置及主要设备的功能与作用。

8.1　概　　述

CRH3 型动车组为 8 辆编组，其中 1、3、6、8 号车为动车，2、4、5、7 号车为拖车，牵引传动系统采用交—直—交的传动方式，每列动车组的牵引系统由两个牵引单元组成，1、2、3、4 为一个动力单元，5、6、7、8 为一个动力单元。如图 8 – 1 所示。

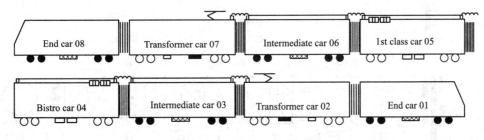

图 8 – 1　牵引传动系统的布置

一个牵引单元的牵引主电路设备主要由 1 个受电弓、1 个牵引变压器、2 个牵引变流器、8 个牵引电机和 2 个牵引控制单元（TCU）组成。每个牵引电机带有一套机械传动装置包括齿轮箱、联轴节。

每辆动车组都由两个对称的牵引单元组成，它们用一根车顶线（高压线）相连。动车组牵引系统的组件分布在以下车上，它们对称地位于两个牵引单元中。

➤ EC01/EC08——牵引变流器（TC），带冷却装置（CLT）；——牵引电动机（TM）和齿轮装置。

➤ TC02/TC07——变压器（TF），带冷却装置（CLF）。

➤ IC03/IC06——牵引变流器（TC），带冷却装置（CLT）；——牵引电动机（TM）和齿轮装置。

➢ BC04/FC05——限压电阻器（R_{MUB}）。

8.2 牵引传动系统

8.2.1 概述

牵引传动系统利用交—直—交传动技术，采用 AC 25 kV 接触网供电。每列动车组都由两组互相对称的牵引单元组成，它们之间用车顶电缆连接起来。每列动车组的牵引功率为 8 800 kW，再生制动时为 8 000 kW。

8.2.2 主电路构成

1. 主电路的构成

主电路主要由网侧高压电器、牵引变压器、牵引变流器和牵引电动机等组成。如图 8-2 所示，牵引系统构成如表 8-1 所示。

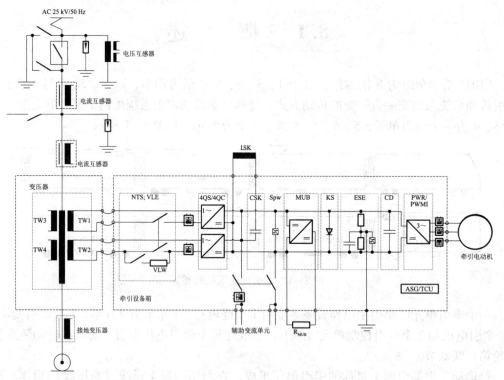

图 8-2 主电路构成示意图

表 8-1 牵引系统构成

代　号	名　称	代　号	名　称
C_D	直流侧电容器	VLW	预充电电阻器
C_{SK}	电容器（串联谐振电路）	4QC	四象限整流器

续表

代　号	名　　称	代　号	名　　称
LCT	线路电流互感器	PWMI	脉宽调制逆变器
L_{SK}	电感器（串联谐振电路）	R_{MUB}	限压电阻器
LVT	线电压互感器	TC	牵引变流器
TM	牵引电动机	TCT	变压器电流互感器
TW1 – TW4	牵引绕组	TF	变压器
MUB	过压限制器		

2. 主电路的工作原理

架设在 TC02 车车顶的受电弓从接触网接收 AC 25 kV 的交流电，然后通过布设在车顶和车端的高压电缆将电能输送到装在 TC02 车下的牵引变压器，变压器的副边感应出 4 × 1 550 V 的电压并通过车辆间的连接馈线到设在动车车下的变流器单元。变流器单元内部的四象限斩波器将 1 550 V 的交流电整流为 2 700 ～ 3 600 V 的中间直流电压。中间直流电压通过 PWM 变频单元向牵引电机提供变压变频（VVVF）的三相交流电源。其中限压电阻接在中间直流电路的两极，防止出现过高电压，辅助变流器的输入也取自中间直流环节。

主电路设备主要包括：牵引变压器及其冷却系统、牵引变流器及其冷却系统、牵引电动机及传动装置、限压电阻、高压电器等。

3. 主电路的供电电压

列车接触网的电压范围为最大 31 kV，17.5 ～ 19 kV 能运行 10 min，29 ～ 31 kV 能运行 5 min，额定电压为 25 kV。额定频率 50 Hz，频率公差 49 ～ 51 Hz，牵引力与网压的关系如图 8 – 3 所示。

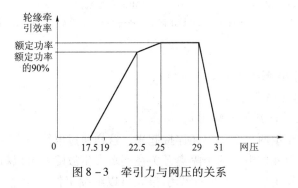

图 8 – 3　牵引力与网压的关系

8.3　高　压　电　器

8.3.1　概要

高压电器主要由受电弓、高压断路器、接地开关、防雷击装置（避雷器）、网端检测装置、高压电缆组成。每列动车组都由两个对称的牵引单元（EC01 至 BC04 车和 FC05 至

EC08 车）组成，它们通过一根车顶线相连。

高压系统位于车顶，高压系统的构成如图 8-4 所示。除车顶线和 TC02 和 TC07 车之间的高压转换装置外，高压系统的下列所有组件都位于 TC02 和 TC07 变压器车的车顶：

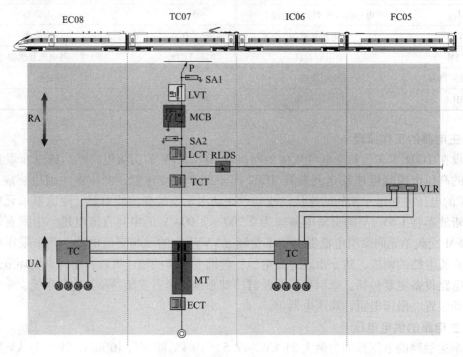

图 8-4 高压系统构成框图（图中为第二个牵引单元）

ECT—接地电流互感器；RA—车顶区；M—牵引电动机；RLDS—车顶线路隔离开关；LCT—线路电流互感器；
SA1、SA2—避雷器；LVT—线电压互感器；TC—牵引箱；MCB—主断路器/接地开关；TCT—变压器电流互感器；
MT—主变压器；UA—地板下区域；P—受电弓；VLR—限压电阻器

> 受电弓（P）；
> 避雷器（通过接触网的过压）（SA1）；
> 线电压互感器（LVT）；
> 主断路器，带接地开关（MCB）。

高压电缆，将动车组两个牵引单元连接起来，这样通过电缆一个受电弓和一个主断路器可以同时给两个牵引单元供电。两个隔离开关在列车发生故障时可以将车顶电缆断开，这样一个牵引单元主系统发生故障，另一个牵引单元可以继续工作。受电弓得到 AC 25 kV 的电源后通过真空主断路器与车顶电缆连接。在受电弓的右后方有一个避雷器防止空气过压，避雷器的下方是变压器，作为从接触网获得的 AC 25 kV 变压的传感器，主断路器中集成了接地绝缘和电流互感器用于测量动车组的电流，从电流互感器出来的信号送达中央控制单元进行处理，而从变压器出来的信号则由中央控制单元和牵引控制单元处理。带有接地绝缘的真空断路器将受电弓和其牵引单元主变压器原边绕组连接起来，同时通过车顶电缆与另一个牵引单元主变压器原边绕组连接起来。

电流互感器及避雷器通过电缆与变压器原边绕组连接。电流互感器相当于一个变压器原边绕组的输入电流的传感器。变压器的输出端通过接地电流互感器与运用地面连接，电流互感器采集变压器的输出电流。每个牵引单元的中央控制单元通过比较两个电流互感器测得的电流差来判断两个电流互感器间原边电路是否有接地故障。

高压电器的主要组成部分位于每个完整动力配置的变压器车车顶上。高压系统部件布置如表8－2所示。

表8－2　高压系统部件布置

头车 EC01	无
变压器车 TC02	受电弓、带有接地绝缘的主断路器、避雷器、变压器、车顶电缆、车顶电缆隔离开关、车与车之间高压连接
中间车 IC03	车顶电缆、车与车之间高压连接
餐车 BC04	车顶电缆、车与车之间高压连接
一等车 FC05	车顶电缆、车与车之间高压连接
中间车 IC06	车顶电缆、车与车之间高压连接
变压器车 TC07	受电弓、带有接地绝缘的主断路器、避雷器、变压器、车顶电缆、车顶电缆隔离开关、车与车之间高压连接
头车 EC08	无

8.3.2　受电弓

1. 结构组成

接触网提供 AC 25 kV 电压的交流电，由受电弓受流。由于高压线路（称为"车顶线"）连接 CRH3 型列车的两个牵引单元，正常操作中只需要提升一个受电弓收集 AC 25 kV 用于整个 8 节车厢装置即可。受电弓由压缩空气驱动。此外，气动滑板监测系统（自动高速降落装置）可确保在滑板磨损或断裂时通过断开 EMERGENCY OFF（紧急停车）回路来使受电弓降落。受电弓构成如图 8－5 所示，实物图如图 8－6 所示，集电器头如图 8－7 所示。

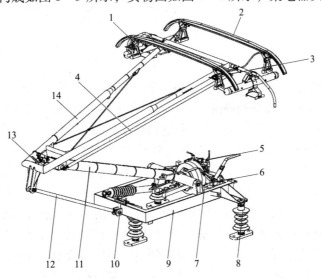

图 8－5　受电弓结构

1—集电器头；2—碳条；3—电流连接器装置，集电器；4—导杆；5—气源；6—提升装置；7—电流连接器装置，基底；8—支持绝缘子；9—底座；10—系统阻尼器；11—下拉臂；12—连接杆；13—电流连接器装置，拐点；14—上拉臂

图 8 - 6　受电弓实物图

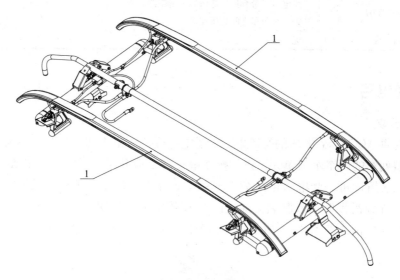

图 8 - 7　集电器头

　　受电弓设计为单臂受电弓。气动系统阻尼器（部件 10）位于底座（部件 9）上，阻尼器使下拉臂（部件 11）段提升和降落，底座固定在支持绝缘子（部件 8）上。拉离上拉臂（部件 14）段会带离集电器头（部件 1）和它的两个碳条（部件 2）。受电弓配有气动自动降落装置。它在滑板断裂时使受电弓降落（还将断开 EMERGENCY OFF（紧急停车）回路）。驱动器的压缩空气供应给滑板防磨损板中的管道。若滑板断裂时压缩空气逸散，受电弓的风箱驱动器将通过高速降落阀通风。同时主断路器将被触发，防止因电弧而损坏。弓角也受到气动监测，以防损坏。如果压力线断裂，自动降落装置可通过切断阀被禁用。

　　受电弓的所有功能都由各自相关的阀控制模块执行和监测。升弓通过启动按钮连接至阀控制模块的气动管中的电磁阀实现。升弓时间使用气动供给管中的扼流圈设置。受电弓的降弓时间和静接触力及自动降落装置的压力开关在阀控制面板上设置。阀控制模块的压缩空气由 MR 管道供应，此外，辅助压缩机还用于在低 MR 压力时供列车使用。该受电弓主要的技术参数见表 8 - 3。

表 8 – 3 受电弓主要技术参数

参　数	性能要求
结构形式	单臂式
驱动机构形式	压缩空气升降机构
受流器头外形尺寸	根据 EN 50367
受流器头的宽度	1 950 mm
接触带的宽度	1 250 mm
接触带的材料	碳
运行高度（距轨面）	最小 4 950 mm 最大 6 500 mm
与接触线的接触力（静态）	40 ~ 120 N（可调）
运行速度	运行速度：300 km/h 试验速度：330 km/h 单次试验运行：350 km/h
额定电压	25 kV
额定频率	50 Hz
额定电流（牵引工况）	700 A
额定电流（静止工况）	60 A

2. 工作原理

受电弓配备了一个压缩空气驱动的自动升降装置，当接触接触带破裂时驱动装置将降低受电弓。在接触接触带的摩擦块中有一条沟槽里面充满来自驱动装置的压缩空气，如果摩擦块断裂压缩空气就会泄漏，底部驱动装置就会通过一个快速排气阀将受电弓降低，同时主断路器被触发以免由于电弧引起损坏。同样的方式当绝缘舵杆损坏时以相同的方式进行控制。在压力管路损坏的情况下，该自动升降装置通过塞门在运行状态时进行隔离。

受电弓所有功能及监控是通过各自的阀控制模块实现。受电弓升起是通过一个安装在控制阀模块输入电缆中的电磁阀实现。升弓时间通过输入电缆中的电抗设置。降弓时间、静态接触力及自动升降装置中的压力开关的压力通过阀控制面板设置。阀控制模块所需的压缩空气由 MR 管提供，当列车整备时辅助空气压缩机会被使用。

3. 工作方式

当单列动车组运行时，两个受电弓中的其中一个用于采集单相交流电。为了实现这个目的，两个受电弓（动车组的两个牵引单元）通过车顶电缆连接。在单列车运行过程中，两个受电弓的任何一个都具有相同的性能。

双牵引运行时，两个受电弓，每单元一个，升起。车顶受电弓的安装位置和两受电弓之间的距离应以此来决定：确保双牵引中有一个好的集电弓，基于 200 m 或更长距离的受电弓的配置。在动车组重联时，两个受电弓被升起（每列车各一个）。即使重联运行，受电弓在车顶的安装位置及两个受电弓间的距离需要被考虑。当受电弓距离 200 m 或更大时会发挥最佳集电效果。

在正常模式，单相交流电由动车组中优先使用的受电弓收集，受电弓的优先配置取决于列车的配置。在发生故障的情况下，就会要求另外一种配置工作，这样就要限制列车的最高运行速度。

根据列车配置，列车控制系统通常会确定首选受电弓。正常操作期间的首选受电弓的配置如图 8 - 8 所示。

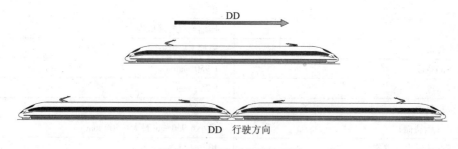

图 8 - 8 首选受电弓的配置

如果首选受电弓被禁用或出现故障（例如，切断线路安全开关或空气压力损失），则可使用如图 8 - 9 所示的受电弓配置。

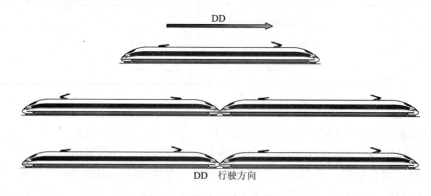

图 8 - 9 非首选受电弓的配置

由于分相段中存在隔离电源短路，不允许的受电弓配置如图 8 - 10 所示。

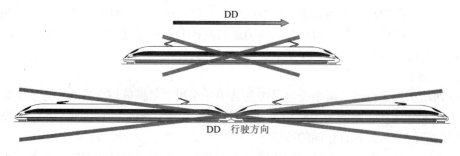

图 8 - 10 不允许的受电弓配置

升弓：将司机控制台上的受电弓拨动开关切换到"升弓"位置后，电磁阀通过 SIBAS KLIP 模块激活。

采用以下方式可降弓：

➢ 启动司机控制台上的受电弓拨动开关，将开关设置到"降弓"位置；

➢ 启动司机控制台上的受电弓拨动开关，将开关设置到"降弓并撒砂"位置；

➢ 断开 EMERGENCY OFF（紧急停车）回路；

> 执行 CCU 的保护功能；
> 执行 TCU 的保护功能。

8.3.3　主断路器

主断路器（MCB）用于开关连接的牵引单元的工作电流，以及在发生严重干扰时安全断开 CRH3 列车的两个互感器（LCT/TCT）与接触网。严重干扰如过流、互感器故障或线路短路。主断路器由压缩空气驱动。

1. 结构形式

主断路器设计成单极真空主断路器，具有内置弹簧式压缩空气作动器及真空电弧放电室。主断路器主要有用于顶部打开的盖板、作动器及真空电弧放电室。在主断路器的外部装有隔离开关。监控、触发断路器及断路器的保护是通过列车控制实施的。诊断系统确保主断路器发生任何故障时都能被发现而且发出有关错误信号，接着发生故障的主断路器被锁闭。主断路器的结构如图 8 - 11 所示，主断路器实物如图 8 - 12 所示。

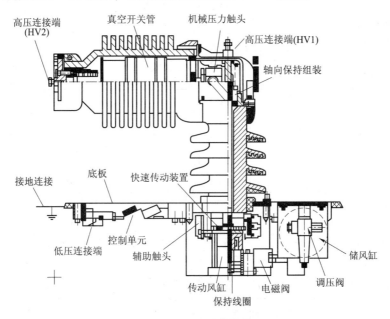

图 8 - 11　主断路器结构

图 8 - 12　断路器实物图

主断路器主要技术参数如表 8 - 4。

表 8 - 4　主断路器主要技术参数

单极断路器			类　　型	
			25 kV	
额定工作电压	U_e	kV	17.5	30
额定工作频率	F	Hz	$16\frac{2}{3}$	$50\sim60$
额定工频耐压	U_{50}	kV	45	75
额定冲击耐压	U_{imp}	kV	95	170
额定工作电流	I_e	A	1 000	1 000
热电流	I_{th}	A	1 000	1 000
功率因数			0.8	0.8
额定短路分断能力		kA	62.5	50
额定分断电流		kA	25	20
额定短路耐受电流	I_{cw}	kA	25/1 s	25/1 s
遮断容量直流分量		%	<50	<50
短路功率		MV·A	500	600
瞬态恢复电压（TRV）	U_c	kV	38	66
	t_3	μs	66	80
截断电流		A	<7	<7
额定操作顺序			O-3S-CO 3'-CO	O-3S-CO 3'-CO
断路时间	Δt_O	ms	$20\sim60$	$20\sim60$
控制电源	$U_{ctrl\,n}$	DC V	24/36/48/72/110	
标称合闸功率（$\Delta t_{EV}=\sim0.6$ s）		W	$50\sim200$	
标称吸持功率		W	$15\sim50$	
辅助触点			5	
控制电路气压		kPa	$450\sim1\,000$	
供气管直径			G 3/8	
每次闭合的耗气量		dm³	2.5	
外部高压部件防护等级			IP57	
工作温度		°C	$-40\sim+70$	
重量		kg	120	135

2. 工作原理

　　主断路器通过电磁线圈阀及压缩空气触发后关闭，主触点闭合同时开启弹簧被锁住。开启过程通过电磁触发（通过切断保持电流），即使主断路器正在关闭过程中。从 MR 管获得压缩空气。在列车整备时，可以从辅助空气压缩机获取压缩空气。

　　根据主断路器底座的位置，在一个单独底座上安装了接地隔离开关，在不工作状态下开关手柄处于水平位置，当转到主断路器两端的接地触点，此时手柄处于接地位置。接地隔离开关可以在车内手动操作，联锁装置确保只有当列车高压系统与接触网断开后才能起作用。

为便于对高压系统进行维护和修理工作，主断路器上装有两极接地隔离开关。隔离开关将主断路器的两端连接到工作接地点。接地隔离开关为防短路装置，即使在接地隔离开关接合的情况下电源回流（例如，因接触网线坠落）系统也能保证安全接地。主断路器设计为配有气动弹簧执行机构和真空灭弧室的单极真空主断路器，它包括车顶打开用底板、执行机构和真空灭弧室。在外部主断路器配有隔离开关，主断路器的开关和保护功能的监测和触发由列车控制系统执行。诊断系统确保主断路器中出现的所有故障都会被检测到并用信号发送出去，受影响的主断路器将停用。在压缩空气的帮助下触发电磁阀可闭合主断路器，主触点闭合，同时分闸弹簧夹紧。断开程序以电磁方式（通过中断保持电流）触发，即使主断路器此时闭合。压缩空气由 MR 管道供应，此外，辅助压缩机还用于在低 MR 压力时供列车使用。接地隔离开关安装在单独的底板上，它位于与主断路器底板相对的一个规定位置。

将司机控制台上的拨动开关"主断路器"切换到位置"合"即可闭合主断路器。执行该步骤只会使牵引单元中的主断路器和提升的受电弓闭合。出现下列情况时通过 KLIP 信号激活：

➤ 自身牵引单元中的主断路器已释放；

➤ 另一个牵引单元中的主断路器已释放或车顶线路隔离开关已断开；

➤ 自身牵引单元的牵引箱的线路断开器/预充电接触器断开（这种情况对分相段中的电压保持状态无效）；

➤ 牵引箱的线路断开器/预充电接触器断开或另一个牵引单元的车顶线路隔离器断开（这种情况对分相段中的电压保持状态无效），以及没有触发 EMERGENCY OFF（紧急停车）。

主断路器控制线路如图 8 - 13 所示。

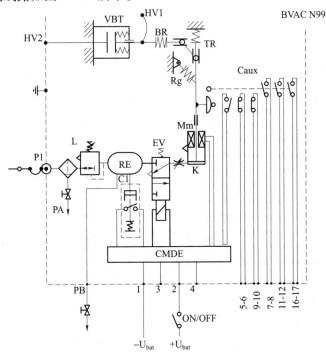

图 8 - 13　主断路器控制线路

断路器控制线路中的符号说明如下。

➢ HV1：断路器高压接头。

➢ HV2：断路器高压接头。

➢ VST：真空开关管。

➢ BR：压力接点机构。

➢ TR：限制跳动机构。

➢ Rg：快速跳闸机构。

➢ Mm：吸持电磁线圈。

➢ K：压力缸。

➢ EV：电磁阀。

➢ RE：气缸。

➢ C1：压力开关。

➢ L：压力调节器。

➢ P1：供气入口。

➢ PA：压力调节器排气旋塞。

➢ PB：气缸排放塞。

➢ CMDE：控制单元。

➢ Caux：辅助触点。

➢ ON/OFF：控制开关，闭合/断开断路器。指令根据车辆顺序图发出。此开关非常重要。如果未切断 BVAC 电源，表示断路器未断开。

➢ – Ubat：控制电源（DC）。

➢ + Ubat：控制电源（正极 DC）。

➢ （LV）连接器上的插针：

➢ 1：控制电源（DC）；

➢ 2：控制电源（正极 DC）；

➢ 3：控制电源（DC）；

➢ 4：控制电源（正极 DC）；

➢ 5～6：NC（常闭）辅助触点；

➢ 9～10：NC（常闭）辅助触点；

➢ 7～8：NO（常开）辅助触点；

➢ 11～12：NO（常开）辅助触点；

➢ 16～17：NO（常开）辅助触点。

低压（LV）电路由控制单元（CMDE）和辅助触点（Caux）组成。控制电源电压变化最小电压和最大电压与标称电压 $U_{ctrl\,n}$ 的关系如下：

最小电压：$0.7\,U_{ctrl\,n}$；

最大电压：$1.25\,U_{ctrl\,n}$。

闭合断路器有两个阶段。一开始，如果通断开关闭合，将给电磁阀（EV）和吸持电磁线圈（Mm）供电。持续 $\Delta t_{EV} \approx 0.6\,s$ 后，电磁阀（EV）的供电被中断，而只给吸持电磁线圈供电，直到控制电源中断（通断开关断开），断路器闭合电流与吸持电流如表 8 – 5 所示。

表8-5 闭合电流与吸持电流

控制电源（DC）/V	标称闭合电流/A	最大闭合电流/A	标称吸持电流/A	最大吸持电流/A
24	2.2	3.3	0.6	1.0
36	2.0	2.9	0.6	0.8
48	2.0	2.8	0.5	0.7
72	2.0	2.6	0.5	0.7
110	1.9	2.5	0.5	0.6

8.3.4 接地开关

接地开关结构如图8-14所示，实物图如图8-15所示。闸刀通过支架安装在轴上，而轴、曲柄组装，连接杆组装以及操纵杆组装则组成一个传动机构，转动操纵杆，使整个传动机构进行传动，进而使得轴带动闸刀旋转一定的角度。根据设计，在操纵杆从一端旋转180°到另一端时，闸刀也相应从"工作位"旋转102°到"接地位"，或者从"接地位"旋转102°到"工作位"。而控制其是否能够转动的则是锁组装。锁组装共有3个锁，其中一个供蓝色钥匙使用，两个供黄色钥匙使用。仅在蓝色锁被蓝色钥匙打开后，操纵杆才能从"操作"位置旋转到"接地"位置。一旦旋转到"接地"位置，联锁机构就被带有黄色钥匙的锁锁在此位置，然后可把钥匙从锁中拔下来。

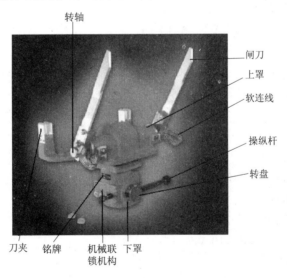

图8-14 接地开关结构

接地点接通后支架嵌入主断路器两端的接地触点，停用时该支架处于水平位置。接地隔离开关从车辆内部手动启动。闭锁装置确保接地隔离开关仅可在车辆的高压系统与接触线断开后才能接合。

一旦BVAC接通，就可以通过两把刀将牵引装置和接地电路连接在一起实现接地。接地开关由上部外壳和下部外壳组成。上部外壳通过4个M10螺栓安装在牵引车辆车顶上，其

图 8 - 15   接地开关实物图

中包含一根轴，两把可移动刀安装在轴的末端。下部外壳安装在车顶下方，其中包含一根控制杆，用于手动操作接地开关，将两把刀从平衡位置移动到 BVAC 的相关接地触点处。下部外壳还配有一套 2 个或 3 个锁，用于联锁 BTE 操作和牵引电路图中其他安全设备的位置。通过输入钥匙锁（通常为"A"型）可以联锁 BTE 和上游安全设备，而通过输出钥匙锁（通常为"B"型）可以联锁 BTE 和下游安全设备。设备的末端位置通过安装在带有锁定系统的下部外壳前方对面的 2 个辅助触点表示，"接地"位置通过触点"A"表示，而"连接"位置通过触点"B"表示。

主要技术参数如下：

① 额定电压：AC 25 kV；

② 额定短路耐受电流：20 kA/8 kA（1 s）；

③ 热电流：400 A；

④ 操作手柄位置：0；

⑤ 接通能力：0 A；

⑥ 分断容量：0；

⑦ 操作：手动；

⑧ 安全联锁钥匙：1A1B；

⑨ 钥匙和锁：无色，特别代码；

⑩ 辅助触头：2NO + 2NC；

⑪ 应用种类：AC 15，AC 230 V/3 A；
　　　　　　DC 13，DC 110 V/1 A；

⑫ 质量：22 kg。

8.3.5　防雷击装置

避雷器（SA1）安装在受电弓（P）后面，对电气设备进行保护，以防设备受到接触网（例如，闪电）过压损坏。避雷器的下游装有线电压互感器（LVT），互感器用作列车控制系统接触网电压的记录器。避雷器（SA2）安装在互感器（LCT/TCT）上游的高压系统，第二个避雷器（SA2）保护互感器，防止在主变压器断开期间出现不容许的高的开关电压。避雷器结构及实物如图 8 - 16 所示，主要技术参数如表 8 - 6 所示。

图 8 - 16 避雷器结构及实物

1—聚合复合材料外壳；2—有气体分流器的凸缘；3—压缩弹簧；

4—非线性金属氧化晶体管；5—中间板；6—排放孔

表 8 - 6 避雷器主要技术参数

车顶避雷器规范		备 注
额定电压	37 kV	
持续运行电压	30 kV	31 kV 持续 5 min
标称放电电流峰值	10 kA	
在 8/20 μs 下的最大剩余电压	100 kV	
压力放电	40 A	

8.3.6 网端检测装置

网端检测装置由线电流互感器、线电压互感器和回流互感器构成。

一个线电压互感器有次边绕组，每个绕组分别与一个受电弓连接，用于测量和监视电网接触线的电压，线电压互感器位于受电弓与主断路器之间，如图 8 - 17 所示。

一个线电流互感器同时被接到每一个主断路器中，用于测量动车组的电流。线电流互感器为直通式互感器。另外两个互感器（线电流互感器和回流互感器）用于监测主变压器。这两个互感器用来测量牵引单元的线电流及回流电流。线电流互感器位于主变压器的上段车顶，回流电流互感器位于主变压器下段安装在主变压器中。线电流互感器如图 8 - 18 所示。

与线电压互感器（LVT）相反，线电流互感器（LCT）用作列车控制系统的线路电流的记录器。还有两个电流互感器监测每个互感器的输入和输出电流。根据两个电流之间的差值，列车控制系统可以检测主变压器出现的接地故障。

线电压互感器主要技术参数参如表 8 - 7 所示，线电流互感器主要技术参数参如表 8 - 8 所示。回流互感器主要技术参数参如表 8 - 9 所示。

图 8 - 17　线电压互感器

图 8 - 18　线电流互感器

表 8 - 7　线电压互感器主要技术参数

线电压互感器的规范		备　注
额定频率	50 Hz	
额定电压	25 kV	
实际变比	25 kV∶25 kV/150 V	
额定功率	2×5 V·A	
精度	0.5 级	达到额定电压 120% 时的精度为 0.5%

表 8 - 8　线电流互感器主要技术参数

线电流互感器规范		备　注
额定频率	50 Hz	
额定电流	500 A	
实际变比	500 A∶1 A	
额定功率	4 V·A	
精度	0.5 级	达到额定电流 20% 时的精度为 0.75%

表 8 - 9　回流互感器主要技术参数

回流互感器规范		备　注
额定频率	50 Hz	
额定电流	250 A	
实际变比	250 A∶1 A	
额定功率	2.5 V·A	
精度	1 级	达到额定电流 20% 时的精度为 1.5%

8.3.7　能量消耗计

为了测定能量消耗，每节车都具备电子能量消耗测量功能。这一功能在列车控制系统中作为软件模块执行。能量消耗测量功能不能校准,因此它不适用于计算能量消耗费用。使用工作电流和电源电压互感器时,牵引操作和回复操作(电动制动)过程中消耗的能量都由列车控制系统测定。为此,电流信号通过隔离变压器读入指定的中央控制单元。电源电压信号通过隔离变压器读入相关的牵引控制单元(TCU)。测定的电压值通过 MVB 传送到 CCU。如果测得的电压值合理,则 CCU 会接受这些值。否则 CCU 会自己通过隔离变压器读入电压值。这种情况下采用的原理是首先测量收集的或直接反馈到供应点处的能量,然后测定消耗量。相关的 CCU 通常会测定与升弓有关的能量消耗,即车顶线闭合时整车的消耗量。列车的全部能量消耗量通过将单独的能量消耗值相加测得,然后显示在司机 MMI 上,分为牵引和能量反馈(电动制动期间)过程中的能量消耗量。

8.3.8 高压电缆

车顶线路可由车顶线路隔离开关(RLDS)断开。如果一个牵引单元的主电路系统出现故障,列车控制系统可隔离车顶线路,从而使另一个牵引单元可操作。隔离开关通过压缩空气操作。

车顶线路隔离开关如图 8 - 19 所示。车顶线路隔离开关为单极开关,开关的外部留有隔离距离,内部装有气动执行机构。与工作接地点的隔离通过支持绝缘子实现。气动执行机构使一个绝缘子绕它的垂直轴旋转,连接至绝缘子的刀闸使主传导路径在各自的端位置断开和闭合。电磁阀为双位阀,用于切换位置,电磁阀控制执行机构的动力缸。这两个导阀由电脉冲触发,从而确定运动方向。隔离开关没有其他最终位置联锁装置,在牵引模式下持续供应压缩空气。压缩空气由 MP(主风管)管道供应,或者在使用辅助压缩机时供列车使用。车顶电缆主要技术参数如表 8 - 10 所示。

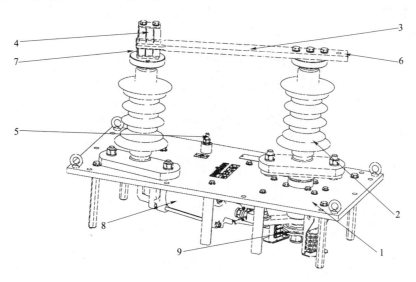

图 8 - 19 车顶线路隔离开关

1—底板;2—盖和棒形绝缘子;3—绝缘片;4—接触弹簧;

5—M10 接地连接;6—连接"A";7—连接"B";

8—气缸;9—凸轮盘

表 8 - 10   车顶电缆主要技术参数

车顶电缆规范		
适用标准	根据 DIN VDE 0250 第 813 部分（Ref. 20）（05/1985）	
导体	IEC 60228	55 级
绝缘等级	DIN VDE 0207 Part 20（Ref. 22）	
绝缘外套	DIN VDE 0207 Part 24（Ref. 23）	
额定频率	50 Hz	
最大持续运行电压	31 kV	
额定电流	250 A（如果电缆在线槽内）	

使用 CCU 或由司机禁用司机 MMI 上的车顶线路隔离开关可自动断开车顶线路隔离开关。通常列车组中的所有车顶线路隔离开关都将断开（在此之前，列车组中的所有主断路器都将断开）。

中间车上的车顶高压电缆为无卤柔性单芯电缆，它从车顶铝型材内穿过。车顶管道到车顶下部设备区的转接部分已密封。车连接部位的车顶线的封端也用作支持绝缘子。在变压器车上，同型号的电缆作为供电电缆敷设至变压器。车顶设备的连接电缆端部为热缩套密封。电缆在车顶区敷设为曲线形状，在接近车端部分向下敷设到车侧，然后连接到地板下区域的主变压器。高压弯插头是电缆的终端，同时它也形成了与变压器之间的连接。

车顶高压连接装置及分布如图 8 - 20 及图 8 - 21 所示。车顶（高压）线必须越过车之间的转换部分。这由车端的支持绝缘子及支持绝缘子之间的双螺旋丝（双螺旋丝的托架固定在支持绝缘子上）。双螺旋丝的这种布置确保了维持隔离距离。双螺旋丝设计适用于车体之间的最大相对运动。每根单螺旋丝的尺寸都有规定，以便可以承载最大工作电流。如果一根螺旋丝脱落，另一根螺旋丝还可使其保持在原位。可目视检查这种状况。

图 8 - 20   车顶高压连接装置

图 8 - 21   车顶高压连接装置分布图

8.4 牵引变压器

8.4.1 概述

变压器（TF）位于动车组 TC02/TC07 拖车的地板下，变压器冷却装置（CLF）在每个变压器的旁边。

变压器为单系统变压器，设计在 AC 25 kV、50 Hz 电源电压下使用。该电源电压用于生成牵引电压。变压器为单相操作，它将一次绕组上的接触线（CL）电压转换为 4 个二次绕组（牵引绕组（TW1—TW4））的电压，并给牵引变流装置供电。

变压器上采取了多种适当的保护措施，以防变压器过载。包括冷却回路中以防热过载执行的温度监测、为检查冷却剂流量执行的流量监测及为检测一次电路接地故障执行的一次隔离监测（通过比较外向电流和返回电流进行差动保护）。

变压器系统配有膨胀箱，它位于 TC02/TC07 车的车顶，从而补偿因温度变化而产生的冷却剂量的变化。

8.4.2 牵引变压器特点和技术参数

本变压器结构系统符合 EN 60310 标准，为铁路用固定变压比单相变压器。变压器拥有下列次级绕组：牵引绕组（TW1—TW4），用于牵引变流器的馈电（四象限斩波器输入电路）；原边绕组。

泵、双浮子继电器、流量监控器和电阻温度计的接口都必须设计使用单个插头。外部连接通过相应的对应插头完成。接地变压器系统必须至少拥有两个中央低阻抗的 M10 接地点，由这个接地点出发可以建立对车体的短程保护和 EMC 连接。

在故障情况下可能会有危险，接触电压的所有内部可触及导电部件，如外壳、维修活门等都必须以适当的方式同接地点连接。接地接口都必须镀锡或用不锈钢制作。

由于对牵引电路冗余要求高，在特定故障时变压器需要用可降低功率控制温度继续工作。

牵引变压器及其辅助设备的电气接口如表 8-11 和表 8-12 所示。

表 8-11 变压器的电气接口

功率电缆的接口	每个接口的电缆 ϕ/mm^2	屏蔽	电压 /kV	连接/接口类型	电缆直径 /mm		电缆型号
					最小	最大	
初级绕组	1×240	有	36	NKT 肘状插头 CB 36—36012	49	51	Draka（N）TMCWOEU
初级绕组接地	1×185	没有	3.6	插头 305 016	23.5	24.1	Radox4 GKW-AX
	1×120	没有			19.3	19.9	
TW 牵引绕组	2×240	没有	3.6	插头 305 016	27.2	28.4	Radox9 GKW-AX

表 8 – 12　牵引变压器辅助设备的电气接口

设备名称	连接/接口类型
泵	插头（Harting 公司 4 极的）
温度传感器	每台 PT 100 双向温度传感器的插头（Harting 公司 8 极的）
双浮子继电器	插头（Harting 公司 8 极的）
流量监控器	插头（Harting 公司 4 极的）
接地电流互感器	接地电流互感器接线盒

牵引变压器的主要技术数据如下：

（1）输入频率为 50 Hz。

（2）额定功率为 5 644 kV · A。

① 一次：约 5 644 kV · A；

② 二次：约 4×1 411 kV · A。

（3）额定电流：

① 一次：226 A；

② 二次：约 4×910 A。

（4）额定电压：

① 一次：25 kV · A；

② 二次：约 4×1 511 V。

（5）质量：约 5.6 t。

牵引绕组的最大基频有效电流在电源额定电压（AC 25 kV）时为 935 A，在电源低压（AC 22.5 kV）时为 960 A。变压器的瞬时功率取决于车辆、载荷、发热、空调需求及线路走向。

整个车载电源功率同牵引功率一样必须是通过变压器牵引绕组提供的。

另外，变压器还必须遵守下列空载运行参数。如表 8 – 13 所示。

表 8 – 13　变压器空载运行参数

参　　　数	要　　　求	附　　　注
空载耗损（额定电压时公差 +15%）		（最多为额定功率的 0.1%）
空载电流（额定电压时公差 +30%）	≥0.4	（最多为初级绕组额定电流的 3%）

8.4.3　牵引变压器结构

CRH3 变压器为芯式变压器，一个原边绕组，四个牵引绕组，该牵引变压器配有膨胀箱。膨胀油箱它位于 TC02/TC07 车的车顶，从而补偿因温度变化而产生的冷却剂量的变化。牵引变压器的铁芯柱和带框架的下磁轭、不带铁芯的绕组及机芯结构如图 8 – 22 ～图 8 – 24 所示，主变压器储油箱如图 8 – 25 所示。

变压器铁芯的计算和设计与 4 低压和 4 高压绕组的特点相符。铁芯由 2 个轭架和 2 个柱构成（带有装好的绕组的柱）。铁芯为冷轧、角铁制作的铁板，具有耐高温和绝缘表面。为降低损耗和噪声级，铁芯片已进行了充分的堆叠和压制。两个柱都不用螺栓装配。两个柱通

图8-22　铁芯柱和带框架的下磁轭

图8-23　不带铁芯的绕组

图8-24　变压器机芯结构

　　过两个树脂浸渍带压制。这些绷带在干燥炉中进行生产时已进行了硬化。顶部和底部压力框架均使用抗磁性钢制作而成。这些框架使用绝缘的非磁性螺栓紧固在一起。绕组为分层型绕组，通过强制冷却以环层方式固定在铁芯上。为防止绝缘材料长期运行后收缩，绕组已被充分烘干。绕组被紧密压实以备在短路时能够支撑轴向力。所有绕组的绝缘，均采用是聚芳基酰胺材料，此材料为耐热纸。

　　为防止电容性负载，磁性铁芯要接地。接地带由绝缘铜线构成，连接在铁芯和压挤框架、油箱内侧之间。

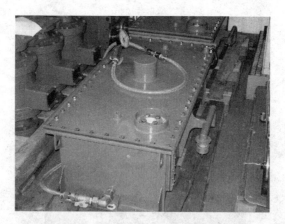

图 8-25 主变压器的储油柜

油箱装配在列车底部。通过 6 个螺栓固定在列车框架上。油箱的设计结构适合承担活动部件的质量及绝缘和冷却液等所有成分的质量。同时油箱还必须能够承受运转过程中的所有加速度。油箱盖为钢制，通过螺钉和螺栓固定在油箱上。油箱和油箱盖之间是椭圆型垫圈（截面）。储油柜独立于油箱固定在列车的上部。储油柜和油箱是通过管道及连接器连在一起的。为便于运输，储油柜使用螺钉固定在油箱盖上。

8.5 牵引变流器

8.5.1 概述

CRH3 型动车组有 4 台牵引变流器，每套牵引变流装置中有两组四象限整流器（4QC）、一组逆变器、一组牵引控制装置、冷却系统构成及中间直流环节构成，每一组逆变器控制 4 台牵引电机。变流器的主要功能是将 25 kV/50 Hz 的单相交流电压通过牵引变压器降压后，输出单相 AC 1 770 V/50 Hz 的电压，经四象限整流得到 2 700 ~ 3 600 V 的中间直流电压，再经逆变器输出电压频率可调的三相交流电压来控制每台电机。牵引变流器箱外形如图 8-26 所示。

图 8-26 牵引变流器箱外形

牵引变流器（TC）的主要功能在于为牵引电动机（TM）提供三相异步交流电。牵引变流器（TC）位于 EC01/EC08 和 IC03/IC06 驱动车地板下的牵引箱中，牵引变流器冷却装置

（CLT）在变压器的旁边，集成在牵引变流器（TC）中的牵引控制单元（TCU）用于系统的监测与控制。冷却回路进行温度和冷却剂流量的监测，从而保护牵引变流器，以防出现热过载情况，同时牵引变流器内进行电流和电压的检测，以防止过流和过压对系统的不良影响。

8.5.2　变流器构成特点

本装置吊挂在车辆底板上，牵引变流器的功能是进行电制转换，以满足牵引列车及牵引控制对电能形式的需要。CRH3 是交—直—交电力牵引列车，牵引变流器首先将来自受电弓的单相交流电转换成直流电，这一功能由网侧变流器模块（4QC）实现；该直流电又被电机变流器模块（PWMI）转换成三相交流电供给三相交流异步牵引电动机，通过对 4QC 和PWMI 的控制实现列车的牵引、调速及制动。

如图 8-27 所示，给出了 CRH3 的一个牵引变流器模块构成框图，牵引变流器的功率器件为 IGBT（绝缘栅双极晶体管），控制装置以微处理器为核心，可方便灵活地实现功率转换与保护，也可实现再生电气制动。每个牵引变流器基本上包括两个四象限斩波器（4QC）、一个带串联谐振电路的中间电压电路、一个过压限制器（MUB）和一个脉宽调制逆变器（PWMI）。

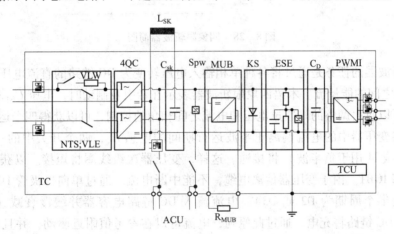

图 8-27　CRH3 的一个牵引变流器模块构成框图

C_D—直流侧电容器；R_{MUB}—限压电阻器；C_{SK}—电容器（串联谐振电路）；S_{pw}—电压转换器；

ESE—接地故障检测模块；TC—牵引变流器；KS—短路断路器；TCU—牵引控制单元；

L_{SK}—电感器（串联谐振电路）；VLE—预充电装置；MUB—过压限制器；VLW—预充电电阻器；

NTS—线路接触器；4QC—四象限斩波器；PWMI—脉宽调制逆变器

变流器内部主要组成如下。

①2 个四象限整流器（4QC）并联，给 1 个牵引逆变器供电。

②1 个三相电压型两电平逆变器，给 4 台异步牵引电动机供电。

③1 个牵引控制单元（TCU），控制四象限整流器、牵引逆变器的 IGBT 开关，以获得满足车辆牵引/制动性能要求的控制。

④装置分通气部分和密封部分，把需要散热的冷却系统安装在通气部；把有必要进行绝缘防止污损的部分安装在密封部。

⑤冷却系统布置在变流箱的旁边。

⑥具有完善的故障保护功能。

8.5.3　四象限整流器工作原理和技术参数

4QC 从电气上可分为两个子系统，由两个完全相同 AC—DC 变流器构成。这两个子系统均由内部计算机监督控制，因此需要测量 4QC 内部的温度、电流和电压等参数。该整流器在牵引工况可以将交流转化为直流，在实施再生制动时将直流转换为交流反馈回电网。四象限斩波器简图如图 8 – 28 所示。

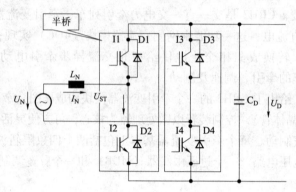

图 8 – 28　四象限斩波器简图

四象限斩波器的任务是通过将各种单相输入电压转变为 DC 链路的直流电压，控制主链路和 DC 链路之间的能量流。术语四象限斩波器表示在牵引及制动时，电压 U_{ST} 和电流 I_N 之间的相角是可以自由调整的。通过电压和电流之间相角的控制，可以获得四个运行象限。

为实现将变压器中的电流偏离正半波运行期间的电感 L_N，两个开关中的一个 I2 或 I3（正半波，I1 或 I4 用于负半波）将接通。这样，变压器次级线圈将短接。以获得期望的电流值，将阻塞 IGBT。由于变压器偏离电缆，不能中断电流。通过单向二极管 D1 和 D4（正半个周期，负半个周期为 D2 或 D3），电流流入 DC 链路电容器并缓慢衰减（直到 $U_D >$ U_N）。同时，DC 链路将充电。通过此原则，电流可以在参考值附近驱动，并且由此 $\cos\phi$ 和 DC 链路电压可以保持在期望的范围内。此后，此程序再次开始，但是将轮流使用半桥以平衡热负载。

可以通过改变占空因数达到电流和电压之间的相位偏移。通过这样，可以将电流的 RMS 值、功率因数（$\cos\phi$）及 DC 链路电压调整至期望值。

IGBT 的开关频率由每个时间的脉冲数量决定。脉冲数量越高，电流值越精确，越能赶上电流的参考值。四象限斩波器电流和电压波形如图 8 – 29 所示。

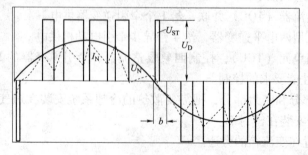

图 8 – 29　四象限斩波器电流和电压波形

技术参数如下：

（1）4QS 输入频率为 50 Hz。

（2）4QC 输入功率：

① 牵引操作约 2 × 1 430 kV · A；

② 制动操作约 2 × 900 kV · A。

8.5.4　逆变器工作原理和技术参数

三相桥式逆变器的结构如图 8 - 30 所示，简图如图 8 - 31 所示。将 DC 电能变成可控的三相对称交流电源，在电制动时又能反过来把牵引电机发出来的三相交流电变成直流电压，对牵引电机进行牵引与制动控制，其功率模块为 IGBT。三个相同的桥臂构成一个变流器，图中画出了 U 相主电路。IGBT 的开关由门电路驱动单元驱动，门电路驱动单元根据 TCU 的指令接通和断开 IGBT。

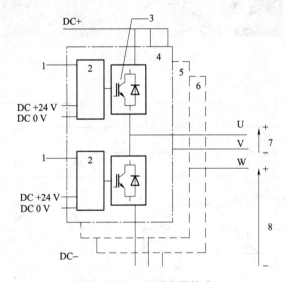

图 8 - 30　三相逆变器构成

1—光纤信号，来自/去往 MCM 计算机；2—门电路驱动装置；3—IGBT 模块；

4—U 相；5—V 相；6—W 相；7—相间电压

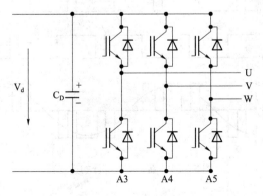

图 8 - 31　逆变器简图

　　IGBT 模块如图 8 - 32 所示。IGBT 可以描述为可以用非常高的频率开关的电子开关。这允许三个输出端子按要求与 DC 链路电压的正极或负极相连接。选择开关状态以便在电机绕组中获得正弦电流。可以通过时钟脉冲运行 IGBT 降低输出电压的 RMS 值。在整块运行中的脉宽调制逆变器电压如图 8 - 33 所示，在时钟脉冲运行的 PWM 逆变器电压如图8 - 34所示。

图 8 - 32   IGBT 模块

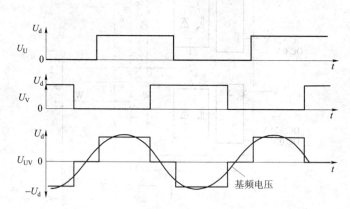

图 8 - 33   在方波运行中的脉宽调制逆变器

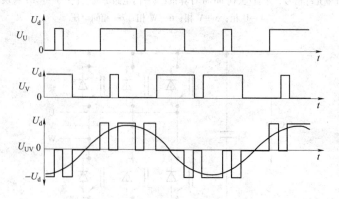

图 8 - 34   在 PWM 运行的逆变器

　　在制动运行期间，电机轴上的扭矩方向与旋转方向相反。电压和电流有较大的相偏移。

通过提供基本电压，脉冲逆变能加强电压和电流之间的相偏移。制动运行期间的电压和电流相位如图 8 - 35 所示。

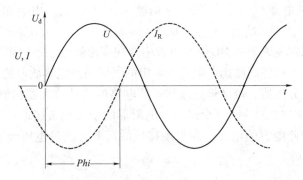

图 8 - 35　制动运行期间的电压和电流相位

为实现电机变流器的控制和监视，需要测量以下工作参数：

（1）变流器输出的相电流，用于控制和保护；

（2）直流环节电容器上的电压，用于保护；

（3）电机变流器温度，用于保护；

（4）电机温度，用于保护；

（5）电机的转速，用于控制和保护。

牵引安全功能能够减小在不需要的情况下产生牵引力的危险，PWMI 的输出功率：

➢ 牵引操作约 2 383 kW；

➢ 制动操作约 1 843 kW。

8.5.5　中间电路的特点和技术参数

中间电路包括一个带串联谐振电路的中间电压电路、一个过压限制器（MUB）、接地故障检测模块（ESE）、限压电阻器等。过压限制器（MUB）用于减少牵引中间电路的过压情况，防止对牵引电路的功率半导体造成损坏。每个变流器的 DC 链路电容电池由 4×0.75 mF 电容器构成，总共 3 mF。电池的 DC 链路电容器电路示意如图 8 - 36 所示。

谐波吸收器如图 8 - 37 所示。谐波吸收器是谐振电路，由电容器和一个外部扼流圈构成（不在牵引变流器的内侧）。其分两次过滤由线频率输入电压能流导致的 DC 链路中的波动。它作为两次变为线频率的串联谐波电路。电容电池的谐波吸收器共有 $C_n = 4.5$ mF 的电容值。

图 8 - 36　电池的 DC 链路电容器

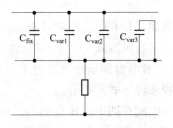

图 8 - 37　谐波吸收器

谐振电路扼流圈的电感值和电容器的电容的制造必须带有限定的精度，而且由于老化影响电容值下降很小。为此，必须最初运行并在确定的维护时间间隔（典型为 10 年）后调整谐振频率，以避免频率漂移。为允许充分调整谐波吸收器，电容电池配备固定值电容（C_{fix}）和一个调谐电容器（C_{var1}、C_{var2}、C_{var3}）。

高欧姆电阻并联到变流器的 DC 链路电容中。在变流器由于不规则性停止运行并且额定放电机构不能工作后，这些高欧姆电阻有在限定的时间内给电容放电的任务。

接地故障检测由分压器、带准势绝缘和评估电路的差动放大器构成，如图 8 - 38 所示。连续放电电阻分成 99 kΩ∶34 kΩ 两个部分。电阻器的中央抽头接地；一个滤波电容器并联到下部部件中。监控此电容的电压。在出现接地故障时，测量电压改变，从而相关的 TCU 指出接地故障。

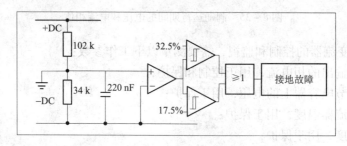

图 8 - 38   简化的电路图（接地故障记录）

在额定运行期间，互感器的值显示为整体 DC 链路电压的 1/4。必须考虑 ±30% 的公差（指的是由于部件公差导致的 DC 链路电压的 1/4）。在接地故障的情况下，由于电容值的充电反向，测量电压改变。通过此方法可以检测到接地故障。

每个牵引变流器（TC）输入端的线路接触器（NTS）由 TCU 控制，用于连接牵引变流器和变压器（TF）的二次侧。牵引变流器的中间电路必须在线路接触器接通之前预先充电。预充电由预充电装置（VLE）执行，该装置包括预充电接触器和相应的电阻器。如果牵引变流器出现故障，可以先断开主断路器然后使用线路接触器（NTS）将它与主变压器隔离。

接地故障检测模块（ESE）对系统进行监控，检测系统的接地故障。若出现故障则断开牵引变流器。在这种情况下，如果主断路器断开并被阻止使用，动车组司机必须首先将受影响的动力装置从地面移开，然后再次闭合主断路器。这样可以确保与该变压器连接的其他组件（例如，其他牵引变流器）及另一个牵引单元变压器上的组件可以继续操作。

电感器（LSK）装在牵引变流器的冷却系统中。电感器使用牵引变流器冷却系统的冷却风扇进行强制风冷式。

DC 环节电容器是变流器的无功功率源，起到稳定 DC 电压的作用，这对变流器的能量转换过程来讲是非常关键的。

动车组配有四个限压电阻器。每个限压电阻器分配给一个动力装置。限压电阻器位于 BC04 和 FC05 车二位端的车顶。限压电阻器专用于保护牵引功率转换器，以防过压。功率转换器出现故障时，电阻器可以保证使中间电路以规定方式安全放电。一旦电源线不能再保证电气制动能的吸收，转换器即将电气制动能转换为热。

中间电路电压参数如下：

➤ 牵引：约 2 700 ～ 3 600 V；

➤ 制动：约 2 800 ～ 3 600 V。

8.5.6　牵引控制单元（TCU）

牵引控制单元（TCU）用于监控牵引变流器的操作。它们是位于 EC01/EC08 和 IC03/IC06 车底架下的牵引变流器的一部分。

TCU 的主要功能如下：

（1）调节指定的牵引或（电动）制动力，调节牵引变流器直流侧的电压，为牵引变流器生成控制信号；

（2）控制开关元件，如预充电接触器和线路断开开关；

（3）监控和保护牵引组件；

（4）车轮滑动保护。

车轮防滑系统软件持续监控车辆和从动轮的运动。若运动变量与容许值有偏差，牵引力会自动降低到一个级别。由于持续监控与车辆和车轮相关的运动变量，可以确保在所有轨道条件下牵引系统都受到控制。车轮滑动保护如下：

① 提供持续的车辆滑动控制；

② 限制车辆加速度；

③ 确定参考速度；

④ 防止车轮制动（运行表面的平面区域）；

⑤ 防止出现不容许的高轮轨滑动值；

⑥ 规定牵引相关的诊断数据，有助维护和提高可用性；

⑦ 通过 MVB 尤其是 CCU、BCU、司机 MMI 和辅助转换器装置进行数据交换。

8.5.7　限压电阻器

图 8 - 39 为限压电阻器。动车组配有四个限压电阻器，每个限压电阻器都分配给一个牵引变流器。限压电阻器位于 BC04 和 FC05 车二位端的车顶，图 8 - 40 为电气原理。表 8 - 14 给出了限压电阻器的技术参数。

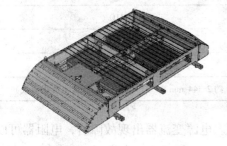

图 8 - 39　限压电阻器外形

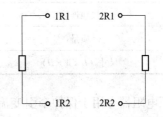

图 8 - 40　限压电阻器电气原理

表 8 – 14　技术参数

R_N	$3.3^{+7\%}_{-5\%}\ \Omega$
$R_{\max}$	在 500 ℃ 时 4.5 Ω
$R_{\min}$	（R_N +7% + 通过加热增加电阻）3.0 Ω
P_1	2 800 kW，1 s；断开 5 s 以上；循环
U_N	4 100 ~ 4 500 V
$U_{\max}$	4 500 V
感抗	<20 μH
漏电距离	≥120 mm 快车级（PD4/EN 50124 – 1） ≥120 mm 内部级（PD4/EN 50124 – 1）
间隙	≥32 mm 各级（OV2/PD4；EN 50124 – 1） ≥64 mm 活性材料至外壳
绝缘	双重绝缘
保护类型	IP 20，终端：IP 21
能量吸收能力	3.08 MW（500 ℃）
热阻	$R_{th} = 9.1 \times 10^{-4}$ K/W
热容量	$C_{th} = 6.7$ kJ/K
电阻材料	CrNi2521，带
有效质量	13.5 kg
有效表面积	$58.1 \times 10^3\ cm^2$
限压电阻器最高温度	500 ℃
周围温度	– 25 ℃ ~ + 45 ℃
耐振性	EN 61373
抗冲击性	EN 61373
冷却	自然对流
电路	车顶限压电阻器
屏蔽连接	M10
接地连接	4 × M10
质量	约 160 kg（整装限压电阻器）
尺寸（$L \times W \times H$）	约 2 344 mm × 1 510 mm × 300 mm（带扰流板）

　　限压电阻器专用于保护牵引变流器，以防过压。电源变流器出现故障时，电阻器可以保证中间电路以规定方式安全放电。

8.6　牵引电机

8.6.1　牵引电机概述

CRH3 型动车组配有 16 台牵引电动机，为三相四极异步牵引电机。电动机位于 EC01/EC08 和 IC03/IC06 车上，动力转向架的每个轮对都由牵引电动机驱动，牵引电动机安装在转向架上。电动机为强制风冷式，使用温度传感器进行电动机的温度监测，以防电机过热情况的出现。

8.6.2　牵引电机的特点和技术参数

该电机为三相四极异步牵引电机，牵引工况作为电动机运行，再生制动时作为发电机运行，电机安装有温度传感器和速度传感器，用于测量电子定子的温度和电机的转速，该电机采用风冷的方式进行冷却，额定电压值较高，约为 2 700 V，以适应电机宽调速范围及动车组高速运行的需要。

牵引电机安装在转向架上，使用轴向、径向弹性离合器及齿轮箱，将牵引力从牵引电动机传递给轮对。离合器可以抵消驱动部件与驱动轮间的相对运动位移，同时离合器可以实施机械过载保护功能，以防出现不容许的高冲击力矩。轴驱动器的齿轮为螺旋齿。齿轮机构由车轴上的轮轴轴承支持，并使用转向架构架上的弹性支架（扭矩反作用支柱）悬挂。

电机的电力连接是通过三条电力直通电缆实现的，通过单独的防水型引线孔从电机输出。为把电机电缆连接到设备电缆上，要使用特殊的端子夹住电缆；为保护单独的电缆连接，要使用已经适当绝缘的支架。温度传感器及速度传感器的连接是通过快速连接线和密封环连接器实现的。

电机的主要技术参数如下：

（1）一般电机数据：三相四极异步电动机。

（2）电机机械性能：

① 具有框架设计的电机；

② 单独通风、自然冷却，0.6 m^3/s；

③ 转子直径，311.4 mm；

④ 定子内径，315 mm；

⑤ 铁芯的长度，295 mm；

⑥ 空隙，1.8 mm。

（3）电机数据：

① 持续运转；

② 额定电压，2 750 V；

③ 额定电流，135 A；

④ 额定功率（正弦函数），560 kW；

⑤ 额定转速，4 100 min^{-1}；

⑥ 变位系数（余弦函数），0.87；

⑦ 额定频率，138 Hz；

⑧ 热等级，200；

⑨ 额定绝缘电压，3 300 V；

⑩ 最大电压，2 807 V；

⑪ 最大电流，226 A；

⑫ 最大转速，5 891 r/min；

⑬ 接线，Y；

⑭ 每相的连接导线（不由 A&D LD T 提供），$1 \times 50 \text{ mm}^2$；

⑮ 标准和规定，IEC 60349 – 2。

（4）电机质量：

① 整体电机（无齿轮箱、带电机侧的半个法兰接头），约 775 kg；

② 整体转子（不带轴承的平衡装置），200 kg；

③ 整体定子（带线圈的铁芯和框架），445 kg；

④ 电机和齿轮箱联轴器（螺旋齿联轴器），34 kg。

8.6.3　牵引电机的结构

该电机为三相四极异步牵引电机，由转子、定子、机壳及附件构成，定子内埋有温度传感器，用于过热保护和控制过程中的校准。同时也安装有速度传感器，用于电机转向和转速的检测。图 8 – 41 为电机实物图，图 8 – 42 为电机截面图。

图 8 – 41　电机实物图

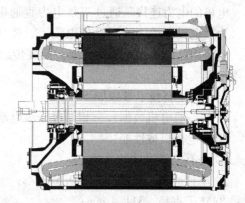

图 8 – 42　电机截面图

定子框架为焊接结构，由高强度低损耗的硅钢片叠压而成，可以抑制定子内铁损。有多根拉板分布在定子冲片的四周，焊接到定子压圈上。

定子绕组线圈由扁铜导体绕成。导体外包绝缘薄膜。线圈嵌入定子槽内，定子槽进行了良好的绝缘。槽楔采用聚酰亚胺树脂浸润玻璃制成。嵌线完成后，通过高温铜点焊连接引线。

转子由硅钢片叠压而成，该硅钢片热套在一个套筒上，并在两个转子压圈之间进行叠压。转子笼由合金导条和端环通过高频钎焊焊接而成。电机在最高转速内都满足转子高精度的动平衡要求。电机轴由高强度合金钢制成，通过护环对端环进行保护。转子轴由轴承支撑，可以承受一定转矩产生的应力，所有轴承均使用润滑脂润滑，油脂可以通过端盖上的加油油嘴进行补充。

外端盖对电机部件起到保护、支撑的作用。轴承用于承担径向及轴向的作用力，在电机的驱动端采用的是圆柱滚动轴承、非驱动端采用的是球滚动轴承。

一台牵引电动机风机为转向架的两个牵引电动机提供所需的通风。牵引电动机风机位于动车组的地板下区域（靠近转向架），牵引电机内部设有风道并与外部风道相连，用于牵引电机内部的通风冷却。

该电机安装有速度传感器和温度传感器，温度传感器埋设在定子中，速度传感器安装在非驱动端。该传感器由一个固定在轴上的齿轮和一个固定在传动端对面一侧外盖上的电磁信号采集器组成；该信号采集器能够检测到轮齿发出的电脉冲，其速度正比于转子轴的速度。

复习参考题

1. CRH3 型动车组牵引传动系统主电路的工作原理。
2. CRH3 型动车组牵引传动系统主要构成部件的基本工作原理与作用。
3. CRH3 型动车组牵引传动系统主电路接地系统有何特点？

附录A
CRH1 常用英文缩写对照表

缩 写	英 文	中 文
ACM	Auxiliary Converter Module	辅助变流器
AI/AO	Analogue Input/Output	模拟输入/输出
BCM	Battery Charger Module	蓄电池充电模块
CB	Converter Box	主变流器箱
DC-LINK	DC-Link	直流环节
DI/DO	Digital Input/Output	数字输入/输出
DCU	Drive Control Unit	牵引控制单元
DCU/A	Drive Control Unit/ACM	驱动控制单元/辅助变流模块
DCU/L	Drive Control Unit/LCM	驱动控制单元/网侧变流模块
DCU/M	Drive Control Unit/MCM	驱动控制单元/电机变流模块
EMU	Electrical Multiple Unit	动车组
FB	Filter Box	滤波器箱
GDU	Gate Drive Unit	门极驱动单元
GW	Gateway	网关
IGBT	Insulated Gate Bipolar Transistors	绝缘栅双极型晶体管
IPM	Intelligent Power Module	智能功率模块
HB	High Voltage Control Box	高压控制箱
LCBB	Line Circuit Breaker HV Bus	高压总线网侧断路器
LCBT	Line Circuit Breaker Transformer	变压器网侧断路器
LCM	Line Converter Module	网侧变流模块
LHF	Line Harmonic Filter	网侧谐波滤波器
MCM	Motor Converter Module	电机变流模块
MVB	Multifunction Vehicle Bus	多功能车辆总线
MT	Main Transformer	主变压器
OVR	Over Voltage Resistor	过电压保护电阻
OVP	Over Voltage Protection	过电压保护
PCU	Propulsion Control Unit	牵引控制单元
PWM	Pulse Width Modulation	脉宽调制
TCMS	Train Control and Management System	列车控制与管理系统
TMO	Traction Motor	牵引电动机
VC	Vector Control	矢量控制
VCU	Vehicle Control Unit	车辆控制单元
VVVF	Variable Voltage Variable Frequency	变压变频
WTB	Wired Train Bus	双绞线列车总线

附录 B

模 拟 试 题

B1　模拟试题一

姓名：　　　　　　　学号：　　　　　　　　　总分：

一、交流异步电机具有哪些特点？（10分）

二、请说明采用不同电压频率协调方式进行交流异步变频变压控制具有哪些特点？（10分）

三、高速受流系统具有哪些特点？（9分）

四、请说明直流电机有哪些励磁方式？若使用直流电机作为牵引电机，请分析串励电机与他励电机各有哪些优缺点？（15分）

五、三相异步电动机磁极对 $p=2$，额定转速为 1 440 r/min，额定工况下转子电动势的频率 $f_2=2$ Hz。求：电源供电频率？（10分）

六、请说明三电平脉冲整流电路的工作原理。（20分）

七、比较 CRH1 及 CRH2 主电路系统的主要差异。（指牵引传动系统的布局、系统预充电电路、接地电路、主变流器脉冲整流电路、主变流器中间直流环节、主变流器逆变电路）（20分）

八、请说明直接矢量控制与间接矢量控制的本质区别是什么？（6分）

B2　模拟试题二

姓名：　　　　　　　学号：　　　　　　　　　总分：

一、直接转矩控制具有哪些特点？（10分）

二、CRH1 防空转、滑行控制的目的是什么？控制系统是怎样实施的？（10分）

三、简述 CRH2 型动车组速度传感器的工作原理具有哪些特点？（9分）

四、电压型变流器中支撑电容值的选择原则是什么？（15分）

五、已知他励电动机的 $P_N=2.2$ kW，$U_N=220$ V，$I_{aN}=12.4$ A，$R_a=0.5$ Ω，当 $T_L=0.5T_N$ 时，$n=1$ 516.8 （r/min），求电机的额定转速 n_N？（10分）

六、请说明三电平逆变器空间电压矢量原理。（20分）

七、CRH2 牵引传动系统具有哪些特点？（20分）

八、请说明 CRH1 型动车组接地变压器的作用。（6分）

参 考 文 献

［1］ 张曙光．CRH1 型动车组．北京：中国铁道出版社，2008.

［2］ 华平．电力机车控制．北京：中国铁道出版社，2004.

［3］ 赵嘉涛．电力机车电器．北京：中国铁道出版社，2004.

［4］ 陈伯时．电力拖动自动控制系统：运动控制系统．北京：机械工业出版社，2005.

［5］ 李发海，朱升起．电机学．北京：科学出版社，2000.

［6］ 张龙．电力机车电机．北京：中国铁道出版社，2003.

［7］ 曲永印．电力电子变流技术．北京：冶金工业出版社，2002.

［8］ 于金帆，苗丽雯，李克顺，等．现代化高速铁路设计、施工与线路提速改造新技术实务全书．北京：当代中国音像出版社，2005.

［9］ 钱立新．世界高速铁路技术．北京：中国铁道出版社，2003.

［10］ 铁道科学研究院高速铁路技术研究总体组．高速铁路技术．北京：中国铁道出版社，2005.

［11］ 张曙光．CRH2 型动车组．北京：中国铁道出版社，2008.

［12］ 张曙光．CRH5 型动车组．北京：中国铁道出版社，2008.

［13］ 张曙光．京沪高速铁路系统优化研究北京：中国铁道出版社，2009.

［14］ 宋雷鸣．动车组传动与控制．北京：中国铁道出版社，2009.

［15］ 宋雷鸣．动车组供电牵引系统及设备．北京：北京交通大学出版社，2012.